百年变局下的华北区域史

张利民 著

社会科学文献出版社
SOCIAL SCIENCES ACADEMIC PRESS (CHINA)

序

近几年，我时常有个想法，总结近五十年学习和研究历史的经历，梳理研究思路，漫谈一些感悟，阐述一些观点。

实现这个想法看似简单，无外乎查阅和整理发表的学术论文。但真正实施起来，实则不然。重读以往的文章，眼前就会浮现当年学习和工作的点点滴滴，如拜谒学术大家和前辈、与朋友的交流和探讨、与同行的争辩和探索，还有在国内外档案馆、图书馆查阅档案资料等，确感愉悦与困扰并行，收获与遗憾相伴，成就与反思共存。

1973年我入学南开大学历史系，当时对于学习历史的意义、目的、方法都很茫然，曾经订了刚刚复刊的《历史研究》和《文物》，购买了刚点校出版的前四史等；还向王玉哲、南炳文等老师请教一些现在看来很幼稚的问题。彼时的大学"开门办学"，以社会为课堂，师生要到工厂、农村和部队去接受工农兵再教育，再加上各种运动不断，未曾系统地学习。毕业前参加了刘泽华和王连生老师组织的"战国时期的阶级关系"课题组，才感觉真正开始触摸历史和精读典籍。我们近10名同学在老师的指导下，每人研读先秦诸子的一部文集，如《韩非子》《吕氏春秋》等，逐字逐句地做卡片，然后分析和讨论，最后共同撰写了数十万字的"战国时期阶级关系史"初稿。回想起来，刘老师当时就有开拓中国古代政治思想史研究的宏大策划。《南开学报》1976年第3期刊发的刘敏和我撰写的《试论战国时期的"士"》，实为刘老师命题和修订而成，这是我的第一篇学术论文。

三年短暂且不系统的学习却开启了我学习和研究历史的历程。1976年，我到天津社会科学院历史研究所工作。南开大学历史系一向遵循的"论从史出"的研究方法和淳朴扎实的学风，成为我的追求。当时，"文革"刚刚结束，史学界对历史为现实服务的提法还有顾虑，研究尽量远离现实。参加工作伊始，我研究的项目属于先秦史，一度钻研《竹书纪年》《云梦竹简》等，也曾经拜谒杨宽等史学大家，后因工作的需要未能坚持下去。20世纪70年代末80年代初，史学界开始反思历史研究的理论方法，讨论中国近代社会性质、发展主线等问题，社会史、城市史等研究也崭露头角，我根据地方社会科学院历史研究所的导向，与本所前辈，以及中国社会科学院近代史研究所、海军司令部研究室、天津市档案馆等单位的研究人员利用中国第一、第二历史档案馆、北京图书馆柏林寺分馆（现中国国家图书馆）、天津市档案馆、天津市图书馆等所藏的档案资料，搜集整理和汇编出版清末海军、民国海军和天津商会有关的资料。那个时代，资料匮乏、设备简陋和信息闭塞，搜集档案资料和了解国内外研究动态都非常艰难，需要大量的时间和精力。这些基础性工作，也曾被人视为是为他人作嫁衣，但对我来说却是提升了阅读档案资料的敏感度和研读、考证历史文献的能力，参与并主持了一些档案资料、文献目录的编辑和出版工作。[①] 进入21世纪后，学术研究环境大大改善，信息化使得资料档案、国内外学术动态，以及可视性资料变得更易获取，数据汇集计算和田野调查变得易行。历史研究更加提倡创新和突破，创建新的理论和方法、新的领域和路径、新的构架和观点，鼓励跨学科的综合性研究。以往的"论从史出"的研究路径和实证性研究看似被束之高阁。其实不然。挖掘和熟稔多渠道的原始资料仍然是历史研究者需掌握的基本功，遵循和承袭严谨的学风体现着研究者的职业修为与素养。当今时代，历史研究不能故步自封，单纯追求资料的独占性和唯一性；同时也应该避免在理论和方法上一叶障目，强调标新立异，或者一味地剑走偏锋，在文献阅读和理解上囿于

① 曾经出版了《清末海军史料》（海洋出版社，1982）、《中华民国海军史料》（海洋出版社，1987）、《天津商会档案汇编1903—1911》（天津人民出版社，1989）、《日本对华北经济的掠夺和统制——华北沦陷区资料选编》（北京出版社，1995），以及主编《天津史文献目录》（东京大学东洋文化研究所，1998）、《天津史研究论文选辑》（天津古籍出版社，2009）、《丝路津商——"赶大营"资料汇编》（天津人民出版社，2016）等。

一知半解。长此下去，会有可能曲解史实，极易造成对历史研究的误导，也是对学术研究的亵渎。可以说，新的时代赋予了"论从史出"新的内涵，对研究者的要求更高，不仅要具备扎实的专业训练和资料积累，更需要把握历史研究的整体观，增强学术敏锐性和问题意识，学习与运用多学科的理论方法，拓展研究视野，对于史实和问题进行理性的思考和探索，达到学术上的创新。

研究方向的选择，一般来讲要契合史学研究的整体动态和社会的需求。20 世纪 80 年代以后，改革开放不断深化，国民经济迅速发展，城镇化进程加速，促使历史研究也要适时地为社会经济发展提供科学、客观且系统的借鉴和理论依据。刘大年、严中平等前辈曾倡导开展经济史研究，国家哲学社会科学规划项目也开辟了城市史、社会史、区域史研究的课题。这期间，我开始涉足城市史和经济史，参加了国家哲学社会科学规划项目"近代天津城市研究"、"近代华北地区城市类型与系统研究"和"华北沦陷区经济史"，主持了国家哲学社会科学规划重点项目"近代环渤海区域市场与世界市场对接的考察"，在国内外搜集整理资料档案和广泛地学术交流的助力下，将研究集中在中国近代社会经济史、城市史、区域史和中日关系史等领域。

我在 2000 年前从事上述领域研究的感触是：不仅要具备宏观与微观的视野，还要强化时间与空间的理念。

第一，关注整体与局部、宏观与微观的关系，这既是研究方法的问题，也关涉研究视野的拓展。地方社会科学院的历史研究多侧重于地域性和微观层面，可发挥自身的特长，形成一定的权威性。然而，地域性和微观研究容易忽略历史的整体性，欠缺与全球、全国和区域发展变化有机联系的分析，欠缺在整体上对同质性与异质性关系的探索。因此，关于区域、个案城市和微观的研究，需要有更高的站位，考量其与整体和宏观的关联性，形成有一定影响力的观点和特长。天津社会科学院历史研究所深入系统地研究天津历史是其建所 50 多年的积淀和职责，而且天津近代以后是华北乃至北方的经济中心，在一定意义上引领着社会经济的发展，故而在深入系统研究天津历史的基础上，应将研究扩展到华北区域，将其纳入全球和中国历史整体发展的进程中。同时，以近代华北区域城市史为方向，既开拓了城市史的新领域，亦可与南开大学的华北乡村研究形成互补，有助于深入研究华北区域的全貌，阐释其特征和在全国的地位与影响。

第二，增强时间和空间的意识，以深化史学研究的方法。研究历史的基本方法就是通过对研究主体时间节点的阐释，总结其阶段性和发展规律。然而，一些研究中时有过分强调历史的突变而忽略历史延续性的现象。如研究中国近代社会经济的转型，比较偏重于论述开埠通商带来的外贸、工矿和社会流动等方面的突变，而对明清以来国内社会经济，以及制度和文化等方面的渐变有所忽视，缺少对前期积淀与承袭关系的分析研究。我想在研究中需有意识地弱化清代、近世、前近代、近代、现代以及当代等时间节点的束缚，努力使明清与近现代的长时段融会贯通、突变与渐变并重，特别是要关注与当代发展的衔接，以增强问题意识和对现实的观照，促使历史研究更有针对性和前瞻性。

相对于时间概念而言，历史研究中的空间意识往往较为淡漠，时常将城市与乡村、南方与北方、沿海与内地等不同空间的文献资料统而用之，阐述和总结亦笼而统之，个案研究中也时而忽视空间的范围。随着社会科学提倡多学科交叉的综合研究，应该考量研究主体的空间范围和变化，尤其是与空间范围有关联的区域、城市的研究，需要有相应的空间概念，以免造成资料的滥用和判断的偏颇。重视空间范围并不意味着忽视社会和群体的因素，不仅仅是增强数据资料的客观性、准确性，而且是要融入多维度的考量，既要有对主体内生机制生成与变化的研究，也要理清与环境的关系，以论证其自身的发展轨迹和特征。而且，增强时间和空间的理念，建构历史研究的整体意识和全球化视野下的中国范式，也是新时期对历史研究者的挑战。

21 世纪后，我的研究依然主要集中在中国近代城市史和社会经济史两个领域。对于中国近代城市史的研究，一方面开拓制度层面的研究，主持了国家哲学社会科学规划项目"国家与社会：20 世纪中国城市管理控制机制研究"，梳理近代城市行政管理机制的初成，分析国家公权对城市的制度建设和中央与地方之间的博弈；并通过研究城市捐税制度的创立，阐释城市管理的经济支撑，以对近代制度史、财政史和城市史研究提供多学科的综合研究。另一方面是将华北区域城市研究扩展到对市镇、集市的研究，且延伸至 21 世纪，主持了国家哲学社会科学规划重点项目"近代以来华北区域城镇化进程研究（1860~2000）"。对于社会经济史的研究，除了研究华北区域的空间范围、商品市场、人口流动外，主持编写了《天津经济史》和《抗战时期日本对天津的经济统制与掠夺》等，力求从城市经济史的个案、沦陷区经济的研究上有所突破。

我在 2000 年以后的研究中，对中国现代化发展模式、华北区域社会经济运行特点、城镇化发展动力等问题有一些思考。

第一，中国现代化发展的路径问题。我们的一些学者常常以研究一个区域，或者一个城市的发展来构建模式，进而评述中国的现代化水平和进程。诚然，宋元以后尤其是明清以来江南（长江中下游）地区的商品化生产已有一定的规模，市场活跃，商业市镇崛起，殷实富庶的经济环境也促成了富商士绅的聚集和文化的多元化，江南地区进而发展为中国经济社会最为发达的区域。西方列强侵入后，已经具有一定市场化基础的以上海为代表的东南沿海地区较早植入了更多异质性的器物文明和制度文明，对中国的现代化起到了一定的引领作用。加之，该地区资料丰富，档案较为开放，促使国内外学者率先展开研究，探究其发展规律和模式。然而，如果仅仅以此来考量中国社会经济和城镇的发展水平，则难以窥见中国的全貌，甚至会以偏概全。国内外学者在 20 世纪末就曾评论这一现象，并提倡多区域的研究和比较。确实，中国地域广袤，不同区域的自然和人文环境有很大差异，其发展路径既有共性规律，也有各自特点，进而构成中国发展模式的多样化。江南区域和上海等城市的发展虽然有一定的示范性，但不能将之视为中国现代化发展的唯一路径和模式，要具体研究不同区域的发展，总结其规律和特征，有助于理解社会经济发展的不均衡性，进而客观准确地解读中国的国情。

第二，明清以来华北区域社会经济发展的特点问题。就华北区域的社会经济来看，受自然环境、资源禀赋，以及历史沿革、价值观念等因素的影响，直至明清时期仍是以家庭自给自足为基础的小农经济为主导，粮食和经济作物对市场经济的推动作用有限，农民对商品市场鲜有依赖，城市多是以政治职能为主，商业城镇偏少。近代以后，华北区域内外贸易迅速发展，流通领域始见活跃，农作物商品率提高，工矿等类型城镇增加，进入现代化发展的进程。值得重视的是，在华北区域社会经济发展中政府力量比较明显。政府行为从广义上而言，既包括中央和地方政府的政策与措施，也涵盖朝野的贵族、军阀官僚的各种活动。北京很长时期是全国的政治文化中心。华北区域为畿辅之地，历代中央和地方政府无不将"京师门户"职责放在首位，近代以后其门户地位更为强化与泛化，且一定程度上成为民众与社会舆论价值判断的一个标识。这种门户意识和理念表露出来的是，近代各级政府在外交、政治、经济、文化各领域极力构筑拱卫首都的屏障，清朝后裔、士绅商民也时常以政府的意志马首是瞻，将依恃政府的政策和特权，抑或寻求政府庇护和支持作为衡量各种举措的重要因素。政府行为对社会经济的发展既有积极促进的作用，也有制约的弊端。诸如政府通过创办警察、监狱和平抑物价、减税减息等措施来维持社会秩序的稳定，但这也加剧了商人、士绅和企业家对政府的趋从，压制了社会力量的参政议政和对政府的监督；再如政府颁布各种优惠政策，并采取措施聚集财力，促进了早期近代工业兴起和大型矿山的创办，军阀官僚和贵族一度是工矿、金融等业的主要创办人和投资群体，带动了经济结构的变化，但也制约了社会资金的投入，抑制了商品经济发展与市场机制转型。这些政府行为伴随着战乱等社会动荡和经济的起伏愈发明显。因此，在研究华北区域社会经济发展时，应将各种形式的政府行为作为考量的因素之一，分析和总结其运行轨迹与特点，以探索华北区域社会经济发展的特点。

第三，城镇化发展的动力问题。城镇化是传统乡村社会向城市社会、农业文明向现代工业文明的整体转型，是现代化的标识之一。政府、市场与社会构成了城镇化的动力机制。政府是通过行政手段和政策引导进行调控，市场是通过配置资源调节供需，促进产业的转型升级和经济结构的重组，社会则是通过士绅、企业家和社团的行动参与城市管理、建设与监督。三者的作用相互交叉，推动着城镇化的发展。中国城镇化的动力机制既要参考西方发达国家工业化和市场化的模式和规律，也要结合中国悠久的历史积淀和发展现状。应该有涵盖国体与政体传承、内陆型自给自足小农经济、城市兴衰原因与职能、社会经济二元结构，以及区域社会经济的不均衡性等基本国情的宏观思考；应该探索传统社会的政治中心城市的优先增长、明清以来市场经济的推动、21世纪城镇发展中的政府导向；应该对中国社会力量的生成和转变有创新性研究，包括明清以后政府对社会力量的压制、利用，社会力量的崛起、中华人民共和国成立后新型社会组织的创建与发展等。

我们简单梳理政府、市场和社会在中国城镇化中的角色，就可以发现中国本土的元素和基因，即市场力量不断增强，代表国家意志的政府行为会如影随形，甚至起到决定性的作用。中国传统时期的城市是政治和文化中心，是消费市场，而且受朝代更迭和战乱的影响，其发展具有阶段性和间歇性的特点；在长期的小农经济支配下，经济发展主要靠农业人口增长，农产品商品率低，各地多是以调剂和聚集为主的地区性市场；中央集权制下的士绅和商人长期依附于国家权力，其角色仅仅局限于政府力量的补充和辅助。明清以后，经济发展和人口增加，商品生产和流通有所扩大，也带动了市场活跃和绅商力量增强，一些地区工商城镇逐渐增多，中国城镇进入快速发展的轨道，政府、市场和社会力量的推动力皆有所增强，作用各有侧重。在城镇化进程中，政府行为依然较为显著。无论是制度层面的开埠通商、创建城市行政管理机制，以及保护鼓励工商业发展的法规、政策，还是措施实施上的创办铁路、港口、矿山企业，兴建城市基础设施，以及军阀官僚的经济活动，均带来产业结构的改变，促进城市功能转型和社会结构嬗变，增强了城市综合实力，提升了城市的地位。在国内外市场需求的压力下，市场经济也发挥了前所未有的推动作用。内外贸易和工矿企业的发展，带动了农产品商品率的提高和市场规模的扩大，增强了城市的集散能力，市场网络与城镇体系开始重构。绅商、工商企业家和知识分子等新型力量崛起，也开始显现社会力量对城镇化的推进。比如公民意识与参政意识有所增强，积极组织和参与各种政治经济等活动，新式社团也努力为政府与民间搭建桥梁。因此，中国的城市自明清时期，特别近代以后有了较为迅速的发展，确立了在政治、经济、社会和文化等领域的中心地位。在中国城镇化发展进程中，除了受西方列强政治经济势力的打压和环境不断恶化外，从动力机制看，政府的制度缺陷和政策的推行不力、经济发展内生动力不足、社会力量发展参差不齐等也是制约因素。中央和地方政府皆缺乏推进整体策划城市发展的自觉性与持续性，各项措施亦多停留在制定和颁布的表层，实际成效甚微。内外贸易、工业、金融等领域缺乏稳定的政策支持和资金的投入不能持续，农产品的商品化并没有给农民的生产生活带来实质上的改善，城市的吸纳能力十分有限，市场发展并没有持续有效地推动城镇化进程。社会力量结构复杂，主动参政的意识淡薄。由此看来，中国的城镇化进程中政府行为具有重要的影响力，在制度建设和近代工业起步时居于主导地位；市场、工业和农业等内生动力不足，没有与城市发展构成长期稳定的互动关系；社会力量参差不齐，欠缺自主性和独立性。因此，城镇化步履维艰。

中华人民共和国成立后，确保了稳定且利于持续发展的环境，中国共产党坚持全心全意为人民服务的根本宗旨，在国家层面的计划经济和城市工作方针政策的引导下，内地的城市发展迅速，城市布局有所均衡。改革开放以来，农村和城市制度改革，带来经济迅速发展，城镇化进入快速发展的轨道。在城镇化进程中，政府行为仍然占据主导地位，尤其在制度建设、环境保护、资源配置、布局优化、规划发展、基础设施建设、公共服务和城市治理等方面，彰显社会主义的优越性。随着工业发展、农业经营体系转型、第三产业振兴，特别是社会主义市场经济体制的建立，市场经济的推动力增强，开始依据市场规律有机配置公共资源，推进城乡要素的平等交换与均衡，建立城乡发展的一体化机制，展现出新型的城乡关系。社会力量以新型社团和群众团体的姿态，积极参与城市建设、社会治理和环境保护，在城镇化进程中发挥了重要的作用。梳理中国的城镇化进程，我们可以发现推进城镇化的动力机制中代表国家意志的政府行为的作用十分显著，尽管在不同时期的表现形式和内容不尽相同，但在制度建设与实施、宏观布局上发挥着主导作用，这是研究具有中国特色的城市史理论体系的组成部分。

总之，我想总结研究近代以来区域、城镇经济社会发展规律，总结城镇化道路的形成与演变，冀希有助于构建具有中国特色的区域社会经济史、城镇史的理论体系，以探索符合中国国情的发展之路。

我将几十年来的主要论文汇集为两个文集。[①] 由于早期论文有的成文或发表经过了三四十年，表述方式和注释标准不一，成集时尽量保持发表时的原貌，以留下时代的印迹。同时，根据当今的出版要求，核对了引文和数据，统一了注释格式，订正了个别的错字、漏字。在关于中国近代城市史研究的文集中有两篇早期的文章，虽与主题鲜有关联，但它们依旧是我研究历史的经历。

---

① 即本书及《百年变局下的中国近代城市史：宏观与个案》（将由社会科学文献出版社出版）。

目录

01

理论前沿与概念解读

区域史研究中的空间范围界定[*]

　　区域史是研究一定空间范围的历史，因此，科学地规范和界定区域的空间是最基本的，是区域史研究不能回避的基础问题。"区域"一词本身具有一定的广泛性，小至一个乡镇、一个行政区划或者基本的自然单元，大至一个国家、一个洲，乃至全球，都可以称为一个区域。如何界定研究对象的区域范围，不同学科对区域的理解不尽相同，研究对象也各有侧重，对区域空间范围的界定既有系统的分析研究，也有较随意借用约定俗成的概念，甚至还有泛化的趋势。由法国年鉴学派倡导而迅速兴起的综合性区域史研究，对研究对象的空间界定和称谓也是众说纷纭，莫衷一是。仅就目前国内明清以来区域史研究的空间范围来看，有州、郡、省等行政区划，长江、黄河、珠江流域和沿海、沿江等地区，岭南、太行山等山脉；有的比较谨慎，直接使用冀、鲁、豫等具体的行政省区，但直接使用江南、华北等模糊区域的也屡见不鲜。笔者认为，区域史研究对空间的界定应该是理性的，如果不加论证，或从某一方面较随意地界定，并冠名区域史，既失之偏颇，也影响区域史的科学性和严谨性，不利于区域史的深入开展和各学科的交叉研究。

一

　　区域史是研究一定空间的历史。论述和规范区域的空间范围，首先应该

---

*　　本文原载于《学术月刊》2006 年第 3 期，人大复印报刊资料《中国近代史》2006 年第 9 期全文转载。

考虑环境对区域形成与演变的作用和影响。山川等自然环境是人们赖以生存的客观条件，经济、社会、政治和生活等人文环境是其研究的主要对象，所以，区域史研究对区域的空间界定，应遵循最基本的自然和人文环境的准则，尤其是地理学的理论和方法。

区域原本是地理学阐述空间概念的话语，是地理学研究的基本单元和核心。长期以来地理学一直从地貌、河流等自然地理的角度来界定区域，并论述不同区域的差异。20 世纪初期，人文地理学逐渐兴起，人文地理在论述区域时增加了人口、经济、环境、生态的因素。50 年代以后，又衍生出诸如历史地理、文化地理、经济地理、区域地理等，行政区划、宗教、语言、风俗、生活、饮食、市场、城市等都成为界定区域空间的尺度之一，使得地理学的研究丰富多彩，也为其他学科涉足区域提供了可资利用的前提条件。在地理学界，不同的研究对象均以自身的特点表述划分区域的标准和条件。自然地理主要以地形地貌、山川、气候、土壤和动植物等特征为依据；人口地理主要根据人口分布和流动状况；经济地理主要是分析经济与产业布局，以及影响产业部门和布局的诸种要素，有学者曾经提出了区域性、综合性、专业化、中心城市四条划分标准；[1] 文化地理主要从语言、宗教、风俗习惯、娱乐方式，以及生活方式的传承来规范区域空间。以上要素的相对一致性和同一性构成一个区域，并通过以上要素的差异性来论证区域间的不同，进而形成一定的空间范围。

以华北区域为例。1954 年，中科院地理所曾组织专家撰写了《华北区自然地理资料》，这是地理学界第一部以华北命名的研究成果。该书认为，华北的范围是东起辽东、山东半岛，西至黄土高原，南到秦岭、淮河，北达外长城与辽河——在地貌上包括了黄土高原、冀热山地、华北平原、辽河平原、山东丘陵和辽东丘陵；在水文上包括了辽河、海河、黄河和淮河流域；在行政区划上包括了北京、天津、河北、山东、山西两市三省，辽宁、内蒙古的大部分，江苏、安徽、河南、陕西和甘肃的一部分。但是该书的序言又讲，

---

① 邹逸麟：《我国古代经济区的划分原则及其意义》，《中国史研究》2001 年第 4 期。

"中华地理志自然地理部分，自从划分了自然区域之后，原定按照自然区域先写各区分论，后写全国总论。编写了东北与华北两区资料而华中区还未完稿时，已发现原划区域又须修改。现在改变原定编写计划，全部编写人员投入新的自然区划工作"①。这说明，当时划分自然区划可能与国家设立六大区有关。之后的自然地理教科书一般将华北地区表述为长城以南至秦岭和淮河以北，而且多使用类似"黄河中下游流域"等话语。人口地理学家胡焕庸在1983年划分了八个人口区，其中，黄河下游区包括北京、天津、河北、山东、河南，即两市三省；不久扩大为黄河中下游区，将河南和陕西省的大部分，以及江苏和安徽省的部分地区亦列入其中；后来为了更系统完整地论述各省市的人口地理，又调整为北京、天津、河北、山西、山东、河南、陕西两市五省。②李孝聪在最新出版的《中国区域历史地理》一书中则使用了"北方黄河流域"提法，认为这是历史上广义的中原，泛指黄河中下游地区——从自然地理区划来说相当于今天的华北地区，包括现今的北京、天津、陕西、山西、山东、河南、河北，即两市五省。③然而，经济地理则频繁使用的是"华北区域"。1957年出版的《华北经济地理》将北京、天津和河北、山西、山东、河南两市四省划为华北经济区域。④之后，经济地理学者在充分考虑历史与现状、特大城市分布和经济腹地、自然条件与资源相关性，以及行政区划完整性等因素后，将全国划分为八个经济地理区，华北区位于黄河中下游及海河流域，包括京、津、冀、晋、鲁两市三省，内蒙古中西部各盟以及呼和浩特、包头两市。⑤美国学者施坚雅则是根据德国地理和经济学家的中心地理论划分晚清中国各区域的。他以河川、城市、市场为基础将晚清划定为九个大经济区，华北地区由黄河下游、淮河、卫河流域，以及许多跨越华北平原的小河流组成。从现今行政区划看，它包括河北省、山东省，河南省大部和江苏、

---

① 中华地理志编辑部编《华北区自然地理资料》，科学出版社，1957，第1、3、35页。

② 胡焕庸、张善余：《中国人口地理》下册，华东师范大学出版社，1985，第2、3、6页。

③ 李孝聪：《中国区域历史地理》，北京大学出版社，2004，第149页。

④ 孙敬之主编《华北经济地理》，科学出版社，1957，第1页。

⑤ 参见程潞主编《中国经济地理》，华东师范大学出版社，1993，第222~224页。

安徽省北部，以及山西省东部和陕西省的一部分①。

通过分析各学科对华北区域的研究，可以看出其界定的范围是有一定差异的，但这些都是从自然和人文环境视角进行的科学研究，是区域史解读研究对象的基础，也为区域史研究提供了最直接的理论和方法。

二

如何体现历史研究在区域研究中的特色，首要的是在空间的基础上注重时代感、综合性，注重自然科学尚不能包含的政治、经济、社会、文化等人文因素。

区域史是历史学的一个分支，要发挥历史研究的特点，就要注意到即便是同一个地理名词，在不同历史时期所涵盖的空间范围并不一定完全一致，需要充分考虑到自然和人文环境演变对区域空间的影响，这种影响在不同历史时期的反映也不尽相同或同步，时而渐变，时而突变。因此，在区域史研究中应了解影响空间演变的各种因素，分析其内涵与外延的共性和差异。当然，并不是要求所有的区域史研究都论述空间范围的演变过程，但需要有空间变化的理念，使区域史研究有浓重的历史含量。例如，学者李伯重撰文界定江南地区，就是十分典型的范式。该文章在阐述水系所形成的整体性的同时，强调经济区域在人们心目中应当是一个特定的概念，即"不仅由于地理上的完整性与自然——生态条件的一致性，而且也由于长期的历史发展所导致的该地区内部经济联系的紧密与经济水平的接近，使此地区被人们视为一个与其毗邻地区有显著差异的特定地区"②。再如，"华北"是近代以后从英文衍生而来的表示地理概念的话语，随着日本侵华，以及设立伪华北政务委员会等环境变化，通过媒体的广泛传播得到了民众的认同。当时的学者曾有这

---

① G.W. 施坚雅：《十九世纪中国的区域城市化》，陈克译，天津社会科学院历史研究所、天津城市科学研究会编《城市史研究》第 1 辑，天津教育出版社，1989，第 89、117~118 页。

② 李伯重：《简论"江南地区"的界定》，《中国社会经济史研究》1991 年第 1 期。

样的感慨："这里所谓'华北'系指冀鲁晋绥察五省而言也，就是现在喧腾华北经济提携里的几省。在我国，本无所谓'华北''华中''华南'名词之分。但自九一八以后，邻邦时文论著对所谓'华北''华南''华中'等名词，特别予以发挥。一若我国南北景象，迥不相侔。究其实际，不过别具用心而已。"[①]后来，地理和气象等自然科学界的论证，以及中国共产党设立华北局等，使"华北"一词成为目前人所共知的地理名词。因此，在使用类似"华北""华南"等词进行区域史研究时，应该注意与传统上"江南""河北"等名词，以及"长江""黄河中下游"等在涵盖范围和使用上的同一性和差异，注意其时代感和行政区划的影响程度。尤其是在近代以后区域经济的研究中，更要注意空间范围的演化，即在交通运输变革、商品经济发展和城市吸附能力增强等因素的作用下，各区域的临界线愈来愈不清晰，边缘地区相互重合、相互渗透，呈现出不断分化和重组的局面。

区域史研究还要充分发挥历史能够综合多重因素的特点，从多学科、多角度、多层次来理解和界定区域的空间范围。对于江南、华北、华南等跨省的区域，要注意地域认知上传统与现代的融合和创新。由于中国长期存在固化的大一统等理念，地方行政区划从秦汉的郡县、元代的行省路府州县，到明清时的以省县为单位，省是地方的最高层次，也成为地方区域的概念；除此之外，无论是政府，还是文人墨客或普通民众，通常是用城池、地名、关隘、山川，以及三吴、江南、江北、关中、（黄）河北、（黄）河南、中原等话语表述省以上的空间范围。清政府曾设立跨省的直隶、两江、闽浙等八个总督，开埠以后又设立了南洋和北洋大臣，一时间以南洋和北洋作为地域的奏折、文章盛行，从地方行政管理角度看，这是区域观念上的突破，更重要的是推进了朝野内外地域观念从以内陆为中心向海洋的转变。但是，"南洋"和"北洋"的话语流行的时段并不长久，很快就被传统的"江南"和新出现的"华北"等名词所替代，到现在就连"北洋军阀"和"北洋政府"的使用率也不是很高。我们研究区域史要注意到这种变化，只有综合历史沿革、经

---

① 杨德惠：《经济开发中华北棉产的现状》，《商业月报》第 16 卷第 12 期，1936 年。

济发展水平、行政区划和现状等因素，才能够在使用上更加准确和科学地规范研究对象的空间范围。

区域史是多学科交叉的综合研究，应该提倡"史无定法"，鼓励区域史研究者根据不同的研究对象和角度，划分区域的空间范围。例如研究区域经济的近代化进程，一般多参考发展经济学的理论和方法，认为经济区由多种自然地理要素和与之相协调的人文环境所决定，以劳动地域分工为基础，形成各具产业特色的地理区域；在商品经济发展的条件下，在一定空间范围内的市场等级和网络，具有较强凝聚力和辐射力的中心城市（群）及腹地组成了该区域的经济体系。区域城市史则是以城市为基础划分区域，并考虑自然地理、社会经济、地域生产力空间结构等因素，将城市的结构和职能、城市等级和系统作为重要条件之一。[1]而区域社会史的研究则强调地域内社会各种因素的整体性和共性联系，研究对象的相近性和历史传承性，进而认定研究对象的空间范围。[2]区域文化史则侧重宗教、习俗、语言等文化表象的同一性和区域之间的差异，并以此来划定研究的区域范围。虽然不同的研究视角所表述的区域的空间范围不尽相同，但凡是认真规范研究对象空间范围的论著，都有其学科特色，有其合理的成分，体现了区域史研究的多样化，恰恰可以探索空间演变的深层次原因，凸显区域史的特色，对推动区域史研究的不断深化将起到一定的作用。

---

[1] 参见顾朝林等《中国城市地理》，商务印书馆，1999，第 77~81、156~159、257~282 页。
[2] 乔志强主编《近代华北农村社会变迁》，人民出版社，1998，第 24 页。

"华北"考[*]

近年来，区域史是历史学界的主要研究领域之一，有关华北地区的论著层出不穷。但是，"华北"一词的来源，无论从语言学、文化地理学的角度，还是在区域研究的层面，始终未见有人进行过认真的考订和研究，致使各学科在使用"华北"作为地域概念时，对其空间范围的划定以及内涵等，没有相应的标准和界定。一个词的出现有随意的成分，但是也有其时代背景。一个词语的生成，必定在某种意义上遵循其语义和话语的语境知识，即一系列的背景设想，以及使用者理应遵循的有关真实性、明晰性、关联性、信息性等原则；一个词被人们广泛使用，也必然遵循同样的认知基础。因此，追踪"华北"一词的词源，探索其出现的语境、语义，分析这一名词为什么能被各学科采纳，为什么能在民众的日常生活中广泛使用，并非仅仅语言学范畴的问题，实际上也是区域史研究的基础。

一

首先需要追本溯源了解中国历史文献中"华北"一词的出现和使用语境。无论是《康熙字典》和《辞源》，还是《大清一统志》《天下郡国利病书》《小方壶斋舆地丛钞》等地理名著，都没有"华北"一词。检索电子版的文渊阁四库全书，终于看到353处使用"华北"的痕迹。经过分析，绝大多数是没有断句的字与字连接，涉及地域的多是与华山有关联。最有代表性的是清代学者胡渭（1633~1714）的《禹贡锥指》言道："盖境上之山，非一州所得专。青、徐共是岱，荆、豫共是荆，而太华则雍、梁、豫共之。华北为雍，华南为梁，华东为豫，豫虽不言西界，观雍、梁可见也。"[①] 这里的华北，实为西岳华山之北。由此可以初步认定，到清代中叶前，"华北"一词并没有成为人们认同且具有地域概念的名词。究其原因，我国的行政区划从秦汉时为郡县，元代时为行省路府州县，到明清时期基本以省为最高层次。清代初期，地域区划曾有所突破，政府一度设立跨省的总督，如两江、闽浙、两湖、陕甘、两广、云贵总督等。但历代政府以及各级官员通常是以省，或者是以山川、大海作为表述较为广阔地域的话语。受此影响，文人等民众中也多从行政区划和山河等自然环境的角度理解和描述地域空间。正如地理学家所言，"一般人士习俗之称谓，仍以省为普遍，行之既久，遂成不刊之典"。[②]

晚清时期，沿海口岸被迫开埠通商，西方势力不断扩张，从内忧外患和朝廷安危的角度来看，中国北方政治经济的重要性陡然上升，清政府设置跨省的南洋大臣和北洋大臣，这是中央政府管理机制上的一个进步，开始注意从海洋的角度理解地域，朝野内外"南洋"和"北洋"的使用率很高。但对于已经固化的习惯性话语来说，公文往来和典籍笔记等，仍然多用具体的城池、地名、关隘、山川，或者以江南、江北、关中、（黄）河北、（黄）河南、中原等来报告情况和抒发情感，都不曾使用"华北"一词来表述中国北方。

进入 20 世纪，特别是 20 年代以后，"华北"一词使用频率很高，从自然学科、人文学科，到一般媒体和民众，都对"华北"的称呼有不同程度的认同感。于是，我们不得不将视野扩大到当时外国人对中国北方的表达方式和语境。

16 世纪末以后，来华的传教士就使用"North China"或者"Northern

---

① 胡渭：《禹贡锥指》第 9 卷，永瑢、纪昀等编纂《文渊阁四库全书》，上海古籍出版社，1989，第 67 册，第 478 页。

② 顾颉刚、史念海：《中国疆域沿革史》，商务印书馆，1999，第 189 页。

Provinces of China"来描述中国的北方，如利玛窦的《利玛窦札记》中就曾使用这样的话语。东南沿海五口开埠通商后，西方国家在中国设立使馆和领事馆，把持各地的海关。这些来华洋人向其政府汇报时，仍然用"North China"来表述中国的北方。如上海江海关1843年的海关年报、英国驻上海领事1855年贸易报告，[1]以及在华传教士等的报告或文章等；再如1847年福钧（Fortune Robert）在伦敦出版的《北方诸省三年旅行记》（*Three Years' Wanderings in the Northern Provinces of China*）、罗伯特（Swinhoe Robert）1861年在伦敦出版的《1860年北方诸省作战记》（*Narrative of the North China Campaign of 1860*）、韦廉臣（Williamson Alexander）1870年的《北方诸省、满洲及东蒙旅行记》（*Journeys in North China，Manchuria，and Eastern Mongolia*）。但是，早期的在华洋人，对"North China"的空间范围并不明晰，居住在南方广州和上海等地的洋人，从语言习惯上一般将自己的居住地以北统称为"North China"。如丁韪良（Martin William Alexander Parsons）的哥哥1850年4月在香港乘玛丽·伍德号客轮去中国北方，实际是去上海。[2]值得注意的是，1850年英国人奚安门（Shearman Henry）在上海创办的第一个英文周刊——"*North China Herald*"，当时人即将其称为《北华捷报》，大概这是已知资料中最早将"North China"翻译为与华北有关的话语了。《北华捷报》也是以广东和福建的地理位置为参考，将上海视为"North China"。该报1859年被英国政府指定为上海驻华领事馆和商务监督公署的刊物，其内容以上海为中心，仅在外埠新闻中有些涉及北方的消息。[3]居住在北方的人，也使用"North China"。如天津海关1867年以及以后的年报、1892~1901年的十年报告等；1880年后天津海关港务部长络维特（William Nelson Lovott）主编了报纸"*Northern Post*"，被译为《北方邮报》；[4]再如美国公理会教士明恩

① 李必樟译编《上海近代贸易经济发展概况》，上海社会科学院出版社，1993，第16页。
② 丁韪良：《花甲忆记——一位美国传教士眼中的晚清帝国》，沈弘等译，广西师范大学出版社，2004，第4页。
③ *North China Herald*（《北华捷报》），1862年6月28日。
④ O.D.Rasmussen（雷穆森），*Tientsin - An Illustrated Outline History*（《天津——插图本史纲》），天津印字馆，1925，中译本见《天津历史资料》1964年第2期，第51页。

溥（Smith Arthur Henderson）长期住在天津和山东，1892 年的《中国人的素质》和 1899 年的《中国乡村生活：社会学研究》也是用 "North China" 介绍中国的北方，甚至用北纬 37 度的地理概念。在当时，也有一些学校或公司使用 "North China"。北京燕京大学的前身协和书院，是在通州潞河书院基础上建立的，其英文名称就是 "North China Union College of Arts"，20 世纪初建立的协和华文学校、协和女子医学校等英文名称也都有 "North China" 的字样。1868 年英国人在上海创办了资本 30 万银两的北清轮船公司，其英文名称即为 "North China S.N.Co."。① 需要指出的是，《北华捷报》是当时颇有影响的报纸，国内外经常引用该报信息，该报的 "North China" 最早翻译为接近 "华北" 的 "北华"，有助于人们从字义上理解和接受 "华北" 这个新的名词。其佐证有二：其一，据《上海总商会月报》第 2 卷第 9 号的调查，1898 年在天津曾由商人兴办了资本 14 万元的北华制造烟草公司；② 其二，美国的传教士 1866 年在广州南郊的博济医院内附设了南华医学校，1904 年扩建改名为华南医学院。③

日文记述中国北方时，通常使用 "北支那" "北支" "北清"。在日本外交档案中，有 1887 年 6 月日本驻天津领事关于 "北支那地方产出绵羊毛及骆驼毛的景况并关于买卖的实况" 和 "北支那烟草说" 的报告。以后的日本驻天津、上海领事馆的报告中，也是用 "北支那" 和 "北清" 来介绍北京、天津等地状况。④ 日本人 1870 年前后将罗伯特的《1860 年北方诸省作战记》翻译为《北支那战争记》，⑤ 可能是日文书中最早使用 "北支那" 一词的。以后，有许多游记也开始这样冠名。如海军中尉曾根虎雄 1875 年撰写的《北支那纪行》，⑥ 1887 年亚西亚协会会员仁礼敬之撰写的《北清见闻录》，原名为《北

---

① 聂宝璋编《中国近代航运史资料》第 1 辑，上海人民出版社，1983，第 294 页。
② 杜恂诚：《民族资本主义与旧中国政府（1840~1937）》，上海社会科学院出版社，1991，第 383 页。
③ 顾长声：《传教士与近代中国》，上海人民出版社，1983，第 282 页。
④ 日本外务省通商局：《通商汇纂 1887~1890》；角山荣等监修《マイクロフィルム版领事报告资料收录目录》，东京雄松堂，1983，第 8 卷第 187 页，第 13 卷第 665 页。
⑤ 《内阁－单行书－蕃地处理》，日本国立公文书馆藏档案，档案号：单 00642100。
⑥ 曾根虎雄：《北支那纪行》，日本东洋文库藏，1875。

支那商况视察录》，介绍了北京和天津的商业、金融、商事惯例、税收和徭役等。①甲午海战前日本加紧了对中国的调查，有原田藤一郎撰写的《实践地志北清事情》，其虽自称是亚细亚大陆单身旅行者，实际上是对中国进行军事性的侦察和分析；②波多野承五郎等撰写的《北支那朝鲜探险案内》，叙述了从天津上岸后对北方的印象。③另外，还有吴乡居士的《北支那杂记》、东京地学协会印的《北支那三省地图》等。④1900年庚子事变后，日本的档案和书籍中使用"北支那"和"北清"的更是俯拾即是，并有"北支那"驻屯军长期驻扎天津。

19世纪末，出现了"华北"一词。经考证，现存资料中最早使用"华北"一词的，是1891年北京的中文期刊——《华北月报》。《华北月报》最早使用"华北"一词是笔者在搜集资料过程中首次发现，此前中外学者在研究报刊、宗教等论著中从未提及。近期从美国耶鲁大学图书馆发现了该刊前3年的合订本，另外在美国哈佛-燕京图书馆和日本东京大学法学部图书馆也有少量馆藏，而在国内各图书馆等至今无处寻觅。该杂志由美国基督教公理会在北京的分会创办，封面印有"救主降世一千八百九十一年，光绪十七年，华北书会印发"，以及卷期和价钱；封二首行为中文"华北月报"，以下依次为"Hua Pei Yueh Pao"、英文刊名 *North China Church Times*、目录、编辑发行者"North China Tract Society"（即华北书会）、印刷者"Printed At The American Board Mission Press"（即美国公理会），以及卷期和中文目录等。

从该杂志的出现和内容，我们可以大概了解19世纪末在华洋人对"North China"的理解，有助于了解"华北"一词使用的新语境。

首先，将"North China"正式翻译为"华北"。该杂志的发行者为 North China Tract Society，这里直接翻译为华北书会，使英文中"North China"的译名成为较为固定的中文名词。

---

① 仁礼敬之：《北清见闻录》，东京博文堂，1887，日本东洋文库藏。
② 原田藤一郎：《实践地志 北清事情》，东京青木嵩山堂，1894，第3页，日本东洋文库藏。
③ 波多野承五郎、松山虎雄：《北支那朝鲜探险案内》，1894，第8页。
④ 吴乡居士：《北支那杂记》，东京春阳堂，1894；东京地学协会：《北支那三省地图》，丸善书局，1894，日本国会图书馆藏。

其次，英文的"North China"有了一定的地域概念，我们从该杂志的序等处可以得到诠释。

> 华北书会司事人等恭请中西诸位牧师教友阅看新报启：现今中国新报甚多，凡于世道人心有益者，无不随时登记，传示各方。而北京各教会独未有新报传布，以致彼此情形俱未能周知。故本书会总董及司事诸人公同商议，皆愿将教中有益之事著为新报，以广见闻。①
>
> 本年会中新出报本，名《华北月报》。此报大旨，即欲将教会新闻，并教会各事，通知华北各教会，便其互相联络成为一体。且报中亦非只论教中事，凡足以增长人之智慧，广辟见闻者，悉可登录。故无论教内教外，皆可阅看。②

由此可以得知，该杂志是为在北京各教会传教开办的，在这里，北京各教会与华北各教会似乎是一个概念，这与各教会的划分教区有关。以天主教为例，1576 年罗马教廷建立澳门教区；1690 年增为澳门、南京和北京三大主教区，九个代牧区，北京教区辖区为直隶、山东和辽东；1879 年又划分为六大教区，第一区辖区有直隶、辽东、蒙古，第二区辖区有山东、山西、河南、陕西、甘肃。③耶稣会最初有中国传教区，1636 年分为南北两区。由此传承下来，北京一直是北方传教的枢纽，华北书会则是北方各教会的信息汇总中心，其中文称谓选择了"华北"。

《华北月报》每期仅发行 600 册，从经营者和撰稿人情况看，该报属于北方各教会联系和宣传的主要阵地，受众是传教士和教徒。早期报纸中未注明经理，1896 年后的经理可能是李佳白（Reid Gilbert），1897 年后经理是丁韪良。撰稿人多是各教会的神职人员，如李提摩太（Richard Timothy）、富善（Goodrich Chauncsy）、李安德（Pilcher Leanoler）、瑞思义（Rees Williwn

---

① 《华北月报》第 1 期，1891 年，第 1 页，美国耶鲁大学图书馆藏。
② 《华北书会年报》，《华北月报》第 9 期，1892 年，第 4 页，美国耶鲁大学图书馆藏。
③ 顾卫民：《中国天主教编年史》，上海书店出版社，2003，第 76、205、400 页。

Hopkyn)、文书田（Owen George）等；还有曾毕业于山东文会馆，后被丁韪良带到北京在京师大学堂任教的仲伟仪、朱葆琛。① 该月报内容包括各教派的发展历史，以及北京、直隶、山东省和海城等教会的活动等。

以上可以说明，《华北月报》之所以使用"华北"一词，是沿用了华北书会的中文翻译，其深层次上是受教区划分的影响。从该杂志内容上感觉到，这里"华北"与北京时而混用，如 1895 年的第 12 卷中曾用"华京"一词，并在词下加横线以表示是地名，文中讲述的是北京的事。1892 年内容中还有由北京的公理会、美以美会、伦敦会、长老会等联合成立的华北三余会多篇报道。这些均可以说明，虽然当时华北的地域观念比较模糊，但是已经出现并开始使用"华北"一词来表述更大的空间范围了。

二

一个新的词语无论是从外语中衍生，还是从原有词汇中生成，都会有一个过程。这个过程是随着政治、经济、社会的需要，以及对该词语的认知程度等语境变化而变化的，流传的范围和速度抑或广泛而迅速，抑或狭窄而缓慢。从以上史料看，"华北"一词在 19 世纪末最初出现时，语义和语境并不清晰，地域概念也不强，中国知识界和民众的认知程度也十分有限，所以传播的范围并不广泛。如 19 世纪末德国人在天津创办的《直报》和上海的《申报》、20 世纪初期天津的《大公报》，以及《东方杂志》等许多报刊，尚没有发现使用"华北"一词的。如果长此以往，"华北"一词的生命力和延续性等将大打折扣。

20 世纪以后，"华北"的概念通过报纸杂志、书籍等路径，经过社会、经济、文化体育等多个层面比较迅速和广泛地传播，彰显其生命力，并通过自然科学和区域性行政管理机制的认定，成为人所共知的有一定空间范围的地域名词。下面通过几个层面进行分析。

---

① 《华北月报》第 1 期, 1895 年, 日本东京大学法学部图书馆藏; 撰稿人身份见王立新《美国传教士与晚清中国现代化》, 天津人民出版社, 1997, 第 224 页。

第一，国内外政局的大环境促使"华"与"夷"两字的对立成分增强。一直以"华夏"自尊的中华帝国，面对列强的扩张，自然生成抵触情绪。开埠后，中国政府官员、文人就与在华洋人对"华夷""夏夷"使用上展开争论，当时称之为"华夷辨""夏夷辨"。王韬在《华夷辨》中曾言，"自世有内华外夷之说，人遂谓中国为华，而中国以外统谓之夷，此大谬不然者也"。①1858 年的中英《天津条约》，第一次以官方文件的形式明确规定，"嗣后各式公文，无论京外，内叙大英官民，自不得提书夷字"。但是，流传了几千年的"华夷"理念，已经融入人们的血液，内化为心理素质的体现。故"华夷"的话语并没有消失殆尽，在相当长的一段时期内，文人和一般民众继续用"夷"称谓西方人，就连政府官员，甚至皇帝发布的上谕也依然称"夷"。直到同光年间，一些官书仍然照旧使用"夷"字，如道光、咸丰、同治等各朝的《筹办夷务始末》。与此相对应，"华"在一定程度上是中华民族和中国的代名词，在朝野得以更广泛的使用，如"华人""华侨""华资""华商"。这些为"华北"一词能够得到国内各界人士认同，进而延续、流传和广泛使用创造了一定的条件。

第二，报刊在传播新词语上起到相当的推动作用。1903 年在北京有文明书局编辑出版了中文杂志——《华北译著编》。这大概是最早由中国人创办的以"华北"冠名的中文杂志。从可以查到的目录看，它还不是专门反映中国北方状况的杂志，即便 1905 年更名为《华北杂志》，其地域色彩也不十分明显，但至少可以说明，在北京的编辑出版者已经有了"华北"的概念，并开始在刊物上使用。当时，用"华北"命名的报刊还有：1905 年奥国人菲舍尔（Fisher Emil Sigmund）在天津创办的《华北每日邮报》（*North China Daily Mail*）；1899 年日本人西村博在天津创办《北清新报》，②1906 年改名为《北洋日报》和《北清时报》，被翻译为《华北时报》；③1918 年北洋大学政治学教授美国人福克斯博士（Fox Charles James）创办的《华北明星报》（*North*

---

① 王韬:《弢园文录外编》，上海书店出版社，2002，第 245 页。
② 小仓知正:《天津在留邦人官商录》，天津兴信所，1922，第 31 页。
③ 小幡酉吉传记刊行会编印《小幡酉吉》，第 68 页。

China Star）；[①]1919 年 12 月 1 日在北京创刊的期刊 *North China Standard*，其中文名称为《华北正报》。[②] 当时天津的《华北每日邮报》，被称为"一种内容贫乏印刷粗劣的晚刊"。[③] 在中文报刊中，周拂尘曾于 1921 年 8 月和 1928 年 6 月在天津分别创办了《华北新闻》和《华北晚报》；在青岛也出现了以"华北"冠名的报纸。另外，还有一些介绍北方的图书也以"华北"冠名。因此，20 世纪以后"华北"这一名词开始流传，使用频率也有所增加，并在一定程度上得到社会的认同。

第三，在一些与民众关系密切领域的使用，促进了该词传播的广泛化和大众化。1910 年全国举行第一届运动会，由北京和天津各学校组成了华北地区代表队，各报纸均有相关报道。1913 年 5 月，在北京天坛举行了第一届华北运动会，以后每年一次，参与的省市从京津扩大到山东，报纸的宣传有相当的影响力。1921 年北方各省大面积受灾，梁士诒在北京组织了华北救灾协会，一时间，各家传媒多报道华北的灾荒和赈济，如著名记者邵飘萍曾在 1921 年 9 月的《京报》上连续发表了《华北救灾问题之研究》。作为新出现的具有一定地域特色的词句，"华北"甚至还有些时尚的色彩。北方各地开办的近代企业中，有的为有新意以"华北"冠名，如 1914 年张家口的华北电力公司、1917 年天津的华北制革厂和唐山的华北唐山电力厂、1920 年清苑县的华北花边发网公司、1921 年天津的华北毛品纺织公司、1924 年大同的华北第一毛织公司等。

第四，行政管理机构和知识界的某种认定，初步确定了该词所涵盖的空间范围。"华北"作为地理名词，仅通过以上路径的传播和民众的共识是不够的，还要知识界的研究和认定。1928 年直隶改称河北省后，原来的顺直水利委员会改名华北水利委员会，并创办了《华北水利月刊》。该委员会的工作，主要是管理海河流域的河道疏浚和水利。实业部天津商品检验局 1935 年 7 月

---

① O.D.Rasmussen（雷穆森）：*Tientsin - An Illustrated Outline History*（《天津——插图本史纲》），天津印字馆，1925，中译本见《天津历史资料》1964 年第 2 期，第 155 页。

② 《新闻及通信ニ关スル调查报告书ニ关スル件》，1928 年 6 月 9 日，日本外交史料馆藏，档案号：B-A-3-5-061。

③ 张静庐辑注《中国出版史料补编》，中华书局，1957，第 344 页。

也成立了华北棉业研究改良委员会，协调和组织河北、山东和山西等省的棉种改良和棉花生产。竺可桢 1934 年也撰写了《华北之干旱与前因后果》，从气候学角度研究北方地区。由此可见，尽管没有规范和统一的区域划定，但一些自然科学学者根据环境和学科不同，开始将华北作为研究的对象。

1931 年九一八事变后，日本进犯冀东、长城一带，局势紧张，战争一触即发。这时，华北问题更引起知识界的广泛关注，以"华北"为题的著作和时论层出不穷，强化了该词的时代特点。如吴蔼宸 1929 年的《华北国际五大问题》、孙嘉会 1930 年出版的《华北革命史》、青岛工商学会 1933 年的《青岛在华北之地位及其发展之趋势》、方显廷 1936 年的《论华北经济及其前途》、周默秋 1937 年的《华北五省经济与英日》、金曼辉 1937 年的《我们的华北》、刘仁 1938 年的《日寇开发华北的阴谋》、长江和老舍 1938 年的《华北六省抗日血战史》等。[①] 而且已经有人论证其空间范围。如曲直生在《华北民众食料的一个初步研究》一书中认为，"华北、华南这两个名词，往往因人们所居住的地域而有不同的观念。即中国的地理学家，对此亦无确切的规定。本题目所指的华北，系包括北纬 32 度至 45 度中间的地带。就省分讲，包括河北、河南、山西、山东、陕西、热河六省区，及察哈尔、绥远、甘肃、宁夏、青海的一部分"。[②] 涉及华北的文章更多，有《列强在华北底文化侵略机关》《停战与华北前途》《华北农村人口之结构与问题》《论华北经济及其前途》《华北的经济地位》等。[③] 同时，华北也成为民众呼吁抵御日本侵略首先触及的话语，"华北停战协定""华北事变""华北战区""保卫华北"等词语屡见报端。这时，"华北"一词也引起一些人的反感。1936 年就有人认为："这

① 吴蔼宸:《华北国际五大问题》，商务印书馆，1929；孙嘉会:《华北革命史》，东素友学社，1930；青岛工商学会:《青岛在华北之地位及其发展之趋势》，烟台泰东印刷局，1933；方显廷:《论华北经济及其前途》，天津南开大学经济研究所，1936；周默秋:《华北五省经济与英日》，现代国际社，1937；金曼辉:《我们的华北》，上海杂志无限公司，1937；刘仁:《日寇开发华北的阴谋》，黎明书局，1938；长江、老舍:《华北六省抗日血战史》，狮吼出版社，1938。

② 曲直生:《华北民众食料的一个初步研究》，参谋本部国防设计委员会，1934，第 1 页。

③ 分别见《新北方》第 3 期，1931 年；《国闻周报》第 6 期，1933 年；《社会学界》第 8 期，1934 年；《政治经济学报》第 4 卷第 4 期，1936 年；《经济汇刊》第 4 期，1936 年。

里所谓'华北'系指冀鲁晋绥察五省而言也，就是现在喧腾华北经济提携里的几省。在我国，本无所谓'华北''华中''华南'名词之分。但自九一八以后，邻邦时文论著对所谓'华北''华南''华中'等名词，特别予以发挥。一若我国南北景象，迥不相侔。究其实际，不过别具用心而已。"①

政府建立以"华北"为名的行政管理机制，对"华北"成为地域名词起到至关重要的作用。日本占领京津后，成立了伪中华民国临时政府，1940年3月由南京维新政府和北平临时政府拼凑了伪民国政府，临时政府改称"华北政务委员会"，其管辖区域为：北京、天津、青岛三个城市，河北、山东、山西三省以及河南北部的1市39个县。② 这是第一个以华北命名的有具体行政区划的行政管理机构，其地域范围也大致相当于日本对"北支那"的界定。该殖民政权在日本投降时倾覆。

解放战争期间，中国共产党为了加强领导，将华北划为一级军事和行政管理的区域，这是"华北"一词在新形势下的延续。1947年下半年后，人民解放军转入战略进攻，迅速解放了中原大地，1948年5月党中央将晋察冀、晋冀鲁豫和山东渤海解放区合并为华北解放区，各军区合并为华北军区，成立了中共中央华北局；8月召开人民代表大会，选举了华北人民政府委员会，组成了人民民主政权——华北人民政府，其管辖范围是当时的河北、山西、察哈尔、绥远、平原等省和北平、天津，这是以"华北"为名的具有行政区划的党政军一体化的民主政权。

新中国成立初期，为了便于在中央统一领导下因地制宜地开展工作，中央人民政府决定在省之上设置东北、华北、西北、华东、中南、西南六大行政区，相应设置一级地方权力机构——人民政府或军政委员会，同时还设立了中共中央地方局。华北行政区的管辖范围是北京、天津、河北、山西、绥远、察哈尔、平原等省市。1952年4月中央人民政府委员会决定，撤销一级地方政权，设立政务院所属的派出机构——行政委员会，华北行政委员会随即成立。1954年6月中央人民政府委员会决定，撤销六大区行政委员会。从

---

① 杨德惠：《经济开发中华北棉产的现状》，《商业月报》第16卷第12期，1936年。
② 华北政务委员会编《华北政务委员会法规汇编》，北京华北政务委员会，1941，第1页。

此，以"华北"命名的地方管理机构不复存在。但是，由于组织和管理机制的沿革，"华北"仍然作为指代一定地区范围的专有名词，在各界广泛使用。1957年我国开展大规模经济建设，为了逐步改变产业布局不合理状态，充分利用各地资源，建立各具特色的工业体系，国家计划部门借鉴苏联划分21个经济区的做法，以原来的六大区为基础，将全国划分为东北、华北、华东、华中、华南、西南、西北七大经济协作区，1960年中共中央又恢复了六大区中央局，中共华北局等一直存在到"文化大革命"中期。目前，一些国家部门为了便于管理，仍然以原来六大区为基础设立大区或片，如金融、化工，甚至社科等界都以区或片为单位定期举办联席会议。

综上所述，具有地域概念的"华北"一词，是19世纪末期在外国势力逐渐深入我国和国人注意维护主权的语境下形成的，通过媒体、社团、知识界和民众等多个路径的传播，其被赋予政治、经济、文化、水利、地理等多重内涵，并借助地方行政管理机制的设置，成为人所皆知并广泛使用的具有空间概念的词语。至于华北所涵盖的空间范围，不同学科和领域的界定并不一致，这不利于区域史研究和当前提倡的发展区域经济的需要，应该进行系统的论述和研究。

论华北区域的空间界定与演变[*]

　　"华北"作为具有空间概念的名词出现在 19 世纪末 20 世纪初,其后迅速传播、广泛使用至今。但对华北的空间范围,政府行政管理有约定俗成的概念,各学科则根据研究对象来界定,这既不利于区域史研究的严谨性和科学性,也不适应当前发展区域经济战略部署的需要。运用多学科理论方法,综合多种因素,规范和界定华北区域的空间范围,无疑具有重要的学术价值和现实意义。

一

　　中国的行政区划从秦汉的郡县,元代的行省路府州县,发展到清代的省府县;另外,政府、文人墨客和普通民众也常用三吴、江南、江北、关中、(黄)河北、(黄)河南、中原等词表述一定的空间地域。晚清以降,沿海口岸被迫开埠通商,清政府设置跨省的南洋大臣和北洋大臣,朝野内外开始引入具有海洋理念的"南洋"和"北洋",却仍然未见用"华北"来表述中国北方。

　　从已掌握的史料看,1891 年由美国基督教公理会北京分会创办的《华北月报》,是最早在空间概念的意义上使用"华北"一词的,它的出现与英文的"North China"有关。最初来华洋人对中国的空间概念并不清楚,

*　　本文原载于《天津社会科学》2006 年第 5 期。

"North China"使用范围宽泛，并没有固定的地理含义。1850年英国人奚安门（Shearman Henry）在上海创办了第一个英文周刊——*North China Herald*，当时即称《北华捷报》，这是站在广东和福建的角度，将上海视为"North China"。随着在华洋人对中国地理的深入勘察，19世纪末南方和北方的空间概念渐次形成，这时的"North China"泛指中国北部、北方诸省，各国使馆、海关和传教士的报告，以及外国人的游记等都是这样表述的。《华北月报》的英文名即为*North China Church Times*，之所以使用"华北"一词，大概是因为创办者的中文名称为华北善会。该月刊主要介绍北京、天津、直隶、山东和辽宁等地的传教活动。

进入20世纪，随着政局变化和经济发展，经过报刊的传播，"华北"作为地域名词使用的频率增加，有以"华北"为名的中外报刊和书籍，有华北运动会、华北救灾协会、华北棉业委员会、华北水利委员会等。尤其是九一八事变后，"华北问题"引起朝野广泛关注，许多著作和时论以"华北"为题，使其一时间成为爱国人士呼吁抵御日本侵略的"流行语"。这有助于民众对"华北"一词地理位置的认同。①

二

"华北"一词作为地理名词出现至今不过百年，政府和科学界对该词涵盖空间的界定和表述，使其成为区域专业词语。

行政区划是国家根据行政管理的需要人为划定的。七七事变后日本在北京拼凑了伪中华民国临时政府，南京伪民国政府成立后其原班人马组成了华北政务委员会，管辖区域为北京、天津、青岛三市，河北、山东、山西三省以及河南北部的1市39个县，②这与日本对"北支那"的界定和日本兴亚院华北联络部管辖范围一致，也是第一个以"华北"命名的有行政区划的机构。

---

① 参见张利民《"华北"考》，《史学月刊》2006年第4期。
② 华北政务委员会编《华北政务委员会法规汇编》上卷，北京华北政务委员会，1941，第1页。

1948 年 5 月中国共产党将晋察冀、晋冀鲁豫和山东渤海解放区合并为华北解放区，设中共中央华北局，8 月通过人民代表大会选举成立了华北人民政府，其管辖范围包括当时的河北、山西、察哈尔、绥远、平原等省和北平、天津两市。新中国成立伊始，中央人民政府决定在省之上建立六大行政区，1952 年中央政府决定撤销大区一级地方政权，改设政务院派出机构——行政委员会。1954 年 6 月中央人民政府又决定撤销大区行政委员会，从此大区一级的管理机构不复存在。但是，仍然时常看到跨省大区的痕迹。如 1958 年国家计划部门将全国划分为七大经济协作区，1960 年中共中央又恢复了华北等六大局。目前，国家一些主管部门还以六大区为基础划分若干大区或片，华北仍是大区之一。

随着经济社会发展和行政管理等多方面的需要以及"华北"一词的广泛使用，自然地理等学科开始从自身特点界定和表述华北的空间范围。

自然地理是根据地理特征的相对一致性划分区域的。1954 年中国科学院地理所撰写的《华北区自然地理资料》，首次从地貌、河流、气候、土壤和动植物等方面表述了华北区的空间：在地貌上包括黄土高原、冀热山地、华北平原、辽河平原、山东和辽东丘陵；在河流上包括辽河、海河、黄河和淮河流域；也就是在行政区划上包括京津和冀鲁晋两市三省，辽蒙的大部分，苏皖豫陕甘的一部分。但该书序言认为，"自从划分了自然区域之后，原定按照自然区域先写各区分论，后写全国总论。编写了东北与华北两区资料而华中区还未完稿时，已发现原划区域又须修改"。[①] 这说明当时的区划可能与政府设六大区有关。在以后自然地理的著作中，一般多使用"黄河中下游流域"等词。人口地理根据人口状况的同一性和区际差异性划分区域。1983 年人口地理学家胡焕庸划分了八个区，其中黄河中下游区包括京津和冀鲁晋两市三省，以及豫陕苏皖的一部分。大体上以长城为北界，秦岭和淮河为南界，陇山和子午岭为西界；后来为了更系统完整地论述各省市的人口地理，将黄河中下游区调整为京津和冀鲁晋豫陕两市五省。[②]

---

① 中华地理志编辑部编《华北区自然地理资料》，科学出版社，1957，第 1、3、35 页。
② 胡焕庸、张善余：《中国人口地理》下册，华东师范大学出版社，1985，第 2、3、6 页。

经济地理学使用华北区域的频率最高。经济学强调根据经济状况划分经济区，有的学者归结为区域性、综合性、专业化、中心城市四条标准。[①]20世纪 30 年代曲直生曾论及华北的空间范围，"华北、华南这两个名词，往往因人们所居住的地域而有不同的观念。即中国的地理学家，对此亦无确切的规定。本题目所指的华北……就省分讲，包括河北、河南、山西、山东、陕西、热河六省区，及察哈尔、绥远、甘肃、宁夏、青海的一部分"[②]。也有人认为"这里所谓'华北'系指冀鲁晋绥察五省而言也，就是现在喧腾华北经济提携里的几省。在我国，本无所谓'华北''华中''华南'名词之分。但自九一八以后，邻邦时文论著对所谓'华北''华南''华中'等名词，特别予以发挥"，是别有用心。[③]1957 年中国科学院中华地理志编辑部编写了《华北经济地理》，华北区域划定为北纬 31º25′ ~42º40′，东经 110º20′ ~122º41′，从行政区划讲包括京津和冀鲁晋豫两市四省。[④]其后，研究者将全国划分为八个经济地理分区，华北区位于黄河中下游及海河流域，包括京津和冀晋鲁两市三省，以及内蒙古中西部锡林郭勒、乌兰察布、伊克昭、巴彦淖尔、阿拉善五盟和呼和浩特、包头两市。[⑤]

在历史地理学的研究中，对华北区域多采用黄河中下游或者黄淮海平原、华北平原等概念。[⑥]有学者认为，北方黄河流域是历史上广义的中原，泛指黄河中下游的地区，从自然地理区划来说相当于今天的华北地区，包括京津和陕晋鲁豫冀两市五省。[⑦]历史学界的华北区域史研究，一般借用地理学的区划。美国学者施坚雅的区域划分理论最有代表性。他以河川、城市、市场为基础将晚清划定为九个大经济区，华北地区由黄河下游、淮河、卫河流域，以及

① 邹逸麟:《我国古代经济区的划分原则及其意义》,《中国史研究》2001 年第 4 期。
② 曲直生:《华北民众食料的一个初步研究》,参谋本部国防设计委员会,1934,第 1 页。
③ 杨德惠:《经济开发中华北棉产的现状》,《商业月报》第 16 卷第 12 期,1936 年。
④ 孙敬之主编《华北经济地理》,科学出版社,1957,第 1 页。
⑤ 参见程潞主编《中国经济地理》,华东师范大学出版社,1993,第 222~224 页。
⑥ 王育民:《中国历史地理概论》上册,人民教育出版社,1987,第 348 页;邹逸麟主编《黄淮海平原历史地理》,安徽教育出版社,1993,第 1 页。
⑦ 李孝聪:《中国区域历史地理》,北京大学出版社,2004,第 149 页。

跨越华北平原的诸多小河流组成；从现今行政区划看，包括河北、山东两省，河南省大部分地区和江苏、安徽两省的北部，以及山西省东部和陕西省的一部分。[①]日本学者斯波义信在此基础上提出了地文—生态地域的新说，使区域划分更具有自然的色彩。[②]中国学者李伯重在肯定上述理论的同时，强调经济区域"不仅由于地理上的完整性与自然——生态条件的一致性，而且也由于长期的历史发展所导致的该地区内部经济联系的紧密与经济水平的接近，使此地区被人们视为一个与其毗邻地区有显著差异的特定地区"[③]。也有学者认为，近代华北区域系指黄河以北，东北地区以南，关中地区以东，黄、渤海以西的区域，差不多包括了冀豫鲁晋和内蒙古南部的一些地区，其空间位置大致相当于地理中的"华北大平原"。[④]研究社会史的专家强调地域内社会各种因素的整体性和共性联系，以及研究对象的相近性和历史传承性，认为近代华北区域大致包括现在的京津和晋冀豫鲁两市四省，以及内蒙古、陕西部分相邻地区，即黄河中下游地区。[⑤]

三

区域史研究应该如何界定和规范华北的空间范围，是需要认真探讨的问题。山川等自然环境是人们赖以生存的客观条件，经济、社会、政治和生活等人文环境是其研究的主要对象，这是区域史研究首先遵循的基本准则。同时，还必须强调两个方面：一是要发扬历史研究之长，注意同一个地理名词在不同历史时期所涵盖的空间范围并不一致，时而渐变、时而突变的环境演

① G.W.施坚雅：《十九世纪中国的区域城市化》，陈克译，天津社会科学院历史研究所、天津城市科学研究会编《城市史研究》第1辑，天津教育出版社，1989，第89、117~118页。

② 参见斯波义信《宋代江南经济史研究》，方健、何忠礼译，江苏人民出版社，2001，第41页。

③ 李伯重：《简论"江南地区"的界定》，《中国社会经济史研究》1991年第1期。

④ 罗澍伟：《谈谈近代的"华北区域"》，江沛、王先明主编《近代华北区域社会史研究》，天津古籍出版社，2005，第5页。

⑤ 乔志强主编《近代华北农村社会变迁》，人民出版社，1998，第24页。

变，造成不同时期区域空间范围的差异，区域史应阐述其演变过程；二是由于研究角度和对象不同，划分区域范围的理论和标准也不尽相同，应允许空间范围差异的存在，而且恰恰可以通过这种差异来探索空间演变的深层次原因，凸显区域史的特色。当然，这种区域空间的界定应是理性的，如果不加论证，或从某个方面较随意地界定华北的范围，既失之偏颇，也影响界定的科学性和严谨性。这里笔者仅从区域经济史的角度，尝试性地界定华北区域的空间范围，并阐述其衍化过程。

长期以来，自给自足的小农经济是中国社会发展的基础，自然环境的作用极为重要。明清时期，黄河中下游区域已经形成依靠陆路、内河的市场网络和以政治为主要职能的城镇体系，其空间范围为辽河、海河、黄河和淮河流域，从行政区划看包括了现今京津和冀鲁晋豫两市四省，辽宁和内蒙古的大部分，以及陕甘皖苏的一部分。开埠通商后，该区域经济社会发生了较大变化。其一，国内市场与国际市场接轨，商品种类和规模扩大，进出口商品在一定范围内成为商品流通的主体，进而形成多级市场组成的市场体系。其二，交通工具的变革，重构了交通运输体系，带动了商品流通网络的重组。其三，经济功能成为迅速发展的城市的主要功能，构筑了以商品集散中心、工业城市和交通枢纽为主体的城市系统。其四，近代工业的崛起促使部门经济重新整合，完成了经济重心东移的经济布局重组。由于以上诸多因素，我们需要重新审视华北经济区域的空间范围。

辽河流域的大连、丹东等通商口岸直接开展以日本为主的对外贸易，进而减少了与关内的经济联系。虽然南部地区与冀东、天津有一定的经济联系，辽东半岛与胶东半岛也有地缘关系，但农业种植结构和近代工业体系等都具有自身特色，特别是通过铁路和辽河等构成了东北地区的交通运输体系和商品流通网络，进而成为东北经济区域的重要组成部分。

近代交通运输体系和商品流通网络的形成，一方面通过石太和京张等铁路增强了与山西、内蒙古的经济往来，促使天津等城市的经济腹地向内蒙古和西北地区扩展；另一方面津浦、京汉铁路纵贯南北，使该区域南部经济腹地遭到蚕食;大运河运输功能衰减,上海和汉口的吸附能力增强,以及江南商品经济的发达等,都促进了一些地区的商品流通转向江南。如江苏北部的商品开始流向南京和上海,安徽和陕西省通过铁路与武汉、南京、上海等口岸的经济联系加强,因此,除了与临界山东、河南的地区还有一些经济联系外,从江苏、安徽、陕西省整体来看,已逐渐脱离原来的经济区域,至少处在华北经济区域的边缘。

河南省以黄河为线分别隶属于不同的流域,故明清时期河南省与镇江、济南和天津都有频繁的经济往来,只是根据自然环境和产品各有侧重。近代以来,大运河和黄河只是部分通航,淮河被京汉、津浦和陇海铁路分割,商品流通的走向更加繁杂。1909年镇江海关年报称,"山东、河南两省来货逐年减少,向来该两省由运河抵本口之货物,显然已趋向青岛"。① 20世纪30年代初期,"凡山东西部及山西、河南等省之土货,欲输往外洋者,先集中于济南,再运集于青岛,故济南为鲁晋豫三省出口土货最初集中市场,青岛乃为其出口之商埠"。② 有关民国初年济南与河南的贸易种类的记录表明,通过河运和铁路相互流通的主要有小麦、花生、烟草、药材、木材、藤竹制品、棉制品、食盐、颜料等。③ 天津海关统计的1927~1929年用子口单等运往内地各类货物的总值中,河南多处在河北和山西之后,列第三位。河南安阳(彰德)30年代末年产鸡蛋540万个,其中500万个运往京津市场。然而,淮河流域则经过徐州等铁路枢纽,转向武汉、连云港、南京和上海,1936年陇海铁路开通后,商品流通进一步分化,南下的趋势增强。由此可见,随着铁路运输网络的完善和江南商品经济发展带来的巨大吸附力,河南省愈来愈徘徊于华北与华中等地区之间。

由此可以看出,近代以来辽河流域已基本属于东北地区,淮河流域向东部和南部移动,华北经济区域的南端和北端收缩,西北端有所扩大;从现今的行政区划看,包括京津和冀鲁晋两市三省,河南省黄河流域的一部分,以

---

① 转引自庄维民《近代山东市场经济的变迁》,中华书局,2000,第89页。
② 实业部国际贸易局编印《中国实业志·山东省》,丁,1934,第38页。
③ 王守中、郭大松:《近代山东城市变迁史》,山东教育出版社,2001,第363~364页。

及内蒙古中西部地区。值得注意的是,随着交通变革、商品经济发展和城市吸附力的增强,各经济区域的临界线愈来愈不清晰,边缘地区相互重合、相互渗透,许多地区都有着"双重身份"。而且,市场发挥了"无形之手"的作用,促使各地的商品根据通商口岸进出口商品种类来选择走向,如花生、棉花、烟草、煤油、草帽缏、发网、皮毛、茶叶等都有相对独立的流通渠道和交易方式,有悖于通常的流通网络,使各经济区域呈现出分化和重组的局面。

同一性与特殊性：经济区域重组的
重要因素*
——略论近代以来环渤海地区的经济发展趋势

近年来，在国家加强区域经济协调发展战略下，加快区域经济发展已成为地方政府的共识，各种跨省区的经济区、经济圈、经济带和经济走廊等规划纷纷出台。区域经济如何发展，其基础理论面临新的挑战，具备什么样的条件才有可能形成新的经济区域？如何理解经济区域与经济圈、经济带的异同？经济区域与区域经济协调发展是怎样的关系？这些都需要从理论、实践和历史发展脉络上进行深入探讨。本文仅以近代以来环渤海地区的经济发展为例，从空间范围论述经济区域的形成条件和特征，探索形成跨省区经济区域的发展规律，为当今区域经济协调发展战略提供借鉴。

一 近代以来重组经济区域的要素

区域（Region）是指人类各种社会经济活动的地域空间，作为空间概念是客观存在的，占有一定的地理位置，能够用经纬度反映其存在的面积；同时区域又是一个多层次的系统，从区域内部来看，各要素不是简单地相加，而是按照一定秩序有机组合。一般来讲，区域是根据在一定空间范围内存在的某些共性，即一些基本质量指标的相近性来划分的，如自然条件的一致性、

* 本文原载于《天津社会科学》2009 年第 6 期。

发展水平的同步性等。经济区域与自然地理、行政地理的区域有着明显的不同，自然地理以地形地貌、山川、气候、土壤和动植物等特征为依据划分区域，行政地理以统治者加强地方管理为原则划分区域，而经济区域则是在具备自然地理的完整性的前提下，根据其经济发展水平、经济布局等经济因素划分的。在一个经济区域内要有节点、经济腹地和经济网络等基本要素，节点是区域内大小不一却有序排列的城镇，是具有发达的交通网络和一定吸引力的经济中心；经济腹地是通过交通运输和市场网络等不断向四周扩展的贸易范围；经济网络是在人流、物流等基础上构筑的较为完整的城镇和市场体系。一个经济区域在经济上要有均质性和集聚性，除了自然环境具有一定的同一性外，经济发展水平和速度也趋于同步，产业部门、市场与城镇、流通与交通等方面有一定的依赖性和互补性，其经济结构和布局相对完整，并具有不同于其他区域的特色。邹逸麟先生曾撰文论述古代经济区域的划分，主张根据经济与产业布局，以及影响产业部门和布局的诸要素，以区域性、综合性、专业化、中心城市四个标准划分经济区。[1] 李伯重也曾撰文界定前近代的江南地区，"不仅由于地理上的完整性与自然——生态条件的一致性，而且也由于长期的历史发展所导致的该地区内部经济联系的紧密与经济水平的接近，使此地区被人们视为一个与其毗邻地区有差异的特定地区"；并强调在水系所形成的整体性的同时，经济区域在人们心目中应当是一个特定的概念，即行政区划和不同时期人们的使用习惯对经济区域的形成也有一定的作用。[2] 经济区域还有一个特点，一方面它不一定因行政区划的变动而变动，有其连续性和稳定性；另一方面它具有开放性和可变性，当经济发展到一定程度时，产业结构发生了变化，商品流通出现新的格局，产业地域分工就会有新的调整，经过一个量变到质变的过程，经济区域将重新组合。

近代以来，中国被迫向世界打开大门，引发了沿海和沿江地区社会经济的巨变。交通环境的改变，使延续已久的内河和陆路运输在一些地区退为其次，轮船与铁路运输在客观上缩短了中国与世界、国内各地区之间的距离；

---

① 邹逸麟：《我国古代经济区的划分原则及其意义》，《中国史研究》2001 年第 4 期。
② 李伯重：《简论"江南地区"的界定》，《中国社会经济史研究》1991 年第 1 期。

进出口贸易的兴盛不仅使沿海较为发达地区进入了自由竞争的市场经济体系，也开始给商品流通和市场系统带来根本性的转变；近代工商业和金融业的兴起带动了产业结构的重组。这一切，打破了建立在内陆经济基础上的经济结构和布局，而适应近代经济社会发展的经济格局的出现，撼动了长期受制于政治体制的传统经济区域的地位。然而，在商品市场条件下重新构筑适应社会经济发展的经济区域，并非短期能完成，更不能通过行政手段或人为因素一蹴而就，而是需要有稳定的社会经济环境，需要有有序且不断发展的市场经济，需要区域内外的经济联系和合作，需要具有一定自发性质的产业结构和布局的调整，也需要政府和民间经过长期磨合所形成的制度保证和观念转变。因此，经济区域的重组是一个需要各方协调和合作的缓慢的过程。

考察市场系统和城镇体系发生变化后重组经济区域的趋势，除了上述较为宏观的因素外，注重区域内部的同一性和区域之间的特殊性，不失为考量经济区域重组的方法和尺度。同一性体现了一个区域范围内各地之间经济以及社会和文化等方面的联系，从同一性的角度分析经济发展水平和经济结构，并结合行政区划，以及在社会习俗、文化、人际交往等诸多方面的趋同性和亲和力，可以科学地探索经济区域的特点与优势。特殊性则反映了各个区域之间在经济、社会乃至自然环境等方面的差异，可以较为直观地了解区域间在资源、资金、信息、产业结构、技术和人才等方面的互补，以及构成更广阔范围的经济区域的可能性。因此，以同一性和特殊性分析经济区域重组，既可以保持各经济区域自身的特色，充分发挥自身的优势，也可以在此基础上与其他区域进行有针对性的互补，为构建新的经济区域创造一定的条件。

二 近代环渤海地区经济发展的同一性与特殊性

我们仅以环渤海地区为例，透过其经济发展，以及重组新的经济区域趋势的一些表征，论述同一性和特殊性与经济区域重组的关系。

环渤海地区是在环渤海圈基础上逐渐被认定的空间位置，从地理上是指环绕着渤海内海的全部以及黄海的部分沿岸地区，从狭义上讲包括了行政区划的北京、天津两个直辖市和河北、辽宁、山东三个省，如果从广义上看还包括山西和内蒙古部分地区。

中国社会经济是建立在自给自足自然经济基础上的内陆经济，现在使用的环渤海地区概念，在当时归属为两个经济区域，即以奉天为中心的辽宁经济区域和以北京为中心的华北经济区域。进一步细化，华北区域亦可分为两个经济区域，即以北京为中心侧重于直隶和山西的经济区域和以济南为中心的山东经济区域。这三个经济区域分别有各自的经济政治中心，围绕着这个中心建立了相应的交通体系和信息网络，有限的商品生产和流通构筑了产地与终极二级市场的具有内陆贸易特色的网络。而且，各经济区域经济发展的水平、速度和产业结构也不尽相同。尤其是辽宁经济区域的经济发展水平与包括直隶、山西、山东在内的华北地区存在较大的差异。辽宁作为清朝的"龙兴之地"，首先要维护政治和军事地位，其人口相对稀少，土地大部分尚未开垦，农业生产技术落后、农作物单一，手工业不发达，商品品种和数量有限，城镇作为节点但经济职能低下，处于商品经济不发达的状态。华北经济区域内有黄河、运河和海河水系相通，经济发展水平和速度基本同步，都具有农业和家庭手工业相结合的经济结构，土地得到较充分的利用，农业生产技术水平接近，商品经济有所发展，交通运输的特点基本相同。但是，以北京为中心和以济南为中心的这两个经济区域也存在一定的差异，如各自有其地位不尽相同的政治经济中心，各自有围绕着这个中心担负不同职能的交通体系和经济腹地。而且，北京是明清两朝国都，政治地位高，是全国的政治、文化和经济中心；天津作为首都的门户，明代以降依附于首都得到发展，并凭借河海交通等优势，开始形成自身的经济腹地，到清朝中叶成为拥有近20万人口的北方第二大城市，二者在交通运输和消费上有一定的分工。当然，各区域之间的经济落差，必然带来商品、资源特别是以移民形式出现的互补，形成区域之间的联系，随着经济的发展，这种联系更加频繁。如辽宁和华北地区之间的海运规模有所扩大，大批农民闯关东垦荒务农和经商等，但并没有改变各区域的空间范围。

近代以来，环渤海地区的经济发展开始发生变化。其一，开埠通商后与世界市场接轨，在一定程度和范围内进出口商品成为市场流通的主体。其二，经济结构中增加了近代工商业、金融业等新的成分，它与进出口贸易的发展在一定程度上带动了农业和手工业的商品化生产，推动了农业、手工业等行业结构的重新整合。其三，长途运销商品并不仅仅依靠内河船运，轮船、火车和汽车等新型运输工具的广泛使用，标志着交通运输方式的变革，进而构建了新旧交通运输相结合的近代交通运输体系。其四，世界市场的扩大和交通运输能力的提升，促使以内陆为主的商品流通系统开始与世界市场接轨，商品的种类和规模扩大，商品流通网络重组，形成由终极、中级、专业和初级市场组成的市场体系，天津、青岛、大连等沿海城市成为经济区域的中心，经济重心逐渐东移。其五，城市本身特有的聚散性和开放性开始发挥作用，经济功能成为迅速发展的城市的主要功能，加之新兴的工矿和交通枢纽城镇的崛起，形成了具有近代特色的城市体系。

经过百余年的发展历程，我们重新审视环渤海地区的经济结构，该地区内是否存在更多的同一性，原有的三个经济区域之间的特殊性是否有所衰减，环渤海地区能否形成一个跨省的更大范围的经济区域？

首先，天津、营口和烟台开埠通商以后，三个经济区域几乎同时被迫与世界市场接轨，随后在对外贸易、近代工业的出现、农业的商品生产等方面的发展时序上基本同步。其次，随着国际市场的需要，各区域都建立了煤炭、钢铁等大型企业，农业中各种农作物的种植比例和商品化生产也有许多相同之处，由于经济结构类似，区域之间在产业结构等方面的互补性减少。再次，在对外贸易的推动下，各区域商品市场也多集中在棉花、皮毛、煤铁、花生、烟草等能源、土特产品上，商品供求关系和价格机制也开始趋于统一。同时，自然环境没有明显的改变，但轮船和铁路交通，以及通信手段的进步缩短了区域之间的距离，使资金、信息、技术、劳动力等方面的联系日渐加强。这些现象表明，各区域有向更广阔的跨省区经济区域发展的趋势。

但是，从环渤海地区经济发展的全貌看，形成跨省区经济区域仍然存在诸多的制约因素，如乡商品生产不够发达，城乡社会经济的二元结构更为明显，近代工业的部门结构尚有缺陷，三级市场尤其是产地市场还维系着原始的形态，沿海与内地的差别更为突出；加之人为地分割市场和行政区划的限制，天灾人祸频仍，导致环渤海地区难以保持较为长期的持续发展的局面。我们从同一性和特殊性的角度分析，第一，各经济区域的交通运输体系和商品流通网络仍是相对独立的。譬如在三个经济区域中，仅山东和河北在铁路和内河、陆路运输上有较多的相关性，辽宁的交通运输则自成体系，其线路的延伸主要是日本出于殖民侵略的需要。第二，各区域沿海口岸的进出口贸易主要根据不同的国别，形成了各区域港口进出口贸易的特色，但没有形成统合一体的整体优势，也导致了其经济腹地商品生产的差异。① 第三，各区域商品流通系统基本上是平行和互不相干的，其腹地虽然有一定的重叠和交叉，但在行政管理、交通体系等因素的牵制下，没有出现更广阔范围内的市场吸附关系；而且铁路延伸后腹地扩大也各有侧重，辽宁的腹地主要是向吉林和黑龙江省扩展，天津的腹地范围扩大到西北地区，山东的腹地则以黄河下游的河北南部、河南和江苏部分地区为主。第四，随着对外经济的开拓，各经济区域的经济重心都出现了东移的现象，各自形成了自己的经济中心，从而基本完成了近代经济区域的空间布局。这种建立在各区域基础上的经济布局，无助于区域之间的趋同。第五，受限于各区域经济中心的地理位置、腹地吸纳能力等，无论从工商业发展、城市容纳能力等内部条件，还是从与世界市场接轨程度、在国内外地位等外部环境来看，包括天津在内的任何一个经济中心，都没有实力也不具备相应的条件成为统领各区域的龙头。以上诸多的因素，使环渤海地区难以建立起在互补和互利基础上的区域之间的经济联系，近代以来环渤海地区尚未形成完整的经济区域。

综观近代以来环渤海地区经济发展和区域之间的社会经济联系，我们可以有这样一个大致的理解：近代以来环渤海地区在自然环境、人文地理、社会结构、社会文化等各方面的同一性有所增加，各区域之间特别是中心城市相互之间在人流、物流、资金流和信息流等方面的联系有所加强，形成了一定的地域结构和产业结构的互补；另外，长年不断的闯关东和难民灾民等人

① 参见张利民《略论近代环渤海地区港口城市的起步、互动与互补》，《天津社会科学》1998 年第 6 期。

口流动，以及自然而然形成的地缘、亲缘、血缘关系，也加强了区域之间的联系。但是，受行政管辖、政局变动、经济发展水平等种种因素的限制，这种联系仅仅是以各区域本身为基础的。区域内商品生产和市场经济的发展，带动了区域之间商品、人才、资金和信息的流动，且这种流动多是单向的。因此，环渤海地区经济联系的特点是，以中心城市之间的横向联系为主要方式，并没有出现更广泛层面的经济合作和联合，只是有向着更广泛空间的经济区域发展的趋势，尚没有形成环渤海经济区域。

三 环渤海地区的发展现状与趋势

新中国成立以后，在计划经济环境下，经济发展对中央和地方政府的支持与投入的依存度很高，这种行政上的块块管理制约了按照市场经济规律进行的区域之间的经济合作，环渤海地区内的经济联系在衰减。改革开放后，尤其是 1985 年提出"环渤海经济圈"概念以来，加强环渤海经济圈的经济联系成为有关省市政府制定经济发展规划的着眼点，进而在环渤海地区建立了一些经济合作和横向联合机制。在党中央和国务院等高层次决策中，也逐渐确立了加快环渤海地区经济发展的指导思想。进入 21 世纪以来，环渤海地区的经济发展又迎来了新的契机，即天津滨海新区开发开放对环渤海地区经济发展的引领作用。党中央、国务院对天津滨海新区经济发展规划的批复，表明发展环渤海地区经济已经提升到国家区域经济协调发展战略部署的高度，希望通过京津冀联合带动环渤海和北方经济的快速发展。

20 余年环渤海地区的经济发展呈现出良好的态势，但是还有一些不尽如人意之处。有学者认为，环渤海经济的整合走走停停，其发展一直延续一个尴尬的不等式：类似于"珠三角"出口加工贸易＋重工业和制造业为发展重心＋后发优势的高新技术产业＋辽阔的能源基地＝停滞不前、整体协作不足的区域经济模式。[①] 环渤海地区经济发展和构筑新的跨省经济区域进程缓慢

---

① 肖金成:《环渤海发展上升为国家战略是必然选择》,《21世纪经济报道》2008年12月30日。

的原因很多。从该地区经济发展状况上看，对外开放和管理等观念相对比较落后，体制创新比较迟缓，原有的工业基础中国有企业比重高，第三产业所占比重偏低，市场机制不够健全，市场经济的发展速度还有待提升，腹地经济水平也有待进一步提高。因此，环渤海地区经济的整体实力不强。从区域之间经济联系上看，也存在诸多问题，如各区域地方政府各自为政，缺乏有效益的分工协作，区域合作缺乏稳固的制度基础和有效的运作机制，没有形成商品、资金、技术对流等方面的有机构成和互补，难以实现区域内外经济效益的最大化；北京、天津并没有充分发挥其辐射能力，带动能力弱化等。除此之外，还有一点需要特别强调，各级政府缺乏冲破行政畛域阻隔的意识和动力，对于脱离原来三个经济区域束缚，创建跨省区域经济的重要意义并没有达成共识。

笔者认为，要形成环渤海地区经济发展的区位优势，宏观上应该注重以下几方面问题。

第一，要明确重新整合经济区域。全力打造环渤海经济区域是国家发展战略的需要，也是中国社会主义市场经济迅速发展的必然趋势。当前，在稳定的社会环境和具有全局性政策措施的局面下，充分发展的商品经济、开放和有序的市场，交通运输网络迅速发展和运输能力提升，以及时空观念的进化、价值观念和社会生活的多元化等，必然要冲破分散、狭隘、封闭的经济格局，形成各区域之间的相互往来、相互依赖。促进商品等生产要素的流动和更广泛的联系，通过区域之间的优势互补，加强以地域专业化分工为基础的横向联合和合作，形成跨省区的具有一定特色的环渤海经济区域是今后的发展趋势和奋斗方向。

第二，要正视环渤海地区至今仍然是三个经济区域的现实。环渤海地区的三个经济区域，是在长期的自然经济和计划经济条件下形成的，并有行政管理体制等政治以及文化多方面因素的支撑。当前，在互惠、互利和互补基础上建立区域之间的分工协作与横向联合，进而形成优势互补的整体实力，需要强大的动力。这种动力，既包括市场经济高度发展、产业部门的分工合作，同时也包括中央和各级政府制定具有公约化和规范化的经济制度，还包括从行政管理和观念上对空间概念的更新。同时，也要认清经济区域的重组，尤其是跨省区的更广阔范围内经济区域的形成，并非短期内就可以实现的。

第三，要正确理解北京、天津，以及各省在环渤海地区的定位。在发展和竞争环境中，城市是区域空间的节点，为了实现相应的聚散和聚合功能，要对各城市乃至各区域的同一性和特殊性有明确的认识。通过区域、城市之间和城市与腹地之间的人流、物流、资金流、信息流所产生的效应，寻找互补互利的契合点，达成新的经济联系与合作，进而形成涵盖各区域城市的系统和网络，增强城市群的合力和特色，将会创造出更为显著的价值。尤其是北京、天津两个大城市的发展定位，如何根据自身的特殊性进行错位发展，是构筑城市群整体优势的基础和关键。

第四，在诸多领域创造具有同一性的环境，为加快区域经济的发展提供更为优越的条件。如加快铁路和高速公路的建设，提升交通运输能力，构筑更广范围的与周边地区紧密联系的综合交通体系；利用诸多的港口，合力开发和开拓国际市场，在对外经济交流中逐渐形成环渤海地区的整体特色和优长；促进环渤海地区内商品和要素市场的统一，加强产业部门的联合与合作，加速推动经济发展和关键领域的一体化进程；促进人才、信息等方面的双向流动和旅游、文化交流等，增进人文方面的趋同性。

第五，充分利用环渤海地区自身的特点和优势，形成不同于其他经济区域的发展模式。新的更大范围的经济区域重组，需要市场经济的迅速发展，也需要各级政府的引导和企业家坚持不懈的努力。目前，环渤海地区三个经济区域各有其特点和优势，各级地方政府要有科学的定位，增强区域协作的内在动力，不断强化互补和错位优势，着手建立共同面对国际和国内市场的更高层次的合作与联合，打造出具有自身特色的区域发展的新模式。

发展区域经济是当前中国面对经济全球化的战略部署，打破原有的经济区域布局，建立适应社会经济发展需要的跨省经济区域，是中国今后社会经济发展的必然选择。

简析近代环渤海地区经济中心重组的
政治因素*

明清时期，环渤海地区 ① 的经济格局是基于内河和驿道构筑的商品流通网络，其中直隶、山东、辽宁三个经济区域并存，同时拥有各自的经济中心。其显著特点是，以内陆型的相对封闭的国内市场为主，经济中心与城镇规模呈较强的关联性，政治功能与经济功能形成重合和互补。近代以来，环渤海地区内三个经济区域的格局并没有发生明显的改变，但各口岸与国际市场接轨，促进了进出口贸易的繁盛，近代工商业和交通等得以发展，也促使区域内的经济重心迅速向沿海一带东移，形成了面向国际和国内市场的多层次的商品流通网络，经济中心也随之重新组合，② 且均呈现出双核心的现象。在直隶，天津上升为该区域的经济中心，北京转变为以消费为特色的经济中心；在山东，青岛依仗现代化港口、外资企业和胶济铁路一跃成为该区域的经济中心，济南以其政治和交通枢纽的优势，成为与青岛有不同范围腹地的次经济中心；在辽宁，大连与青岛类似，在近代迅速成长为该区域的经济中心，奉天仍然保持经济中心的地位。

---

* 本文原载于《天津社会科学》2012 年第 5 期，后收录于吴松第等主编《近代中国北方经济地理格局的演变》，人民出版社，2013。

① 环渤海地区是指环绕着渤海内海的全部以及黄海的部分沿岸地区，从狭义上讲，包括了北京、天津两市和河北、辽宁、山东三省；从广义上讲，还包括山西和内蒙古部分地区。

② 参见张利民《同一性与特殊性：经济区域重组的重要因素——略论近代以来环渤海地区的经济发展趋势》，《天津社会科学》2009 年第 6 期。

诚然，开埠通商、交通运输体系变革、商品流通网络重构、城镇经济实力增强，尤其是经济发展，是经济中心重组的主要原因，但是，政治因素绝不可小觑，特别是在畿辅之区，保守与革新势力杂糅，新旧思潮冲突剧烈，加之外患和内战等，对经济中心重组影响尤为突出。分析环渤海地区经济中心重组的政治因素，可以更全面地把握该地区经济发展的进程，认清不同地区的特点，有助于更为准确地分析区域发展的不平衡性。

一

各国列强逼迫清廷北方三个口岸开埠通商，与 20 年前的东南五口通商的企图有所不同，五口通商是要打开中国的南大门，开拓其海外市场，缓解中国白银入超带来的压力；而北方三口开埠，不仅仅是觊觎资源和拓展市场，更为重要的是以武力威胁和震慑清廷，设立远东军事基地，扩张其势力范围，妄图将中国变为殖民地。

天津、登州和牛庄北方三个口岸乃首都之屏障，明代均为军事卫所。西方列强要求北方三个口岸开埠，首先看重的是其军事战略地位。1835 年，英国东印度公司雇员胡夏米侦察中国沿海后，在给英国外交大臣的信中评价道："天津的商务不及福建的繁盛，但天津距北京不足五十英里，我们在天津所造成的惊恐，大可逼迫满清政府早日结束战争。"[1] 从第一次鸦片战争时起，西方列强就不断驱军舰北上，陈兵渤海湾，武力恫吓清廷。1854 年 10 月英美公使在大沽口外与清廷代表谈判"修约"时，就提出"以天津为贸易通商港口，派领事官驻扎"[2]。遭到清廷拒绝后英法联军遂发动第二次鸦片战争，进攻大沽口，兵临天津城，逼迫清政府签订了《天津条约》。由于增开的十处通商口岸中没有天津，英国政府认为这是驻华大使"额尔金政策的失败"[3]。于是，1861

---

① 严中平：《英国资产阶级纺织利益集团与两次鸦片战争史料》，转引自罗澍伟主编《近代天津城市史》，中国社会科学出版社，1993，第 126 页。

② 《筹办夷务始末》（咸丰朝），中华书局，1979，第 343 页。

③ 雷穆森：《天津租界史（插图本）》，许逸凡、赵地译，天津人民出版社，2009，第 18 页。

年西方列强以换约为口实，出动 20 余艘军舰和近 3 万人的军队再次占领北塘和塘沽，包围天津城，攻陷北京，迫使清廷签订了《北京条约》，增天津为开埠通商口岸。

列强确定由原来的登州、牛庄改在烟台、营口开埠，也是详尽勘察之所为。第一次鸦片战争期间，列强军队勘察烟台后认为，港口条件良好，如立即占领"也就会占有附近地区的资源，而那里的资源是很丰富的，因为它是一个重要的商业点，在战争一旦延续的情况下，它就会成为一个很好的军事基地"[1]。第二次鸦片战争时，英法联军也利用换约之机，派 3000 余名士兵强占烟台，建立兵营、修筑炮台，不久增兵至 1.5 万人。营口则是西方列强占领东北的桥头堡和跳板。1858 年英国一艘军舰就"停泊营口西炮台以西半里处，载有夷人三四十名，大炮四尊"，以探地方虚实。1860 年，英国军舰又进入营口，测量辽河水路，认为"水路良好"，意图通过开埠控制东北。[2] 因此，北方三个口岸的被迫开埠是西方殖民侵略深化的体现。

面对西方海上势力的扩张，清廷充分认识到环渤海沿海口岸的防御功能，进而加紧布防。胶州湾是北方的天然门户，乃兵家必争之地。清代官员认为其对防卫京畿关系重大，"久为外人垂涎"，应建军港"以巩固国防，而杜外患"[3]。清政府议决在胶澳驻兵设防，并建栈桥等供军舰补充给养和弹药之用。威海与旅顺、大连隔海相望，共扼渤海咽喉，军事战略地位十分重要，其南北两岸如双臂斜伸入海，刘公岛横置于前，形成天然屏障，是建立军港首选之地。李鸿章将北洋水师提督衙门设于此岛，周围有鱼雷营、机器厂、屯煤所，并修建了诸多炮台、长墙、堑壕等防御设施。旅顺向来是北方海上交通要道和海防战略要地，形势险要，明代设置中左所，修筑了南、北两座城池，清代设水师营以备海上侵袭。近代以后，列强军队不断北上骚扰，清廷深感辽东半岛命系盛京及京畿安危，故李鸿章在此造船坞、筑炮台，使其成为北

---

① 《布尔布隆致函华勒夫斯基伯爵》1860 年 2 月 17 日，转引自齐思和等《第二次鸦片战争》第 6 册，上海人民出版社，1979，第 261 页。

② 转引自《营口港史》编委会编《营口港史》，人民交通出版社，1995，第 39 页。

③ 中国史学会济南分会编《山东近代史资料选集》，山东人民出版社，1959，第 119 页。

洋水师的基地。

西方列强在瓜分中国的狂潮中也同样看重上述口岸的军事地位，以军事占领的方式要挟清廷签订条约，使其成为殖民地。1896 年 11 月，德国向清政府要求租借胶州湾 50 年，被拒绝后于翌年 2 月派河海专家来山东"详密调查"，结论是"山东半岛南部的胶州湾在军事上与经济上乃最适宜（德国）的地点"[①]，且"日后开商埠，通铁路、筑码头、设船坞各项计划甚详"[②]。11 月，德国借口巨野教案，派舰队强占胶州湾，随后强迫清政府签订了《胶澳租借条约》。1914 年，日本借第一次世界大战向德国宣战之机，派军舰封锁胶州湾，占领青岛等地，胶州湾陷入日本的殖民统治中。威海在中日甲午战争后失去了军港和海防要塞的作用，英国政府乘机向清政府要求租借，虽被清廷拒绝，但英国与日本、德国相互勾结谋划，1898 年 4 月派十余艘军舰强行至烟台，公然以武力要挟。随后，中英双方谈判议定，中国向日本付清战争赔款并于日军撤出威海卫时，中、英两国军队一同进驻威海；并且在租借威海卫的专约中申明军事占领的性质，即英国在该地区及附近沿海均可择地建筑炮台、驻扎军队、建医院，除中英兵丁外，他国兵丁不准擅入。

旅大的开埠，同样是几国相互勾结划分势力范围的结果。中日黄海海战后，依照《马关条约》，日军占领了辽东半岛。不久日本政府听从俄、德、法三国政府的"劝告"，从该地退出，中国政府将其收回。但是，沙俄为了扩大在东北的势力，以德国占领胶州湾为借口，派太平洋舰队强占了旅顺、大连和金州等地，迫使清廷签订《旅大租地条约》等。沙俄投资 1170 万卢布兴建了旅顺口军港和大连商港，20 世纪初各项工程基本竣工，旅大成为沙俄海军在远东的基地。日俄战争后，大连和旅顺等地被日本占领。

可见，环渤海地区条约规定的通商口岸多是在西方列强武力威胁，甚至军事占领下被迫开埠的，有的直接被其殖民统治或成为其军事基地，有的广设租界和领事馆，是诸国瓜分中国野心日炽的结果。这些口岸是各国列强政

---

① 《德国外交文件有关中国交涉史料选译》第 1 卷，孙瑞芹译，商务印书馆，1960，第 159 页。

② 赵琪：《胶澳志》大事记，台北，成文出版社，1968，第 2 页。

治和经济势力扩张的原点，也是中国与国际市场接轨的基点，轮船和铁路等近代交通运输体系在这里出现，大型企业和洋行、银行等在这里聚集，在政治地位提升的同时，也增强了经济实力，扩展了腹地范围，为构筑经济中心创造了条件。

二

环渤海地区自开口岸的数量为全国之最，其中有奉天、济南等省会，秦皇岛、安东、临清、济宁等沿海沿河港口，张家口、周村、潍县、辽阳、凤凰城、新民、铁岭等城镇。自开口岸由清廷在拥有所有行政、司法等国家主权的前提下自行开埠，商埠范围自行划定且不设租界，中外民众均可以居住投资。可以说，自开口岸是清政府应对西方势力迅速扩张和被迫开放口岸的增加而主动采取的措施之一。

19 世纪 80 年代，清廷朝野人士就曾提议要自开口岸。陈炽主张，"凡轮舟铁路电报所通之地及中国土产矿金工艺所萃之区，一律由官提款，购买民田，自辟市埠"。他将自开商埠与抵御外强、护商惠民相联系，"使皆由中国自辟商埠，则此疆彼界虽欲尺寸侵越而不能。今通商之地日益多，占地之谋日益甚，非自辟华市以清其限，则官司隔膜无可稽查。……大兴商埠，则商贾通而民不为病，厘捐撤而国不患民贫"。[1]中日甲午战争以后，日本的"开国"政策助长了有识之士自开商埠的议论。盛宣怀在天津任中国铁路总公司督办时曾与郑孝胥等议及"举国通商事"，主张"将内地各省会一体通商"[2]。曾任美国等国公使的伍廷芳考察日本后，主张仿效日本全境开放，建议"沿海地方择商务最繁之一省先议举行，其余酌分年限，次第举办"[3]。同时，甲午战争后清廷迫于巨大的财政压力，希图通过自开商埠广开财源。对于清廷来

---

① 陈炽：《大兴商埠说》，《皇朝经世文三编》，转引自杨天宏《口岸开放与社会变革——近代中国自开商埠研究》，中华书局，2002，第 49 页。

② 中国历史博物馆编，劳祖德整理《郑孝胥日记》，中华书局，1993，第 642~643 页。

③ 《奏请变通成法折》，转引自杨天宏《口岸开放与社会变革——近代中国自开商埠研究》，第 53 页。

说，自开商埠不仅有利于维护主权和缓解外患积怨，还可以振兴商务。

最早的自开口岸是岳州、三都澳和秦皇岛。清政府确定在秦皇岛开埠，有明显的维护主权、兴商和增加收入之意。总理衙门强调了广开通商口岸以增加财政的意图："中国自通商以来，关税逐渐加增，近年征至二千余万，京协各饷多半取给于此。惟是筹还洋款各项，支用愈繁，筹拨恒苦不继。"1898年3月26日，总理各国事务衙门大臣奕劻以"振兴商务"为由，奏请将秦皇岛辟为通商口岸，遂向各国使臣宣布秦皇岛为自开通商口岸。清廷的谕旨申明，"现当海禁洞开，强邻环伺，欲图商务流通，隐杜觊觎，惟有广开口岸之一法"；各省在开办商埠时，"不准划作租界，以均利益而保事权"。①

1904年北洋大臣袁世凯和山东巡抚周馥奏请，援照秦皇岛等开埠成案辟济南为商埠。清廷批准后，由袁世凯等划定城西胶济铁路迤南4000余亩"作为华洋公共通商之埠"，"准各国商民任便往来，租地设栈，与华商一体居住贸易"②，商埠内"一切事权，皆归中国自理，外人不得干预"③。

1903年中美两国的《续议通商行船条约》中有奉天、安东、大东沟为自开口岸的条款。1905年，奉天与东北地区16个城镇一并辟为商埠，完全是出于政治和外交的需要。义和团运动期间，沙俄借口保护中东铁路，出兵占据了东北许多要地。此时张之洞、刘坤一和伍廷芳等封疆大吏提出东北要"全行开放"，以防各国窥觎。张之洞提出，"莫如将东三省全行开放，令地球各国开门任便通商，所有矿务工商杂居各项利益，俱准各国人任便公享，我收其税，西语谓之开门通商"，"从此俄人独吞满洲之计永远禁绝矣"。④由于1902年4月中俄双方签订了《交收东三省条约》，俄军分三期撤离东北，开放口岸之议便搁置未行。1904年日俄战争爆发，东北开埠通商之议再起。7月驻法大使孙宝琦上奏，主张将东三省、蒙古等处开埠通商，以为牵制。

① 朱寿朋编《光绪朝东华录》（四），中华书局，1958，第4158、4062页。
② 《直隶总督袁山东巡抚胡会奏济南城外自开商埠先拟开办章程折》，《东方杂志》第2卷第7期，1905年。
③ 转引自王守中、郭大松《近代山东城市变迁史》，山东教育出版社，2001，第273页。
④ 中国社会科学院近代史研究所近代史资料编辑组编《杨儒庚辛存稿》，中国社会科学出版社，1980，第368页。

1905 年俄军战败，清廷开始筹划善后中日、中俄关系等事，张之洞提出善后之法五条的第一条就是"遍地开放"，"盖非此无以慰各国均沾之望，亦无以杜强邻吞并之谋"①。

1902 年清廷将张家口大境门外附近的元宝山定为通商贸易市场，以促进边境贸易。1914 年民国政府自行开放张家口和多伦、归绥、赤峰、连山湾等五个口岸，主要也是为了抑制沙俄策划的蒙古"独立"。其他自开为通商口岸的城镇，原多为交通枢纽且规模不一的商品市场，而沙俄的中东铁路、日本的南满铁路和德国的胶济铁路开通后，其商品集散能力被大大削弱，经济发展缓慢，地方政府自行开埠通商也是抗衡外国势力、发展当地经济之所需。

三

政府在省会和天津等城市兴建军事工业和铁路运输系统，既是与西方势力的抗衡，也是对京畿的保护；军阀官僚在这些城市投资建厂设店，目的是保存和扩张自身势力；正因为这些城市是政治中心和交通枢纽，也成为华商投资工商业的首选之地，即便在外地兴建新式矿山，也常将总公司设在这里。这些经济活动促进了天津和各省会城市经济结构的转变和经济实力的增强，有力地助推了其经济中心的形成。

清政府最早在天津、济南和太原等地兴办机器局等军事工业，其目的也在于便于控制和保护首都。李鸿章和丁日昌等督抚在筹办天津机器局时多次强调"以资拱卫取携"、"拱卫京畿"和"拱卫神京"的作用。②丁宝桢在济南创办山东机器局时，号称"无一事假借洋人"，"不使外洋一人夹杂其中，期于力求争胜"，以挽回利权。③清政府兴建铁路的首要目的同样是增强国力和军事防御，挽回利权。同治末年，李鸿章就强调铁路对海防的重要性，有

---

① 转引自杨天宏《口岸开放与社会变革——近代中国自开商埠研究》，第 105 页。
② 孙毓棠编《中国近代工业史资料》第 1 辑上册，科学出版社，1957，第 347、345、348 页。
③ 转引自孙毓棠编《中国近代工业史资料》第 1 辑上册，第 478 页。

铁路则"屯兵于旁，闻警驰援，可以一日千数百里，则统帅当不至于误事"[1]。光绪初年，兴建铁路成为朝野内外、洋务派与顽固派争论的一个焦点。李鸿章《妥筹铁路事宜折》提出兴建铁路有大利九端，其中便于国计（收厘税）、军政、拱卫京师、救灾赈济和军饷等政治军事之利居前五位，是"于国家远大之图，驭外固本之术煞有关系"[2]。台湾巡抚刘铭传认为修铁路为"用兵一道，尤为急不可缓之图"，是"事关军国安危大计"。[3]承办铁路的官员声称，"如有铁路相通，遇警则朝发夕至"，可节省养兵之费，"尤为水师命脉所系"。[4]股商们亦言"将来于海防调兵运械诸事，实属便捷异常，有益国家者正非浅鲜"[5]。中国政府兴修的各条铁路，皆以北京、天津、奉天和济南为枢纽，带动了交通运输体系的变革，增强了省会等城市的政治功能和集散能力。

随着通商口岸的发展和西方势力的扩张，政府、军阀官僚和华商将天津和各省会城市作为兴办新式企业的首选。日本在"关东州"实行殖民统治后，张作霖代表的东北政府为与之抗衡，在奉天建立了奉天兵工厂、大亨铁工厂、大冶铁工厂、东北大学工厂、东北迫击炮厂、东北航空工厂、奉天纺织厂、东三省陆军粮秣厂、三畲油坊等工业企业，以及造币厂和新式银行等。加之汇集多条铁路，集散能力日渐增强，奉天经济结构开始转变。据调查，1911年奉天有中国人办的大小商铺1286家，[6]1929年商会调查显示已增加到5717户。[7]于是，在辽宁形成了两个经济中心，大连拥有港口和众多的日资企业、银行等，承担着东北地区的主要进出口贸易，是以进出口为特色的经济中心，奉天则是以中国地方政府和商人投资为主的工商业与连接关内外商品流通的经济中心。

济南开埠通商后，政府、军阀官僚和华商逐渐增加了对济南的投资，如

---

① 《筹议海防折》同治十三年十一月初二，《李文忠公全书·奏稿》第24卷，第22页。
② 《妥筹铁路事宜折》光绪六年十二月初一，《李文忠公全书·奏稿》第39卷，第20~26页；《复奕譞论铁路函》光绪七年正月初四，《李文忠公全书·译署函稿》第12卷，第2页。
③ 《筹造铁路以图自强折》光绪六年十一月初二，《刘壮肃公奏议》第2卷，第1~2页。
④ 转引自宓汝成编《中国近代铁路史资料》第1册，中华书局，1963，第131页。
⑤ 转引自宓汝成编《中国近代铁路史资料》第1册，143页。
⑥ 转引自孔经纬主编《清代东北地区经济史》，黑龙江人民出版社，1990，第488页。
⑦ 《奉天通志》卷115《实业三·商业》，东北文史丛书编辑委员会，1983。

山东机器局经过数次增加资金和设备，到 1901 年有 8 个分厂、1 个附设煤矿。[①]
为了促进济南与烟台的商品往来，山东巡抚周馥奏准拨款疏浚小清河和创设
内河轮船公司，将官银号改建为山东银行，创办大型造纸厂等，增强了济南
的经济实力。日本占领青岛后，投巨资建立了数家纺纱厂。华商也不甘落后，
以济南为阵地创建了山东第一家华资纱厂——鲁丰纱厂，以后又建成两家华
商纱厂，资本总额 530 万元。外商在青岛和胶济铁路沿线兴建榨油厂，有行
业垄断之虞，华商随即在济南设立 3 家榨油厂，到 30 年代初达到 16 家。[②]济
南的面粉和火柴业闻名全国，也是与在青岛的德国、日本争夺利权有关。济
南 1913 年诞生第一家华资面粉厂，到 1919 年达到 9 家，资本总额达 350 万元，
日产能力约 3 万包，居全国第三位，抑制了青岛日资面粉业的发展。日本占
领青岛后，建立了 2 家火柴会社，资本分别为 30 万元和 5 万元，[③]1921 年发
展到 6 家。[④]在抵制日货呼声下，华商也在济南等地创办火柴厂，20 年代有
3 家华商火柴厂，资本 143 万元，以后又建数厂，1933 年年产量在全国居青
岛、上海之后，为第三位。济南周围地区的农业和手工业比较发达，胶济和
津浦铁路在此交会，成为省内商品的集散中心，也带动了城市经济的发展。
据 1933 年的调查统计，当时的商业有 47 个行业，注册的商店和商号 1228 家，
资本总额 520.9 万元，营业额 9135.25 万元。[⑤]由此可见，政府的扶持、华商
的投资带动了济南经济的发展，加之交通枢纽和农产品商品化程度提高，使
得济南的经济地位得到提升。

区域内经济中心的重构有着诸多因素，经济因素固然重要，但也不能忽
视政治因素。从地缘政治学看，距政治中心越近，国家的控制力越强，管理
成本越低，且越有成效。明清以来，环渤海地区由于外国势力不断扩张，在

[①] 樊百川：《清季的洋务新政》，上海书店出版社，2003，第 1306 页；孙祚民主编《山东通史》，山东人民出版社，1992，第 516 页。
[②] 胶济铁路管理局车务处编印《胶济铁路经济调查报告》，该委员会 1934 年版，总编下册第 8 页、分编第 1 册第 25 页。
[③] 《青岛之商工业》，日本青岛守备军民政部，1918，附表。
[④] 1912~1921 年胶海关贸易十年报告，参见青岛市档案馆编《帝国主义与胶海关》，档案出版社，1986，第 180 页。
[⑤] 实业部国际贸易局编印《中国实业志·山东省》，丁，1934，第 39 页。

民族主义推动下的民众爱国运动、军阀混战带动的地方力量崛起、行政区划上各自为政等政治因素对区域发展、经济格局和经济中心的推进或制约作用，明显不同于南方。正如有的学者提出的研究华北特别要注意国家的在场，[①] 这或许是中国社会经济发展进程的一个特色。

① 参见赵世瑜《作为方法论的区域社会史——兼及 12 世纪以来的华北社会史研究》，《史学月刊》2004 年第 8 期。

近代华北区域史研究现状与展望*

区域史是以自然环境和人文环境具有同一性的空间为基础，结合研究的领域和学科，探索在这一空间内的发展进程与特质，以论证中国历史发展的多元化和不平衡性。近代华北区域史研究也是如此，是从政治、经济、社会、文化等不同的领域，或者城市、市镇、乡村等不同的空间，研究该区域的现代化进程和地域特性。自 20 世纪 80 年代以来，国内涌现出一批研究近代华北区域史的学者，众多的有关论著相继问世，体现了史学研究的不断深化，在一定程度上也代表着史学研究的发展趋势。为了进一步推进区域史特别是近代华北区域史研究的开展，有必要对国内学者的研究进行初步的总结。

一 人员构成与研究状况

改革开放以前，华北区域史的研究多为各省、市以对外侵略和政治运动为中心的地方史，是研究者配合党史和革命史等政治需要开展的。20 世纪 80 年代以来，诸多的学者关注区域史研究，以华北区域为空间范围的区域史研究进入一个新的发展阶段，其原因大致如下。其一，改革开放以来历史研究开始挣脱阶级斗争史的束缚，研究人员的激情喷薄而出，力图开拓新的研究领域；近年来学科建设增强，科研力量也需要寻求新的突破口，形成科研团队。其二，中国社会经济的发展愈发显示出区域发展的不平衡性，需要历史

---
*　本文原载于《河北广播电视大学学报》2011 年第 3 期，后收录于本庄比佐子·内山雅生·久保亨编『華北の発見』東洋文庫論叢（76）、東洋文庫、2013。

研究给予解读，而且各省、市制定长期社会经济发展战略和提高全民素质的诉求，也亟须了解各个区域和省、市的历史文化，总结地域特色，借以确定其战略发展的定位和方向。其三，改革开放以来，海外学者在研究领域和方法上的引入促使国内的学者重新审视和研究区域史。仅就近代华北区域史研究而言，海外和中国台湾的一些学者的著作在一定程度上有着引领的作用。如美国的施坚雅、黄宗智、杜赞奇、包德威、彭慕兰，日本的斯波义信、三谷孝、内山雅生、久保亨，以及中国台湾中研院自 20 世纪 70 年代组织的区域研究，① 可以说为中国大陆近代区域史研究开拓了新的研究框架与方法。另外，国内有关长江中下游和珠江三角洲区域史研究的兴起也督促愈来愈多的学者将研究视角集中在华北区域，开始形成学术氛围。

自 20 世纪 80 年代以来，在国内的高等院校和科研机构中逐渐形成了一定的研究力量，主要集中在天津、北京和山东、河北、山西等省的省会城市，以及一些城市的高等院校和研究机构，还有一些研究生也承担了一部分研究课题，形成了有一定规模、各有侧重的团队。在天津，南开大学历史学院从 20 世纪 80 年代开始进行华北抗日根据地史研究和华北农村社会的调查，② 目

---

① 施坚雅主编《中华帝国晚期的城市》，叶光庭等译，中华书局，2000；杜赞奇：《文化、权利与国家——1900~1942 年的华北农村》，王福明译，江苏人民出版社，1996；黄宗智：《华北的小农经济与社会变迁》，中华书局，1986；鲍德威：《中国的城市变迁：1890~1949 年山东济南的政治与发展》，张汉等译，北京大学出版社，2010；彭慕兰：《腹地的构建：华北内地的国家、社会和经济（1853~1937）》，马俊亚译，社会科学文献出版社，2005；斯波义信：《中国都市史》，东京大学出版会，2002；本庄比佐子编《日本的青岛占领与山东社会经济 1914~1922 年》，东洋文库，2006；本庄比佐子、内山雅生、久保亨编《战前期华北实态调查目录与解题》，东洋文库，2009；三谷孝编《中国农村变革与家族·村落·国家：华北农村调查的记录》，汲古书院，1999~2000；内山雅生：《二十世纪华北农村社会经济研究》，李恩民、邢丽荃译，中国社会科学出版社，2001；张玉法：《中国现代化的区域研究：山东省（1860~1916）》，台北，中研院近代史研究所，1982；张瑞德：《平汉铁路与华北的经济发展（1905~1937）》，台北，中研院近代史研究所，1987。

② 魏宏运、左志远主编《华北抗日根据地史》，档案出版社，1990；魏宏运主编《二十世纪三四十年代冀东农村社会调查与研究》，天津人民出版社，1996；魏宏运主编《二十世纪三四十年代太行山地区社会调查与研究》，人民出版社，2003；南开大学历史系、唐山市档案馆合编《冀东日伪政权》，档案出版社，1992；以及华北各根据地财政经济史资料选编。

前主要开展华北社会史研究，侧重乡村社会变迁和社会文化史[1]、华北乡村借贷[2]、华北村落共同体、华北抗日根据地、华北铁路与社会以及华北城市社会的研究。另外，还有学者研究明清时期华北区域的传统市场、商业城市、经济发展与地方社会秩序、环境变迁史、家庭史等领域。[3] 南开大学经济学院自20世纪30年代就开始了华北以及天津的经济调查和研究，积累了大量的成果与资料，近年来学者们主要开展有关消费需求、市场、华北市镇、商品流通、重要企业的研究。天津社会科学院历史研究所起步于天津史，目前主要开展华北区域城市史和经济史、环渤海地区经济与社会、华北教育、农村社会控制、沦陷区经济的研究。[4] 在北京，中国社会科学院近代史研究所经济史研究室自20世纪80年代初建立后，就围绕着华北乡村展开研究，较早推出了《近代冀鲁豫乡村》，主要论述乡村税收、手工业、市镇的发展，以后又有关于华北平原农村土地、农民、租税、手工业和沦陷区经济的论著陆续问世。[5] 中国人民大学、北京师范大学和首都师范大学以及北京社会科学院的一些学者也就婚姻与家庭、生态与社会、区域社会、民俗和社会生活、村社和宗族、地方自治等领域进行了开拓性研究。[6] 在河北省，河北师范大学的学者曾撰写了

---

[1] 王先明、郭卫民主编《乡村社会文化与权力结构的变迁——"华北乡村史学术研讨会"论文集》，人民出版社，2002；王先明：《变动时代的乡绅——乡绅与乡村社会结构变迁（1901~1945）》，人民出版社，2009；江沛、王先明主编《近代华北区域社会史研究》，天津古籍出版社，2005。

[2] 李金铮：《借贷关系与乡村变动——民国时期华北乡村借贷之研究》，河北大学出版社，2002。

[3] 张思：《近代华北村落共同体的变迁——农耕结合习惯的历史人类学考察》，商务印书馆，2005；许檀：《明清时期山东商品经济的发展》，中国社会科学出版社，1998。

[4] 张利民等：《近代环渤海地区经济与社会研究》，天津社会科学院出版社，2003；张利民：《华北城市经济近代化研究》，天津社会科学院出版社，2004；王兆祥：《华北教育的近代化进程》，天津社会科学院出版社，2008；居之芬、张利民主编《日本在华北经济统制掠夺史》，天津古籍出版社，1997。

[5] 从翰香主编《近代冀鲁豫乡村》，中国社会科学出版社，1995；郑起东：《转型期的华北农村社会》，上海书店出版社，2004；王士花：《"开发"与掠夺——抗日战争时期日本在华北华中沦陷区的经济统制》，中国社会科学出版社，1998。

[6] 王跃生：《社会变革与婚姻家庭变动——20世纪30~90年代的冀南农村》，三联书店，2006；王建革：《传统社会末期华北的生态与社会》，三联书店，2009；赵世瑜：《狂欢与日常——明清以来的庙会与民间社会》，三联书店，2002。

关于华北经济与社会的著作，现在扩展至环境史、土地契约、长芦盐务档案以及燕赵文化研究中心组织的本省社会经济、文化历史的研究；[①]河北大学在研究本省历史文化的同时，正在开发保定商会档案；河北省社会科学院历史研究所进行了有特色的抗日战争、河北省历史人物与文化研究，并计划开发法院档案以加强社会史领域的相关研究。在山西省，山西大学早期主要侧重华北区域社会史研究，近年来主要从事水资源、环境、新中国成立初期的农村以及本省经济史、晋商的研究；[②]山西省社会科学院历史研究所的研究集中在本省的文明史、近现代史、阎锡山、自然灾害与社会应对机制、民间婚俗变迁、抗战与根据地等方面。在山东，山东大学从以往的义和团研究，扩展到民间宗教与信仰，并有专门的机构开发本省历史的研究；[③]山东师范大学也有专门的机构开展山东地方历史文化的研究，涵盖了通史、城市变迁、运河文化、风俗文化、历史地图等[④]；山东省社会科学院历史研究所的研究除了本省历史文化外，在山东经济和抗日根据地方面也有所建树。[⑤]除此之外，还有一些学者的研究，有的是某个领域的深化，有的与上述高等院校有某种渊源。[⑥]另外，一批以华北各个方面为题的博士学位论文，也深化、细化了一些问题，有助于近代华北区域史研究的推进。值得注意的是，目前上海、厦门等地的学者也专心进行华北区域港口与市场、商会与网络等研究。[⑦]

---

① 苑书义等：《艰难的转轨历程——近代华北经济与社会发展研究》，人民出版社，1997。

② 乔志强主编《近代华北农村社会变迁》，人民出版社，1998；行龙主编《近代山西社会研究——走向田野与社会》，中国社会科学出版社，2002；刘建生等：《山西近代经济史》，山西经济出版社，1995。

③ 吕伟俊等：《山东区域现代化研究》，齐鲁书社，2002。

④ 王守中、郭大松：《近代山东城市变迁史》，山东教育出版社，2001；安作璋主编《中国运河文化史》，山东教育出版社，2001。

⑤ 庄维民：《近代山东市场经济的变迁》，中华书局，2000；庄维民、刘大可：《日本工商资本与近代山东》，社会科学文献出版社，2005。

⑥ 解学诗：《满铁与华北经济 1935~1945》，社会科学文献出版社，2007；侯建新：《农民、市场与社会变迁——冀中 11 村透视并与英国乡村比较》，社会科学文献出版社，2002；徐永志：《开埠通商与津冀社会变迁》，中央民族大学出版社，2000；李正华：《乡村集市与近代社会——20 世纪前半期华北乡村集市研究》，当代中国出版社，1998；傅建成：《社会的缩影——民国时期华北农村家庭研究》，西北大学出版社，1993。

⑦ 樊如森：《天津与北方经济现代化（1860~1937）》，东方出版中心，2007。

以上，仅仅从研究人员构成的角度简单地介绍了有关华北区域史研究的概况，还有诸多优秀的专著、论文和普及型作品，涉及经济、社会、风俗、文化以及乡村与城市，有宏观视角的论述，有以各省、市为主体的分析，有的颇具开拓性，促进了该区域研究的深入。

二 比较与不足

尽管近代华北区域史研究有了长足的发展，但仅与长江中下游和珠江三角洲区域史研究比较仍有一些差距。

首先，在研究学者的整合上能够形成一定的氛围。上述区域史的研究人员相对集中在上海、浙江、江苏、广州的各大学和社会科学院，虽然也曾经多利用地理之便开展所在区域历史进程的研究，但对周边区域的观照意识较强，相互之间的学术交流与合作较为多见，研究范围相互呼应，在一些理论方法的架构上也达成了一定的共识。其次，与海外的学术交流更为开放。改革开放初期，海外学者多以上海、广州等为了解和认识中国的窗口，并将研究视线扩及至周边的区域，一时间形成了学者群体和学术氛围，其问世的论著数量为其他区域所不及。更为重要的是，海外学者的关注不仅仅带来经济上的支持，而且带来了不断开放的理念和新的理论研究方法，促使国内学者与国际研究趋势的对接和融合，进而为国内学者提供了更为广阔的研究空间。再次，档案资料的整理挖掘和利用起步较早，使研究者得以较为充分的使用。由于经济发展、人文环境和历史文化积淀等因素，上述区域的地方志、文集、笔记和报纸杂志，以及档案等资料的留存较为丰富，且使用亦颇为便利，有助于研究者利用更完备更详尽的资料进行开拓性的研究。经过诸多学者的努力，在长江中下游和珠江三角洲区域史的一些领域，无论宏观和微观的研究，还是新的理论方法的运用，都有一些论著出现，形成了较为成熟的理论构架，如明清以来江南市镇、早期工业化、商品流通与市场网络、金融、城乡变迁、环境变动与社会控制、华侨史等；上海城市史的研究，也成为中外史学研究的"显学"。海内外之间的学术交流与合作，以及青年研究人员和多学科理论方法的植入，更彰显出区域史研究为多学科综合性研究的特长。近年来，新史学、新文化史学，以及社会文化史、历史人类学频频涉足区域史研究，研究的视角也颇为新颖，一些微观的研究亦颇见功力，如族群与区域史、民间信仰与社会史、宗教、社会的下层和制度、港口与腹地、东西部比较、城市社会分层和各个行业等，有些论著已经在区域史或城市史等领域有了一定的影响。

相比较而言，近代华北区域史研究存在开放观念滞后、研究力量整合欠缺和整体意识不强等问题，通过简单归纳以下不足，说明至今仍然未能构建具有地域特征的近代华北区域史理论框架和较为认同的方法。

（一）缺乏长时段的研究

历史研究的出发点和落脚点是总结和认识历史发展过程，探究事物发展的前后关联性。在近代华北区域史的研究中，多少仍然存在冲击—反应的痕迹，对传统、近代以及当代之间的融会贯通关注得不够，难以诠释近代化进程中的多种因素。在华北区域，传统的或者是地域性的因素如何在近代化进程中体现，可能是华北区域史的重要突破点，但是当前缺少对传统因素的基本判断和具体分析，在经济、社会、观念、社会生活和文化习俗等各方面的研究中缺乏系统的阐释继承性和融合，进而有过高地估价近代以来变化的现象。虽然有些研究注意到当前社会文化的需求，但是对研究主体或者对历史与现实关系的解读不充分，或者过于牵强，对当前社会经济建设的借鉴意义十分有限。

（二）空间意识较为淡薄

区域史的特点是在一定空间范围内的研究，但是很多研究的空间意识不强。以各省、市为主体的研究，如何分析与周边地区、与华北区域的关系；以华北区域为主体的研究，如何阐述内部与外部之间的同一性和差异；以城市和乡村为主体的研究，如何厘清城乡关系以及城市、市场等空间网络，这些都是研究中较为少见的。结果，研究的仅仅是一个个孤立的城市或者省份，看不到与周边环境、邻近地区的联系，更难以进行区域之间的比较。

（三）宏观与微观、区位选择的失衡

目前，以一个省、市为主体的研究较多，但没有将其纳入华北区域的范围，有的名义上为华北区域研究，实际上其涵盖的只是区域的一部分。微观的研究较多，但缺乏理论方法的创新，研究的视野和范围也较为有限。而且，研究对象畸重畸轻，有十分明显的重大轻小倾向，多侧重于经济、社会、大城市等方面，而对市镇与集市、文化教育、社会生活、民众心态、环境、中小城市、衰落城镇等着力不多，对民俗、文化特色等方面较为泛化，缺少具有开拓性的深化和细化的研究。

（四）档案资料发掘方面尚有很大的空间

各省、市虽然也陆续有档案资料的挖掘整理和出版，但缺乏计划性、系统性和完整性。在问世的论文著作，以及部分博士学位论文中，对档案、文集、笔记的重视程度参差不齐，研究成果的深度和价值受到一定限制。

（五）缺乏不同层次的比较研究

至今，有关华北区域与其他区域的比较、中外城市比较、区域内外城市之间和不同自然环境的乡村比较，以及内地与沿海、平原与山区和牧区等比较研究均十分罕见，不利于总结区域特征。加之，一些研究省、市或者经济、社会的论著缺乏比较的意识，泛泛地表述那些在全国都存在的共性，忽视了研究对象的地域特性。因此，分析近代华北区域发展与不发展的自身原因，总结华北区域在经济、社会、文化、城镇等方面的特点，探寻社会经济发展的模式和论证中国区域发展的不平衡性，都是华北区域史研究追寻的目标。

三 今后的展望

20 世纪末以来，国内外区域史研究的范围、角度、方法等不断深化，学科交叉的特点越发突出，针对近代华北区域史研究的状况和不足，应在不断增强开放观念和加强各地学者之间学术交流的基础上，进行开拓性的研究。

（一）规范区域史研究的方法论

区域史是整体史的研究视野和方法，揭示的是一个区域的历程和特点，应该摒弃简单地将研究主体"地域化"和"地方化"的做法，也不提倡将任何问题都纳入区域史的研究范畴，并冠以区域特征的做法，应该提倡理性的研究，阐释区域发展进程的整体性，分析其区域发展的特征和性格。[①]区域史研究，要有一个可以界定的具有相对稳定性的由各种要素有机构成的综合体的空间，同时各种要素是综合和多元的，而且是不断变化的动态的延续，也要研究这个空间整体和各个要素发展变化的过程。区域史研究作为多学科的综合性研究，应该有一定的空间和时间意识。历史学者一般都具有时间的逻辑，但相对来说空间意识较为淡薄，而其他学科涉足区域史则应增强时间的意识。这样的时空观的互补，才能体现区域史研究交叉学科的特点。仅就空间意识来看，应提倡吴承明先生提出的"史无定法"。区域是空间的概念，可大可小，大者可以包括一个洲或者一个国家，如太平洋、东北亚、东亚、西亚等，小者可为一条河流、一座山脉甚至一个村落等。区域作为一个整体，不是通过单一的要素能够准确地划分和界定其空间范围的，要在自然地理和人文环境因素的观照下，根据自身研究的特点考虑到具有各种元素同一性的空间概念。而且，区域也是不同人群认识周边世界的根据和观念，其形成也存在长时期历史因素的积淀，即环境特

---

① 参见王先明《"区域化"取向与近代史研究》，《学术月刊》2006 年第 3 期。

别是人文环境演变带来的人们对空间概念的某些变化，这种变化时而渐变，时而突变，造成区域空间范围的变异与不稳定，应该充分发挥历史研究的特点，阐述区域空间动态的演变过程。因此，空间范围不必追求完全一致，在遵循最基本的自然和人文环境准则的基础上，不同学科的区域史研究侧重面有所不同，划分区域的理论依据和标准各有差异，如人口史的研究着重考虑人口的迁移和分布，社会史的研究着重家庭、宗族、阶层、社会流动和生活娱乐方式，经济史的研究则侧重生产力、市场和流通网络，文化史的研究着重语言、风俗、信仰。区域史恰恰可以通过这种差异探索区域空间的演变和凸显不同领域的特征。

（二）整体的观照和外向型取向

整体性观照要规避两种倾向。其一是通史区域化。这一研究虽然着眼点也在各省、市等区域，但是研究者在以往大通史模式的束缚下，难以发挥学术的创造力和思想的创新性，不能通过区域研究追寻历史发展的内在脉络，而是按照惯性将大通史变成了地方版，实际上是通史的区域版。其二是区域史地方化。这一研究往往局限于对地方性资料进行挖掘整理，并在此基础上描述那些过去鲜为人知的地方性知识，或者稀缺的资料，并归纳出所谓的区域特性，但忽视了区域的整体性。今后，近代华北区域史应该拓展区域内城市之间、城镇之间、城乡之间、城市与腹地关系的研究，勾画出其空间结构和分布；廓清区域内经济结构、社会结构、社会文化发展脉络，并在此基础上着力探讨三者之间的相互关系，论证华北区域发展脉络和进程的规律；分析华北区域在政治、经济、社会、文化等方面不同于西方、中国其他区域和城市的特点，进而完善中国区域发展不平衡的理论框架。当前需要强化外向型取向的研究，在掌握研究主体发展脉络和特点的基础上，吸收和借鉴网络分析理论、空间理论、"总体史"理念等，在一定的高度和宽阔的视野下，充分观照区域内外的相互关系，充分观照研究对象在更为宏观的空间范围内的位置，充分观照华北区域的整体演变，找出其发展进程中的共性和特性，为中国区域发展的多样性提供借鉴。

（三）研究领域的拓展和方法更新

区域史研究涵盖了历史学、经济史、政治史、社会史和文化史等诸多学科。近代华北区域史研究要在原有的基础上引入西方新的理论方法，拓展研究的领域。比如近代以来城乡差距不断扩大，城乡之间逐渐增强的依存和互动并没有加速城乡的同步发展，反而重新构筑了城乡社会经济二元化结构，造成城乡对立越发严重，这就需要从华北区域史的研究中阐述具有地域特色的城乡关系，总结其发展模式。华北区域的市镇与江南市镇也有很大的不同，需要进行资料发掘整理和深入研究，彰显出华北乃至中国北方的特点。再如运用空间与网络的理论方法，将点、线、面、域的理念融入各自的研究课题和研究方向中，探索各种网络之间的相互关系，分析各种网络的重叠与差异，以重构华北区域的经济和社会结构。对于新的研究方法也应该及时地吸收，如环境生态史、生活史、性别史、身体史、家庭史、心态史，以及田野考察与口述史的研究方法。今后的研究抑或以小见大，从微观看宏观，在总结个案特点的同时，突出理论色彩、方法创新和一些结论的共性与地域特色；抑或从大的框架入手，以论带史，以宏观带动微观，尤其是以西方流行的理论方法为先导，总结局部或整体的规律和特点。

（四）重视比较研究

比较研究是一种颇受重视的研究方法。除了应开展中外区域史研究理论方法、区域和城市发展特点的比较外，目前要重视中国不同类型区域之间的比较，如东西部经济发展进程的比较、不同区域文化风俗的比较。在比较研究中应注意区域内外各种因素的互动关系，在分析、总结历史变迁成败得失的同时，使研究对象得到较为完满的诠释。

（五）注重档案资料的挖掘整理

近代华北区域的资料固然有因天灾人祸造成大量档案流失的不足，但也有一些有利因素，如自 20 世纪初日本就觊觎华北，长期进行华北调查，涉及各个领域，有大量的实地调查和系统的数据分析，为研究近代华北区域史提供了充足的资料。应该系统地充分利用和重新解读满铁以及日本政府、军部、财团、企业和个人的调查、统计、日记、笔记等资料。各地档案馆也保存着很多有价值有特色的档案资料，如天津市档案馆的商会、租界、海关、银行、钱庄档案，河北省档案馆的长芦盐务、法院档案，山西和山东省档案馆的根据地、商会、各级政府档案以及司法、执法档案和一些市县的海关、基层政府和社团组织的档案。这些档案需要在开放意识下挖掘整理和利用。

总之，近代华北区域史研究方兴未艾，需要研究者更新观念，汲取和借鉴新的理论方法，进行长时期的开拓，以构建适用于华北区域的研究体系和理论方法，总结华北区域发展的特点，进一步论证我国社会经济多元化的发展模式。

02

区域经济与市场体系

简论近代华北地区的华资银行[*]

　　金融业是伴随着商品经济而发展的。中国历史跨入近代后，对外贸易的兴起、传统商业的转型和商品市场的扩大，必然引起金融业的变化。这种变化，主要表现在以新式金融机构——银行为中介，将货币和资本从储蓄者转移到借款者手中，投资和融资于工商、矿产等行业，使资本流通和增殖，即根据金融市场的需求，实现资金的合理配置。在华北地区，最早出现的是外资银行，随之包括政府和私人投资的华资银行迅速崛起，到20世纪30年代前后形成了外资银行、华资银行与经过组织和经营方式调整后的银钱业三足鼎立的结构。本文阐述1937年七七事变前华资银行的空间分布，分析其经营特色和发展中的特征，为进一步研究华北地区经济发展的主体脉络和探索经济近代化的特征等提供依据，以能够更全面准确地研究中国经济发展的不均衡性。

一　华资银行的空间分布

　　清代中叶，华北地区的经济重心随着海禁政策的松弛开始向东部沿海转移。近代开埠通商后商品市场与世界市场的接轨和铁路的开通等，加快了经济重心东移的步伐，为华资银行的出现和发展提供了客观环境，华资银行的空间分布也显示出东密西疏和集中在通商口岸等较大城市的状况。

　　*　本文原载于张东刚等主编《世界经济体制下的民国时期经济》，中国财政经济出版社，2005。

天津是北方最早开埠通商的口岸城市之一，对外贸易和近代工商业最为发达，经济腹地至少包括河北、山西省，以及内蒙古和山东的部分地区，辐射到西北和东北，是北方最大的经济中心。在天津的银行也十分集中。1881年汇丰银行在天津开设分行，这是华北地区最早的外资银行；直到1898年才有华资银行，即中国通商银行天津分行，这也是华北地区的第一家华资银行。第一次世界大战后迎来了华资银行的迅速发展，是天津银行业的鼎盛阶段。在兴办银行的热潮中，总行曾设在天津的银行，有直隶省（1911年）、殖业（1911年）、中孚（1916年）、金城（1917年）、大陆（1919年）、中国实业（1919年）、大生（1919年）、东陆（1919年）、大中（1919年）、国民商业储蓄（1920年）、华意（1920年，合资）、华法（1920年，合资）、北洋保商（1910年为合资，1920年华资）、天津大业（1921年）、裕津（1922年）、道生（1922年）、天津兴业（1922年）、普益商业储蓄（1923年）、怀远（1923年）、华新（1924年）、边业（1925年）、中国丝茶（1925年）等20多家，设立分行的主要有中国、交通、中南、浙江兴业、上海商业储蓄、山西裕华、东莱等。① 于是，构成了包括国家银行、地方政府银行、专业银行、商办银行等组织形式齐全的银行体系，是天津金融市场的重要力量。尤其是盐业、金城、大陆和中南银行，通称为"北四行"，以雄厚的经济实力和政治后盾在华北占有重要位置，与"南三行"南北呼应，代表着商业银行的主体。国民政府南迁后，天津又新设了河北省（1929年）、中原商业储蓄（1931年）、天津市市民（1936年）等3家银行，一些银行的总行南迁上海。据1925年的调查，全国的华资银行数为141家，天津有14家，居上海（33家）、北京（23家）之后，列第三位。② 1935年全国华资银行共计159家，总行在上海的60家，占37.74%，总行在天津的有8家，仅占5%。③ 这时，天津华资银行的数量已经超过北京，居全国第二位，天津成为北方最大的金融中心。

① 根据吴石城《天津之华商银行》（《银行周报》第19卷第29号，1935年）、罗澍伟主编《近代天津城市史》（中国社会科学出版社，1993，第398页）、杜恂诚《民族资本主义与旧中国政府（1840~1937）》（上海社会科学院出版社，1991，附录部分）等整理。

② 吴承禧：《中国的银行》，商务印书馆，1934，第12~13页。

③ 中国银行总管理处经济研究室编《全国银行年鉴》，1935。

青岛最早的华资银行是 1910 年的户部银行支行，以后既有交通和中国等银行的分支，也有本省兴办分行。总行在青岛的有东莱（1918 年，资本 20 万元）、山左（1922 年，40 万元）、青岛地方（1924 年，75 万元）、中鲁（1931 年，50 万元）、青岛市农工（1933 年）银行等。1937 年，青岛有 23 家华资银行，本地开设的只有山左、中鲁和农工等 3 家银行。① 烟台是北方最早开埠口岸之一，19 世纪末就有汇丰、麦加利、法兰西、彼得堡国际、俄华道胜等外资银行的代理处。青岛崛起后，烟台的银行向青岛集中，除了有少数华资银行的分支外，只有资本少、经营时间短的农业储蓄银行和济东银行。

天津、青岛作为对外贸易发达和近代工商业发展最快的城市，国际汇兑和清算、近代工商业等都需要有与之相适应的金融机构，形成工商业资本与货币资本的互动，因此是一定区域的金融中心。在这里的银行分支机构的级别也较高，甚至是省或一定区域的主管部门。如中国银行天津分行 1916 年统管以直隶省为主的 34 个分支，以后扩大到大同、运城、丰镇、归绥、包头等地。1922 年 1 月中国银行将各省划为四个大区，天津分行是冀鲁晋区的区域行，山西、张家口等为支行。中央和交通银行在天津的是分行，而北京的则是支行。② 在青岛，各银行设立分行，统管山东全省的业务，20 世纪 30 年代银行数量和存放款总额都远远超过济南。

首都和各省省会都有华资银行，但在这些政治功能为主的城市中，似乎并没有充分发挥银行资本配置等资金运作的作用，而是更强调对全国或本省的经济控制。

北京是首都，麇集众多的官僚、军阀和政客，北京政府时期华资银行数量超过了上海，位居全国第一。1920 年总行设在北京的华资银行有 23 家，额定资本总额约 14674 万元，实收 3622 万元；而同年总行设在上海的仅 9 家，额定资本 802 万元，实收 547 万元。③ 1923 年北京共有 57 家总行和分行，达到了顶峰。另据统计，从 1921 年到 1928 年北京成立了 44 家华资银行，是

① 中国银行总管理处经济研究室编《全国银行年鉴》，1937。
② 《全国银行年鉴》，1935。
③ 杜恂诚主编《上海金融的制度、功能与变迁》，上海人民出版社，2002，第 154 页。

银行总行的主要所在地，①资金实力超过了上海。故当时金融界有两个金融中心之说，即上海是商业金融中心，北京②是财政金融中心。但是，在北京银行倒闭的数量也很多。1917 年至 1923 年，北京设立银行 67 家，倒闭 26 家；1924 年至 1928 年，设立 17 家，倒闭 41 家。更重要的是，随着上海经济的发展和国民政府的南迁，许多银行的总行由北京迁移到上海，如中国、交通、新华信托储蓄、中国农工、农商等银行纷纷南迁，在北京的银行数量开始减少。1917 年以前，在北京总行数量占全部银行数量的 90.9%，1923 年下降为 70%，1928 年为 47%。③这种状况在中央政府定都南京后更为加剧，各总行纷纷南迁上海，许多银行停业。据 1935 年统计，上海曾建 109 家银行，停业 49 家；天津建 15 家，停业 7 家；北京建 27 家，停业竟达 25 家，仅存 2 家。1937 年的统计表明，上海共计有 181 家银行总行和分支，居首位，天津有 68 家，居第二位，北京有 57 家，居第三位，而且设总行的只有资本很少的 3 家银行。④

济南是山东的政治中心，户部银行 1906 年设支行，标志着山东省华资银行的出现，以后交通、中国、上海、中国实业和中央等银行也陆续设分行。山东省官商创办的银行有：由官银号改建的山东银行（资本 20 余万元），以及通惠（1917 年，32.5 万元）、山东工商（1918 年，51.3 万元）、丰大商业储蓄（1919 年，50 万元）、当业（1920 年，20 万元）、济南道生（1922 年）、泰丰（1925 年，32 万元）等，都是规模不大的商办银行；30 年代后仅建立了民生银行。1937 年济南有华资银行 13 家，除了山东省和民生银行外，均为外地银行的分支。

太原最早的华资银行是大清银行分行。1917 年阎锡山为解决财政困难和增加军费，成立山西省银行，实收 117.8 万元，在各县和天津、上海、汉口、北京、石家庄、保定等地设有分行或办事处，1929 年分支机构达 40 余处。太

---

① 杜恂诚：《民族资本主义与旧中国政府（1840~1937）》，附录部分。

② 1928 年，北平特别市设立。为行文方便，本文统一称为北京。

③ 参见北京市地方志编纂委员会编《北京志·金融志》，北京出版社，2001，第 97 页。

④ 《全国银行年鉴》，1937。

原除了中国、交通、农业银行的分支机构外，本地商人创办的商业银行数量少，资本有限，有山西裕丰（资本 10.6 万元）、山西瑞兴（资本 30 万元）、山西道生（资本 50 万元）银行。这些银行在山西省银行垄断和滥发晋钞的打击下，均经营时间不长。就连中国、交通和农民银行的分支，在阎锡山的排挤和刁难下，各种业务也不能正常开展。所以，在太原没有出现天津、北京和青岛等那样银行兴盛的局面。据 1935 年《中国实业志·山西省》统计，山西共有银行 31 家，设总行的仅有山西省银行，以及文水、太谷和汾阳农工银行，其中山西省银行占资本总额的 96%。1937 年统计，太原除了省银行外，只有中国农民银行分行和中国、交通、大陆银行的办事处。

保定地近首善之区，一直在首都的控制下，加之天津的崛起，经济发展缓慢，政治地位跌落，20 世纪后曾设有通商、大清、交通、金城、农民、山西等银行的分行或办事处。呼和浩特是中国与外蒙古以及俄国贸易的主要市场之一，山西和京津商人聚集，为了融通资金，19 世纪 60 年代票号就设置分号，随着商品流通规模的扩大，清末有 12 家票号分号。[①] 1911 年外蒙古"独立"，边境贸易大减，呼和浩特曾有中国、交通、山西省、绥远、宁夏省和北洋保商等银行分支机构，1937 年仅存 5 家银行。1920 年蔡成勋在当地创办了资本 26 万元的丰业银行，在天津、北京、包头和山西一些县城设办事处。由于银行手续完备、费用低廉，当地原依靠票号汇兑的商家"多舍彼而就此，票号遂相继淘汰"。[②] 承德一度是省会，1917 年由官银钱号改组的热河兴业银行，资本近 25 万元。张家口也是边境贸易重要市场，山西各票号设置分号。据 1850 年日升昌分号记载，当年该分号与 13 个城镇通汇，共计收交汇兑银 164364 两，收汇是交汇的 3 倍，其中来自北京的最多。[③] 天津开埠后，张家口是集散和加工皮毛的皮都。1915 年张家口自开商埠，号称"华北第二商埠"，商业逐渐兴盛，有 30 余家天津洋行的分支，20 世

---

① 黄鉴晖等编《山西票号史料》，山西经济出版社，2002，第 469 页。

② 民国《绥远志略》，第 17 章"绥远之金融"，1937，第 282 页；参见贾汉卿《归化城金融史话》，中国人民政治协商会议内蒙古自治区委员会文史资料研究委员会编《内蒙古文史资料》第 18 辑，1985，第 157~194 页。

③ 黄鉴晖：《山西票号史》，山西经济出版社，1992，第 119 页。

纪 20 年代初期有各类商号 1520 家。[①] 除了宣化曾建立资本很少的农工银行外，中国、交通、边业、北洋保商、金城、察哈尔商业、西北、河北等银行都曾设立过分支机构。

华北地区一些商品经济较发达的县镇，也成立了本地银行。在山东省有1913 年的周村商业银行，1914 年的慧民商业银行，1916 年的威海卫农业储蓄银行，以及振掖、聊城农工、蓬莱第一储蓄、黄县和临沂农工等银行，一般资本金不足 20 万元。据 1934 年统计，本省开办的各银行资本总额为 457 万元，存款 242 万余元，资金能力约为 1256.4 万元；而外地银行的资金能力约为 6683 万元，存款总额 3053.7 万元，可见当地资金所占比重十分有限。[②] 在河北省的通县、昌平、大宛、定县等，也建立农工或农商银行。山西省运城 1912 年建立的兴业银行是山西省第一家商办银行，资本 10 万元，仅一年即停业；以后各县有裕丰（朔县，资本 5 万元）、振兴茶业（修水，资本 5万元）、太谷农工（资本 7 万元）、文水农工（资本 5.2 万元）等银行，这些银行资本过小，经营短暂，在各地货币融通上作用甚微。另外，在新兴的工矿业城市和交通枢纽，各银行也设立了分支，如 1937 年石家庄、唐山各有 9 家和 6 家分支机构。

综上所述，华资银行在华北地区形成东密西疏的状况。在天津、青岛，对外贸易繁盛，近代工商业发展速度快，资金需求和运转更需要新式金融机构的支持，故外资和华资银行数量多，经营较规范，对城市经济近代化的促进作用开始显现，并形成以近代金融机构为主体的金融中心。商品流通枢纽、近代工矿业或商品经济较发达的城镇也有一些银行的分支机构，但大部分县镇并没有纳入新式银行的经营范围；尤其是商品经济不发达的地区，甚至在离铁路不远的城镇，也只有一些汇兑所或寄庄，其存放款和汇兑等主要靠当铺和商铺。如山东省馆陶县，"全境向无银行暨钱店之主以营业，城镇乡各市面概由油粮店、棉花行或其他营业兼理贷款事业"。[③] 山西省许多县城，到 20

---

① 李延墀等：《察哈尔经济调查录》，新中国建设学会，1933，第 115 页。
② 实业部国际贸易局编印《中国实业志·山东省》，癸，1934，第 15 页。
③ 民国《续修馆陶县志》卷 2，政治志，经济，1936 年铅印本。

世纪 30 年代竟然从未有过银钱号，甚至连当铺也阙如，资金融通由商家充当，[①] 说明华北地区金融业发展在空间上是极不平衡的。

二 华资银行的经营特色

华资银行的经营重点则根据各城市的性质和发展不尽相同，体现了近代中国社会经济发展中新旧杂陈的过渡性。

地方政府开办的银行沿袭了藩库的职能，多是为了解决政府的财政紧张而设，而且滥发钱票，给各地金融市场造成混乱。官钱局的业务和各种专项收支，在经营范围上并不具有完整意义的商业银行的性质。各省的省银行前身是官钱局和官银号，成立初期主要业务是掌管政府财政收支、存放官款和发行货币等，是地方政府的财政机构，并没有进入商业银行的行列。如 1913 年阎锡山成立晋胜银行，主要"办理用于军饷方面的各类款项的业务，同时办理各行署、公司、学校、局、所等单位的各种款项的业务"，"代收各地方的粮钱、赋税以及各种捐税"，并且发行暂时在山西省通用的兑换纸币，"凡公司间进行交易，以及完粮后的纳税，均一律通用此币"。但因资本太少，发行纸币不能兑现等，随即停业。[②] 在南京国民政府成立前，地方政府开办的许多银行为了增加收入，在没有充足的准备金的状况下滥发纸币，造成各地金融风潮接连不断，扰乱了正常的金融市场秩序。如 1926 年褚玉璞滥发直隶省银行的银元票和铜元票，引发了直隶省银行钞票的停兑风潮。最为突出的是晋钞挤兑风潮。原来山西省地方政府的财政收入，除了藩库外，存太原各大钱庄，各部门需要持藩司的批件到钱庄提取现金。为了统一全省财政收支，阎锡山督晋时设立了山西官钱局，经理全省司库款项，并发行银元纸币和银条，用于本省的资金周转和存拨款。在官钱局基础上成立的山西省银行加强了对全省金融市场的垄断。首先，它作为地方政府的财政机构，增设省金

---

① 山冈师团:《山西大观》(1943)，山西省史志研究院编译，山西古籍出版社，1998，各县产业项。

② 张尚喜主编《山西通志·金融志》，中华书局，1991，第 70 页。

库，代办财政厅各种款项和收付军政各项费用，还发行金库券。该金库券是按照 2/10 的比例搭配在政府官员的薪饷发行的，6 个月以后才能够兑现。其次，垄断了与外省的汇兑，限定汇款数额，提高汇率，颁布了《禁止携带现款出省办法》，明确规定，"凡查获私运现款出省者，除将现款及运款人扣留，立即呈报省政府外"，实施没收和罚款；并由宪警和军队组成检查队，广设关卡，严行搜查。最后，为了使省银行成为阎锡山扩展地盘和发动倒蒋战争的经济后盾，扩大自身经济实力，滥发纸币。省银行成立后，政府即以划一币制的名义，颁布《山西省查禁私发纸币规则》，"通令各庄号所发纸币，一律限期收回"，省银行的晋钞成为全省统一的货币。如果说 1928 年前省银行总发行量为 900 万元，属于尚有一定控制的话，那么 1929 年后为了发动倒蒋战争，就属于肆意滥印滥发了。昼夜不停的印钞机，成了 70 多万官兵饷项主要来源，到 1930 年 10 月底总发行量达近 1 亿元。不久，倒蒋战争失败，晋钞随同败军从外省涌回山西。同时，阎锡山私带省银行 3000 万元现款逃亡大连，并将省银行的 200 万元现款分赠部下；太原的商店银钱业等乘机投机倒把，哄抬物价，银元与晋钞比价一日数跌，达到 1∶30，引发了挤兑风潮，省银行业务陷于停顿，市场一片混乱，民众和工商、金融业遭受严重打击，自杀者有之，焚烧晋钞者有之，"太原市上千人力车夫口粮形将断绝，推之各县乡镇困乏万分，恐怖已极"。1930 年全省商号比 1928 年减少了 1/3 左右。[①]

华资银行虽属商业银行，但开办初期的经营重点并没有放在存放款等主要业务上，而是希图凭借与政府和官僚的各种关系，承接发行公债和政府借款等，以取得巨额利润，这是华北地区尤其是北京和天津华资银行的经营特色。

许多银行尤其是有一定政府背景的银行多承接中央和地方政府发行公债，以及各种记名不记名的国库证券、长期短期借款、垫款和透支等，从中获取巨额利润。1912 年至 1926 年仅北洋政府就发行了 27 次公债，实发总

---

① 参见张尚喜主编《山西通志·金融志》，第 72~76 页；刘建生等：《山西近代经济史（1840~1949）》，山西经济出版社，1995，第 480、483、499~502 页。

额达 61206 万余元，^① 虽然承办这些公债和借款需要考虑到政府无力偿还等风险，有很大的投机性，但债券发行的最低折扣是八五折，加上利息，发行的银行获利在 30% 左右；政治性借款，利息极高，20 年代初北京地区的月息是 10%~18%，天津是 16%。^② 丰厚的收益使承办者趋之若鹜。如金城银行 1917 年末的有价证券不足 3 万元，到 1927 年末公债和国库券总计为 545 万元，比 10 年前增加了 197.3 倍，该项赢利近 170 万元。^③ 天津的部分银行仅 1926 年 10 月至 1928 年 9 月的两年内对直隶省财政厅和长芦盐运使署的借款就达 575 万元。^④ 因此，发行债券是清末和北洋政府时期各银行获得巨额利润的捷径，也刺激了一些投资者迅速筹建银行，尽快捞取钱财。

第一次世界大战后，华北各城市工商业进入迅速发展阶段，大型工厂企业、对外贸易和商品流通的扩大等，都需要有足够资金的投入和融通。而且，政局混乱，承办公债和政府借款的风险愈来愈大，于是交通、中国等银行向商业银行转移，华资银行也开始注重吸收民间的存款。

在 20 世纪前，官僚军阀的巨额资金存放在外资银行，以求安全。据说汇丰天津分行有李鸿章 150 万两银存款，有庆亲王奕劻 120 万两银存款。1927 年《银行周报》曾评论道："外国银行在华之营业，既发达如此，因之富商豪贾以及政客军阀皆视同护身之符，故结果所吸收之存款，为数极巨。近年以来，虽因本国银行逐渐发达，其吸收我国存款已不若昔日之盛。惟一般军阀政客平日搜刮之民脂民膏，一旦下台，惟恐为社会所不容，乃将其巨额现款，仍存于外国银行，以求外人之庇护。故从表面观之，外国银行所吸收者，为军阀政客之财产，实则悉我国之民脂民膏耳！"^⑤ 民国以后这种状况有所改变，官僚军阀等也在华资银行存入巨额款项。其原因为：其一，华资银行的定期

---

① 千家驹编《旧中国公债史资料（1894~1949）》，中华书局，1984，第 11 页。
② 中国人民银行上海市分行金融研究室编《金城银行史料》，上海人民出版社，1983，第 193 页。
③《金城银行史料》，第 202、41 页。
④ 金城、盐业、大陆银行档案，原藏中国人民银行天津分行金融研究所，转引自罗澍伟主编《近代天津城市史》，第 404 页。
⑤ 子明：《经济侵略下之外国银行》，《银行周报》第 11 卷第 12 号，1927 年 4 月。

存款利率在 7 厘上下，而外资银行只有 2~2.5 厘，条件苛刻，积存不便，有
的还要收取保管金。所以较为丰厚的利息，将官僚军阀等的财富吸引到华资
银行。其二，结好权要，融通资金对于华资银行来说是十分必要的，由此能
够在营业和发展上得到官僚军阀的帮助和庇护，而且许多华资银行或是官僚
军阀为主开办的，或者得到他们的支持，形成了十分密切的关系。这些也促
使官僚军阀将搜刮来的民脂民膏存放在华资银行。其三，中央和地方政府，
以及军政机关大多存款是放在华资银行，并不断向华资银行借款，作为地方
和中央政府的统治者把这些公款当作私产，为便利转划过户和透支，也就顺
便将自己的钱财存放在华资银行，更方便将公款挪入私囊。因此，华资银行
中官僚军阀的存款不在少数。据金城银行创立 20 年时的统计，来自军阀、官
僚、地主等个人存款，1917 年占存款总额的 38.15％，1921 年占 46.25％，
1928 年占 50.87%。① 各银行也推行一些措施吸揽城乡闲置资金。金城银行开
办初期的 1917 年存款总额仅 404.7 万元，到 1927 年不包括储蓄存款，仅工商
业的商业存款就达 2855.8 万元。各银行还大力推行储蓄业务，吸收城乡闲置
资金。1923 年北四行联合成立了四行储蓄会，专门承办储蓄业务，除了付给
储户利息外，还分给红利，吸引了大量存款，存款总额从 1923 年的 43 万元，
增加到 1927 年的 1714 万元，增长了近 39 倍。②

各银行的放款业务也逐渐转向近代工商业。从银行成立以后的营业看，
大的商业银行确实在支持各城市近代工商业发展上起到促进作用。如天津裕
元等纱厂开办时，金城、大陆和盐业等银行都给予了资金的支持。金城银行
历年的决议都强调放款要"趋重市场工商事业"，"助长工商之发展"。③ 天津
的协和贸易公司是最著名的进出口公司之一，单在青岛一处的花生仁和核桃
出口，每年就有三四百万元之多；该公司流动资金多依靠华资的交通、中孚
银行和合资的中华汇业银行，1925 年 3 家银行对协和的放款额度（包括押汇

---

① 《金城银行史料》，第 142 页。
② 《金城银行史料》，第 139、106 页。
③ 金城银行档案，第 141 号卷，历年行务会议议决，原藏中国人民银行天津分行金融研
究所。

放款）达 60 万元。① 金城银行 1919 年对工矿企业放款 83 万余元，占放款总额的15%，到1927年增加到699万余元，占25.55%；商业放款数量增加了1.5倍，所占比重从31.59%下降到15.76%。② 各银行的放款对象主要是与其有业务关系或参与经营的大型工商企业。如盐业银行的主要对象是产盐销盐的工商业企业家；金城银行给予裕元纱厂长期抵押放款和透支，1919~1922年向裕元纱厂放款达240万余元，③ 1926年给永利制碱公司60万元的长期定期放款，还订立了以20万元为限的透支合同。④ 1921年，天津的金城、边业、农商、盐业和直隶省银行曾给恒源纱厂放款80万元；⑤ 天津的北四行1923年给裕元纱厂放款50万元；⑥ 1923年，天津的金城、边业、农商、盐业四行"合放恒源押款洋60万元"；⑦ 1927年，天津的金城、中南、农商、道生、浙江兴业、盐业银行和永济银号共同给恒源纱厂40万银两和50万元的放款；⑧ 以后恒源、北洋等纱厂无力偿还银行的贷款，天津数家银行组成银行团对其实行代管或托管。这也反映了金融与工业由借贷关系朝投资关系发展的倾向，体现了金融资本对工业的扶持和控制。20世纪20年代中期以后，山西省银行也为太原的近代工商企业提供了巨额放款。据《中国实业志·山西省》统计，到1935年，该行对工业的放款为125万元，占放款总额的20.8%，对商业的放款为343.8万元，占57.4%，⑨ 促进了本省工商业的发展。但省银行是阎锡山办的公营银行，贷款对象绝大多数是他创办的公营工商业企业，是在强权的地方垄断前提下金融资本与工业资本的结合。当时大的华资银行还设立了为进出口贸易和国内物资交流服务的仓储业务，办理以栈单抵押的贷款，尤其以大陆

① 上海银行档案，转引自汪敬虞主编《中国近代经济史》下册，人民出版社，2000，第2288页。

② 《金城银行史料》，第155页；罗澍伟主编《近代天津城市史》，第404页。

③ 《金城银行史料》，第160页。

④ 金城银行档案，第105号卷，原藏中国人民银行天津分行金融研究所。

⑤ 《金城银行史料》，第395页。

⑥ 大陆银行档案，第393号卷，原藏中国人民银行天津分行金融研究所。

⑦ 金城银行档案，第222号卷，原藏中国人民银行天津分行金融研究所。

⑧ 天津社会局档案，第25号全宗，第二类第893号卷，天津档案馆藏。

⑨ 转引自张尚喜主编《山西通志·金融志》，第81页。

银行在天津经营的仓储业务规模最大，估计每年仓库货物押款的总值达 1000 万元以上。

总之，华北大中城市的华资银行是当地金融市场的主要机构之一，在开展异地汇兑、吸揽各方存款、放款支持城市近代工商业和促进资金运转等方面发挥了重要作用，以银行为主的金融与工业从借贷关系开始发展为投资关系，也有一定的金融资本从扶持到控制工业资本的倾向，20 世纪 30 年代初期形成了外资和华资银行各有分工和互补的格局。

三 华北华资银行特点简析

从华北的华资银行兴衰，可以大致归纳出以下特点。

其一，军阀官僚在兴办华资银行过程中起到十分重要的促进作用。在北京、天津和省会城市，军阀官僚投资创办银行风靡一时，如盐业银行的大股东有张镇芳、张勋、倪嗣冲等；大陆银行开办时，冯国璋出资 20 万元是最大的股东；金城银行 1917 年开办时，军阀官僚投资占 90%；[1]边业银行完全是张作霖独资创办的；殖边银行是徐绍桢、王楫唐创办的。中国实业银行的发起人是周学熙；中孚银行的发起人孙多森，是袁世凯的管家，曾被任命为通惠实业公司总裁，中孚银行除通惠公司拨款 60 万元以外，其余大部分由孙氏家属投资，成为孙氏家族银行；潘复曾投资济南的山东实业储蓄银行和丰大商业储蓄银行；梁士诒曾是盐业银行发起人、北京五族商业银行和天津大生银行的董事长、金城和新华储蓄银行董事。[2]同时，他们与政府的关系密切，或曾是一方地界的统治者，通过发行各种公债等为银行赚取巨额利润，也使这些银行能够在金融市场不十分发达的情况下得以维持和发展。

其二，从华北的各华资银行的设立和经营可以看到更多的政治色彩，清末和北京政府时期尤为明显。各省政府兴办的银行前已叙述，军阀官僚的投资、热衷于经营公债和政府借款亦见一斑，北京从全国的"财政金融中心"，

---

① 《金城银行史料》，第 23 页。
② 魏明：《论北洋军阀官僚的私人资本主义经济活动》，《近代史研究》1985 年第 2 期。

到很快衰落，无不与中央政府南迁和财政税收混乱等政局有直接的关系。在华北，银行的兴盛与近代工商业迅速发展有直接的关系，形成一定程度的互动，但与华北政局稳定和混乱也几乎是同步的。政局稳定，多有银行设立，而军阀混战，银行则纷纷停业，至于地方政府截留税收、广设苛捐杂税和滥发货币，更直接导致金融市场的混乱。我们从历年银行成立的统计中可以看到，在1928年以前似乎是华北各城市华资银行发展的鼎盛时期。但这时中央政府已经失去了对地方的控制力，即没有完备的金融制度，也没有中央银行，是由军阀官僚把持中央和地方政府的地方割据局面。地方割据在本质上不需要有统一和健全的银行制度，他们可以肆意建立银行，通过发行货币和借款等无限制地索取国家和地方的资金，凭借强权不惜用各种手段搜刮民众血汗和向民间强行借款与摊派，以扩大自身的经济势力。如在张宗昌统治山东时期，以军事善后特捐筹建山东省银行，并将其作为地方财政库，命令收并各商业银行，除了中国银行和交通银行的钞票外，只有省银行有发行钞票权，其他银行和钱庄等发行的纸币一概不准在省内流通，并借此滥发军用票等纸币。据1928年的调查，山东有1000万元的新军用票价格低落至二三折，又有不兑现的新银行券2300余万元，其中1000余万元是在江苏、安徽省境内发行的，都成为一钱不值的废纸。直隶省银行在1928年也有1600万元纸币停止兑现，商民受累不堪。[1]至于前述的山西省银行更为严重。所以，许多银行是凭有一定政治背景或身份的发起人看到银行可获巨利，根本不考虑准备金，更谈不上经营方针和方法，就仓促筹划成立，致使许多新建银行，从创办到开业长达数年，或者规模过小，开业不久就停业。因此，华北地区在1928年前华资银行的迅速发展是虚假的繁荣，空间分布也极不平衡。南京国民政府成立以后这种状况有所调整和改善，开始进入近代金融市场初步发育阶段。

---

① 转引自吴承禧《中国的银行》，第138页。

论近代华北商品市场的演变
与市场体系的形成[*]

市场是商品生产和流通的表象，其属性、规模和体系是随着社会经济结构的嬗变而发展变化的。我国开埠通商后，华北的商品市场同全国一样，随着内外贸易繁荣、近代工业振兴、交通运输变革、商品经济发展而有所变化，市场经济一度兴盛，在一定程度上改变了商品市场性质，初步形成了近代意义的市场体系。本文以全面抗战前华北商品市场的转变为研究对象，旨在进一步探讨近代华北商品流通的转变和经济近代化发展水平，亦为当前正确认识市场经济的特点和规律，处理各级市场关系提供借鉴。

一　华北商品市场的演变

传统时期华北商品市场，是内贸型市场模式，商品种类与价格、运销方式与流通量，以及商业资本的构成等，都是依附于自然经济的，为自给自足小农经济服务的。近代以后，自然经济开始解体，商品经济有所发展，市场也随之演变。

第一，商品结构的变化。粮食、布和盐是支撑传统华北市场的主要商品，其他手工业品等种类少，流通数量和范围有限，所以市场上商品结构简单，以生活必需品为主。开埠通商后，一方面大批洋货和机制品通过沿海城

＊　本文原载于《中国社会经济史研究》1996 年第 1 期。

市倾销城乡集镇各个市场，主要有布匹、棉纱、煤油、糖、火柴等。如20世纪前直隶玉田县的洋货"不可胜数"，人们"饮食日用洋货者，殆不啻十之五矣"。[①]据1911年调查，山东省人均消费洋货的比重为棉织品52%、煤油5.2%、糖5.2%。[②] 另据1919年山东105个县不完全统计，输入洋纱的有73个县，输入洋布的有61个县，输入煤油的有85个县，输入火柴的有43个县。[③] 另一方面，大批农副土特产品如花生、皮毛、棉花、猪鬃、药材、蛋类，以及草帽辫、地毯等手工艺品涌入各个市场，出口外埠或国外。它带动起农村一些地区商品化和专业化生产，又增加了农副土特产品的上市量。

于是华北市场逐渐转变成以进出口商品为主导，土货洋货并存，生产原料和消费品并重的商品结构。

第二，价格结构的变化。早先市场上主要是小生产者之间以获取使用价值为目的的交换，交易双方大都了解商品的生产过程，虽有商人的欺诈，但总体上仍属于等价交换。开埠通商后，华北市场的产品或多或少与国际市场有因果关系，有些农产品还直接进入国际市场，成为世界性商品。于是市场上商品价格结构转变为以不等价交换为主要内容。在北京附近农民购同数量品质的布，1923年要比1901年多支40.43%的小麦。[④]除了日益严重的工农业产品、进出口商品之间的剪刀差之外，进出口商品的价格和数量、品种在很大程度上也被外商控制，并不以国内的供求关系为转移。如棉花，1920年华北各省棉产丰收，棉价应跌，但适遇世界棉花歉收，棉价飞涨，华北的棉价也随之上扬。1926年河北省棉产量仅及上年的84.9%，而世界棉产量增13%，天津棉价跌15%。[⑤]济南的棉花多运日本大阪，或供青岛日商纱厂，所以棉价以大阪行情为转移，"济南重要之花行，有每日打电报大阪询问行情

① 姚贤镐编《中国近代对外贸易史资料（1840~1895）》，中华书局，1962，第1106页。
② Havpt，"Die wirts chaftliche entnich Lung derprovinz Schantung"，1911，日译本，转引自庄维民《论近代山东沿海城市与内地商业的关系——以烟台、青岛与内地商业的关系为例》，《中国经济史研究》1987年第2期。
③ 林修竹编《山东各县乡土调查录》第1卷，1920。
④ 贾秀岩等：《民国价格史》，中国物价出版社，1992，第118页。
⑤ 根据中华棉花统计会编《中国棉产统计》，大岛让次《天津棉花と物资集散事情》等统计。

者"。① 华北花生的价格多取决于伦敦或纽约，皮毛的价格和数量则依军队和战争的需求而定。这样，各级市场的商品行情受到世界市场与各类商人的行政管理盘剥和控制，形成了较为典型的殖民贸易。

第三，商品运输方式的转变。"南船北马"，华北传统的商品运输除大运河外，主要是陆运，靠牛马和骆驼等驮运商品，速度慢，运量小，运费高，如运粮300公里就相当于产地的栽培费用，故有"百里外不贩樵，千里外不贩籴"之说。开埠后海运开通，沟通了国际和沿海埠际的商品流通，但没有改善华北内地的运输条件。20世纪后华北各条铁路建成通车，使商品流通方式发生变革，这时凡铁路所到之处，商品运输均以铁路为主，如胶东货物"概由铁路送至青岛"，鲁中各地因"津浦路线，百货舍舟而陆"，80%货物靠铁路。尤其是出口商品，多是价低大宗的农副畜产品和矿产品，且离口岸较远，更依赖铁路运到口岸。据天津海关统计，天津与内地商品运输，1909年铁路与水运各占48%，1924年铁路占74%，加之华北铁路的长度和密度均列全国之首（除东北外），所以促成华北商品流通形成以铁路为主、内河和陆运为辅的运输网络。同时，铁路开通也带动内地市场的崛起，一些铁路枢纽、铁路与水道交会处逐渐成为商品集散地或交易市场，而原来的水陆码头渐渐失去昔日的风采，市场地位下降，从而促使近代华北市场体系的形成。

第四，商品流通量增加。近代以前在经济结构和交通等制约下，华北市场的商品流通量十分有限，大宗长距离运输的多是不进入市场的漕粮，埠际和城乡之间也不能构成同等规模的商品流通量。近代以来，内外贸易和工业的发展，农副产品商品化的提高和交通条件的改善，促使华北市场活跃，商品流通规模迅速扩大。有的学者对山东省的商品流通额估算如下，1902年山东各地与烟、青、津、镇四港间的土洋货流通总额为5341万海关两，1910年为8943万海关两，到20年代突破1亿海关两。② 但仅从青岛海关统计来

① 《山东棉业生产及输出状况》，《农商公报》第18期，转引自《中国社会科学院经济研究所集刊》第11辑，中国社会科学出版社，1988，第101页。

② 参见 Havpt，"Die wirts chaftliche entnich Lung derprovinz Schantung"，1911，日译本，转引自庄维民《论近代山东沿海城市与内地商业的关系——以烟台、青岛与内地商业的关系为例》，《中国经济史研究》1987年第2期。

看，以上估算较为保守。1900 年青岛进出口贸易额为 395.7 万海关两，1909
年总贸易额为 4025 万海关两，1922 年近 1 亿海关两，到 1931 年达 27883.9
万元，①20 余年增加了近 6 倍。如果加上青岛与内地的贸易额，商品流通额会
更多。天津是华北最大的口岸，位居全国第二。1861 年开埠时天津海关统计
的进出口贸易额仅为 547.5 万海关两，1899 年为 7760 万海关两，1906 年为
11286 万海关两，1921 年为 22477.9 万海关两，1928 年达 34825 万海关两。②
同时天津又是华北最大的商品集散市场，天津常关统计的与内地通过铁路、
河运和陆运的商品流通，在商品流通额中也占有相当大的比重。据天津常关
统计，天津与内地的土洋货流通的总值 1914 年为 15124.8 万海关两，1918 年
为 20319.8 万海关两，1925 年达 35200 万海关两。③ 如果天津海关和常关的
贸易额大致相当于天津市场商品流通总额的话，估算商品流通总额 1914 年为
27488.7 万海关两，1915 年为 30233.3 万海关两，1920 年为 40617.7 万海关两，
1925 年达 63970.4 万海关两。④ 然而，上述估算还没有加入各级市场内和市场
之间商品流通中的运输费用、商业和金融的利润。仅从青岛和天津的不完全
统计，即可看出华北市场的商品流通量自 20 世纪初后有大幅度的增长。

第五，商业资本构成的变化。在传统社会，粮食、盐、布和银钱票号、
典当等业的经营者是华北各级市场商业资本的主体。天津的盐粮商为"沽上
道富"，银钱票号和典当业有很强的实力。山西的票号资本雄厚，势力遍及华
北和江南。在山东，盐、钱和典当业商人执商界之牛耳。近代以后，进出口
口岸的洋行异军突起，它们凭借不平等条约，尽推销和掠夺之能事，垄断了
进出口市场，在华北市场尤其是高级市场上占有特殊位置。同时为洋行服务
的买办应运而生，他们依仗洋人，通过购销土洋货和投机垄断敛聚财富，在
各级市场显赫一时。传统的商业资本结构也有变化，愈是高层次的市场其变

---

① 青岛市档案馆编《帝国主义与胶海关》，档案出版社，1986，第 52 页；寿杨宾编著《青
岛海港史（近代部分）》，人民交通出版社，1986，第 90、124、177 页。

② O. D. Rasmussen, "Tientsin: An Illustrated Outline History", 1925 年，转引自《天津历
史资料》1964 年第 2 期，第 178~181 页。

③ 根据天津常关历年贸易报告统计。

④ 根据天津海关、常关历年贸易报告统计。

化愈明显。一方面经营与进出口商品有关的行业迅速崛起，如棉纱庄、棉布庄、大米庄、洋广货行、花行、棉花店、蛋行、皮行、毛店、牛行等等，这些行业或是新出现的，或是从别的行业分离出来的，在资本额和商店数量上在各级市场中占有相当的优势，是商品流通中最活跃的交易者。另一方面，票号和盐商已失去政府的庇护而日见衰弱，有的开始转向有利可图的进出口商品经营。如天津最大盐商之一卞家经营棉布棉纱批发；山东的旧式商号也到口岸设庄购销土洋货。银钱业在大中城市的作用也由于银行的兴起不如以前，把重心开始转向小城镇。粮食业因没有漕粮调运的牵制，随着城市人口增加和交通条件的改变而继续有所发展，并细分成斗店、大米庄等多种行业。

值得注意的是，在各级市场上行栈资本异常活跃，占有相当重要的地位。行栈即货栈，其原本职能是接纳客商储存货物。近代以后洋行与内地客商都需要有中间人才能进行商品交易，而仅靠买办既有媚外之嫌，也不利于少量货物的存储运销，于是中级市场的行栈充当了这一角色，职能扩大到代办保险、提供中介、代为购销、向银号或银行贷款后向客商进行抵押或信用放贷等等。由于经营进出口商品利润甚丰，许多行栈还兼营土洋货的购销和批发。于是行栈集服务、经纪人和经营为一身，发展为有相当实力的商业资本。它们专业化强，上连洋行、买办的上一级市场，下设分支于初级市级和产地，甚至形成专营一种商品的地区性行栈商帮。在各地市场的行栈有不同的经营特色，天津的行栈以内地土货为主，山东的行栈土洋货兼营，如"烟台的货物交易，除小摊贩外，凡大宗买卖都需经行栈之手进行"。[1]随着商品流通量的增加，行栈资本发展很快。天津市场的棉花栈20世纪后才出现，1911年仅6家，到1928年大中型行栈达48家，皮毛栈、粮栈、干鲜果栈等门类齐全，资本少则3万~5万元，多则数十万元。青岛和烟台的行栈代行采购土货和批发洋货等业务，颇有买办的色彩，在各级市场广设行号和收买庄，势力遍及山东，延至河南和山西。1918年青岛的各帮行栈200余家，大的资本可达百万两，成为市场商品流通的关键环节。

---

① 东亚同文会编印《支那省别全志》第4卷，1915，第945页。

第六，商业经营方式的变化。华北商人重义轻利，重信誉轻契约，"不喜欢使用种种烦琐的形式，成千上万的巨款，也任意地在商人同志之间进行授受，没有使用证书、印章等等作法"，"常常一次承诺，比千金还重"。①经营方式以现货为主，批零兼顾，分工杂而不细。近代西风渐进，南风北上，使华北商业的经营方式有所转变，特别是进出口贸易和较大规模的市场，随着商品种类和数量增多，开始向近代商业转变，主要表现在：行业分工日见细密，进出口、批发零售、贩运储藏、经纪经营等都有明确的分工，在一个行业中还有若干分支，进行专业化经营。组织形式上，许多有规模的商店合伙为有限公司，使经营权与所有权有所分离，也增强其实力和抵御风险能力。在交易上开始注重契约的作用，洋行、批发商、坐庄、客商以及行栈之间的交易，用抵押和合同等形式来约束对方，保持经营的稳定性。在经营上既有传统的以货易货，也有代销代购、包销包运、赊款经销、贷款预购等多种方式，在一些市场还一度盛行期货交易。虽然在广大农村集镇等产地市场传统的经营方式仍占重要地位，但市场上商品种类、商人结构等都发生变化，其经营方式也自然而然地由上而下产生变化，形成华北各级市场上传统和新式经营方式互相融合、互相补充的模式。

当然，华北地域广阔，各地自然条件和社会环境差异很大，发展水平也参差不齐，所以市场的演变在内容和程度上都有所不同。尽管如此，随着华北商品经济的逐渐发展，商品流通规模不断扩大，这种自上而下的市场内部结构的变化，反映了华北各级市场近代化发展的趋势。

二 近代华北市场体系的形成

传统时期华北有两个市场体系。一是以大运河为运输商品渠道的体系，如天津、沧州、泊头、德州、临清、济宁等。大运河是华北与江南联系的主要通道，政府控制的漕粮等多沿河北上。政府为保证漕粮调运，在沿河转运

---

① 《二十世纪初的天津概况》（原名《天津志》），侯振彤译，天津市地方史志编修委员会总编辑室，1986，第251页。

码头驻兵建仓，设钞关，提高行政等级，而且漕船夹带的南货在这些码头换驳时交易，遂使其成为商品集散市场。海河水系各支流沿岸码头也因货物运输成为规模市场，如独流、献县、衡水、正定、邯郸、新绛、临汾等，但因河道不畅，只是区间贸易流通。另一市场体系是以官道、驿道为运输渠道，结合地方行政建置的内地市场体系，也就是用官道把省、府、州、县城所在地连在一起，为其维护正常统治服务。这些市场以畜运为主，不能开展长距离贸易，主要是区域内商品的互通有无。尽管这两个体系中有些市场处于水陆交会之地，沿河和内地市场商贾聚集，商品互通；但由于运输工具、营销对象及流通范围不尽相同，没能形成互相有较紧密的有机联系的统一的市场体系。同时市场结构上仅有产地市场、销地市场和城市消费市场，勉强分为产地和消费两级市场，缺乏高层次跨区域的中心市场，也缺乏具有集散转运能力的中间市场。所以传统的华北商品市场结构简单，流向单一，辐射范围有限，是区域的封闭性市场体系。

近代以后，商品流通机制的演变、交通条件的改革，必然导致华北市场体系重新分裂组合。各地市场自然地理环境、经济政治地位的不同，其商品流通规模、市场的职能和辐射范围也有所不同，进而形成不同等级和层次的市场组成的颇具近代意义的市场体系。这一体系依靠近代化交通工具，以进出口商品为主，进行多种类、跨区跨国界的商品流通。虽然有些市场经营方式落后，市场职能界限还不十分清晰，但从大局来看，到全面抗战前华北初步形成了由高级市场、中级市场、初级市场和专业市场组成的三级四种类型的市场体系。

高级市场亦称中心市场，是全国性商品交易中心和重要进出口口岸，既是内地农副土特产品的终极市场，也是国际和埠际商品的总批发市场。其经营者主要有专营进出口的洋行买办、专业批发商和贩运商、充当中介的经纪人和交易所，以及众多的外地客商。高级市场的交易方式有较浓厚的近代色彩，如期货现货交易、代购代销、定购定销、预购赊销等。市场的服务辅助设施颇为完备，有发达便利的金融保险业、标准化商品检验和管理、大型仓库和加工业、多层次的旅馆客栈、便捷的信息传媒等等。在华北，天津和青岛可归为高级市场，它们作为交通枢纽，沟通了世界市场、沿海市场和内地市场的商品联系，有较强的吸辐和集聚能力，在自上而下形成的华北近代市场体系中发挥着重要作用。

天津是华北的经济中心，也是最有代表性的高级市场，市场上商品种类繁多，规模庞大，是华北商品的总汇之地。天津市场进口的洋货，由 1873 年的 115 种，增至 1913 年的 800 余种，出口土货也由 57 种增至 400 余种。[①] 同时国内生产的机制品和农副产品也是市场商品的重要组成部分。天津这座百万人口的大城市虽有相当可观的消费能力，但其主要职能是商品集散。洋货和外埠商品涌进天津后倾销到内地下级市场，内地土货也源源不断地运入天津廉价出口或转运他埠。经济发展和交通变革，使天津市场集散量迅速增加。初步估算，1914 年天津市场商品集散总额约为 27488.7 万海关两，至 1925 年达 63970.4 万海关两，增加 3.6 亿海关两。同时天津市场吸辐范围到 30 年代也扩大到河北、山西、内蒙古全省，山东、河南省部分地区，以及西北和东北地区。最先接触西方的天津，市场经营的近代化程度较高，如专业化经营，广泛采用抵押和契约方式，交易和检验的制度化、规范化，以及用股份公司形式代替独资商店等等。天津市场价格和进出口商品种类及数量则主要取决于世界市场，对内地市场往往有着决定作用。

青岛 1898 年才开埠通商，但胶济铁路的开通使其经济地位上升，取代了 1860 年开埠的烟台，成为华北第二个高级市场。青岛市场的商品种类和数量不及天津，却在出口商品上颇具特色。最初出口草帽辫，1907 年为 3435 担，至 1917 年达 10.5 万担。后来青岛是华北最大的花生出口口岸，1911 年为 79 万担，占山东省出口额的 95%；1924 年出口花生 37 万担、花生油 47 万担、花生仁 276 万担，创历史最高纪录。此外，牛肉、牛皮、蛋类、烟叶、煤炭也是青岛主要出口商品。[②] 而这些商品在天津的出口规模则相形见绌，构成了华北两大高级市场的互补性。青岛市场商品集散量，据不

---

① 姚洪卓主编《近代天津对外贸易（1861~1948 年）》，天津社会科学院出版社，1993，第 71 页。

② 《帝国主义与胶海关》，第 253、347 页。

完全资料来估算，1910 年前后约为 7000 万海关两，20 年代初为 1 亿海关两，至 1925 年为近 2 亿海关两。青岛的商业腹地不仅有山东，还包括了河北中南部和河南，在沟通华北和江南经济联系中也有一定作用。青岛市场的行栈业格外发达，充当了洋行和本地、外地商人的代理和中介。其名为行栈，实际主要业务是批发洋货、购运土货，并组成专业商帮。如章邱帮以经销丝绸、洋布为主，潍县帮以经销土布、洋布和棉纱为主，沙河帮以经销草帽辫为主，即墨帮以经销花生为主等。大的行栈还在下级市场设行号和收买庄，组成专业购销贩运网。1910 年前后青岛有各帮行栈 160 余家，是行栈发展的鼎盛时期。[1] 在青岛，围绕着进出口商品兴起的轻工业是该市工业的支柱。如 9 家大型纱厂中日商有 8 家；蛋品加工厂从 1909 年的 2 家，到 20 年代初增到 5 家，总资本 300 万元，1126 名工人，是青岛继纱厂、盐业后资本和工人最多的行业；榨油厂以花生为原料，20 年代初有 25 家，总资本 300 万元。[2]1917 年，日商还设花生交易所，用设备进行分类检验，是最早的商品检验机构，到 1929 年国民政府设商品检验局后成为青岛标准化商验机构。

北京是华北最大都市，人口逾百万，但从市场体系看仅是土洋货终极市场。虽有些商品由此运往山西及西北，但大部分商品是本市消费，其集散、转运和贮存等功能也逊于一般市场。邮政汇款统计也可作为佐证，1920 年和 1921 年各省市中，上海、江浙、河北（包括天津）和山东的汇入款额多于汇出款额，而北京是汇出多于汇入，表明北京作为典型消费城市每年要汇出大量款额购运商品，而各地到北京购货所需汇入款额则相对较少。

中级市场是近代华北市场体系中新出现的层次，主要功能是集散和转运。中级市场有较优越的交通运输和储藏加工能力，有一定政治经济地位，上连高级市场，下通初级和专业市场，成为沿海与内地、终点与产地市场土洋货流通不可替代的纽带。它本身经济实力也不断增强，有相当的消费、生产和

---

[1] 参见 Havpt, "Die wirts chaftliche entnich Lung derprovinz Schantung", 1911, 日译本，转引自庄维民《论近代山东沿海城市与内地商业的关系——以烟台、青岛与内地商业的关系为例》，《中国经济史研究》1987 年第 2 期。
[2] 《帝国主义与胶海关》，第 214 页。

批发能力，是一定区域内协调商品交易的中心市场。中级市场聚集着从上、下两级市场来的推销商、收购商、批发庄、收买庄，本地的坐庄、商贩，以及贩运商、经纪人。比较大规模的商品批发和转运则形成专业化经营。中级市场的规模与地域大小、人口密度没有必然的联系，取决于周边地区经济发达程度和交通条件等因素所制约的商品上市量。所以，华北中级市场的空间分布极不平衡，基本趋势是沿海地区多内地少、平原多山区少。现仅概述几个有代表性的中级市场。

济南是山东省会，1906 年开埠通商，处于津浦与胶济铁路交会之处，是华北最大的中级市场。洋货来自青岛、烟台、天津和上海等，棉纱、棉布和糖的输入值自 1911 年起 5 年内增长了 5 倍至 7 倍。土货以棉花、花生和牛皮为大宗，每年棉花集散量达 40 万担至 80 万担，1918 年集中花生达 2 万余吨、兽皮 40 万张，其腹地不仅有山东和河北中南部，还包括河南部分地区。20 年代济南市场商品集散总值达 1 亿元，1932 年仅通过胶济和津浦铁路集散商品价值就达 18785 万元。市场上专业行栈是批发商主体。20 年代前后有牛栈 30 余家、蛋行 10 余家、花行 30 余家、杂货行百余家、茶叶行 40 余家、布庄 200 余家。① 济南的加工业较发达，既有纺纱、面粉、火柴等大型工厂，也有榨油、制革、蛋品、发网、花边等小型加工厂，提高了自身的消费和加工能力，使其不仅仅有集散和批发的职能，还是一个区域的中心市场。

烟台 1860 年开埠，是华北最早的通商口岸之一。开埠后烟台市场十分繁荣，有棉纱、棉布、煤油、火柴等洋货，也有草帽辫、蛋品、花生、牲畜、煤炭等土货，每年进出口贸易额在 3000 万海关两以上，1909 年达 4431.9 万海关两。② 该市场专业行栈资本雄厚，如专营水产品的大成栈资本达百万两，专营 30 余家洋行商号千余家，其中资本 5 万两以上的行栈有 26 家，资本总额达 600 余万两。③ 而且仓库、金融业以及加工业也较齐全，正在向高级市

---

① 济南市志编纂委员会编印《济南市志资料》第 3 辑，1982，第 97~99、36~39 页。

② 寿杨宾编著《青岛海港史（近代部分）》，第 90 页。

③ 参见 Havpt, "Die wirts chaftliche entnich Lung derprovinz Schantung", 1911，日译本，转引自庄维民《论近代山东沿海城市与内地商业的关系——以烟台、青岛与内地商业的关系为例》，《中国经济史研究》1987 年第 2 期。

场发展。然而青岛开埠后，特别是胶济和津浦铁路开通后，因烟台地处一隅，交通不便，市场规模由盛转衰，进出口贸易额 1912 年降到 3440 万海关两，到 1932 年仅 1884 万元，集散能力远远不抵青岛，仅是具备一定进出口能力的区域性中级市场。山东的周村、张店和潍县等较大的中级市场以集散为主要职能，集散种类各有侧重。如张店以棉花为主，年集散 30 万担以上；潍县以花生、猪鬃和烟草为大宗商品，20 世纪 20 年代前输出花生 90 余万担，占全省出口量的 70% 左右，同时又是手工织布生产中心，消纳大量棉纱，是规模较大的中级市场。

张家口、呼和浩特和包头等是华北西北部有名的中级市场。它们原本有一定规模，天津的外商来此掠取皮毛和药材，使其集散皮毛和药材数量大增，由天津运来煤油、火柴、粮食和布匹供应西北地区，成为内外蒙古和西北地区皮毛等土特产品与天津的洋货、机制品的总汇之区。京包铁路开通后，各市场集散能力增强，市场职能完备，规模也迅速扩大。张家口 1930 年集散胡麻 250 多万斤、菜籽 200 多万斤、羊驼毛 370 多万斤、皮革 29 万多张；[①] 呼和浩特 1914 年外运羊驼毛 200 万斤、皮革 9 万张，到 1919 年增至羊驼毛 1180 万斤、皮革 100 多万张、甘草 600 余万斤、牛马 7 万余头；[②] 包头 1924 年后每年集散羊驼毛 2000 万斤左右、皮革 40 万张以上。[③] 各市场的皮毛收购基本由洋行控制，天津的洋行在此设分行、分庄或委托代理人，先将货款预付给市场坐商和皮毛贩子，讲定价格，届时交货付利息结账，从而赚取巨利。各市场的百货行和绸布店常从津京批发商处赊购商品，供应卖皮毛、药材的各路客商，皮毛贩子和一些坐商也用以货易货方式与牧民交易。所以市场上不仅有许多洋行分行、专业皮毛店、货栈、小贩和经纪人，也有外地客商、牧民等。在皮毛交易的带动下，各市场商业兴盛，张家口在 30 年代有 30 余家洋行分行，仅德华洋行分行 1932 年平均每月输入商品值就达 25 万元；据 1936

---

① 葛绥成等编《中国地理新志》第 6 编，中华书局，1938，第 50 页。
② 白眉初：《中华民国省区全志》第 1 编，北京求知学社，1924，第 13 页。
③ 参见向乔生、贾曦《包头——我国西北皮毛集散重镇》，《包头史料荟要》第 7 辑，1982。

年统计，有商店 1400 家，资本总额 70 余万元，年交易额达 1105.9 万元。呼和浩特有 549 家商店，资本总额 122.4 万元，年交易额 407.4 万元；包头有 228 家商店，资本总额 67 万元，年交易额达 3565.8 万元。[①] 而且这些市场除有相当集散能力之外，都有一定的皮毛加工能力。张家口有皮毛加工业 14 行 769 家，3.2 万人，由生皮输出渐改为熟皮输出，输出量由 20 年代的 350 吨，到 1924 年增至 900 吨。

石家庄和太原是华北中部较大的中级市场。石家庄是铁路枢纽，又是棉粮产区，集散转运职能尤为突出，每年集散 60 万担左右棉花和大量粮食运往沿海城市，并把洋货和机制品转运到河北中西部和山西。据 1926 年统计，每年进出口货值在 5000 万元以上，运入的煤油值 480 万元，布匹值 600 万元，纸烟值 60 万元，运出的以棉、粮、煤、铁货为大宗。1924 年石家庄火车站运出煤近万节车皮（每车皮约 20 吨），粮食和棉花各千余车皮，铁货达 900 节车皮。[②] 该市场批发、运输装卸业和加工业比较发达，金融业也很活跃。太原是山西省会，历来是政治经济中心，但地处内陆，交通不便，经济吸辐能力不强。正太和同蒲铁路通车后，其集散能力增强。据 1936 年统计，由外省运来的商品价值 3400 万元，其中棉布占一半，毛皮、牧畜、食品、颜料、煤油和洋广货价值也都超过百万元；运出本省的商品以粮食、煤炭、毛皮为主，价值约 3000 万元；有 2800 余家商店。由于地处偏僻，该市场经营方式和商业组织变化不大，钱粮商人仍是主体。

另外，山东的德州、济宁、邹县、泰安、益都，河北的保定、正定、邯郸、沧州、汤头、赤峰、宣化，山西的榆次、大同、临汾、侯马、平遥，内蒙古的多伦、集宁，河南的开封、郑州、安阳、新乡、商丘，都是华北市场体系的中级市场。它们有的是府州治所等政治中心，有的是运河或陆路要冲，有的是铁路中转站，有的是周围商品经济发展而成的商品集散地，多重地位使其商品集散能力增强，成为周围初级市场与高级市场，或邻近更大中级市场的商品集散转运基地。这些市场所处的自然环境、经济发展状况不同，受

---

① 满铁产业部：《北支那经济综览》，日本评论社，1938，第 495~499 页。
② 《石家庄之经济状况》，《中外经济周刊》第 181 号，1926 年 9 月 25 日。

篇幅所限，不再一一赘述。

专业市场是近代华北市场体系中新出现的颇具特色的一种类型。它们以集散某种供出口的农副产品和手工业品为主，坐落在专业化产区的中心，有优越的交通条件，有的有相当高的专业技术和信誉，以产地市场和生产者的货源，直接供给高级市场，其集散量和价格在很大程度上取决于高级市场，反映了较强的依附性。手工业品则以销内地市场为主。在市场上有生产者、商贩、坐庄、客商、高级市场的收购庄以及经纪人等，并有一定的加工能力，是华北市场体系中不可忽视的中间环节。现叙述几个较大的专业市场。

山东沙河镇是草帽辫专业市场，烟台开埠后草帽辫成为主要出口商品，刺激了沙河镇附近各县的草辫业，产品"悉集于沙河"，由当地辫庄分选定级运烟台出口。青岛开埠后沙河镇辫庄在此设行，代洋商购运，其中六大辫行年收运额达五六百万两银，占青岛草帽辫出口额的一半。最盛时是 20 世纪初，全镇有 60 家左右辫庄，年集散量约 15000 担。①

大汶口是花生专业市场，位于鲁中花生产地中心，铁路通烟台和青岛。花生上市时，方圆数百里的农民将花生运来卖给该地收买庄，高级市场数以百计的行栈也云集此地。其交易都是直接与高级市场进行的：一是由口岸行栈与当地收买庄预先订立合同，由收买庄依合同的规格和价格代为贩运；二是口岸行栈和洋行在此设站庄，自行购运。1915 年前后大汶口有收买庄 80 余家、栈庄 10 余家、洋行分庄 10 余家，年集中花生达万担，并有数十家榨油坊对市场上的花生进行深加工。

河北的邢台和辛集是皮毛专业市场，与包头、张家口不同的是，其集散商品单一，加工业发达。该地区商人有到西北经商的习惯，出现了一批熟悉皮毛行情、有鉴别和加工技术的商贩。世界市场对我国皮毛的需求，使其商贩活跃，皮毛集散量增加，成为专业市场。全面抗战前邢台年集散羊驼毛达

---

① 青岛军政署：《山东之物产》第 1 编，1919，第 117、138 页，转引自庄维民《论近代山东沿海城市与内地商业的关系——以烟台、青岛与内地商业的关系为例》，《中国经济史研究》1987 年第 2 期。

180 万斤、牛皮 5 万张；[①]1933 年辛集镇收购牛马皮近 50 万张、羊皮 60 余万张、羊驼毛 25 万斤。皮毛的来源有河南省南部、山西和河北省西南部，经京汉线或滏阳河、子牙河运至天津出口。专业市场中有来自产地收购的商贩、外庄和分号，有口岸洋行来的分行、分庄，有本地的皮毛栈等等。1929 年邢台有 10 余家在天津、上海开设外庄，共有 60 家皮毛庄店；到 1931 年发展到 73 家毛庄店，资本总额 146 万元，年销售额约 538 万元，年纯收益 53 万元，店员 584 人。[②]辛集在全面抗战前有 24 家洋行分庄、103 家专营转运批发的皮毛店，其中全聚、袁记、聚泰三大皮庄流动资金均在 50 万元以上，各有店员千人，年盈利近百万元。[③]同时这两个市场加工作坊很多，分工极细。如邢台仅做皮袄的就有百余家，辛集皮革加工业分成十几个行业，加工量占集散总量的 20% 左右。

安国是药材专业市场，特点是利用每年两次庙会，进行南北、东西各地药材交易。每届庙会各省药材商云集，组成十三大客地商帮，推销本地药材，采购外地药材。据 1927 年统计，庙会期有商家 1610 户，资金近亿元，1937 年输出入各种药材达 6849 万斤，价值 5575 万元。[④]同时市场的加工业、运输业、银钱业十分发达，安国成为闻名海外的"药都"。

初级市场亦称产地市场，是遍及华北乡镇的集市，它有固定地点和时间，一般 10 天有 2 个至 4 个集日，范围在方圆 50~100 里。原来市场多是附近生产者，进行小范围内的品种调剂，少量商品进入大区域流通。近代以后，这些市场增添了新的内容和功能。商品来源有周围地区的农副产品，也有数百上千里外的洋货和机制品；商品结构有供农民的日用品和手工业原料，也有供城市、上级市场以及出口国外的粮食、土特产品；商品交易者，除生产者外，还有来自上级市场的坐庄、行栈、代理商、贩运商和经纪人；商品运输方式，既有传统的水陆运输，也有铁路、公路运输；交易方式也融入了代购

---

① 李洛之等编著《天津的经济地位》，经济部冀热察绥区特派员办事处，1948，第 37 页。

② 《河北工商月报》第 1 卷第 4 期，1929 年；河北省实业厅视察处编《河北省实业统计》，1934。

③ 徐纯性主编《河北城市发展史》，河北教育出版社，1991，第 397~400 页。

④ 牛国桢等：《药都安国》，工商出版社，1986，第 21~23 页。

代销、定购定销以及贷款预购等。对于农业生产者来说，初级市场是其产品的销售地和生活必需品的购置地；而从市场体系来看，它与中级、专业和高级市场通过近代的商品和交通等连在一起，是洋货和机制品向农村推销的终极市场，也是农副产品输出的产地市场，基本具备了初级市场的职能，是近代华北市场体系的组成部分。

初级市场的密度则因地而异，沿海和平原地区要高于内地和山区，也就是说，自然和经济环境较好且社会生产力发展较快的地区作为集市的初级市场密度高。据1914年山东省统计，较有规模的村镇集市有769个，沿海和运河一带占54.5%，有419个。[①]据日本学者石源润研究，民国时期河北省的望都、清苑、定县等县位于京汉线平原，每100平方公里内分别有6.61个、6.26个、6.36个集市；而在燕山山区的迁安、平谷、房山和临榆县，每100平方公里分别只有0.26个、0.74个、0.19个、0.42个集市；密云一个县只有2个集市，即1000平方公里内不足1个。[②]据1936年调查，河北省山区各县的重要集镇和集市多在10个以下，最多的蔚县有14个，最少的延庆县只有4个，阳原、怀安、赤城县各有6个；而平原地区各县均不少于10个，最多的清苑县达70个，束鹿县64个。[③]内蒙古草原人口居住集中，集市也相对较少。

初级市场的规模无疑受地区经济发展水平的制约，同时人口密度、市场地理位置以及人们的思想观念也有一定的影响。在那些经济较发达地区，农产品商品化程度高，人们商品意识强，对市场依赖性就大，就愈需要市场提供更多的商品，促使市场规模扩大。市场的规模大小主要体现在商品种类、数量和赶集人数上，也要看市场上固定商店的多寡。如宝坻县新集镇位于织布中心，镇内有23家布庄用以布换线方式，收购周围20里内外织户的大布和爱国布，年集中大布约140万匹。[④]定县也盛产土布，各集土布交易数量较

---

① 《支那省别全志·山东卷》。

② 石源润：《河北省における明、清、民国时代の定期市》，《地理学评论》第46卷第4期，1973年。

③ 据《冀察调查统计丛刊》第1~3卷统计，1936.7~1937.7。

④ 刘家璠：《京兆直隶棉产调查报告书》，1920，第21页。

多,"普遍每集上市可达 1500 余匹",1931 年上市最多时每集可达 4000 余匹。[①]
河北省中南部盛产棉花,每县有多个棉花产地市场。30 年代藁城有 8 个棉花
市场,各市场年集中 5 万~50 万担棉花;获鹿县有 5 个棉花市场,年集中 2
万~5 万担棉花。[②] 随着市场中商品种类和数量的增多,商店也逐年增加,尤
其县城内商店林立。据 1937 年京山线调查,密云县城有 131 家大小商店,资
本共 5 万元,丰润县城 133 家,卢龙县城 113 家,安次县的廊坊 200 余家,
抚宁县城 73 家,抚宁县的台头营达 187 家,玉田县城 39 家,玉田县的林南
仓达 176 家,昌黎县城 162 家。[③] 而且在发达地区,市场向大规模、专业化发
展。据 1931 年河北省实业厅调查,河北省高阳县有资本万元以上的布纱商店
600 家,资本 160 万元,年销售额 260 万元,年纯收益 50 万元,有店员 1.8
万人;宁晋县有药材商店 250 家,资本 7.5 万元,年纯收益 1.2 万元;房山县
有药材店 230 家,资本 34.5 万元,年纯收益 4.6 万元,有 920 名职工;安次
县有药材商店 184 家,资本共 11 万元;唐县有皮毛商店 47 家,资本共 14.1
万元,年纯收益 7 万元;邢台县有皮毛商店 73 家,资本共 146 万元,年销售
额约 538 万元,年纯收益 53 万元。棉产区各县的棉花店规模也日见扩大,如
宁晋县有较大棉花店 9 家,平均资本 3.6 万元;赵县有 13 家,平均资本 2.7
万元;晋县、威县、束鹿、正定、吴桥棉花店都有数十家,平均资本 5000 元
以上。[④] 这些市场作为定期集市,赶集人的数量则根据产品上市期以及季节而
定,多时达数千上万人,少时仅千人,一般为产品上市时人多,农闲与农忙、
平时与年节前有明显的差别。

总之,近代华北商品市场的转变和市场体系的形成是商品经济发展与交
通工具变革的结果,对促进农村自然经济的解体和城市近代化有一定作用。
当然,在西方列强的控制和传统经济的制约下,近代华北商品市场还有相当
程度的殖民性和封建性,有许多不能克服的弊端,因篇幅所限,仅简述一些

① 张世文:《定县农村工业调查》,1946,第 102 页。
② 大岛让次:《天津棉花物资と集散事情》,中东石印局,1936,第 26~29 页。
③ 据北宁铁路经济调查队《北宁铁路沿线经济调查报告》统计,北宁铁路管理局,1937。
④ 《河北省实业统计》,"商业",第 10、14、63、51~52 页。

现象。一方面华北社会是被外国势力拉入国际市场的，是在国内外市场刺激下被动发展的。且不说对外贸易是在不平等条约下的不等价交换，就是各级市场的商品交易和流通也受到外国商人的控制。如商品价格、进出口商品种类和数量甚至生产规模等，都不是根据国内供求关系确定，而是取决于国际市场；外商不仅垄断了商品进出口贸易和外汇市场，对煤油、皮毛和花生等也实行垄断性购销；外商通过买办、外庄和行栈对各级市场的控制等等，表明外国经济通过各种方式在很大程度上控制了华北市场。

另一方面，华北商品市场还沿袭了许多传统商业的经营方式，不能有效地发挥市场经济中商业的竞争机制。比如商业组织经营不专一，行栈等身兼多种职能，阻碍其发展；层次烦琐复杂，中间环节过多，以棉花为例，从产地到终极市场一般要经五六个商人之手，多时要有十几个商人插手，造成信息迟缓，费用过高；商人的组织在团结商人经营方面并不得力，商人各自为政，互相牵制拆台，如同一盘散沙，难以形成有实力的群体意识；各级市场也没有权威性的商品管理、检验机构，商品检验局只是对部分出口商品进行有限的检验，所以市场上许多商品标准不一，掺杂使假现象十分严重，在高级市场上没有长期的权威性的商品交易机构——商品交易所，期货交易不发展，远逊于江南，致使大宗商品交易难以开展。这些现象使华北商品市场仅停留在很低的发展水平上。同时，社会动荡不定和经济不能持续发展，致使华北商品市场布局不平衡、体系不规范、市场职能不完善、交易方式复杂多样等等。这一切说明虽然华北商品市场的性质已经转变，但具有很浓的殖民性和封建性，是受控制和不发达的商品市场，这一体系还十分不成熟，仅是刚刚进入近代商品流通的初级阶段。

辽宁近代商品流通市场体系的初成[*]

商品市场是工农业生产和流通的直接反映，其性质、规模和体系随着社会经济结构的嬗变发生变化，在一定程度上是一个地区的近代化发展水平的标志。辽宁地区自近代开埠通商以后，对外贸易的迅速发展、近代工业的振兴、交通运输方式的变革和农产品商品率的提高等，促使商品市场和流通发生较大的变化，这种变化不仅带来商品市场的繁荣和城镇的发展，也反过来助推了地区经济的近代化进程，缩小了与关内的差距，并在农产品商品化、城镇化等方面超过了关内的水平，成为全国粮食生产基地和重化工产业的中心。本文以1931年以前辽宁商品市场和流通为主要研究对象，力图通过商品流通，探讨辽宁经济近代化发展的进程，为当前发展社会主义市场经济，更好地把握市场的特点和规律，建立完善的市场体系提供历史的借鉴。

一　商品市场的发展和转变

营口和大连等开埠通商后，各地商品市场洋货充斥，许多农副产品成为世界性商品，以煤、铁等资源工业和食品加工业为主的近代工业崛起，农产品商品率的提高和交通环境的变革等经济因素，人口增加、城镇发展等社会因素，促使商品市场开始出现变化，主要表现在以下几个方面。

第一，商品结构有所变化。原属于本地消费或少量运销关内的商品，如

＊　本文原载于南开大学历史学院等编《近代中国社会、政治与思潮》，天津人民出版社，2000。

豆货、杂粮、木材、药材、皮毛等在上市的数量和运销范围等方面不能与传统时期同日而语,更重要的是以前未开发的产品成为商品,如茧丝和丝绸、盐、煤、铁等进入国内外市场,并在市场和国内出口商品中占有一定的比重。同时,国外和关内的大批商品涌入辽宁等东北市场,如布匹、棉纱、棉花、煤油、火柴、糖类、大米、面粉、机械、五金等,其中有直接从国外进口的洋货,也有从关内运入的机制品和手工业品,其数量和品种逐年增多,销售几遍及乡村,从而使辽宁各地市场,尤其是沿海地区较有规模城镇市场的商品结构逐渐转变,土货与洋货并存,消费品与生产资料并重,形成以世界、国内和本区域市场进行多层次贸易的商品结构。

第二,各市场上商品交易的规模迅速扩大。除了各地市场商店数量逐年增加外,进出口贸易额迅速增长可以反映营口和大连等口岸市场的商品交易规模的扩大。20世纪以前,营口是辽宁唯一的通商口岸,1865年该港口的进出口货物总值为382.8万多海关两,1893年达1765.9万海关两,比1865年增长了361.31%,其中进口总额增长了402.59%,出口总额增长了329.58%。1896年营口进出口贸易总额增长到2277万海关两,比1893年增长了28.9%。在北方天津、烟台和营口三港中,营口居第二位,在全国29个通商口岸中居第九位。[1]20世纪以后,大连以优良的自然环境、近代化的港口设施、自由港制度和优惠的运输政策,确立了在辽宁乃至东北第一进出口大港和经济中心的地位,营口和20世纪后开埠的安东的进出口贸易总值也有大幅度提高。1907年大连的进出口贸易总值为1484.5万海关两,1910年比1907年增长了380.8%,1915年比1910年增长了78.68%,1920年又比1915年增加了1.27倍,1930年比1920年增长了84.18%,为42288.5万海关两。大连、营口和安东三港1907年进出口贸易总值为5993.8万海关两,1910年增加了一倍,1920年达到36279.5万海关两,1925年又猛增至48435.9万海关两,1931年达62711万海关两。[2]

---

[1] 历年牛庄海关年报,以及交通部烟台港务管理局编《近代山东沿海通商口岸贸易统计资料(1859~1949)》,对外贸易教育出版社,1986,第240、31页。

[2] 张念之:《东北的贸易》,东方书店,1948,第4~5页。

铁路和内河运输等也是各地商品流通和交易的主要方式。满铁建立南满铁路后，就以开拓大连与内地市场为主要目标，运输量连年增加，豆货、高粱、玉米等农产品和煤、铁等矿产品的货运量远远超过客运量。1907年该铁路货运和客运数量分别为149万吨和151万人次，1916年增至623万吨和441万人次，到1937年达到4012万吨和3843万人次；其营业收入1907年为976.9万日元，1920年增至8531.7万日元。[1]1912年满铁沿线的大连、海城、辽阳、苏家屯、沈阳、铁岭、开原、四平、抚顺、安东和长春等主要车站发送大豆65万余吨、豆饼13万余吨、豆油5029吨，到1918年发送量分别为190万余吨、25万余吨、36907吨。[2]京奉铁路1921年营业收入1247万元，到1927年增至1877.9万元；1921年客运量为471.7万人次，货运量800.9万吨，到1927年分别为551.6万人次和781.2万吨。[3]开原在铁路开通后，"老城衰微"，而车站附近集聚万余人，成为南运大豆集散中心，年交易大豆45万石、麦子10万石、高粱40万石、小米9万石、玉米4万石、稻谷4万石、杂粮18万石。[4]

传统的内河水运和畜力大车并没有完全退出商品运输行列。日俄战争以前，每年辽河上帆影相望，有万余艘帆船来往行驶。铁路开通和河道淤泥导致水运规模缩小，但水运运费低廉，仍不失为内陆地区特别是辽河沿岸，以及不通铁路地区与港口、各级市场商品联系的重要途径，弥补了铁路运输的不足。1931年前后，每年从辽河运出的米谷130万担，由海港运回的中外杂货3万余件，每年有1万艘以上船只往来于辽河中下游，有的还保持与冀东、天津的帆船运输。[5]辽宁有较长的农闲期，畜力大车相对比较普遍，为农民的代步工具，除了收获后急需出售的农产品之外，农民在冬季用自家或近邻的

①　转引自宓汝成《帝国主义与中国铁路（1847~1949）》，上海人民出版社，1980，第494~495页。

②　《满洲开发四十年史》上卷，东北沦陷十四年史辽宁编写组译，1988，第109、157、574~575页。

③　王余杞：《北宁铁路之黄金时代》，北平星云堂书店，1932，第17~18页。

④　八木装三郎：《满洲都市沿革考》，满铁总裁室弘报课，1939，第118、228页。

⑤　东北文化社年鉴编印处编印《东北年鉴》，1931，第562页。

大车将剩余产品运到集镇或县城等市场销售，一些商品集散地也是用大车将各种商品集中到铁路车站或辽河码头。据营口商会的调查统计，1912年用马车运至营口的大豆数量为11843.7吨，1918年为6483.4吨，1924年为2977.7吨。据中东铁路局1920年调查，在当年运输的218万吨农副物资中，铁路仅承运118万吨，而大车却承运100万吨，占总运量的46%。

第三，商品价格在很大程度上是取决于世界和国内市场。中国被迫进入世界市场以后，不仅无力左右进口商品的价格，即便是出口商品的价格也失去了决定权，而且受到世界市场价值规律的支配，商品价格结构开始转向殖民地经济的不等价交换。在辽宁以及东北其他市场，许多商品价格的涨落或多或少与世界市场有关，尤其是豆货和柞蚕丝等直接进入世界市场的商品。首先与关内市场价格寻求基本一致，而关内市场是以世界市场为基础，所以辽宁市场是间接地被动地取决于世界市场。如盖平县附近蚕丝的价格，清代咸同朝之间"每担从未超过55两至65两"，随着华南和海外对蚕丝需求量的增加，关内的价格上扬，该地1900年前每担价格"由80两上升至180两"，1903年最好的蚕丝为200两；[①] 到1908年该县大柜上等丝为240两，小柜达260~270两，这时烟台的价格为300两，即辽东的价格已经与关内趋于一致。[②] 豆货的价格也随着出口量的增加不断提高。据海关统计，1875年每担大豆、豆饼和豆油的价格分别为0.93海关两、0.66海关两和3.71海关两，1910年分别涨到2.16海关两、1.62海关两和6.8海关两，1920年分别为2.66海关两、2.21海关两和8.64海关两，以后继续上涨。这时，各港口的豆货直接出口到欧洲和日本，其价格完全被世界市场特别是欧洲市场所操纵。如30年代初出口到欧洲的大豆占东北总出口量的61.4%，其中德国占70%，"因而伦敦行情的决定者乃是德国。而由德国定盘的大豆价格，又是在满洲半封建的零星农耕及其半殖民地的输出机构与德国榨油业的高度垄断性结合的，不论满洲大豆的生产情况如何，任凭国外自由决定"；德国榨油业尽量压低价格，而"铁路和轮船并不因而降低运费，以致满洲当地的大豆

① 彭泽益编《中国近代手工业史资料（1840~1949）》第2卷，中华书局，1962，第99页。
② 奉天农商工局：《满洲实业案》，明志阁，1909，第91页。

价格被压得越来越低"。① 进口商品的价格则是被外商操纵，尤其是日本的大商社对推销东北的布匹、面粉、糖类等实行垄断，价格大大高于在本国水平，是对殖民统治地区的超利润盘剥。另外，从 1914~1931 年大连与东京、伦敦、纽约市场批发物价指数的比较，可以看出大连物价的动态与世界其他城市有一定的相关性，但其涨落程度要比世界其他城市大得多。② 由于近代以后市场上商品结构已经逐渐转变，进出口商品占有较大比重，所以各地市场的商品价格基本以大连、营口、沈阳等进出口市场的价格为转移。

第四，商业的资本构成和经营方式也发生了变化。近代以后，在大连、营口和沈阳等城市洋行异军突起，它们凭借不平等条约和铁路附属地，尽掠夺和推销之能事，特别是日本商人越来越占有进出口贸易的绝对优势，形成新的商业资本。1908 年在辽阳有日商办的杂货店 40 家、饭馆 38 家、食品店 27 家，其中资本在 10 万元以上的 4 家，5 万元以上的 3 家，1 万元以上的 34 家。③ 大连因被日本占领，日商格外多，1909 年有日商 1178 家，其中总店在大连的 999 家，设支店的 145 家；多数为私人经营，股份公司 34 家，其中本店在大连的 9 家。到 20 年代末大连日商增加至 2566 家。如果从商店数量上看，华商商店最多，但是 70% 为沿街叫卖的小贩和小店，资本和营业额远远不敌日商。据 1934 年统计，大连的日本商店平均销售额为 41500 元，中国商店仅为 18262 元；日本商店资金周转为 120 天，中国商店仅为 88 天；日本商店职工工资人均每月 29.85 元，中国商店仅为 11 元。④ 所以，外国洋行尤其是日本的会社在沿海口岸和重要城市的商品市场上占有绝对优势。

买办也是近代以后出现的，他们依附于洋行，以赊销等方式利用本地大批发商或内地商人为其收购农副产品、推销洋货，建立了销售网络；买办还在各地设立分号，开办杂货店和粮栈等，借机聚集资金，在各港口城市中扮演的角色越来越重要。如大连的李子明，早年在烟台的顺泰洋行习商，因懂

---

① 《满洲经济年报》，1935，第 264 页；转引自《满洲开发四十年史》下卷，第 248 页。

② 参见《满洲开发四十年史》下卷，第 250 页。

③ 日本外务省：《南满洲に於ける商业》，东京金港堂，1906，第 234 页。

④ 大连市役所：《1905~1934 年产业城市大连》，转引自顾明义等主编《日本侵占旅大四十年史》，辽宁人民出版社，1991，第 267~269 页。

英语和俄语，被调到大连任分行行长，兼理旅顺、柳树屯分号，日俄战争后与上海巨商在奉天创办商号；在顺泰洋行大连分行亏损歇业时，他将洋行盘为己有，改名源盛泰，批发杂货并专卖进口面粉、卷烟等，"生意日益臻盛"，并与日人创办龙口银行，有资产数十万元。他曾任大连商会副会长、会长、市议会议员。

由于对外贸易的迅速发展，大量商品进入市场，从而出现了一些新的行业，传统商业也开始有分工细化和专业化的趋势。原来遍布城镇的杂货店是以销售本地或关内商品为主，近代以后开始转为专门经销进出口货物。在沿海城市和主要商品集散地出现了许多大杂货店，它上连洋行和买办，下连外地行商和本地坐商，以批发为主，有的兼营油坊、烧锅、银号等业务，有的与粮栈合为一体。沈阳的杂货店称为丝房，1906 年 11 家大批发庄，年营业额多者百余万元，少者 12 万余元，总共 540 余万元；1919 年有杂货店 105 家。1919 年大连有大杂货店 9 家，年营业额 400 万元，有 165 名职工，有的杂货店在普兰店、青岛、烟台、沈阳都有分号；有的商人不仅有年营业额 50 万元的杂货店，还有年销售额 73 万元的油坊。20 世纪初，铁岭从事杂货的商人有 900 人；法库门有 32 家杂货商，1906 年营业额约合 50 万元；新民有大小杂货店 200 余家，其中大的 29 家。①1919 年金州有 12 家杂货店，年营业额16.7 万元；貔口店有 17 家杂货店，店员 207 人，年营业额 23.8 万元；盖平有杂货店 7 家，年营业额 257 万元。② 各市场的大杂货店资本雄厚，经营广泛，非常活跃，故股东或经理有一定的地位。如邵慎亭在金州设立了天兴福、双和兴杂货店，并在大连、长春等多处设分店，是东亚烟草公司在东北的代理商，后又开办油坊、果园，1908 年仅这两个杂货店的年营业额就达 3.15 万元。1913 年，邵慎亭被选为大连商会会董，1924 年被选为市议会议员。曲克绎在金州设立大德丰杂货店，是当地富商，曾任金州商会会长。鞠世德早年在家乡貔子窝开设协昌益杂货店，以后又开 3 家杂货店，在外地建立了分号，"生

---

① 《南满洲に於ける商业》，第 248、373、501、527 页。
② 参见满铁地方部劝业课《南满洲商工要览》，大连大阪屋号书店，1919，第 135~175、207、219~228、244~252 页。

意日见茂盛",并投资 10 万元设立了貔口银行,其任经理,地位显赫,是该地商会会长,商会副会长也都是经营杂货店的经理。[①]

各市场上商业行业分工日见细密,进出口、批发零售、贩运储藏、经纪经营等开始有明确的分工;过去的一个行业,现在分离出若干分支,趋向专业化经营。如 1908 年沈阳商业中有 115 个行业,其中五金和冶铁行业就分为铜匠铺、杂铁铺、铸铁铺、铁匠炉、锅器铺、锄草铺、洋铁铺等,经营皮毛的分为碱锅皮房、细皮铺、胶房、臭皮铺、白皮坊、马尾铺、刷子铺、毛毯房等若干行业;法库门有 24 个行业;新民有 54 个行业。[②]据《奉天通志》统计,1924 年沈阳 4400 家商店分属 71 个行业;据 1929 年商会调查,5717 个商店归为 56 个同业公会。[③]30 年代初,锦州县城 500 余家商店就分了 28 个行业。其中粮栈与粮店分离,杂货店与布店、丝线店、军衣店各为一行。[④]有些规模较大的商店的组织形式也改为无限公司或有限公司,经营权与所有权有所分离,以增强其经济实力和抵御风险的能力。

值得一提的是,在各级市场上行栈资本异常活跃,占有相当重要的地位。行栈即货栈,随着进出口贸易的发展,货栈分工也细分为粮栈、丝栈、茧栈、转运货栈,各专其业,多与收购运输粮食、大豆、柞蚕丝有关。它们的职能不仅仅限于接纳客商、储存货物,而且包括提供中介、代为购销,以及为客商提供抵押或信用放贷,甚至还兼营出口商品的购销、批发、运输、钱业、油坊和烧锅等,被称为粮栈、丝栈或"大屋子",是集服务、经纪人和经营为一身的商业资本,颇具实力。大的粮栈规模宏大,拥有百余人、宽阔的场地和坚固的围墙、上百头骡马和数十辆大车。铁岭 1908 年有 34 家粮栈,其中有 5 家兼营内河船运业,有一家兼营钱业;广元店兼营船运、杂货、山货、油坊等,有职工 158 人,每日有 30~60 人住宿,自建豆腐房供应本店和

---

① 田边种治郎:《东三省官绅人民录》(1924 年),台北,文海出版社,1973,第 845~846、855、865、871 页。

② 《南满洲に於ける商业》,第 245~247、501、527~528 页。

③ 《奉天通志》卷 115《实业三·商业》。

④ 熊知白:《东北县治纪要》,北平立达书局,1933,第 71~72 页。

客人伙食，在 1905 年日俄战争经济比较萧条时年盈利 10 万吊；[①]1919 年有 7 家粮栈，其中 5 家的年营业额就达 115 万元。通江口的粮栈不仅是粮食批发店，并兼营布匹、纸张、糖类等杂货，是当地最主要的商店；1908 年有 20 家粮栈，资本最多者 40 万两银，少的二三十万两，有的粮栈占地达 170 亩，为防御土匪，围墙高达两三丈，围墙上有枪眼，角上有炮楼，如同一个坚固的城堡。[②]1919 年开原 53 家较大的商店中，从事粮栈交易的有 35 家（有的兼营油坊或运输业），27 家的年营业额为 1149.1 万元，其中纯庆茂粮栈经理王执中 1912 年创办的吉发合粮栈兼油坊，资本 15 万元，年销售额 55.5 万元。[③] 公主坟的永衡粮栈，兼营杂货、当铺、汇兑庄，有 70 人，年营业额 70 万元，在吉林、长春、范家屯等地有分号；商会会董胡仁臣的东茂泰粮栈，本店在营口，兼营油坊和烧锅，有 90 人，年营业额 23.5 万元。[④] 另外，转运货栈以船运或畜力大车的陆运为主，属于转运仓储业，有的也兼营批发和收购。1919 年沈阳有 6 家转运货栈，"均甚得利"。[⑤] 据统计，1919 年大连有 13 家货栈，年营业额达 2136 万元，平均每家约 164 万元，共有职工 354 人，平均每家有近 30 人。[⑥]

对外贸易繁荣和市场的扩大，近代商业经营思想的影响，促使各地市场的商品交易也开始注重契约的作用，洋行与买办之间，买办与批发商、坐商、客商之间，以及行栈之间的交易用抵押或合同等形式来约束对方，保持经营的稳定性。经营方式既保存了以前的以货易货和现货交易，代购代销、包运包销、赊款经销、贷款预购和期货贸易也得到发展。更重要的是各地出现了商品交易所，标志着交易方式的重大变化。1908 年日本殖民统治机构在大连创建特种产品交易所，1913 年 3 月开始营业。以后日本官方和民间又在开原、公主岭、铁岭、四平、沈阳、辽阳、营口、长春设立了交易所，华商为与日

---

① 《南满洲に於ける商业》，第 377~381 页。
② 《南满洲に於ける商业》，第 473~474 页。
③ 《南满洲商工要览》，第 465~523 页。
④ 《南满洲商工要览》，第 567 页。
⑤ 中国银行总管理处：《东三省经济调查录》，1919，第 41 页。
⑥ 《南满洲商工要览》，第 135~175 页。

商竞争也在沈阳、通辽等地相继建立了交易所。这些交易所开展了钱钞、豆货、高粱、小麦、玉米、杂粮，以及棉制品、人造丝、麻袋、面粉等商品的期货和现货贸易。到 1930 年，6 家日本官办的交易所实缴资本 937.5 万日元，公积金 249.9 万日元，总收入 187.6 万日元，从事经营的有 326 人（其中大连有 148 人），其营业保证金为 119.5 万日元。1931 年由日本商人在大连办的交易所，麻袋、棉纱和棉布等商品的定期交易额为 799 万日元，期货交易额为 2180 万日元，现货交易额为 756 万日元；安东的交易所钱钞的交易比较多，该年定期股票为 26 万日元，钱钞交易为 1832 万日元。[①] 开原是辽宁最大的粮谷集散地之一，1916 年日本设交易所，当年 2 月至 12 月成交期货大豆 40178 车，价值 6653 万小洋元；现货大豆 660 车，价值 109 万小洋元；11 月和 12 月马车运输粮谷的成交额近 300 万小洋元。[②] 交易所的开设，使日商在经营出口商品时能够保证数量和质量，并达到垄断的目的；对中国商人来说，期货和钱钞的定期交易可减少筹措采购资金，但更多是受到约束，尤其是中国商人办的交易所，多在与军阀有关的官商操纵下进行交易，故广大中国商人对此不感兴趣，交易量不大，只是对日本设交易所的一种抗衡和牵制。

随着市场的变化，主宰市场的势力已经不仅仅是传统时期的银炉、钱庄和杂货商，洋行、买办、货栈商愈来愈占据重要的地位。从各地商会人员的组成看，许多杂货和粮栈的经营者为会长和副会长。金州开设天兴福等杂货店的邵慎亭，开设大德丰杂货店的曲克绎，貔子窝协昌益杂货店的鞠世德等均在当地商界有较高的地位，曾在商会和市议会任要职。锦县商会会长杨在中，1906 年为瑞兴粮栈经理，1911 年后为锦县乾亨通粮栈经理，并任海城、开原、义县粮栈和当铺的经理，民国后任锦县电气公司董事长、交易保证所协理、奉天全省商会联合会副会长。盖平商会会长徐绳祖，在盖平开设阜成义杂货铺、东成昌货栈、宏昌隆丝栈。兴城义顺厚粮栈经理商汉臣，也曾是

---

① 《满洲开发四十年史》下卷，第 275~278 页。
② 转引自张福全《辽宁近代经济史（1840~1949）》，中国财政经济出版社，1989，第 90~91 页。

该地商会副会长。①

这说明辽宁乃至东北的商品市场，不再仅限于传统时期那种以调剂本地或东北范围内需求为主的内陆性地区市场，开始与世界和关内市场接轨，以平衡世界市场和国内市场供求关系为转移，是全国统一市场和世界市场的一部分。

二 近代商品市场体系的初步形成

辽宁各地商品市场交易规模的迅速扩大，近代交通尤其是铁路线的延伸，促进了商品的流通和各城镇市场的发展和完善，各地市场根据其自然环境、功能、辐射范围、流通渠道和集散规模等因素，逐渐确定各自的定位，初步形成了以大连、沈阳和营口等港口和铁路枢纽为中心，以进出口商品为主，面对世界、埠际和本地市场的近代市场体系。大连、沈阳和营口以其政治和经济地位，成为中心市场，亦称终极市场；兴城、锦州、义县、北镇、新民、海城、辽阳、抚顺、铁岭、开原、法库、通江口等县城，以及一些重要的铁路车站和辽河港口等交通枢纽，经济功能增强，成为商品的集散地，逐渐发展为附属于大连、沈阳、营口、安东等不同中心市场的中级市场；而其他县城和县城以下的集镇属于初级市场。初级市场集散范围多者方圆百余里，少者方圆二三十里，是农民最常光顾的产地市场，从而构成近代市场体系的基础；中级市场是体系中的节点，中心市场则是进出口商品的总汇之地，三者相辅相成，相互依存，在一定程度上形成有序的层次。传统时期的各地市场，大多被纳入了近代市场体系，也有一些市场因经济发展和交通等因素集散的功能逐渐衰退。

大连、营口是汇总进出口商品的中心市场。进出口贸易的发展促使这些城市的商业发达，各类商店迅速增加。大连开埠初期的1903年有中国商店500余家，其中纯商业295家；1920年增为1258家，1929年达

---

① 参见田边种治郎《东三省官绅人民录》（1924年）。

2300 家。① 大连长期受日本殖民统治，日商众多，1909 年有日商 1178 家，到 1929 年末仅从事进出口和批发贸易的日商已达 2566 家，其中 312 家为本店，2150 家为分店。② 营口开埠初期内外贸易发展迅速，但大连开埠后其地位有所下降。营口 1909 年有年盈利 1 万两银以上的商店六七十家；各类商店中较大批发商行 60 家、杂货铺 37 家、粮栈 18 家、山货栈 12 家。③ 同时，大连和营口建立了与进出口贸易有关的以食品加工业等轻工业为主的近代工业，增加了近代经济在城市经济结构中的比重。

沈阳市一直是辽宁乃至东北的政治中心，随着工商业的发展和铁路的开通，经济功能有所增强，经济辐射范围扩大，是不可替代的政治经济中心。日本占据大连等地建立了由其管治的所谓"关东州"后，沈阳成为东北唯一有能力与之抗衡的大城市。政府采取各种措施来增强其经济实力，如建立东三省兵工厂、东北迫击炮厂、东北航空工厂、东三省陆军粮秣厂、东北军用被服厂等军事工业，以及大型纺织厂、新式银行和造币厂等。沈阳商业也十分发达，1911 年有中国人办的大小商铺 1286 家，1924 年较大的商店增至 4400 家，并有经营"金、木、皮革、靴鞋、洋袜、洋烛、洋皂、化妆品及茶社、小店杂项营业"的小商店 2558 家。1929 年商会调查显示，沈阳共有 56 个同业公会，各类商店 5717 户。④

安东港地理位置略偏，商品流通以日本、朝鲜和渤海湾内的烟台、天津和营口等港为主，是独立于大连、营口之外的终极市场。安东主要输出柞蚕丝、木材以及豆货。1904 年出口蚕茧和柞蚕丝价值 115.1 万两，⑤1912 年增加至近 350 万两，1918 年达 400 余万两，1922 年在安东输出总值中占 31.1%。⑥

① 大连大陆出版协会：《1905~1929 年大连商业概况》，转引自顾明义等主编《日本侵占旅大四十年史》，第 268 页。
② 大连市役所：《1905~1934 年产业城市大连》，转引自顾明义等主编《日本侵占旅大四十年史》，第 269 页。
③ 营口县公署档案《宣统元年营口商情调查表》，转引自孔经纬主编《清代东北地区经济史》，黑龙江人民出版社，1990，第 486 页。
④ 《奉天通志》卷 115《实业三·商业》。
⑤ 《南满洲に於ける商业》，第 15、62 页。
⑥ 历年海关年报。

安东靠江临海，长白山的木材顺鸭绿江抵安东装船运出。1912年输出木材4600排，合350余万两，1918年输出木材合400余万两，其中运往天津的约占40%，山东20%，上海10%，日本和朝鲜20%，本地消费10%。[1]1922年安东输出原木263万连、制材66.2万尺，其中78%的原木运往国内各口岸，制材大部分输出日本和朝鲜，运往国内的仅占10%。安东进口的多是布匹、棉花、糖类、面粉等生活用品，其中棉织品占有很大比重。自1916年至1930年，安东进口纺织品占进口总额的60%以上，有的年份达到73%。1911年鸭绿江铁桥建成，日本政府又实行铁路运费减税1/3的措施，一时间日本货成为安东港洋货的主要来源，大量的日货从朝鲜经铁路到安东，再经安奉支路运到吉林等东北北部，1919年铁路进出口贸易的价值占其总贸易值的62%。[2]安东的腹地包括附近凤城、岫岩、庄河等县，并向北延伸到吉林；与各地的经济往来除了依靠铁路外，还有畜力大车以及内河船运，20世纪前安东年集散的20万石豆粮中，30%通过水运运输，其他皆是冬季用大车运输的。[3]安东的近代工业也是围绕柞蚕、木材和豆货设立的。世界市场柞蚕丝需求量增加，刺激了腹地的柞蚕业，"烟台商人都来此开设厂栈就近缫丝出口"。1922年有缫丝厂64家，缫丝机17853台，年产19925包；有油坊25家，年产豆油2665万余斤、豆饼503万余枚，其中部分使用动力；20年代初有木材厂32家，22家使用动力，资本额617.4万元，年产近87万尺。[4]安东1919年有大小商铺千余家，一、二、三等商铺百余家，以丝厂、茧栈、杂货为主，仅杂货店就有40余家。[5]

中级市场主要分布在铁路沿线、辽河港口和原来的重要驿站等交通枢纽。它上连大连、营口等中心市场，下有数个或十数个初级市场，以集散和运送货物为主要功能，并根据腹地的生产品种形成各自的特点。京奉和南满铁路附近人口稠密，主要产品有高粱、豆货、柞蚕丝以及水稻、棉花、水果等，

---

[1] 《东三省经济调查录》，第88页。

[2] 《海关年报》1919年，第99页。

[3] 《南满洲に於ける商业》，第32页。

[4] 熊知白：《东北县治纪要》，第131~135页。

[5] 早川庄太郎：《青岛其他诸都市视察报告》，1918，第12页。

辽宁西部和北部地区是粮食生产区，以大豆、高粱、玉米等农作物为主。

京奉和南满铁路沿线中级市场的分布密度大。如锦州，传统时期就是辽西主要港口，输入者多为"天津、山东两处之麦，出口货以杂粮为大宗，清乾嘉间称极盛，每岁进口船约千余艘"。① 铁路开通后，其辐射范围扩大，集散数量增多，每年集散主要有谷物、棉花、药材、麻、豆货等。1930 年前后年集散的谷物约 60 万石，其中高粱 18 万石，占据首位，大豆、小米次之，这些商品除了 30% 用于本地消费外，20% 由西海口海运山东，20% 由铁路运往营口，30% 由铁路或大车运往关内；棉花 25 万斤，70% 运往沈阳；来自赤峰、宣化和蔚州等处的麻约 30 万斤，其中有 15 万斤运往营口和烟台；年产 20 万枚豆饼，绝大部分运到营口；另外每年来自内蒙古的皮毛价值六七十万元，多运往天津、营口及哈尔滨。运入的商品以棉织品为最多，年进各种布匹、棉纱 1 万件左右，其中 70% 为日货，10% 为西洋货，20% 为国货；年进面粉 10 万袋、煤油 19 万箱、砂糖 1.5 万包、火柴 3 万箱、烟草 40 万斤、木材 0.6 万根。该地水质优良，宜酿酒和染织，6 家烧锅年产烧酒 160 万斤。以县城为中心有 200 余家织布工厂，年产各类布匹 30 余万匹，并有各类染行 25 家。1931 年该城有近 6 万人，商店近 500 家，其中杂货店 46 家，旅店货栈 46 家，布店 100 家，皮店 46 家，鞋店 50 家，军衣店 40 家，估衣铺 16 家，仅澡堂就有 8 家，可谓应有尽有。②

辽河沿岸的新民曾为主要驿站，是关内与辽宁西北部、内蒙古和吉林联系的必由之路和著名商品集散地。京奉铁路开通后，其内河和铁路运输更为方便，每年集中大豆 15 万~20 万担，杂粮近 10 万担。据日俄战争刚刚结束的 1906 年统计，集散大豆 14.5 万担、杂谷 7 万余担；据当地车务局统计，1905 年 7 月中旬后的 8 个月内，从该地运往通江口、法库、沈阳、铁岭等地的商品价值 3700 余万元；从运往的地区看，居首位的是通江口，为 1000 余万元，其次是法库，为 800 余万元，以下依次为铁岭、沈阳、开原、昌图等，本地和周围地区消费的仅 250 万元；运往各地的商品中，最多的是布匹，价

---

① 民国《锦县志略》第 13 卷，交通，奉天关东印书馆，第 4 页。
② 熊知白：《东北县治纪要》，第 72~75 页。

值1782.5万元，超过100万元的有棉纱、棉花、纸张、铁器、糖类、盐和杂货等，运送以上商品共动用了10余万辆大车，近6000辆小车。30年代初，年集散大豆17.8万石，麦子近3万石，杂粮20余万石，杂谷5.5万石，以及近3万石麻籽和近2万石的麻。1908年新民有大批发商15家、大小杂货店200家，其中谷物店120家；①30年代初有较大的杂货店70家、纱布商16家、煤商10家、皮铺8家、药铺6家、水果店6家，年产豆饼22万枚、豆油11.5万斤、麻饼3.9万枚、麻油24.7万斤、烧酒100万斤、面粉1250万斤。②

辽东多丘陵，是柞蚕和水果的主要产区。盖平地处大连北营口南，有港口和南满铁路车站，是与渤海湾各港口商品交流的集聚地和柞蚕生产中心。1896年前后盖平年产蚕丝占全省产量的60%左右，1901年盖平运出蚕茧2000笼、蚕丝8000包、蚕绸7万匹、豆油45万余斤、豆饼10万余枚、海产品310万斤。1905年运出的豆货有所增加，豆油60万余斤、豆饼19万余枚。运入商品以面粉、小麦、布匹、棉纱、煤油、糖类、火柴为主，1905年由山东运入小麦近万石、面粉10万袋。1931年由铁路运出的商品主要有盐23万吨、柞蚕丝171吨、玉米482吨、小米1436吨，运入米297吨、面粉3110吨、高粱5851吨、杂粮257吨、烟草526吨。盖平与大连、营口等市场的联系除了依赖铁路和水运外，还有畜力大车，其中"以营口为最频繁"。③盖平商业十分发达，1900年有上等商号128家、中等商号178家；④1908年前有商店600余家，其中杂货店百余家、大批发商20余家；⑤1919年商店增到700余家，资本万元以上的有百余家；⑥实力最强的是杂货店、粮栈、丝栈和绸庄，两家粮栈年营业额23万元，7家杂货店有职工265人，年营业额257万元；⑦到30年代初有各类商店1900余家。工业主要是缫丝业，30年代初30余家缫丝厂，

---

① 《南满洲に於ける商业》，第527~546页。
② 熊知白：《东北县治纪要》，第81~87页。
③ 熊知白：《东北县治纪要》，第55~57页。
④ 奉天省公署档案，转引自孔经纬主编《清代东北地区经济史》，第486页。
⑤ 《南满洲に於ける商业》，第170~200页。
⑥ 《东三省经济调查录》，第58页。
⑦ 《南满洲商工要览》，第252页。

年产柞蚕丝 4 万石；盐业也较为发达，每年产原盐 25 万石左右。

庄河县的大孤山虽然不是县城，却是传统的海港，也有内河，与山东烟台和辽东内地有密切联系，是较大的集散地，集散的范围不仅限于本县，岫岩的产品也向这里集中。1908 年大孤山有 1.5 万人左右，庄河县城不足 2000人，其经济职能超过了县城。大孤山 1903 年产豆饼 16.6 万枚，值 200546 元，全部运往营口，运出的还有蚕茧、青豆和玉米，总共价值 82 万余元；1904 年运进面粉 8 万余袋、煤油 2 万余箱；1905 年虽受日俄战争影响，输出入商品价值仍在 200 万元以上。30 年代初年集散大豆 3.6 万石、玉米 1 万石、水稻0.3 万石、豆饼 3 万枚、豆油 5 万斤、蚕茧 1 万笼。① 该地手工业以榨油为主，1903 年 6 家油坊的产值 27 万余元，最大油坊年产豆饼 4.5 万枚、豆油 18 万余斤。②

辽阳是以前的首都，夏季沿太子河经辽河到营口，南满铁路开通后，水运渐被铁路替代，成为沟通辽中与辽东半岛的交通枢纽，加之有中国商人创办的长途汽车公司，加强了与周围 200 余里内城镇、农村的联系。辽阳周围盛产大豆、高粱、玉米、棉花和青麻，是最大的粮豆集散地之一，日本人曾在这里设立了粮谷交易所。此外，这里水质好，盛产烧酒。30 年代初县城有近 7 万人，周围年产棉花 130 万斤，11 家烧锅年产烧酒 300 万斤，20 余家油坊年产豆饼 60 万枚、豆油 280 万斤。30 年代辽阳年集散高粱 170 万石、大豆50 万石、粟 70 万石、杂粮 11 万石、玉米 17 万石和百万斤棉花。③

海城位于辽阳与营口之间，有沙河流过，是南满铁路主要车站之一，但其腹地受营口等牵制不出 60 里。海城周围盛产粮食、杂谷，30 年代初年集散高粱 50 万石、粟 6 万石、麦子近 8 万石、大豆 1.5 万石。海城通过车站运出的主要有大豆 8000 吨、玉米 4000 吨、粟 8500 吨、豆饼 4500 吨、麦类 3000吨、杂谷 3000 吨、木炭 1500 吨，运入的有高粱 4500 吨、面粉 500 吨、烟草800 吨、豆油 300 吨、棉布 350 吨、畜产 1200 吨。县城有重要商店 120 余家，

---

① 熊知白：《东北县治纪要》，第 214 页。
② 《南满洲に於ける商业》，第 123~125、135 页。
③ 熊知白：《东北县治纪要》，第 39~41 页。

设粮市、银市和牛马市等专业街市。[1]

辽宁北部的铁岭临近辽河，中东铁路由此穿过，是南北交通的要冲，是沟通大连、沈阳与辽宁北部经济联系的中级市场。周围是辽河平原，农业发达，主要种植大豆和小麦，1908 年前后每年集中的大豆就有 60 万~70 万石，由沈阳和大连等地运来的大批洋货，也从这里运往腹地。据当地大批发商估计，每年运到这里的洋货有棉纱 2.5 万~3 万包、各类洋布 1.6 万余件、火柴 3000 余箱、红白糖 1.6 万担、煤油 1.5 万箱、国产布 7000 余件、棉花 2000 余担，以及大量的海产品、纸张等，这些商品中有一半以上是运往西北的海龙、山城镇等地区。[2]1919 年前后，铁岭及腹地年产大豆 31 万余石、高粱 81.6 万石、小米 32.6 万石。该市场年集散大豆、高粱达百万石，年运出农产品价值 1000 万元左右，运入的洋货等价值六七百万元。30 年代初，每年经铁路运出的豆货、面粉、杂谷、煤以及蚕茧等不下 15 万吨，运入的农产品 23 万吨，其他货物达 20 万吨以上。1911 年后当地商人等设立了电灯局、银粮交易所，日本人也设立了粮谷交易所，还有日商的满洲制粉会社，资本百万元，日产面粉约 7200 斤。[3]铁岭是颇具规模的城镇，30 年代初有 4 万余人，15 家油坊年产豆饼 60 万斤、豆油 350 万斤，5 家磨坊年产面粉 25 万斤，2 家烧锅年产烧酒 85 万斤。

法库门在辽西北，除了营口和沈阳外，还与新民、铁岭有着较多的商业往来。30 年代初有 2.2 万人，各类商店 850 家，每日都有集市，并分为菜市、粮市、牛马市和柴草市等。集散的商品主要有豆货、麻和杂谷等；1909 年集散大豆 30 万石左右，多时可达 40 万石，其中 1/4 经陆路运往营口，3/4 在冬季运到附近的三面船，开春后从辽河运往营口；从营口、沈阳运来洋布 4000 包、棉纱 1000 担、煤油 8000 余箱、火柴 300 余箱、烟草 2000 余箱、国产土布 7000 余件、红白糖 8000 余担、面粉 5000 袋等，大部分是运到其东北部的牧区以及吉林。30 年代初，年生产豆油 130 万斤、豆饼 30 万枚、麻油 50 万斤、

---

① 熊知白：《东北县治纪要》，第 62~64 页。
②《南满洲に於ける商业》，第 368、375~376 页。
③《东三省经济调查录》，第 100~114 页。

麻饼 40 万枚，多通过铁路和水路运往营口、沈阳、铁岭等地。[①]

昌图县的通江口，位于铁岭北部，是辽河上游港口和著名大豆主要集散中心，1907 年开埠通商。周围 460 里内大豆产区每年通过水运集中到这里的大豆在 70 万石左右，最多时达到 100 万石。1908 年通江口粮栈大者资本 40 万两，小者二三十万两，粮栈建设得犹如城堡。[②]虽然铁路开通后将一部分商品吸引到铁路沿线，但周围许多不通铁路的地方仍用大车运到这里经水运南下。30 年代初，每年集散豆谷 100 万石以上，烧酒 20 万斤，豆油 10 万斤，来往的船只两三千只。[③]

开原是中东铁路在辽中的大站，大宗的大豆和杂粮在这里集散。1916 年日本设立了交易所，以期货和现货方式在这里交易的大豆、粮谷价值达数千万元。[④]30 年代开原年集散大豆 45 万石、高粱 40 万石、稻谷近 4 万石、麦类 10 万石、小米 9 万石、玉米 4 万石、杂粮 8 万石。这些产品多数是从腹地运来后由铁路运出的，如当时通过铁路运送的有大豆 210 万石、高粱 70 万石、玉米 32 万石、小豆 9 万石、杂谷 27 万石、豆饼 4.6 万吨、豆油 5400 石等。开原有大小商店 2300 余家，[⑤] 是著名的商品集散市场。

除了以上城镇外，岫岩、义县、兴城、抚顺、本溪、海龙、昌图、西丰以及通辽、四平、东丰、西安（今辽源）等县城，商品集散数量增加，流通范围不断地扩大，经济功能得到加强，也是具有相当规模的中级市场。

初级市场数量较多，是借助铁路、水运等运输渠道围绕中级市场或各港口逐渐形成的，是市场网络的基础。这些初级市场有的是县城，有的是集镇，有固定的商店，但一般是通过定期集市集散货物。集市上货栈等坐商收购由商贩或农民运来的农副土特产品，再集中运往上级市场，同时从上级市场运来的各种洋广杂货也由此售到各村庄。初级市场的辐射范围并不大，根据自然环境的不同，多则方圆近百里，少则方圆不足 20 里。初级市场的人口多少

---

① 《南满洲に於ける商业》，第 500~503 页；熊知白：《东北县治纪要》，第 267 页。

② 《南满洲に於ける商业》，第 471、474 页。

③ 熊知白：《东北县治纪要》，第 230 页。

④ 转引自张福全《辽宁近代经济史（1840~1949）》，第 90~91 页。

⑤ 熊知白：《东北县治纪要》，第 11~15 页。

不等，多者近万人，少者不足千人；商业也并不很繁盛，其主要功能是沟通上级市场与村庄的经济联系。

在京奉铁路沿线的锦州周围有大凌河、高桥、西海口、石山等初级市场，其中西海口是海港，与辽东、华北、闽粤和江浙沿海各地船舶往来颇为频繁，运出的主要是大豆和粮油，运入各地的主要是特产、药类和洋货。营口开埠和京奉铁路开通后，西海口"乃失坠其势力"，船舶改以沿海短途为主。西海口以集散甘草等药材为大宗，30年代年集散150万斤左右，其中60%由中国人运往烟台，25%由美国人运往天津，15%由日本人运到沈阳和营口。当时从各地运来的多为粮谷、豆货、烧酒、毛皮和牲畜等，通过海路和陆路运往营口或华北，如集散的2万余石杂谷中，本地消费占1/3，其余运往营口和河北；由关内和海港运来的有布匹、棉纱、绸缎、煤油、火柴、砂糖、纸烟、麻、茶、面粉和烟叶等。当地居民较少，30年代仅有400余家3000余人。①

北镇的沟帮子，原是小村庄，京奉铁路开通后"马上成为货物集散地"。30年代初有杂货店30余家、粮栈4家、运送店7家、客店8家、饭店10余家、外商代理店3家、钱铺5家、当铺3家，并有油坊4家、烧锅2家。1924年沟帮子仅有5800人，到1929年增至8000人，建立了大型工厂和机车库，长途汽车与北镇连接，成为中级市场与周围村庄经济联系的节点。

辽中位于京奉与南满铁路之间，有辽河通过，在周围中心市场和中级市场的牵制下，该县城没有充分发展起来，到30年代初仅有百余家商店，5000余人。因人口较为密集，提供的剩余商品有限，每年运出豆粮不过20余万石。周围集市比较多，一般10天内有3个集，方圆20里的农民可以到小北河、达都、小新民屯、满都户、茨榆坨、冷子堡、长滩等集镇交易。而小北河、小新民屯的人口均不足4000人，有数十家商店，但交通便利，每年分别从营口或辽阳运入的洋广杂货价值百万元左右，也是规模不大且分布较密集的初级市场。②

南满铁路沿线的普兰店、貔口窝、庄河、宽甸、凤凰城等都是比较著名

---

① 熊知白：《东北县治纪要》，第76~79页。
② 熊知白：《东北县治纪要》，第107~108、45~50页。

的初级市场。如貔口窝 1908 年就有商店 390 家，其中资本 5 万两以上的 4 家，10 万两以上的 11 家，20 万两以上的 4 家。1905 年运入商品额达 66.9 万两，运出商品额 47.8 万两；其腹地南北约 100 里，与庄河、金州相接，东西 60~70 里，与普兰店、复县相连。①1917 年曾建立实付资本 2.5 万元的貔口窝银行，1919 年 17 家杂货店的年营业额就达 23.8 万元。② 宽甸 1908 年有大小商店 160 余家，③ 到 1931 年增至 200 余家。④ 凤凰城是中国政府自行开埠的通商口岸，但它在日本经营的"关东州"的范围之内，日本重点要发展的是大连和旅顺等港口，凤凰城一直未能有较大的发展，1906 年有居民 9985 人，到 1939 年仅增一倍不到，约有 18000 人。庄河县城的经济功能不如其下面的大孤山，1908 年庄河仅有杂货店 20 余家，1906 年集散的面粉万余袋、煤油 3000 余箱、火柴 560 箱、糖类 600 余担，以及布匹、棉纱和棉花若干；运出的货物有大豆 1.5 万石、豆饼 4000 余枚、各种杂粮 8000 余石、蚕茧 5000 余笼。

在盖平的附近有熊岳、汤池、万福庄等初级市场。熊岳是辽代置县的传统重镇，周围依山傍海，以渔业、果树和柞蚕业为主，30 年代初年产黄花鱼 200 万斤以上，运出水果 2000 吨、柞蚕 700 吨，每年需运入面粉千吨以上，有 7000 余人。⑤

海城周围有耿庄、牛庄、汤岗子、虎庄屯、腾鳌堡、高力房等初级市场。牛庄原是辽河入海口，清乾隆年间曾繁盛一时，因河道淤塞改营口为通商口岸，发展速度减慢，但在 30 年代初仍有 2800 户 17000 余人。该地主要生产大豆、稻谷、玉米、粟、棉花及杂粮，销往营口、海城等地，运入棉纱、砂糖、煤油、面粉、布匹、木材、染料、草席、麻等。该地有机器榨油厂 2 家、烧锅 7 家、织布厂 5 家、铁工厂 5 家、皮革店 4 家。虎庄屯距营口东 65 里，30 年代有 5800 人，该城街道上"商店栉比，不仅为附近村落之物资集

① 《南满洲に於ける商业》，第 148 页。
② 《南满洲商工要览》，第 219 页。
③ 《南满洲に於ける商业》，第 88 页。
④ 熊知白：《东北县治纪要》，第 157 页。
⑤ 熊知白：《东北县治纪要》，第 58~59 页。

散市场，且与各远地有商业关系"。染织、烧酒是该地的特色，7家染坊从大连运来棉布，经染色后用大车或火车运往内蒙古、凤凰城，甚至开原、公主岭、长春等地，每年运出各种布匹180吨、烧酒50万斤，另有杂货店40家。腾鳌堡在营口与辽阳之间，有1500户1万余人，大小商店150家；年集散仅大麦一项就达2万石，生产豆饼6万枚、豆油30万斤，大豆消费量约1万石；该地的商业范围基本在方圆60里之内，即从小北河至营口之间的各地为该市场的货物来源，"每日鱼菜、粮食、牛马等类开市，多数顾客由附近村落来集，加之经纪数百人介在诸顾客之中，市面更形殷盛"。该地虽隶属海城，但多直接与营口、锦西交往，夏季以通过太子河水运为主，每年冬季四五百辆大车往来其间。①

辽宁西部和北部交通条件不如东部，却是主要产粮区，尤其是北部各县，大豆和玉米、高粱等杂粮的产量占辽宁省的大多数，这些地区的初级市场数量略少，但集散量较大。

彰武在沈阳西北，是辽宁与内蒙古交往的必由之路，流通的货物主要是毛皮和供内蒙古的粮谷。哈拉套镇原是该县最大的集散市场，它北连内蒙古的库伦，南连新民县城和新立屯，秋冬两季陆路交通颇盛。年集散牛、羊等皮2500余张，供内蒙古牧民的面粉12万斤、烧酒15万斤。30年代初该镇已经有居民21800人，而彰武县城才不过9000余人。

在开原周围有8处初级市场，如尚阳堡距开原45里，有2600人，因距铁岭和开原不远，该处货物"多直接送往上两处市场，其集本处者反形减少"；貂皮屯距开原80里，有209家商店，1300人；八棵树距开原百里，有百余家商店，3000余人。

昌图周围的初级市场有随着铁路的开通而建的距原县城20里的昌图车站和铁路沿线的双庙子、沿河的通江口，以及未通铁路的金家镇（亦称金家屯）、宝力镇、大洼和八面城等。其中通江口虽属该县的一个镇，却是辽河上游较大的豆谷集散地，年集散量达100万石以上，多直接与营口、沈阳和

---

① 熊知白：《东北县治纪要》，第65、67~68页。

铁岭等城市联系，属于辽北的中级市场。30 年代初金家镇已经有居民万余人，与其经济往来的多是通江口、开原，以及昌图县城，年集散谷物仅 10 万石、烧酒 60 万斤、面粉 100 万斤，是较大的初级市场。[①]

法库县周围有三面船、柏家沟、秀水河子、叶茂台等初级市场。三面船是辽河港口，顺河而下 5 日内就可到达营口，每年往来船只 700 余只运谷物，400 余只运杂货，年集散豆谷 10 万石，有 20 余家粮栈，是较大的初级市场。[②]

综上所述，到 20 世纪 30 年代初辽宁基本形成了近代意义上的商品市场和商品流通市场体系。但是，我们应该对这样的经济发展状况有清醒的认识。这是因为，其一，近代商品市场是建立在依附于世界市场基础上的，在不平等条约和经济不发达的状况之下，无论是商品的种类、上市和出口数量，还是价格和购销渠道，无不受制于外国人特别是日本人控制的洋行，根本不是以本地或者本国的需求为转移，完全是被动的、不自觉的，最大的受益者是进出口商。一旦有风险，这些流通领域的商人把损失最大限度地转嫁给生产者，极大地打击了生产者的积极性。其二，随着日本在中国经济势力的增强，各地市场尤其是中心市场的交易、流通以及生产等各方面多在日本的控制之下。日本不仅通过铁路、会社和企业等方面，而且通过其管治的"关东州"直接管理地方的政治和经济，使辽宁的近代经济有相当浓厚的殖民性。其三，虽然海运和铁路的发展带动了一些地方的崛起，但是可以发现，许多市场原来就是一定规模的城镇，或者是重要的驿站或港口，也就是说，近代商品流通体系是建立在传统市场基础上的，只是对外贸易的迅速发展，商品种类的增多和市场规模的扩大，使各市场的集散能力凸显出来，显示了城镇经济功能的加强，这种职能在近代交通运输的推动下，逐渐形成了具有近代意义的商品市场流通体系。

---

① 熊知白：《东北县治纪要》，第 11、90、235 页。
② 熊知白：《东北县治纪要》，第 270 页。

试论近代华北棉花流通系统[*]

近年来，我国近代社会经济的研究成果丰硕，但对北方经济的研究仍很薄弱。本文以全面抗战前华北地区棉花流通系统的形成和完善为对象，探讨华北近代商业发展的特点和对社会经济的近代化所产生的作用。

一　棉花流通系统的形成

一般讲产量增加和流通范围扩大促使某种商品流通系统的形成，往往前者是主要原因，因为产量增加后产品可扩大流通范围，进而逐渐发展为运销系统。江南棉花流通系统就是在产量不断增加的基础上，以国内纱厂为主要对象发展起来的。华北流通系统则恰恰相反，国内外需求量猛增刺激天津率先成为以出口为主的终极市场，随后华北各棉区在原有基础上迅速发展，构成了由终点、中级和初级市场组成的棉花流通系统。

（一）天津终极市场形成的原因

明清时期天津便是棉花市场，但交易量少，来自直隶和山东的棉花仅供天津附近地区生活消费。天津开埠后，铁路未通，仅限于夏秋季的内河运输运量小、周期长，也没有把大量棉花推到天津，到 20 世纪初每年由内地运到天津的棉花只万余担。^①同时，国内外市场也不指望华北棉花。虽然 1864

＊　本文原载于《中国社会经济史研究》1990 年第 1 期。
① Trade Reports，1906，1908，Tientsin.

年天津出口到外国和南方的棉花猛增至 6 万余担,天津海关就此认为,天津的"棉花可能作为一种输往中国南方诸港的货物而赢利","如果能继续下去,对直隶和天津也将会是一个巨大的繁盛之源"。[①]1866 年天津出口棉花达 136177 担。但这种现象是主要产棉国美国爆发南北战争,棉产大减,世界需求量一度紧张所致。以后天津棉花品质劣、运费昂,"沿海运输原棉不合算",[②] 出口一蹶不振,1869 年仅千余担。海关税务司乔治·佐士认为,天津棉花"并未使人感到多么便宜",出口"无利可图","已经不再是出口商品"。[③]1870 年以后 30 年中,天津每年出口棉花均不过万担,超过千担的仅 7 年,多运到南方各埠。这说明到 20 世纪,天津棉花市场仍是供应附近地区生活用棉的小型消费市场,归属于自然经济的封建性市场。

终极市场亦称中央批发市场。其功能是将地方批发市场即中级市场和产地市场的产品再行集中,或消费或输出国外,形成颇具规模的交易中心。它可远离产地,但必须是交通运输枢纽和商品信息中心,其价格影响初、中级市场。在这里须有产品标准化的管理机构、大型批发商行和设备齐全的大型仓库、银行等服务设施。终极市场交易范围打破了省、县界限,以交通运输所及之地划定其市场范围,交易方式呈多样化,如现、期货,看样成交,代购代销等等,基本是资本主义社会的商品流通形式。因此,终极市场形成是市场性质转变为近代商品经济市场的标志。

天津棉花终极市场形成的主要原因是国内外棉花需求量剧增。20 世纪以后,国内大型纱厂不断建立,到 1911 年有二十几家华资纱厂,50 万枚纱锭。[④]英、美、日等纱厂也迅速增加,英、美、印三国 1890 年纱锭总量比十年前增加 550 余万枚。[⑤] 日本 1892 年有 39 家纱厂,38 万枚纱锭,年耗棉量 88 万担,耗棉量比十年前增加了 3 倍;[⑥] 到 1902 年日本有 80 家纱厂,130 余万枚纱锭。

① Trade Reports, 1865, Tientsin.

② Trade Reports, 1868, Tientsin.

③ Trade Reports, 1870-1872, Tientsin.

④ 严中平等编著《中国近代经济史统计资料选辑》,科学出版社,1958,第 99 页。

⑤ 严中平:《中国棉纺织史稿》,科学出版社,1955,第 56 页。

⑥ 副岛圆照:《日本纺织业と中国市场》,《人文学报》第 33 号,1972。

国内外纱厂发展，使棉花市场空前紧张，急需开辟新的生产基地，对于日本更是当务之急。天津日益繁荣的对外贸易，把中外商人视线吸引到华北平原。经过中国政府和中外商人多次调查，搞清了华北棉花现状，并将华北各棉区根据质量按海河水系划为三大产区：东、北河产区位于北运河附近的直隶武清、宝坻及滦县等，种植少但品质最佳；御河产区即直隶和山东的大运河附近，品质略差；西河产区是直隶中、南部和河南北部滹沱河、滏阳河周围的棉区。西河棉种植广，"绒短易折"，不能纺细纱，但价格低，纤维强韧，"质白如雪"，[①] 是纺粗纱和纺细纱的混用棉，亦是做脱脂棉、炸药和织绷带、毡毯的上好原料。西河棉以数量占据了优势，成为华北棉花的主要品种。天津海关认为，华北棉花如劝导得力，积极改良，"两三年后，棉花必成为中国北方佳产"。[②] 在调查的同时，中外商人开始云集天津采购棉花。首发其端的是在津的日本田村、佐佐木洋行，它们在 1907 年借推销轧棉机与西河棉区商人交易，使西河棉首次出现在天津市场，随后英、德等国洋行和中国南方棉商蜂拥而至，本地棉商也迅速增加。从此天津棉花市场发生本质变化，开始形成棉花终极市场。

天津棉花市场的变化主要表现在：第一，棉价上涨，说明华北棉花的使用价值提高。20 世纪初每担棉花需银 10 余两，1909 年西河棉每担 19 两，翌年底达 25 两。第二，进津棉花倍增。20 世纪初，津浦、京汉等铁路陆续开通，近代化交通工具提高了商品运输速度，费用低，适宜重载长距离的运输方式，为棉花流通提供有利条件。华北各地棉花改变了由水路南运的运销方式，建立了铁路为主、河运为辅的运销方式，由各级棉商将棉花集中到铁路和河运要冲转运天津。从此，大量棉花涌集天津。据天津常关统计，1909 年进津棉花比上年多 5 倍，为 42388 担，1910 年又比上年增 4 倍，1911 年达 397489 担，以后每年进津棉花多则百万担，少则四五十万担。[③] 第三，棉花成为天津主要出口商品。集中在天津市场的棉花主要输出到日本等国。1910 年出口量

---

① Trade Reports, 1909, Tientsin.

② Trade Reports, 1910, Tientsin.

③ Trade Reports, 1909-1928, Tientsin.

为 125246 担，1911 年增加 2 倍。第四，出现专营商业和多种交易方式。天津棉花集散数量大增后，诸多商人涌集天津，形成了专业性的棉花批发商、出口商、货栈，为棉花出口而设的打包工厂、报单行等也遍布天津。交易方式从只有现货发展到期货、代购代销、看样成交等多种方式，使天津迅速成为棉花交易中心和出口基地，形成了终极市场的规模。

天津棉花终极市场形成的主要标志是，市场上设立了专业的商品标准化管理机构。最初天津市场上没有相应的管理机构，到津棉花存在掺杂使水、包装不一、标准各异等弊端，严重地影响正常的出口贸易。1911 年秋，在日商倡议下组成了天津禁止棉花掺水协会，不久由天津海关成立的在常关管理下的棉花检验机构取代，他们制定了各种检验方法和管理措施，宣布进津棉花必须经各关卡检验。为统一标准，海关于 1912 年 5 月 14 日设立了棉花检验所，负责检验全部到津棉花，到 1929 年天津商品检验局成立，才使棉花检验权归复中国政府。[①]棉花检验所成立使市场上有了权威性统一的商品标准化管理机构，表明终极市场业已形成。

（二）终极市场的组织形式和规模

天津棉花终极市场的组织形式如图 1 所示。

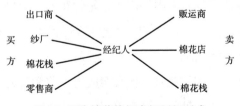

图 1 天津棉花终极市场组织形式

出口商主要是外国洋行、公司，其购销量占每年上市量的 60% 左右，有时达 90%。它们资金雄厚，了解国际市场行情，掌握出口的命脉。20 世纪 20

---

① 大岛让次：《天津棉花と物资集散事情》，中东石印局，1930，第 125 页。

年代后，一些中国商人也经营出口，但实力远不抵外商。到 1935 年出口商行有 120 余家，其中 54 家外国商行经销量占总量的 64%，仍左右全局。[①]

1916 年后天津设立了六大纱厂，使天津成为较大的消费市场，打破了天津棉花几乎全部出口的格局。各纱厂年耗棉总量四五十万担，占全年上市量的 30% 以上。为减少各级商人盘剥，各纱厂曾在产地设庄，或派人采购棉花，但设庄开支大，采购员受贿使收购棉花量多质次，影响生产。如裕元纱厂 1919 年采购过多，占压资金，只好将存棉低价抛出，损失近 24 万元。[②] 所以各纱厂以在天津购棉为主。

棉花栈在市场上颇具特色。1907 年前天津没有专营棉花的货栈，棉花大量集中天津后专业货栈应运而生，故有"自西河花开始出口后，乃有此项商栈之成立也"之说。[③]1912 年有 6 家棉花栈，1919 年发展到大中型的有 20 家，[④]1935 年达 84 家。[⑤] 棉花栈资本多者数万元，少者千元。其主要业务是，为棉客提供食宿，代办纳税、检验、报关等手续及介绍经纪人等。有些棉花栈兼营仓库和棉花期货、现货交易。棉花栈还充当了外地棉商的债权人，它放款给棉商，让他们在初、中级市场收购棉花运津，用预付和抵押贷款等方式解决棉商资金不足问题，并通过代客存款、汇兑来提高自身的实力。因此，棉花栈既是货栈，又是棉商，并兼有专业银号的性质，是终极市场上重要的组织者和桥梁。

贩运商和棉花店来自初、中级市场，是棉花的主要供应者，他们借助棉花栈的资金和关系，往返于天津与内地之间贩运棉花。经纪人亦称"跑合"，没有资金，经棉花栈介绍活跃在买卖双方之间。

天津终极市场的形成和完善，使天津成为华北棉花的交易中心，集散数量迅速增加。1911 年全年集散总量近 40 万担，1922 年达百万担，到 30 年代近 150 万担。这时，不仅冀、晋、鲁、豫等省，甚至新疆的棉花也运销天津，

---

① 王兴周编著《近五年天津棉市概况》，1936，第 65~70 页。

② 方显廷：《中国之棉纺织业》，1934，第 67 页。

③ 《天津棉业调查》，《天津棉鉴》第 1 卷第 6 期，1930 年 6 月。

④ 正金银行调查课：《天津棉花及棉工业》，1921，第 51 页。

⑤ 金城银行天津调查部：《天津棉花运销概况》，1937，第 19 页。

是天津市场的鼎盛时期。

出口国外是棉花主要销路之一，每年有 40 万 ~70 万担之多，占集散总量的 50% 左右，最多时占 67%，绝大部分是作为制作棉絮、药棉、火药及其他混合纤维的原料运往日本和美国。1919~1932 年出口日本、美国棉花比重如表 1 所示。

表 1　1919~1932 年天津出口日本、美国棉花

年份	总计		日本		美国		年份	总计		日本		美国	
	担	%	担	%	担	%		担	%	担	%	担	%
1919	340502	100	336429	98.8	3093	0.9	1926	579233	100	539390	93.1	34139	5.9
1920	145390	100	133498	91.8	11346	7.8	1927	762988	100	530123	69.5	198960	26.1
1921	390079	100	367959	94.3	21123	5.4	1928	653416	100	479614	73.4	136985	21.0
1922	478090	100	353213	73.9	104838	21.9	1929	608745	100	477617	78.5	111008	18.2
1923	465035	100	404655	87.0	43876	9.4	1930	715659	100	579014	80.9	112779	15.8
1924	284313	100	240120	84.5	40012	14.1	1931	706089	100	628419	89.0	62460	8.8
1925	418749	100	331802	79.2	71746	17.1	1932	619293	100	374555	60.48	103299	16.68

资料来源：大岛让次《天津棉花と物资集散事情》，第 221 页；南满铁道株式会社编印《北支棉花综述》，1940，第 8 页。

转口到外埠的棉花以上海为主，30 年代后一般占 80% 以上，其次是东北的大连和安东。[①] 还有少量棉花通过铁路转运到唐山等内地，供纱厂和日常生活用棉。本地消费主要是供应各纱厂，占每年集散总量的 30%~50%，进口洋棉也是供本地纱厂消费。

综上所述，天津终极市场形成后，众多商人云集，组织趋于完善，规模逐渐扩大，使天津一跃成为我国主要棉花市场，与上海、汉口并称为三大棉花市场。

另外，青岛也是华北地区的终极市场。它是 20 世纪 20 年代本地诸多纱

---

① 王兴周编著《近五年天津棉市概况》，第 57 页。

厂大兴后出现的，形成完全供当地 10 家中外纱厂的消费市场，年集中棉花有 160 万担之多。该市场没有检验机构，出口量极少，进口量较多，主要为日商纱厂服务。青岛市场通过济南和张店（今淄博）集中了山东中、南部棉区产品，进而形成另一个仅限于山东省部分棉区的，以青岛为中心的小型棉花流通系统。这一系统交易方式单一，棉商较少且层次简单，基本被日商控制，有较高的殖民性，与上述以天津为中心的棉花流通系统有很大的不同，因篇幅所限，在此不再赘述。

（三）华北的内地市场

天津棉花终极市场形成后，迅速开辟了以铁路为主、河运为辅的运输方式，形成近代化开放型的流通系统。这一系统是以天津终极市场为中心，包括华北内地众多的初级、中级市场。

初级市场亦称产地集聚市场，遍及各棉区的乡村集镇，有的是与其他农产品共同交易的定期集市，也有规模不大的常设棉花专营市场。初级市场辐射方圆几里或几十里，运输和存储条件落后，集散量小，多是现货交易，棉花由这里经水、陆路运输集中到中级市场。如河北省获鹿县方圆 50 里内就有方村、镇头等四五个初级市场，每年各集中 2000~5000 担棉花，运到石家庄中级市场。[1] 在这里，小贩最活跃，既走村串乡收购，又在集市上买卖，有的还贩运到中级市场，其资本很少，主要靠向本地商家和棉花店借贷。轧棉店由棉农、小贩或棉花店开办，用人力轧棉机代客加工，并购运棉花到中级市场。

中级市场亦称地方专业批发市场，位于铁路、河运要冲，包含若干初级市场。中级市场是集散转运中心，集中初级市场的棉花运往终极市场，有一定运输、储藏能力，以批发为主。

棉花店和贩运商是中级市场批发业务的主要经营者，他们资本不多，可从天津的棉花栈和仓库的垫款、抵押贷款得到周转，与终极市场用汇票方式结算。棉花店性质如同天津的棉花栈，在终极市场有代理人或分店，又深入

---

[1]　河北省棉产改进会：《1936 年河北省棉产调查报告》，1936，第 133 页。

产地，是中级市场交易中心。贩运商专营运输，有的兼营棉花店，根据各地收成和行情选择运输方式，以得高利。西河棉区贩运商"如津市棉价暴涨，即由火车运送至津，若津市棉价疲落，则都假道深泽由河路转运至津"。[①]除战乱之年，铁路运输占 70% 左右。

棉花贸易的发展，使中、初级市场规模不断扩大，初级市场表现在专营市场增多和扩大成中级市场，中级市场表现为商人和集散量增多。石家庄是当时较大的中级市场，它地处西河棉区中央，周围有上百个初级市场。石家庄是京汉和正太线交会点，又临接滹沱河，有相当强的运输能力，集中了西河棉和山西棉，年集散量少则三四十万担，多则 60 万担。据 1924 年统计，仅铁路运输就达 335000 余担。[②]石家庄有十几家大型棉花店、4 家棉业公司和众多机器打包工厂、仓库，还有 2 万余枚纱锭的大兴纱厂。河南安阳集中了河北省南部和河南省北部的棉花，年集散约 30 万担，通过京汉线运天津和汉口。该中级市场有 20 多家棉花店，并于 1909 年建立了 2 万枚纱锭的广益纱厂。此外，河北的保定、邯郸、胥各庄，山东的德州和山西的榆次等也是较大的中级市场。

山东的济南和张店则属于以青岛为中心的流通系统的中级市场。济南位于御河棉区，20 世纪 20 年代前年集散量不过 10 万担，主要运往天津。以后济南鲁丰纱厂和青岛诸纱厂成立，刺激了该市场的发展，1921 年集散总量达 50 万担，1932 年超过 150 万担，是我国继汉口后的大型市场。该省棉花运销合作社较发达，社员可将产品直接运到济南，所以济南市场与棉农交易较多，通过洋行供应青岛和本地纱厂。该市场自 1909 年出现花行后，到 1936 年有 30 家花行。花行业务与棉花店类同，不过资金周转全靠银行借贷。张店有 26 家花行，1936 年集散量约 25 万担，[③]全部通过胶济线运往青岛。济南和张店两市场均受到日商的严格控制。

上述材料说明，棉花流通系统中终极市场是核心，连接着国际市场和消

---

① 刘企庠：《正定棉业调查》，《天津棉鉴》第 2 卷第 1 期，1931 年。
② 曲直生：《河北棉花之生产及贩运》，1928，第 100 页。
③ 《北支棉花综览》，第 345、354、366 页。

费者，是棉花的消纳地；中级市场是结合点，承上启下，是棉花集散转运中心；初级市场则是主要供应地。三级市场以各级棉商为结合链，通过供求和资金借贷关系有机地连接起来，形成较完整的流通系统。这个系统打破了几千年来小生产者之间在狭窄范围内交换的封闭式封建市场结构，由中国各级棉商经销供应国内外市场的商品，批零分离、现货期货结合、运输和仓储与商业脱离等现象，说明经营管理方式日趋资本主义化，表明该系统是具有资本主义性质的近代商业，形成商品经济下完全竞争性市场结构。

二　棉花流通系统的作用

华北棉花流通系统是在国际市场的刺激下产生和发展起来的，其促进华北近代商业繁荣，加强城乡经济联系已毋庸赘言。它作为近代商业兴盛的表现之一，正如马克思所说，"促使产品越来越转化为商品"，[①] 提高了华北农村的社会生产力，促进了农业生产的社会化和商品化，有助于华北经济向商品经济转变。

（一）加速农村自然经济向商品经济转化

棉花进入国际市场后，要在竞争中接受挑战，对华北棉花生产提出了更高的要求，既要扩大面积，又需改良品种，提高棉花商品化程度。第一，棉田增加，出现专业化生产。明代华北平原部分地区已开始种棉，用于家庭织布。清代前期除少数地区根据环境进行局部调整外，各棉区已基本定型，到1900年山东和直隶省棉田均不及150万亩。20世纪以后清政府提倡实业，直隶总督袁世凯在各地设工艺局鼓励农民种棉，使棉田有所增加。同时屡令禁种罂粟，使以此为利薮者不得不另谋生财之道，于是棉花取代罂粟的地位。[②]东北河棉区自"光绪季年罂粟禁种，尔时土布业甚为发达，需棉略多，农民

---

① 《马克思恩格斯全集》第25卷，人民出版社，1974，第365页。
② 曲直生：《河北棉花之生产及贩运》，第44页。

亦因环境关系，以植罂粟之地而代之以棉花"。[1]而华北棉产的迅速发展，还是在棉花流通系统形成之后。因为棉花从此有了广泛的市场和较高的价格，生产者不仅能获得高出种粮两三倍之利，亦无远销之劳。如河北省藁城县进入"民国以来，棉价增涨，农民受刺激，栽培更现发达"，[2]于是农民开始广种棉花，棉产以前所未有的速度增加，成为我国的主要产棉区。

农村的副产品生产是在不牺牲自给性粮食生产的情况下进行的，但棉花所获高利使一些棉农放弃种粮，进行专业化生产，进而发展为棉花专业区。据1931年统计，河北省各县中威县棉田占耕地比重为51.49%，其次赵县占46.63%，成安县占42.25%，[3]说明这些县棉田已相当普及。藁城县一些村庄棉田占耕地面积已达70%以上，永年县西乡等村棉田占80%，[4]形成了棉花专业村。据1923年调查，"正定一带居民类以产棉为主要之职业"，"农民对于其耕作地十分之八皆为植棉之用"。专业化生产不仅有利于棉花改良，而且专种棉花农民的口粮"不得不仰给于山西及邻近各省矣"，[5]促进了农业各部门的分业。这些均有助于农村自然经济向商品经济转化。

棉花流通系统形成后，棉花成为以国内外市场需求为目的生产的世界性商品，市场经济优胜劣汰的规律在一定程度上支配着生产，生产者在提高产量的同时要改良品种。天津终极市场的发展，使政府和私人设立了许多棉花改进会、传习所之类的机构，设试验场、育种场等，积极改进栽培技术，引进和推广纤维长、产量高的美种棉。日商也在山东和河北设组织，推广棉花改良。20年代后各棉区美棉逐年增多，河北省美棉占全省棉田面积1930年为10%，1936年几占50%；山西省1935年美棉占90%；山东省1932年美棉所占比重已达46.85%。棉田亩产1914年为23~25斤，1935年增到33斤左右。棉花改良把更多棉花推进商品市场。据20年代调查，西河棉区年产49万担中约有40万担运销天津和安阳，御河棉区年产29万担中约有26万担运销天

---

① 《河北省东北河棉产区域概况》，《天津棉鉴》第2卷第4~6期，1932年。

② 曲直生：《河北棉花之生产及贩运》，第44页。

③ 《1936年河北省棉产调查报告》，第198、206、244页。

④ 曲直生：《河北棉花之生产及贩运》，第43、52页。

⑤ 章有义编《中国近代农业史资料 第2辑 1912~1927》，三联书店，1957，第133、134页。

津或青岛，[①]说明大部分棉花投入市场。据作者初步统计，1930 年华北五省年棉产量为 377 万担，出口和各地纱厂消费 265 万余担，加之零售，棉花商品率达 80% 左右，[②]是华北农村经济作物中商品化程度最高的产品。

另外，棉花生产的扩大还有助于加速农村两极分化。华北平原人多地少，粮食亩产不高，需 15 亩地才能维持五口之家生活。但到 1920 年人均耕地不及 3 亩，使农民难以生存。种棉花收入高，需精耕细作的集约化生产，棉花广开市场后农民必争相种植，改变生活困境。但棉花生产并未给所有棉农带来同等的经济效益，较富裕者种棉可积累资金，兼并土地，成为地主。如东北河棉区丰润县米厂村的董天望以 18 亩棉田为基础，用卖棉之款五年内购地 40 余亩。该村 1916 年后二十年买卖土地的数量是前三十年的 4 倍，这些土地是"在种植棉花以后的年代中购置的"，资金多来自"经营商品化农物的利润"。[③]而人多地少的贫困农民，虽种棉可使其暂时在一定程度上摆脱困境，维持生计，但在天灾人祸、横征暴敛的情况下，他们受到国内外市场的冲击和当地富者的排挤，愈来愈贫困。这种两极分化的现象，瓦解了封建社会的小农经济。

（二）促进近代工业的勃兴

近代商业不同于传统商业的主要点在于它为资本主义发展提供了必要的市场环境。马克思曾讲，在一定条件下"商业的突然扩大和新世界市场的形成，对旧生产方式的衰落和资本主义生产方式的勃兴，产生过非常重大的影响"，"在现代世界，它会导致资本主义生产方式"。[④]中国近代商业的发展远远超过近代工业，它对基础薄弱的工业的促进作用也就显得格外突出。

从狭义上讲，华北棉花流通系统解决了纱厂的原料，为近代工业提供了一定的资金。我国北方近代工业发展十分缓慢，到 20 世纪初竟没有出现近代

---

① 《天津棉花及棉工业》，第 7 页。
② 根据《中国棉业统计》《中国棉纺织业》等统计。
③ 黄宗智：《华北的小农经济与社会变迁》，中华书局，1986，第 112 页。
④ 《马克思恩格斯全集》第 25 卷，第 372 页。

纱厂。纱厂未能兴建，原因固然是多方面的，而原料不足也是重要的客观因素。20 世纪初周学熙拟建纱厂，曾派人调查各地棉产，并将华北棉花运上海试纺，结果"直隶棉产额甚稀，且绒短花粗，多不合纺纱之用"。[①] 棉花终极市场形成以后，政府和投资者开始认识到华北棉花的使用价值，集资创办厂。华北各省最先建成的是 1909 年河南安阳的广益纱厂和直隶宝坻县仅千枚纱锭的利生纱厂。1915 年后天津出现办纱厂热。裕元纱厂创办书讲，"即以直隶而论，不乏产棉区域，棉质韧度虽短，价则甚廉，纺制粗纱足堪使用"。[②] 仅几年天津就建成六大纱厂，纱锭 20 余万枚，成为我国重要纺织中心。青岛自 1917 年后八年内就兴建了 1 家华商纱厂和 8 家日商纱厂，拥有 316468 枚纱锭，是我国第二大纺织中心。另外，唐山、石家庄、济南、山西的新绛、榆次等地也纷纷建成纱厂，到 1930 年华北五省共有中外商纱厂 27 家，资本总额几占全国的 25%，纱锭总数占全国的 19.5%。[③]

而且，棉花贸易兴盛使棉商获利甚厚，他们将资金投于近代工业。如山西新绛的大益成纱厂就是当地大益成棉花店主薛士选联合各棉花店兴建的。直隶宝坻的利生纱厂创办人张文瑛，也是当地的棉花批发商。天津诸棉商资金远不敌军阀官僚，涉足大型工厂者不多。但一些棉花栈股东和经营棉花出口而发财的洋行买办，也曾大力投资天津工业，并组织棉商成立了华商棉业联合会，提高棉商的社会地位，激发了民众的爱国心，在客观环境上构成了为挽回利权而投资工业的社会心理。这种日益强烈的民众声势推动着资金所有者把投资意向从房地产、银钱业和商业等转到近代工业，促使华北的工业有较快的发展。

总之，华北棉花流通系统是在国内外市场刺激下被动地产生和发展的，是资本主义性质的商业。虽然它有一定程度的封建性和殖民性，但不能否认它把农产品推入国际市场，提高了社会生产力，有助于推进自然经济向商品经济的前几个世纪都未发生的近代化转变。

---

① 甘厚慈辑《北洋公牍类纂续编》第 22 卷，北洋官报局，1910，第 4 页。

② 《大公报》1915 年 12 月 5 日。

③ 根据方显廷《中国之棉纺织业》等资料统计。

近代交通环境变革中的传统运输[*]

——以华北区域为例

　　华北地区交通，长期以内河和陆路为主，清代中叶海禁政策松弛后，沿海帆船运输开始兴起，拓展了近海运输航路，但交通环境并没有本质上的改变。开埠通商以后，轮船代替帆船，海运扩展到国外，也带动了内河航运方式等方面的转变；更为重要的是，铁路迅速兴起和长途汽车运营等，促使华北交通环境在全国率先发生变革。然而，传统交通渠道和运输工具并没有完全被摈弃，通过整合成为近代化交通的补充，进而形成了华北地区以近代交通为主、传统方式为辅的交通体系。关于铁路等近代交通工具的产生和作用已经多有论述，本文拟梳理近代以后华北区域传统交通运输方式中的内河航运和陆路运输，意在阐释其在交通环境发生变革过程中的适应和发展，以期更为全面地了解近代以来华北地区交通运输的全貌。

一

　　近代交通工具包括蒸汽革命以后利用机械为动力的轮船、火车和汽车等。20世纪以后，华北地区开始形成由铁路、公路、外海和内河航运等多种方式、多条渠道交织的近代交通运输网络。明清以来，相较于江南地区，华北地区商品经济不够发达，依靠内河船舶和车马等交通工具的运输条件较差，

---

　　* 本文原载于《城市史研究》第26辑，天津社会科学院出版社，2010。

所以近代以后华北交通环境的变革至关重要，有力地推动了长距离大宗商品的运输，促进了沿海与内地、城市与乡村之间的商品流通，促进了社会经济的发展。

同时，这些近代交通工具严重地冲击了以往依靠内河和车马的传统运输方式，简单归纳为以下几个方面。

其一，正常情况下，近代交通工具运输成本的优势令传统运输工具望尘莫及。传统的运输以内河和驿道为主，内河河道需要经常动员大量的人力物力通浚，船只运载能力也有限，不能满足逐渐发展的长途商品流通的需要。传统的陆路是官路和大道，多是沿自然地形平垫而成，路基低洼，坎坷不平，坡陡崎岖，运输工具是长期沿袭的畜力车、驮运，甚至依靠人力，不利于开展长距离大宗商品的运输。铁路开通后，大宗货物长距离运输成本降低，大大提升了华北区域的交通条件。1926年，美国驻天津领事馆调查华北平原货物运输的费用，具体见表1。

表1 1926年华北平原货物运输费用

运输方式	平均载重量	平均每日行程（哩）	平均每哩费用（元·吨）
铁路			0.015
民船	40~100吨	20~35	0.036
大车	1吨	20~30	0.120
牲畜（驴）	250~300磅	25	0.298
小车	700磅	20	0.151
脚夫	180磅	20	0.313

资料来源：转引自张瑞德《平汉铁路与华北的经济发展（1905~1937）》，《中央研究院近代史研究所专刊》第55号，1987，第16页。

于是，越来越多的货物以铁路为主要运送工具。津沪和平汉铁路自不待言，仅以平绥铁路为例，该铁路开通后，经冀、察、晋、绥四省，成为华北与西北间最主要的交通干线。据平绥铁路车务处1934年调查，此前五年内通过平绥线运到天津出口的羊毛有61510吨，牲畜418466吨；每年有数万吨小米和豆类、近6万吨高粱和5万吨小麦由铁路运到京津各地销售，或供应"沿线各面粉厂"。原来京津的米面之外的其他杂粮来源"不外北宁之关外段与平绥之察绥两省之沿线各地"。九一八事变前，平绥线所产作物除胡麻、菜籽为特种出口产品，其他畅销者不过小米一项。但是九一八事变之后，东北粮食进关几乎断绝，"本路粮食因得源源运出，据（民国）22年统计，输出数量约为30万吨，大部分销于平津两地，是本路对平津粮食之供给，实占最要之地位"。①

其二，近代交通工具在时间等体现的经济交易上也是传统运输方式难以匹敌的，尤其大宗商品的长途运输更是如此。海上运输虽有相当数量的帆船从事近海运输，但对各通商口岸的对外贸易和南北方贸易来说，无论是在贸易额还是吨位上仍然是以轮船运输为主。②铁路运输方面，1880年开平矿务局总办唐廷枢修筑唐胥铁路，就是为了降低煤炭运输成本；津唐铁路告成，李鸿章乘车视察后认为"快利为轮船所不及"。③从天津至浦口，往昔走陆路官路或运河水路要25天，津浦铁路通车后只要2天多。从北京前往张家口，用骆驼驮运商货，单程要一两个月，还得看天气如何，京张铁路通车后，单程仅需六个半小时，经归绥到包头约需十七个半小时，"交通极称便利"。④以往河北与山西之间的交通最为艰难，自京汉、正太铁路通车后发生了根本的改变。"一般赴晋之商贩旅客等"以及运往山西的货物等，大都从天津改由铁路抵石家庄，再"改乘车轿西行"。⑤

另外，传统运输工具不仅在技术水平方面难以开展大宗货物的运送，不能保证有效的交易时间，更会受到气候、山川等自然条件的局限。1855年，黄河截断运河，黄河水灌入运河，致使河道淤浅，政府曾数次疏浚，但收效甚微，民船通行困难，1901年漕粮被迫停运。此后运河淤塞严重，黄河以北

---

① 平绥铁路车务处编印《平绥铁路沿线特产调查》，1934，第23页。
② 参见张利民《环渤海沿岸在轮船挤压下的帆船运输与贸易》，虞和平等主编《招商局与中国现代化》，中国社会科学出版社，2008。
③ 中国史学会编《洋务运动》（六），上海人民出版社，1961，第199页。
④ 民国《万全县志》卷8《政治志》，1934。
⑤ 陈佩编《河北省石门市事情》，"新民会"中央总会编印，1940，第1页。

至聊城近百里河道几乎淤成平地，"日趋滞碍难行，泥沙渐渐壅塞运河之两端，在春夏［秋冬］两季运河实为浅滩，而在秋冬［春夏］季节则有洪泛之忧"。再如，天津"与其销场间迄今用于运货之许多小川、小河因旱魃肆虐而无法通船，运费因之大为腾涨，昔取廉价水运方式之众多地方，今已不得不改行陆运"；[①]即便是水量丰沛的年份，也因为华北冬季有3个月的冰封期，船只不能通航。畜力和人力为主的陆路运输也常常因为雨季泥泞难行，难以承担大宗货物的中长途运输。

二

传统时期的交通运输习惯被称为"南船北马"，其实到了明清以后，随着运河的开通，内河船运至少在华北平原的中长途运输中起到很大的作用，成为区域性商品流通的主要渠道，也推动了全国性市场的逐渐形成。铁路和公路等近代陆路交通不断拓展后，由于进出口贸易的迅速增加，商品的种类、规模等都比开埠通商前有所增加，内河船运已经不再是中长途货运的唯一选择，而是作为铁路的辅助继续发挥着重要的作用。

20世纪铁路和公路兴起，改变了只靠河运开展大宗货物流通的单一渠道，火车成为长途货运的重要运输工具。但是内河船运有自身的优势和特点，而且在一些河流已经开始用轮船拖带多艘帆船行进，同时民船停靠和装卸较为便利，因此在时间宽裕的前提下，帆船（当时称民船）可以承担一些大宗商品的运输，运输成本也有一定的优势。1934年整理运河讨论会的调查表明，民船每吨公里的运费为1.2分，其次为铁路2.4分，而肩挑的达到34分，公路汽车为30分，独轮车为19.2分，驴车为18分。[②]因此，在华北区域各主要河流沿岸的城乡，内河运输仍然十分活跃，成为城乡、集市和各级市场之

①　吴弘明编译《津海关贸易年报（1865~1946）》，天津社会科学院出版社，2006，第33、58页。

②　汪胡桢：《民船之运输成本》，《交通杂志》第3卷第3期，转引自张瑞德《平汉铁路与华北的经济发展（1905~1937）》，"中央研究院近代史研究所专刊"第55号，1987，第16页。

间商品流通的常用运输工具。

黄河流经山东境内的十几个县，与河南、山西、陕西省相通，是重要的水运通道。以山东省境内的洛口为界，洛口以下的近 300 公里，黄河改道初期民船还往来自如，后来河道淤阻，浅滩丛生，航运困难，民船已难以行驶；而洛口上溯可以到河南的郑州，这段河道长 900 余公里，水路开阔，水势平缓，利于民船航行，沿河附近的货物集散皆靠黄河上的民船运输。据统计，清末民初山东省从事贸易运输的黄河民船约 1600 只。民国初年，从郑州至洛口之间往来的民船总数约有 3000 只。另外，在西北地区黄河是唯一可以通航的河道，当地的皮毛等畜产品也是通过黄河转运到进出口口岸的。甘肃、青海等地的畜产品，大多先用皮筏等工具顺黄河水运到包头，再转铁路输往天津。[1] "甘肃之甘州、临洮各地羊毛，多先集于兰州，由水路以达包头。宁夏则大部集于宁夏，顺黄河而达包头。青海及新疆南部羊毛，多集于湟源，经西宁由黄河运达包头。"[2] 于是，宁夏 "石嘴子为民船航行之中心，青海、甘肃、阿拉善及鄂尔多斯之羊毛、药材，皆集中于此运往包头"。[3]1915 年前后，每年由石嘴子通过黄河运达包头的羊皮约有 20 万张、羊毛十二三万担、甘草 80 万斤。[4]

大运河自元代以来就是漕粮和南北货物的主要运输通道，数千只民船往来其间，也带动了附近地区的经济发展。大运河纵贯山东省西部，境内约 500 公里，聊城至临清的 50 余公里，帆船或小船尚可行；黄河以南以济宁为中心，民船可以航行至镇江，构成山东与江南的联系，民船装载着山东的土货或江南的洋广货往返其间，一度十分繁盛。1892 年，镇江由运河运往山东的洋货约占镇江全部洋货输出量的 20%。津浦铁路开通后，济宁与镇江的运河运输每况愈下，加之淤塞严重和关卡林立，贸易往来逐年减少。1913 年，山东与镇江的商品贸易总值为 65 万余海关两，1918 年减少到 30 余万

---

① 参见王世昌《甘肃的六大特产》，《甘肃贸易季刊》第 5~6 期，1943 年。

② 王化南：《发展西北毛业之商榷》，《西北资源》第 1 卷第 2 期，1940 年。

③ 廖兆骏编《绥远志略》第 10 章第 5 节，转引自戴鞍钢、黄苇主编《中国地方志经济资料汇编》，汉语大词典出版社，1999，第 882 页。

④ 转引自和龚等译《新修支那省别全志·宁夏史料辑译》，北京燕山出版社，1995，第 143、158 页。

海关两。^①在运河的临清以下河段，由于汇聚了卫河，除了枯水期重船无法航行外，一般时节皆可通行。该段河道以临清为界，上溯近340公里可以到河南的道口镇，向下960公里直达天津。清末从河南到天津的货船每年约5000只，临清与天津间往来的民船每年约有4500只。津浦铁路通车后，运河的民船运输在时限不紧迫的情况下，在运送煤炭、棉花、小麦、食盐、铁器等大宗粗杂货物上找到生存和发展的空间。如20世纪初期，山东恩县北运天津的牛皮、棉花、小麦、花生和红枣等皆由卫河水运。30年代，在临清集散的4万包棉花约640万斤中通过卫河运达天津的占7/10，小麦"除本境民食外，其余均由卫河运销天津"，鲜货和香油等通过卫河运销天津，从天津运回绸缎、纱布、西药、铁货和杂货等。^②

20世纪以前，小清河在济南与烟台的货物流通中发挥了重要的作用。小清河西起距济南城约3公里的黄台桥，东至羊角沟与海口相连，沟通了海运和河运两个运输渠道，成为从沿海通往济南的最短航路。烟台开埠后，政府修筑水闸疏浚河道，使之全线浚通，进出口商品源源不断地通过小清河集散到黄台桥和羊角沟，同时沿河地区的农产品也由此向烟台和济南集中。黄台桥有多家船行、货栈和运输商，每天靠泊装卸货物的船只平均约200只。据统计，1916~1918年，每年黄台桥从羊角沟运来的辽东、朝鲜的木材、海货约400吨，沿河地区通过小清河集中到黄台桥转运济南的花生约1000吨、花生油约200吨、陶瓷器约1200吨、小麦约3000吨。^③以后，因小清河入海处吃水过浅，海船货物需要转运，以及烟台外贸地位下降和胶济铁路开通等，航运趋于衰减。

在河北省，由于天津汇总数条河流入海，又是北方最大的进出口商品集散中心，长期形成的以天津为中心的内河船运并没有完全失去作用，一度出现了繁盛和发展的景象。天津具有优越的内河航运条件，以天津为中心，南有南运河，北有北运河，西有子牙河和大清河等西河，东有蓟运河，这些河

---

① 转引自庄维民《近代山东市场经济的变迁》，中华书局，2000，第108页。

② 参见民国《临清县志》，经济志，商业，转引自戴鞍钢、黄苇主编《中国地方志经济资料汇编》，第705页。

③ 转引自庄维民《近代山东市场经济的变迁》，第118页。

流来自直隶和山东等省，汇集天津入海。这五条内河的主要航道有 1251 公里，连接周围的约 22.5 万平方公里的区域。近代化陆路运输出现以前，天津与腹地的商品流通主要靠内河。即便近代化陆路运输开通，许多地方仍然依靠内河运输加强与通商口岸、大中城市的联系。这时的内河运输工具主要是帆船或者是轮船拖带的各类船只。

内河轮船最早出现在 1903 年，河南商人在天津成立了南运河轮船公司，开展天津至德州（后来延长至临清、河南道口）的轮船拖带运输。随后，在大清河和蓟运河上都出现小型轮船公司，往返于天津至保定、芦台。1914 年，直隶省政府和海军部大沽造船所合资 5 万银两成立了直隶全省内河行轮局，整修河道，开辟了天津至保定、磁县和塘沽三条客运航线，总长 570 多公里，有 55 个码头。该局除轮船客运外，还经营客货民船和运煤船的拖带业务，1928 年拥有 11 艘轮船，26 艘木质客船、货船、运煤船和码头船。内河行轮局创办伊始，年客运量达 20 余万人次，多数年份略有盈余；20 年代，军阀混战、经营管理落后，维系艰难；1928 年后改名为内河航运局，虽然继续疏浚河道、增辟运河航线和支线，但内部各方争权夺利，入不敷出，勉强维持，1937 年被日军强占。[①] 另外，一些商人也开办专门从事民船运输的船行。1906 年，仅天津从事内河运输的主要船行就有 20 家，均是以为客商提供食宿的货栈命名。[②] 尤其是棉花、煤炭、小麦和面粉等大宗价廉货物的集散，内地商人更乐于利用费用低廉的帆船。在蓟县，"蓟运河虽云告废，但商船估客往来不绝，每当夏秋河水增涨，凡津沽之杂货北来、山原之梨果南下者，无不惟运河是赖"。[③] 沧州"至光绪年，河运停止，然民船往来有运输货物者，有乘载行旅者，皆以沧为营业之中心"。[④] 滏阳河从磁县县城东南角，向北到马

---

① 王树才：《河北省航运史》，人民交通出版社，1988，第 125~144 页。
② 天津市地方史志编修委员会总编辑室编《二十世纪初的天津概况》，侯振彤译，1986，第 111 页。
③ 民国《蓟县志》卷 1《地理·交通》，转引自戴鞍钢、黄苇主编《中国地方志经济资料汇编》，第 881 页。
④ 民国《沧州志》卷 3《方舆志·建置》，转引自戴鞍钢、黄苇主编《中国地方志经济资料汇编》，第 882 页。

头镇，"河广水稳，航运便利"，在献县与滹沱河合流为子牙河直达天津，"彭城瓷器与西佐、峰峰之煤赖以输出者为数不少，而杂货等逆流而上者亦很多，故马头镇沿河两岸厂店林立，商业发达，每届航期，帆樯如林"。① 邯郸的煤炭"营业利用舟运向以滏河沿岸为最盛"。② 新河县城北有滏阳河，"河水盛时船下通天津，境内花生、棉花出口多取道于此。溯流而上可通磁县，彭城镇磁器及沿河煤炭多由河运至此，再分销境内。惟水期月余，不便通行"。③

由此可以看出，河北省的内河船运仍然有其存在和发展的客观需要。20世纪30年代出版的《天津市概要》曾言："天津附近各地之客货交通，除铁路及长途汽车而外，端赖内河之航运。往昔仅有帆船、小船，往返费时。迨河北省内河航运局成立，置备小轮船十余艘及汽船、拖船分线航行，载运客货，始较昔称便。"④ 据交通部航政局统计，1931~1933 年河北省登记的各类运输民船共计 10995 艘，总载重量为 1478.6 万担。⑤

1931~1933 年，每年仅在天津日租界码头停靠的民船就有 2000 艘以上，其统计如表 2 所示。

表 2　1931~1933 年天津日租界码头停靠的民船数

单位：艘

	大型	中型	小型	舢板	共计
1931年3~12月	1266	558	166	46	2036
1932年2~12月	1225	546	133	197	2101
1933年1~12月	1576	651	100	45	2372

资料来源：天津居留民团《民团事务报告》，昭和 6~8 年度，天津图书馆藏。

---

① 民国《磁县志》第 11 章第 3 节，转引自戴鞍钢、黄苇主编《中国地方志经济资料汇编》，第 882 页。
② 民国《邯郸县志》卷 13《实业志》，1932，第 6 页。
③ 民国《新河志》，建设门，交通与邮务，转引自戴鞍钢、黄苇主编《中国地方志经济资料汇编》，第 882 页。
④ 天津市市志编纂处编《天津市概要·交通编》第 3 章第 2 节，百城书局，1934。
⑤ 交通部编《交通年鉴·航路篇》，中央图书馆印刷所，1935，第 123 页。

从表 3 各内河 1905 年、1925 年和 1926 年出入天津民船的数量和运输吨位，也可以看出内河运输并没有完全被铁路和公路取代。

表 3　1905 年、1925 年和 1926 年出入天津民船统计

单位：艘，万吨

航线	1905年		1925年		1926年	
	船只数量	总吨位	船只数量	总吨位	船只数量	总吨位
南运河	33992	92.48	15166	47.37	10917	33.97
西河	35261	84.17	50065	100.66	44511	101.25
北运河	16288	42.44	8451	9.76	9507	16.83
东河	34483	32.53	24697	28.71	33141	41.89
合计	120024	251.62	98379	186.5	98076	193.94

资料来源：1905 年数据见《二十世纪初的天津概况》，第 94 页；1925 年、1926 年数据见支那驻屯军司令部《北支河川水运调查报告》，1937，第 863 页，转引自王树才《河北省航运史》，第 104 页。

三

铁路受线路及车站等限制，汽车又运费高，皆不利于容积大、价值低的大宗货物长途运输。在农村，牲畜相对较多，畜力大车运费低廉，且气候寒冷和农作物种植使得农村有很长的冬歇期，这些并没有增加多少运输成本。丘陵山区一带道路难行，畜力驮运和小推车结伴外运是货物的主要运输方式；在平原地带，公路状况较好，畜力大车费用低廉，方便灵活，一些笨重且出售没有严格时限要求的货物则选择大车。因此，畜力大车在一定的范围内特别是从村庄到集镇或县城之间，仍然起着很大的作用。如从济南到泰安用大车运送粮食和杂货等，每 50 公斤全程 90 余公里的费用为 3 元，运费要低于铁路，况且铁路运输卸货后还要通过大车转运，所以大车还是农村常用的运输工具。[①] 再者，华北的冬季河道封冻，也成为畜力大车和手推车等的运输通

---

① 该书编写组编《山东公路运输史》第 1 册，山东科学技术出版社，1992，第 105 页。

道。不仅在没有铁路的地区，畜力大车仍为主要运输工具，即使在有铁路或水运的地方，除了收获后急需出售的货物之外，农民则多使用畜力大车、牲畜驮运和山东特有的独轮车将剩余产品运到集镇或县城销售，县城或集镇中的一部分商品也是用大车向车站或码头集中。因此，传统的运输工具在短途货运中尚有一定的竞争力。

在山东，不同的运输工具在不同地区使用。城镇短途货运多用小推车、二把手车和板车等。在丘陵和山区，道路难行，多用驴骡驮运，专门从事驮运者一般自备驴骡，常年为商号驮运货物。从青岛到烟台陆路有数条道路，山路狭窄，崎岖难行，有的须横越昆嵛山，则多要靠牲畜驮运。淄川、博山为群山环绕，所产的陶瓷、玻璃等主要由人挑畜驮和小推车运出，以数十辆或百余辆小车组成团伙，结伴外运。平原地区，长途货运多利用铁路，短途货运使用骡马大车。如原德平县地方偏僻，在1934年底通汽车前，"行旅往来，在昔专恃大车而已"。①兖州至曲阜、邹县的道路平坦，可以利用畜力大车短途货运；济南经济阳到商河，商河至惠民、德平，惠民经阳信、河北省盐山和沧州等多利用畜力大车运送货物，其最后的集散市场是济南、兖州和沧州等铁路枢纽。在济南至周围县城的主要道路上，骡马大车不绝于途，1927年济南有骡马大车近2000辆。在潍县、黄县等地，大车也是货运的主要运输工具。从烟台到潍县原来就有官路大道，是烟台与胶东等地经济联系的主要贸易通道。据1874年外国商人的统计，每天至少有2000头驮运牲畜进出烟台，约有200吨货物从烟台起运，这些多利用烟台至潍县的官道。②20世纪，这条官道修筑为近代化规模的省路，更便于畜力大车和牲畜驮运；加之该道经过的各县都是商业性农业和手工业较发达的地区，对于规模不大或者零星货物的短途运输，人们还是依然乐于使用方便的畜力运输。

在河北，雄县20世纪30年代仍使用传统的运输工具。"麦粉多由人力

① 《德平县续志》卷9《交通志》，转引自戴鞍钢、黄苇主编《中国地方志经济资料汇编》，第952页。

② 参见庄维民《近代山东市场经济的变迁》，第98、85页。

车运销北平，或由大车运至白沟河，装船水行百余里，至黄土坡，由骆驼驮运北平，或由船运至天津，间亦有由车运至保定销售者。"[①]此时涿县虽然已通铁路，还充分利用河运和陆路，"商品运输以平汉路、巨马、琉璃、大清各河为主，车驮、人力次之"，车驮仍是中距离运输方式，"人力趸卖小贩多系自买自运"。[②]迁安县除了通过滦河外，陆运大车北达赤峰、承德，南到唐山，东到沿海，西达北京附近。[③]在铁路开通后发展起来的石家庄，也有一部分货物是通过陆路大车运送到内地的。"一般赴晋之商贩旅客"以及运往山西的货物等，大都从天津改由铁路抵石家庄，再"改乘车轿西行"。[④]天津也有大量的大车存在，主要承载与周围地区的货物往来。1906 年秋季调查显示，天津有专门承揽大车客货运输业务的大车厂 84 家，有 385 人，有大车 1394 辆。[⑤]

山西、绥远，以及西北等内陆省份没有多少可以利用的内河，铁路线路相对较少，更多是依靠包括畜力大车和牛马、驴骡、骆驼驮运等传统的运输工具。阳原和天镇县曾开通汽车运输线路，但 30 年代后"以道路不平，乘客稀少，汽车公司亏累颇巨，停业至今尚未恢复，故所有运输方法仍系旧式之车畜并用法"。如果是往返于天镇、宣化或省城之间的车畜，"均系专业"，如果在本县境内送往迎来等，"则皆为商号或富农之副业"。[⑥]在西北地区，使用最为广泛的仍然是传统的运输工具，甚至到了 40 年代仍然如此。武国安1940 年撰写的《驿运制度与西北资源》记载：在西北地区，"没有汽车路的地方，还是利用人力和兽力来运输。以人力执行的有手推车及挑运，利用兽力的驼、骡、马、驴驮运和骡、马所拉的大车运输。手推车的载重，可达 500市斤，挑运每夫可肩 150~160 斤，兽力则每驼可驮 500 斤，每骡可驮 300 斤，

---

① 民国《雄县新志》第 8 册，商务篇，1929，第 23 页。
② 民国《涿县志》第 3 编《经济》，第 1 卷，京城印书局，1935，第 7 页。
③ 民国《迁安县志》卷 19《礼俗篇》，1931，第 8 页。
④ 陈佩编《河北省石门市事情调查》，第 1 页。
⑤ 《二十世纪初的天津概况》，第 99 页。
⑥ 民国《阳原县志》卷 8《产业》，转引自戴鞍钢、黄苇主编《中国地方志经济资料汇编》，第 946 页。

每马可驮 260~270 斤，每驴可驮 200 斤左右。车辆则二骡所拉的大车，可载 1000 公斤以上的货物。其行程，无论人力或兽力，每日的行程，可达百里以上。与汽车比较，虽稍嫌迟缓，但是运费上可节省许多。据调查所得，胶轮兽力车，运费每千斤每日约需 3 元左右，较之汽车运输，相差在半数以上"。①

四

在华北区域交通环境的变革中，近代运输工具由于自身和客观条件的限制，并未彻底取代传统运输工具，特别是军阀混战期间铁路停运，不得不靠内河水运等运送货物；而且，区域内的经济发展和交通条件有着很大的差异，在不具备近代交通工具的农村，继续沿袭帆船、牲畜和畜力大车等进行运输。因此，传统的运输工具在发挥着一定作用的基础上，还自觉或不自觉地以联运的方式补充和完善华北区域的交通运输体系。

以棉花运输为例，20 世纪 30 年代前后河北各地、山东西北部、河南北部等地的棉花运往天津，大致有五种主要方法：其一，用民船直下河道，以运至天津；其二，由集散地用车马驮载，运至河岸码头，再装船运津；其三，由集散地直接装火车，以运天津；其四，用民船或车马送到火车站，再用火车装运天津；其五，用车马直接运天津。山西中、南部的棉花，大部分用马车运到榆次车站，装火车沿正太铁路运至石家庄转平汉铁路，再转北宁铁路运至天津；或者在石家庄顺滹沱河、在保定顺大清河船运至天津；也有一些地方的棉花用骡、马、骆驼运送到平汉铁路沿线的邯郸或顺德，再装火车运津。晋城等地的棉花，则运到清化镇装火车，沿道清铁路运到新乡，再沿平汉铁路北运天津；或者直至道口，装民船入卫河，至山东临清再入南运河至天津。沿黄河的一些地方，也从茅津渡口等装船沿河而至郑州；或者从风陵渡口、茅津渡口等过河，运至陕州装火车沿陇海铁路至郑州，再沿平汉铁路北运天津。陕西或河南灵宝等地的棉花，有些渡过黄河经山西而运至天津，

---

① 武国安:《驿运制度与西北资源》,《西北资源》第 1 卷第 2 期，1940 年。

其运输路线与山西棉花基本相同，只是需要在潼关对岸的蒲州（今山西永济市），改压成 200 磅的长方形棉花包，以便于骡马的驮运；有些装火车沿陇海铁路运至郑州，再沿平汉铁路北运天津。[①] 尽管天津于腹地的铁路建设已经形成一定的规模，但是受运费和战乱的影响，1925 年以后民船运输量竟然占天津棉花输入量的 2/3 以上。表 4 就是 1921~1930 年各类运输工具在天津棉花输入的数量和比重。

表 4   1921~1930 年天津输入棉花情况

单位：担，%

年份	火车	占比	民船	占比	大车	占比	总计	占比
1921	496544	78.1	125761	19.8	13076	2.1	635381	100.0
1922	724514	76.7	215185	22.8	4467	0.5	944166	100.0
1923	715959	74.6	230166	24.0	13671	1.4	959796	100.0
1924	381617	68.8	159255	28.7	13814	2.5	554686	100.0
1925	464338	43.9	574845	54.4	18137	1.7	1057320	100.0
1926	73055	7.7	841809	89.1	30283	3.2	945147	100.0
1927	227065	18.4	956670	77.6	48693	4.0	1232428	100.0
1928	304238	25.1	846465	69.8	61732	5.1	1212435	100.0
1929	64779	12.5	421868	81.7	29909	5.8	516556	100.0
1930	167039	18.8	682812	77.0	37566	4.2	887417	100.0
总计	3619148	40.5	5054836	56.5	271348	3.0	8945332	100.0

资料来源：华北农产研究改进社编《天津棉花运销概况》，第 10 页，第 6 表。

从天津与内地的货物运输比重，也可以看出民船的重要作用。据统计，1905 年从内地运到天津货物的运输方式中，铁路占 33.74%、内河占 58.88%、大车占 7.38%；从天津运出货物的运输方式中，铁路占 49%、内河占 47.31%、大车占 3.69%。以后数条铁路建成通车，内地货物通过水路出入天津的比重并没有急剧下降。据海关记录，1909 年和 1910 年铁路和水路各占 48%，津浦铁路开通后的 1912 年，铁路所占比重上升到 53%，内河航运占天津输往腹地商品运输总量的 41.61%，占内地输往天津商品总量的 45.87%；1924 年后

---

① 大岛让次：《天津棉花》，王振勋译，《天津棉鉴》第 2 卷第 4~6 期，1931 年。

水路占内地出入天津货物的比重，最高为 39%，最少为 23%。[①]

综上所述，帆船、畜力和驮运等在一定程度上弥补了火车和汽车的不足，呈现出在不同自然和经济以及社会环境下的多层次、多样化的特征。在区域与区域、各地区之间，尤其是涉及通商口岸与内地之间的物流和人流，往往采取船、车、畜等多种运输手段交互使用的方式，初步形成了近代和传统运输工具互为补充、相互依存的格局。

① 参见罗澍伟主编《近代天津城市史》，中国社会科学出版社，1993，第 380 页。

环渤海沿岸在轮船挤压下的
帆船运输与贸易*

帆船是传统时期沿海贸易的运载工具，近代以后轮船和铁路等交通工具显示出巨大的优越性，在一定程度上改变了传统的交通运输方式和网络，促进了社会与经济的迅速发展。但是帆船运输与由此进行的帆船贸易并没有因此而偃旗息鼓，通过改变运输走向和内容等，维持生存并创造发展的空间，对区域经济的发展和经济重心的转移也有一些作用。

本文以环渤海地区的帆船运输为研究内容，简单回溯清代帆船运输与贸易的状况，分析轮船广泛使用以后帆船运输的变化，以及在不同港口、沿岸的位置，以更全面、准确地研究区域经济的发展水平。

一 明清时期的帆船运输

明清时期，帆船是环渤海地区海上运输的主要工具，也是开展埠际贸易的重要方式之一。元代以后江南漕粮由海运北上，开始沟通南北方的经济联系。随着帆船制作技术和航海水平的提高、各地经济的发展，以及清康熙年间开海禁，南北洋和渤海沿岸帆船运输进一步兴盛。

当时往返于南北洋的帆船，被称为海船，主要是江浙的沙船、宁船和福建的乌船，以及天津的卫船和山东的登船。沙船、乌船的载重量达到一千数

---

* 本文原载于虞和平主编《招商局与中国现代化》，中国社会科学出版社，2008。

百石和三千石，从运输成本核算上看比运河或陆路有利可图，天津、营口和登州等港口与江浙粤的帆船往来日见频繁，规模也逐年扩大。从辽东往返于山东半岛的船只，除了沙船、宁船、乌船外，还有载重量为100~1000担的登船和卫船，虽载重量小但方便快捷，更适宜环渤海湾内的中短途运输。因此，清代以后沿海运输与贸易已经脱离依附于漕粮运输的樊篱，建立了以调剂各地粮食等各种特色商品的短缺，特别是奢侈品为主的海上运输与贸易的模式。

在黄海和渤海沿岸有许多自然形成的港口，皆可以停靠帆船，但是能够接纳大吨位海船的港口，多集中在天津、牛庄、烟台等。简单回溯轮船通航前主要港口的沿海运输和贸易，可以了解帆船在埠际交流特别是南北贸易中所占据的重要位置。

天津是依附于北京而形成和发展的。元代定都北京，江南漕粮由海运北上，到天津（即直沽）下卸存仓，然后经由北运河转运京师，于是天津成为海船、河船、驳船汇聚中转之地。清康熙年间海禁开放后，南北航线沟通了天津与江、浙、闽、广、台湾的联系。以福建乌船为例，雍正九年（1731）六月二十四日至九月二十日，先后共有福建商船53只抵津；以后不断增加，乾隆五年（1740）有70余只，六年增到90余只，到八年仅闰四月后的三个月内就有105只闽船驶运天津。[①] 山海关明洪武年间设卫，城南10里外的海口是海运码头，明永乐年间废除海运，仍然有一些京运粮饷由这里通过海运运往辽东。万历年间，后金与明朝形成军事对峙，粮饷军需日渐增多，沿海海运得以恢复。天启年间，由这里转输至辽西、辽东各地的米豆每年平均在130万~150万担，还有大量的军械。[②] 清代，商民凭借官府的印信开展与辽东各地的粮豆贩运。随着辽东经济的发展，以粮饷为主的军事运输迅速减少，代之而起的是南北洋与辽东之间的商业运输，往来货物有粮豆、干鲜果品、盐、糖类、瓷器、纸张、南广杂货等。

---

① 详见许檀《清代前期的沿海贸易与天津城市的崛起》，《城市史研究》第13~14辑，天津古籍出版社，1997，第84~85页。
② 康熙《山海关志》卷3《建置志》。

　　山东省福山县位于山东半岛北岸的渤海湾入海口，与辽东半岛南北相对成拱扼之势，水路相隔仅数百里。福山诸港口自明代就是与辽东贸易的重要码头，清康乾以降，南北洋帆船运输逐渐兴盛，以及东北的开发，促使烟台逐渐兴起；关东、江南闽广商船与山东半岛北岸的贸易多在此停泊，而且凡与天津、关东往来贸易的商船，以及漕运船只也需要在此停泊。于是南北商品流通量剧增，各帮商人多来此贸易，经常往来于此的商帮有广帮、潮帮、建帮、宁波帮、关里帮、锦帮等。如荣成县的石岛海口，"南北商船出入成山头，必泊于此，口内可容五六百艘，市廛茂密"。① 胶州湾内有塔埠头、金家口、青岛口和女姑口等众多港口，也承担着海运和中转的功能。如在塔埠头，福建商人也建码头，福建、宁波等地帆船"由海道由塔埠头卸载货物转移于东、西、北各地，一时商贾辐辏，帆樯云集"。莱阳县与即墨县交界的金家口码头，距入海口约30里；明代就有南北帆船往来其间，清中叶后"南方的商船，特别是宁波来的商船以此为转运站；此外汕头来的商船常常载着糖和其他货物"，与辽东各港口的交流也相当频繁。据1845年前后的不完全统计，各地年进出货物达10万担以上。② 不过，总起来看其贸易规模不及烟台等港。咸丰九年（1859）山东厘局汇总沿海14州县海口征收税银数量统计中，福山占14州县总额的28.67%，即墨占20.66%，胶州占14.36%。③

　　在辽东和辽南地区的沿海也有许多码头，如牛庄、熊岳、复州、金州、锦州，以及岫岩厅所属鲍家码头、尖山子、沙河子、英纳河、青堆子、大孤山等。锦州的东海口，主要接纳天津和山东的海船，"清乾嘉间称极盛，每岁进口船约千余艘"。④ 宁远港是辽西粮谷的主要输出港之一，运往直隶的粮谷多是从这里起运，"清初称极盛"。牛庄是辽河最大的出海口，中上游沿岸的粮谷和大豆顺河而下，由牛庄出海到关内各地，开埠前停泊在这里的各种商

---

① 光绪《增修登州府志》卷3《山川》，第12、31页，转引自樊百川《中国轮船航运业的兴起》，中国社会科学出版社，2007，第44页。

② 转引自寿杨宾编著《青岛海港史（近代部分）》，人民交通出版社，1986，第14~18页。

③ 据交通部烟台港务管理局编《近代山东沿海通商口岸贸易统计资料（1859~1949）》，对外贸易教育出版社，1986，附录二附表1计算。

④ 民国《锦县志略》第13卷，交通，奉天关东印书馆，1921，第4页。

船多达近千艘，后因河道淤浅，出海口下移到没沟营（即营口）。在盖县的港口称西河口，"极旺时，沙船坐港者常有七八百号，窑船亦数百号，每年统计进口沙船何止六、七、八千。沙窑船外，尚有津卫、山东等船"。[①] 金州的港口设在貔子窝，称宁海港，是与山东登州、莱州进行粮谷贸易的主要港口之一。复州有多处港口，大者可停泊五六百石的较大船只，小者可泊百石船只。岫岩港亦称大孤山海口，是清前期东部的要港，"舟车辐辏，商贾云集，为海口繁盛之区"。自康熙四十六年（1707）起，在牛庄等海口设立山海关税关的分税口，对海船所载商货征税。道光年间，"金州所属金州、复州、盖州三处海口，每年约收船规银六七千两"，"锦州所属锦州、宁远二处海口，每年约收船规银一万三四千两"，盛京"所属牛庄、岫岩二处海口，每年约收船规银四、五、六万两"。[②]

帆船有较为固定的航线和商品网络，主要贩运布匹、线带、鞋、羊皮、五金、丝绸、染料、瓷器等货物到辽宁乃至东北，返程时装载粮食、大豆、柞蚕、山货等货物。同时，清代人口流动频繁也是沿岸地区之间增强联系的重要体现。清代由山东到辽东"闯关东"的，从来没有中断过。与辽东隔海而望的胶东各县的商人"北赴辽沈，舟航之利，便于他郡"。另据《黄县志》记载："其商于外也，辽东为多，京都次之。地距辽东数千里，风帆便利，数日可至，倏往倏来，如履平地，常获厚利。大贾则自造舟贩鬻，获利尤厚，于是人相艳视，趋骛日众矣。"[③]

二 帆船运输的兴衰与转向

北方三口被迫开埠通商后，开始了轮船与外国帆船、中国帆船之间的竞争。最初，中国帆船靠政府政策还保持一时的优势，但是很快就被轮船运输

---

① 《申报》光绪十五年六月十一日。

② 《盛京通鉴》卷6，转引自佟东主编《中国东北史》第4卷，吉林文史出版社，2006，第1662~1663页。

③ 同治《黄县志》卷3，《中国地方志集成·山东府县志辑》第49册，凤凰出版社，2004，第425页。

所替代，于是中国的帆船业开始分化，一部分江南沙船向运输或贸易的专业化发展，一部分帆船业转营他业。而且，轮船运输的逐年增加，也促使有一定条件的港口逐渐转为以停靠轮船为主，开始各港口分工的重新组合，为20世纪以后各港口的定位奠定了基础。但是，帆船并没有完全丧失沿岸运输的地位，极力寻找生存和发展的空间。帆船运输和贸易的数据统计主要反映在两个方面：其一是各主要通商口岸进出的帆船，即通过海关和常关记录的沿海贸易和沿岸贸易；其二是在一些通商口岸的辅助港和专业港，特别是没有自然港口出入的帆船，这是在海关和常关没有完整系统记录的沿岸贸易和渤海湾内短距离贸易。

首先，笔者综合海关和常关的统计，分析各主要通商口岸中的帆船运输。在天津，开埠初期外国帆船占有很大比重，但很快就被轮船替代。1866年，进口洋船296只，其中洋帆船为219只，以后两者数量的差距缩小，轮船所载吨位已经超过了帆船。自1873年以后，轮船无论是数量还是吨位都占绝大多数。如1881年轮船占吨位总数的85.44%，到1899年经过海关进口的帆船仅仅有38只，占总吨位的1.68%。常关统计中记载了沿岸贸易中中国帆船的状况。1881年总共有1343只从事沿岸贸易的帆船，其中来自浙江的324只，来自广州、厦门和福州的39只，来自宁波的10只，来自山东各口的222只，来自牛庄及天津四周各口的748只。1904年"沿海贸易帆船大为衰落"，仅有333只，1903年有517只。[①]20世纪20年代以后，天津的沿岸贸易主要是在渤海湾内各港口之间展开，运输工具多是帆船。根据天津常关统计，1915年从天津港口进出帆船共计777只，主要是与东北、山东和直隶省之间的运输，其中往来于奉天的92只、"满洲"的248只、山东的281只、直隶的148只，另有浙闽的8只。[②]据海关和常关的统计，每年帆船的贸易额一般在150万海关两左右，最多不超过200万海关两，在进出口贸易总额中所占比重微乎其微。

---

① 吴弘明编译《津海关贸易年报（1865~1946）》，天津社会科学院出版社，2006，第12、119、200、239页。
② 《天津日本人商业会议所半年报》，大正5年上半年号、大正6年上半年号。

在烟台，最初帆船运输占据主要位置。据海关统计，1873 年进出口帆船 576 只，16.8 万吨；轮船为 643 只，所占吨位总数的比重为 68.71%。到 19 世纪 80 年代，轮船占吨位总数的比重上升到 80% 以上，1899 年占 99.19%。[①]20 世纪后，青岛为山东主要的对外贸易港，烟台的帆船运输又有所上升。据常关统计，1909~1930 年，每年进出口的帆船一般在 1.5 万只左右，最多的 1930 年为 1.9 万只，载运货物总量多在 200 万吨左右，最高的 1910 年为 279 万吨；从数量上看多为山东省内的帆船，其次为东北、河北省和江苏省，来自福建的逐年减少，几乎看不到广东的帆船。[②]青岛开埠通商前，进出胶州湾的除了山东沿海和辽东的船只外，主要是南方来的沙船、乌船和宁船。据不完全统计，1891~1896 年的 6 年间，福建和宁波船只进出胶州湾的达 600 多只，估计载重量在 27 万石以上。德国侵占青岛后，帆船仍然是沿海运输的主要工具，帆船贸易在最初的贸易额中占有较大比重。如 1900 年为开关设埠的翌年，进出胶州湾的帆船达到了 4695 只，装载货物 150 余万担，合计值关平银 332.7 万两，占青岛贸易总额的 84.07%。最初，德国侵占者修建大港以开拓以德国为主的对外贸易，不久"发现中国的帆船运输，在地方的物资集散上是一大潜在力量。同时也认识到小港设施的缺点，并计划进行改建"，[③]开始建设小港，使其成为多用于帆船运输的大港辅助港，促进了帆船的运输。1908 年，进出青岛小港的外来帆船 4929 只，载运货物 146.8 万担，另外还有胶海关各子口舢板等 12757 只，载运货物 128.1 万担，总计 17686 只，近 275 万担。1910 年进出帆船的数量几乎没有增长，而载货增加至 323.6 万担。[④]1913 年帆船达到了 10030 只，比 1900 年增加了一倍多，载重量为 327.08 万担。以后仍然有所增加，1920 年为 20404 只，639.48 万担；1922 年为 9098 只，258.67 万担；1926 年又上升到 13973 只，382.29 万担。[⑤]

① 《近代山东沿海通商口岸贸易统计资料（1859~1949）》，第 78~79 页。
② 《近代山东沿海通商口岸贸易统计资料（1859~1949）》，第 84~85 页。
③ 转引自寿杨宾编著《青岛海港史（近代部分）》，第 47 页。
④ 《青岛全书》，第 199 页，转引自寿杨宾编著《青岛海港史（近代部分）》，第 87 页。
⑤ 参见刘素芬《渤海湾地区口岸贸易之经济探讨（1871~1931）》，博士学位论文，台湾大学，1991，第 53 页。

在辽东半岛的营口，1872 年进出港的帆船为 1700 只，占 88.76%。到 1876 年上升到 2097 只，1878 年包括 2200 只本港和辽河内河帆船在内，共有 5314 只帆船进入营口装运货物。不久，近海轮船的数量逐年增加，1893 年海关年报言道，船只往来"以今岁为最，增其所增者皆轮船之只数、吨数。按此核计，谅日后船只贸易，渐有统归轮船装运之势也"。①1902 年进港轮船 515 艘，包括辽河上的杉船、雕船和夹板船在内的帆船不过 200 艘。②20 世纪以后，大连港口设施完备，加之日本侵占者和南满铁路的扶持，迅速成为东北最大的进出口贸易口岸，营口转而求其次，以沿海和沿岸的国内运输为主，帆船运输又呈现上升的势头，每年的帆船贸易额占其总贸易额少则 20%，多则 48%。③大连港 20 世纪初帆船进出仅为 8000 只左右，以后迅速增加，1917 年和 1918 年最高峰时达 22984 只和 24720 只，运输货物分别为 228.7 万担和 209.8 万担，以后略有减少，每年保持在 1.8 万只左右，运输货物多则 170 万担，少则 120 余万担，1927 年曾一度达到 24433 只，247.8 万担。④但是，大连帆船的贸易额占总贸易额的比重始终很小，平均仅为 3% 或 4%。

从以上通商口岸帆船出入的统计中，可以了解帆船运输的发展趋势和各口岸所占比重。1908 年，天津、营口、烟台、青岛和大连五口进出帆船数量为 39758 只，到 1919 年增加到 46844 只，增长了近 18%，最多的 1916 年为 50163 只；从吨位上看，1908 年 155 万吨，到 1919 年增为 213 万吨，增长了 37.42%，1918 年的运输量最多，达到了 320.7 万吨。⑤从表 1 可以了解增长状况和各关口所占的比重。

---

① 转引自聂宝璋、朱荫贵编《中国近代航运史资料》第 2 辑下册，中国社会科学出版社，2002，第 1374 页。

② 《中外日报》光绪二十七年十一月二十五日、二十八年八月十八日，转引自聂宝璋、朱荫贵编《中国近代航运史资料》第 2 辑下册，第 1408 页。

③ 满铁庶务部调查课：《支那の戎克と南满の三港》，1927 年 8 月，第 60 页。

④ 大连商工会议所：《大连、营口两港に於ける支那沿岸贸易》，1925，第 39 页。

⑤ 《海关年报》，1905~1919 年，转引自刘素芬《近代北洋中外航运势力的竞争（1858~1919）》，张彬村、刘石吉主编《中国海洋发展史论文集》第 5 辑，台北，中研院中山人文社会科学研究所，1993。

表 1 1912~1925 年部分年份渤海沿岸通商口岸帆船进出入贸易总额统计

单位：海关两，%

年份	天津	占比	营口	占比	烟台	占比	青岛	占比	大连	占比	合计
1912	641174	2.4	11263736	42.9	5342665	20.4	6330737	24.1	2659679	10.1	26237991
1914	772853	3.4	9810859	45.9	5447852	25.5	3146990	14.7	2190759	10.3	21369321
1918	1274802	3.6	14577691	41.5	5169372	14.7	5924686	16.7	8183023	23.3	35129574
1922	1973876	5.3	13004124	34.9	7794626	20.9	5331165	14.3	9208528	24.7	37312319
1925	1626089	4.1	13398387	34.3	6968381	17.8	7323499	18.7	9798876	25.1	39115232

资料来源：满铁庶务部调查课《支那の戎克と南满の三港》，1927 年 8 月，第 29~30 页。

从贸易额来看，1912 年上述五口岸进出入帆船的贸易总额约为 2623.8 万海关两，1918 年增长到 3513 万海关两左右，1925 年为 3911.5 万海关两左右，比 1912 年增长了 49.08%。这表明尽管轮船在海运特别是远洋和长距离运输中占据着绝对的优势，但是帆船运输并没有完全退出，而且还有一定程度的发展。

其次，安东、秦皇岛等其他口岸，以及自然港口的商品流通活跃，成为帆船运输发展中不可忽视的新领域。这些港口有的是北方五大港口的辅助港和专业港，如安东、秦皇岛等；有的是没有开埠通商的自然港，一般不能停泊轮船，甚至大型的帆船也难以靠岸。它们与北方五大口岸的经济往来、它们之间的往来，在很大程度上使用的是较小吨位的帆船，尤其是辽东半岛和胶东半岛沿海各口岸，为帆船运输提供了维持和发展的余地。虽然缺乏这些港口帆船运输和贸易完整的统计数据，但从海关和常关等统计，以及一些文献中也可以寻觅到帆船运输的踪迹。

在天津沿岸，20 世纪以前还有一些与安东、山东沿海的帆船运输，主要运载木材、粮食、药材和山货。20 世纪以后，天津利用帆船的沿岸贸易，仅仅保持在与渤海湾内大沽、北塘，以及秦皇岛之间，每年贸易额大约仅有 200 万两，而且不断减少。在冀东的乐亭，"偏居海隅境内"，有出海口，"口内外捕鱼渔船及他境贸贩小船，往来不断"；又有滦河可上达关外，故关内外的土产、土货和杂粮,皆由此出入。该地"与山东烟台、奉省营口二口岸,虽有渤海一水之隔,而风帆来往甚便,懋迁家借此居多",商务繁盛。[①] 根据天津常关统计,1915 年从天津港口进入帆船共计 380 只,其中直隶来的 63 只、奉天 45 只、山东 131 只、浙江 3 只、"满洲"137 只、福建 1 只;出港帆船 397 只,其中往直隶的 85 只、奉天 47 只、山东 150 只、浙江 3 只、"满洲" 111 只、福建 1 只。[②] 遇到战乱等特殊局势,还有一些帆船来往于近海沿岸。如第一次世界大战期间的 1917 年,出入天津常关的帆船共计 1014 只,其中来自东三省的 566 只、河北 250 只、山东 186 只。翌年,"因美国及加拿大木料短少,是以多数需用由鸭绿江森林运入口之木料。大帮民船,专用为供给该处转运木料之需,共计入口船只 913 只,上年则为 568 只,出口船只共 991 只,上年则为 548 只"。[③]

在胶州湾出入的帆船绝大部分是往来于山东省各港口和海州的小型船只,吨位十分有限;江苏、上海和东北等港口来的帆船虽数量不多,但载重量大;至于"民船中有远航至宁波厦门者,惟其数不多"。[④] 如 1912 年往来于山东诸港的帆船达到 6221 只,其次为海州 2394 只,江苏其他港口 1462 只,东北 185 只、宁波 129 只、上海 77 只、福州 24 只。日本侵占青岛后,也利用小港开展内贸,"以使小港成为沿岸地方帆船的贸易港,发展成中国帆船的一大集中地,和具有世界水平设备的未来大港相辅相成",在扩建小港的同时,推行"锐意奖励民船贸易"等措施,[⑤] 促使小港帆船数量和载重量呈上升的趋势。《胶澳志》交通志载,"帆船往来沿海各口岸以海州为最繁,民国八、九年增至七八千只,可载二百余万至三百万担。其次则涛雒口,历年平均二千只以上,可载五六十万担。又次则为金口及石岛,历年平均各在一千只以上,可载二十万担"。

---

① 转引自天津市档案馆等编《天津商会档案汇编(1903~1911 年)》上册,天津人民出版社,1989,第 266 页。

② 《天津日本人商业会议所半年报》,大正 5 年上半年号、大正 6 年上半年号。

③ 吴弘明编译《津海关贸易年报(1863~1946)》,第 361 页。

④ 《青岛航运状况》,《中外经济周刊》第 19 号,1923 年,第 1 页。

⑤ 转引自寿杨宾编著《青岛海港史(近代部分)》,第 105 页。

在辽东半岛，由于营口是辽河的出海口，每年都有一定数量的帆船出入。从 1878 年营口海关年报统计中可以了解，营口从天津来的帆船为 1609 只，从渤海湾内各港来的帆船达 2200 只，从山东沿海来的帆船有 709 只。从 1907~1919 年大连、营口和安东进出口各类船只载重量所占比重看，大连的民船和帆船载重量一般占当年各类船只载重总量的 20%，多者可以达到 38%；营口则一般占 15% 左右，最多的 1918 年达到了 56.23%；而安东没有民船和帆船运输，主要是轮船和内港行轮承担着客货运输的任务。[①] 在这里的帆船主要是航行于辽宁省境内盖县、锦州、安东的小型帆船，载重量在 20~500 担，承担着沿岸各小港与营口之间的货物运输。从大连 1917~1926 年与各省帆船往来数量的统计看，东三省的数量最多，一年平均有 1 万余只，以貔子窝为最，其次是安东、大孤山和城子幢；与山东的帆船往来，年平均有 7528 只，以莱州府为最（1919 年后很少），其次为威海卫、淮河、羊角沟、龙口、芝罘、青岛（1919 年后很少）；与直隶的帆船往来并不多，年平均仅 533 只，居第三位，以天津为最，其次为大清河、大庄河；与江浙闽的帆船往来数量不多，以海州为最，上海次之；其他为宁波和福州，但平均每船的装运吨位大。[②] 从帆船数量分析，除了东三省之外，是与距离成正比，威海卫、烟台和龙口分居前三位，年平均进出数量分别是 561 只、466 只、318 只，与天津港的帆船进出数量又次之，为 215 只。[③]

虽然完整的统计资料比较匮乏，但我们仍然能够通过相关资料证明，在轮船已经在海运中占据统治地位的情况下，帆船运输并没有完全消失，仍在寻求生存的空间，在一些辅助港和自然港的海运中找到一些机会，得以生存并时有发展。

---

① 历年各海关年报，转引自刘素芬《渤海湾地区口岸贸易之经济探讨（1871~1931）》，附表 3-5~3-7、3-26、3-29。
② 详见满铁庶务部调查课：《支那の戎克と南满の三港》，1927 年 8 月，第 19、34~38 页。
③ 满铁庶务部调查课：《支那の戎克と南满の三港》，第 20 页。

三 浅析原因与作用

由于篇幅所限，本文对帆船运输商品的规模、种类、走向等方面的变化不再赘述，以下简单分析帆船能够生存的原因，以及对区域经济发展的作用。

在轮船盛行的海运中，分析帆船运输的生存空间大致可以总结出以下原因。

其一，传统的运输方式仍然发挥着一定的作用，并在一定程度上得到政府的支持。这主要来自两个方面的因素，有沿海操帆船业者的生计所需。在上海等地的海船业多集运输和贩运于一体，面对洋船的竞争，他们一方面向政府呼吁，希望限制洋船的运输范围，另一方面利用同业行会的作用，要求该业北上的棉布等货物必须用中国帆船运输，违者严惩。20 世纪以前，政府政策多少起了一些维护中国帆船的作用。光绪二十四年的《续补内港行轮章程》第六款规定："凡华洋轮船，往来内港，必须在民船贸易常用之码头起货下货，不准在别处任便起下，如违章在别处起下，即照条约所载，沿海私作贸易之条办理。"[1] 另外，传统习惯也起到一定的作用。这主要体现在 20 世纪以前漕粮和木材等的南北运输等方面。

其二，港口设施和开埠通商拉大了各港口之间的差距，一些港口之间的运输尤其是短途客货运输依然依靠便利的帆船。这是符合交通运输学的理论的，即里程与吨位成正比，里程越长，就越需要大吨位的轮船运输。反之，帆船即可。

其三，沿海贸易中一些物大价廉商品的短途运输，帆船的运费比较合算。如据天津海关年报，从上海、香港和广州向天津运送糖类、海菜和棉布时，帆船的运价要低于轮船。[2] 浙江 1915 年的海关年报载："民船进口只数之多，乃为自前清宣统三年（1911）以来所未有，起故盖由于增进之豆子、豆饼，

---

① 许同莘等编《光绪条约》第 50 卷，1914，第 11 页。
② 吴弘明编译《津海关贸易年报（1865~1946）》，第 6、24、40~41 页。

皆为其揽载而来。"① 这些多是从营口等渤海沿岸由帆船运出去的。

其四，环渤海沿岸的资源和消费，在市场尤其是国际市场的推动下，需要加强与通商口岸的联系。如果分析各港口之间流通的商品可以看到市场的推动作用。

另外，在特殊时期轮船运力不足，或者需要短途运输接济赈济等，也为帆船生存和发展带来一线希望。如第一次世界大战期间，外洋轮船缺乏，进口木材断绝，"民船营业暂复振兴，沿海运货各公司索费颇昂，商人为其所迫，不得已复用民船"，从安东等地运输木材到天津等口岸。营口海关1917年的报告载："查自常关隶于海关近十年以来，所有往来本埠与福建之帆船事业，未有若本年（1917）之盛者。此中原因，系沿海轮船不敷支配，而帆船亦可用以载煤。"② 天津1918年从常关进出口帆船1904只，比去年增加了788只，主要也是运送木材。③1908年，直隶久旱无雨，继以洪水为患，致使庄稼大面积被毁，需要从东北运粮接济，于是帆船从东北运来高粱和玉米弥补了直隶的不足。该年进港的航海帆船有1159只，而去年仅705只。

尽管无论从进出口贸易额、船只数量和吨位等方面，还是与国际市场接轨和促进国内市场发展的角度看，帆船运输和贸易可以说微不足道，但是我们不能就此忽略其作用和意义。

在以帆船运输为主时期和开埠通商初期，帆船运输带来的沿海贸易是区域内经济重心逐渐东移的主要推动力，促使内陆小农经济通过沿海运输加强了南北商品的交流。到了轮船运输主导对外贸易的时期，主要推动力自然由轮船所替代，帆船运输和贸易转而求其次，开辟了沿岸贸易的新途径，成为近海沿岸之间港口的主要运输工具，其中既有自然港与通商口岸之间的往来，也有自然港之间的往来。在增强这些自然港口经济实力的同时，促进了渤海湾内沿海地区的经济发展。

帆船运输作为海运的辅助方式，对形成各港口运输工具分工的新格局、

① 转引自聂宝璋、朱荫贵编《中国近代航运史资料》第2辑下册，第1394页。

② 聂宝璋、朱荫贵编《中国近代航运史资料》第2辑下册，第1396页。

③ 吴弘明编译《津海关贸易年报（1865~1946）》，第361页。

加速环渤海地区各通商口岸在进出口贸易上的分工起到一定的促进作用。到20世纪20年代，环渤海沿岸港口的分工基本完成，天津、大连和青岛等主要通商口岸各具特色，营口、安东、烟台、秦皇岛等口岸辅佐，其他自然港各司其职。这种互动和互补，推动了环渤海沿海各港口的重组，也间接地促进了区域内经济重心的东移和区域经济的平衡发展。

总结环渤海地区帆船运输的状况，我们应该注意中国经济发展进程中的这样一个特点：在沿海与内地经济发展不平衡的情况下，先进的技术革命是循序渐进的，是较为漫长的过程，原有的生产方式和交通方式既有传统的惯性所在，也有可以生存甚至局部发展的合理空间。工业的起步和发展是这样，陆路和海上运输也是如此，甚至在分析和研究沿海与内地、南方与北方、不同区域的经济发展时也应该有这样的认识，以更加完整和准确地阐述中国经济现代化的进程。

从环境的视角简析海盐业的兴衰[*]

——以长芦南北场为例

一 长芦海盐的兴起和南北场之分

西汉以后，沧州附近海滨盐场林立；《水经注》所引的《魏土地记》中记载，现今盐山县境内的高城，"民咸煮海水，借盐为业"。北魏时，在沧州、青州等地"傍海煮盐，沧州置灶一千四百八十四"。[①] 在宋代，山东和河北等生产海盐地区的盐政，就不同于解州盐，有的是放行通商，有的是输纳租钱，即拥有商税盐的自由流通权，一些产盐区官不立课，官不贮盐，[②] 进而促成盐业的生产。

北宋以后，海盐生产普遍实行官营。北宋朝廷对海盐产量的统计主要在淮南、浙、闽、粤，而对北方海盐的统计要看金代。据推算，金代前期山东和河北地区政府掌握的海盐产量是 1.4 亿斤，后期增加到 1.8 亿斤以上。[③] 元代，山东和河北一带开始采用滩晒生产，产量大增，这是海盐生产技术的一大进步，是工艺上的一大变革。

明洪武二年（1369），置长芦盐运司，设立河间长芦盐运使，下辖沧州、

---

    [*] 本文原载于河北海盐博物馆主编《长芦（沧州）盐业历史文化学术研讨会论文集》，科学出版社，2017。

    [①] 魏收：《魏书》志十五《食货》，中华书局，1974，第 2863 页。

    [②] 参见郭正忠主编《中国盐业史·古代编》，人民出版社，1997，第 358~359 页。

    [③] 参见郭正忠主编《中国盐业史·古代编》，第 408~410 页。

青州分司作为盐业管理机构。不同的是，管理南场沧州分司的是官阶从四品的同知衔运司，而管理北场青州分司的是官阶从六品的通判衔运司，进而"尚有重南轻北之意"。沧州分司辖 12 个盐场，是为南场；青州分司辖位于今天津、唐山、秦皇岛等地的 12 个盐场，是为北场。后来因为青州分司所管的北场产盐丰厚，且南场私贩多、距离驻守沧州的运司有千里之遥，明万历二十一年（1593）两者互调。

北场始于设置新仓镇（宁河），即芦台，时间是五代后唐同光三年（925），以及越支盐场（丰南）。在 1916 年编纂的《盐山新志》中，也有五代辽金建立新仓"为北场发轫之始"的记载。

南场兴起早于北场，"盖南场盛于元以前，衰于明，仅存于清"。南场最早是"角飞者海丰镇"，北魏迁邺置灶，沧州多至 1484 灶。宋代以沧州为中心的南部盐场发展较快，为长芦盐业的主要产地。金代大定初年在沧州设置盐使司，管理沧州盐业。元代以后，长芦盐政增加到 24 场，在盐山县内的有海丰、阜民、利国、海盈、富民、海润、阜财、益民等，后多有合并。清康熙十年（1671），南场"所谓十二场者尽归盐境，利民之外，虽谓南场，尽在盐山"，后多合并于海丰场。①

北场多出现在金元时期。辽代已有北场，但受到战争影响，难以运出，大定十三年（1173）在宝坻设置了盐使司。如天津附近除芦台外，盐场多在金元时期设置，即有的县志讲天津"金元以前向不产盐"。三叉沽盐场设置较早，大约在元太宗八年（1236），据碑文，是年该场"办课五百余锭，比之他场几倍之"。②以后天津附近又设置了丰财等四个盐场，共计有六个盐场，占北场之半。从课税上看，北场的产量相当于南场的一半。到了明代，天津附近的产盐数量仍然不占主导地位，长芦盐业仍然是以南场为主。

---

① 民国《盐山新志》卷五之四，1916，《中国方志丛书·华北地方》第 496 号，台北，成文出版社，1976，第 243~244 页。
② 嘉庆《长芦盐法志》附编，"三叉沽创立盐场旧碑"。

二 南衰北兴之势的形成

民国时期的《盐山新志》曾经断言："盖南场盛于元以前，衰于明，仅存于清。"之所以多处用《盐山新志》的提法，是因为编纂该志的是贾恩绂，他是盐山县人，对当地的人文，尤其是盐业发展有深入的研究。他曾经就学于莲花书院，得桐城派真传，28 岁中举，在河北省的多所学堂任教，1903 年盐山香鱼书院改为高等学堂，他出任董事长。清末民初，他还是直隶通志局总裁之一、北京政府财政部盐法志总纂的顾问；民国后编纂了《盐山新志》以及定县、南宫、新苑、枣强等县的县志；他自民国初年就参与了《直隶通志稿》的修撰，20 世纪 30 年代作为河北省通志馆的成员，撰写了盐业志部分，并于《河北月刊》上连载；1947 年夏，河北省再次组建通志馆组织学者编纂《河北省通志》时，贾恩绂任总纂，是年 82 岁。后突发中风，翌年在通志馆去世。他编纂的《河北通志稿》盐务部分，查阅和引用了大量的文献资料，仅明清部分就有近 4 万字正文，注释和征引书目各近千条，是研究河北省盐务翔实、系统的第一手资料。

受元末连年天灾、战争以及明初燕王朱棣与建文帝争夺帝位的"靖难之役"的影响，南场盐民逃散，人口锐减，盐碱地荒芜。贾恩绂在《盐山新志》中讲，明代燕军来往沧盐南场，"民多抗拒之，燕军赤其地，海丰诸场就荒，河南淡食。永乐初，迁民实之，重立场灶，有山西李柳西者始迁于此"，于是盐业又开始兴盛。他说的就是明初沧州地区被军队劫掠，盐民大减，盐滩荒芜的状况。永乐帝迁都北京后，长芦盐场再次担当重任，时人有诗描述盐场出产的壮观局面："万灶青烟皆煮海，一川白浪独乘风。"因为距离京师较近，沧州的青盐、白盐被选为贡盐，足见南场的重要性。

但是，自明代中期以后，南场的数量陆续减少，呈现出北场兴盛、南场衰败的趋势。这在清代各朝的奏折中多有体现。如乾隆初年，严镇"有东、北两滩，每滩约俱周围四五十里，产盐之时，遍地皆盐"。① 但是，五、六月是晒盐时期，"正值农忙之候，灶户一时觅夫不得，所产盐斤不能随运归坨堆，积滩中缺人巡守"；② 看滩役人太少，又兼护送运盐和守护盐坨，致使私枭多从事私盐贩卖。乾隆三年（1738），政府对各盐场重新造具图册，与雍正三年（1725）相比，兴国、富国、沧州、南皮、宁津、交河、东光、乐陵、严镇、海丰等州县场，"共迷失灶地 134.79 顷"，东光和严镇多出 31.12 顷。③ 雍正年间，南场六场灶户"既不在场晒盐，弃滩改业，各归原籍"。④ 嘉庆年间，北场八个盐场的灶课钱粮"历来均系年清年款，并无拖欠"，但是，南场所在地的沧州、南皮、盐山、交河、东光、衡水六州县和严镇、海丰两场，自十二年到二十二年（1807~1817）拖欠灶课银 8458 余两。⑤ 道光十六年、二十六年和咸丰元年，南场也有拖欠灶课的记载。⑥

结果，南场的数量逐渐减少。明代有 12 个盐场，后由于一些盐场荒废，为便于管理，裁撤了诸多盐场，如清雍正十年裁撤了利民等 6 个盐场，到了清末，南场仅余严镇、海丰 2 个盐场。沧州"自元代设盐运使，至清康熙十六年始移署于天津"，只有分司，长芦沧州运判于道光十二年被裁汰，"仅存批验所、严镇场两大使"，后"两大使一并取消，所有盐地概行停止煎晒，长芦盐官之名称虽存，而沧县全境从此无盐政之可言矣"。⑦

1930 年，金陵大学调查盐山县的农业，以县城东 2 里、东北 5 里、南 18 里的吴家庄、郭家庄、杨帽庄为调查村，有的村中"有多数晒场，属村人共

---

① 《巡视长芦盐政安宁为严镇场酌添滩役以杜私枭事奏折》，中国第一历史档案馆、天津市档案馆、天津市长芦盐业总公司编《清代长芦盐务档案史料选编》，天津人民出版社，2014，第 40 页。
② 《巡视长芦盐政安宁为严镇海丰两场滩盐被盗拨兵巡缉事奏折》，《清代长芦盐务档案史料选编》，第 39 页。
③ 《清代长芦盐务档案史料选编》，附录，第 609 页。
④ 《清代长芦盐务档案史料选编》，附录，第 607 页。
⑤ 《长芦盐政延丰为查明长芦各州县场未完灶欠银两请豁免事奏折》，《清代长芦盐务档案史料选编》，第 325 页。
⑥ 《清代长芦盐务档案史料选编》，第 383、412、434 页。
⑦ 民国《沧县志》卷五，沧县志书局，1933，第 32 页；参见《调查山东直隶奉天三省盐业状况报告书》，《盐政杂志》第 13~15 期，1914 年。

有，且所有晒场，多系利用荒废碱也"。在计算该县农家费用中"概无食盐之一项，盖因盐山农民自己皆可由碱滩提制食盐也"。这时，有很多农民以到天津和东三省谋生为出路，已经没有生产海盐的意识了。

三　从环境视角简析兴衰之势的原因

关于长芦盐业各盐场南衰北盛的原因，历史上和当代有多位学者进行过阐释。如贾恩绂在《盐山新志》中总结为，首先是运道尽失。"盛衰之源，皆由运道通塞之故，非昔产而今竭也，南所之盛，其机操之于河道，而柳河最为要津。"原来"无棣、马颊为南场之南道，而柳河为其北道，故南场犹盛。后南道皆湮而北道独存，益为南场命脉所系"，即"大河徙而柳县废，柳河绝而南场废"。元代，"开惠民河，此邦横河皆纵断之，柳河之塞在长芦之截地，于是南场运路断绝"，北场有诸条河道之便，于是"南场盐业大衰，灶户皆归籍改业"。其次是盐商大减。刘洪升教授等专门撰文论述了长芦盐业北移的状况，认为运道和滩晒技术是长芦盐业北移的主要原因，也有学者从明清时期天津盐业的角度对此进行论述。①

本文同意上述观点，并试图从另外一个视角——环境进行简单的分析。本文涉及的是宏观上的环境，既包括地理、气候、河流、海岸等自然环境，也包括人口、管理、经营和盐商等人文环境。

从自然环境上看，南场有气候与地理上的劣势。诸多南场下雨较为集中，造成盐坨经常被冲，盐滩也多由于海拔较低，经常被潮汐冲进淤泥，所以从历年奏折中常常看到"海潮淫雨""海潮下落"，盐滩坨地被冲荡淤没等词句，以致"滩地荒废，盐业日衰"。而且，滩晒制盐也需要临近海边，还要有广阔的滩地来开辟层层晒池，这样可以便于获取海水。南场以往主要靠卤地制盐，并不一定靠近海边，适用于煮盐。北场春秋两季气候干燥，多风少雨，日照时间长，地处内海，很少受到台风和潮汐的侵袭；沿海地势低平，便于引潮

---

① 刘洪升：《试论明清长芦盐业重心的北移》，《河北大学学报》（哲学社会科学版）2005 年第 3 期；张毅：《明清天津盐业研究（1368~1840）》，天津古籍出版社，2012，第 40 页。

水入滩，且有广阔的滩涂，可以开发大规模的晒盐场地，而且盐滩经过长期碾压，地质紧密，渗透力小，有助于产量的提高。

河道变化使得南场的产品难以通过河运销往各地，也造成了运输成本的增加。如上所述，原来南场依靠马颊河等运销产盐。但是元代初年，京杭大运河全线修通，会通河拦截了上游水源，又黄河南迁入淮，致使徒骇、马颊等河水源枯竭，河道逐渐淤废，明代虽多次疏浚，但淤断如常。①

从人文环境上看，则有更多可以阐述的原因。首先，从人的视角。一方面北场拥有邻近首都之利，聚集诸多的人口，需要更多的消费。1153年，金代建都燕京（北京），河北北部地区由往日的战场变为人口集聚之地，进而带动了周边盐业的生产，出现了新仓镇，设立了宝坻县，并列为上县，说明人烟繁庶，市肆林立，富商大贾云集，当时即总结道是"大率资渔盐之利"。元代以后，首都一直在北京，人口达到近百万人，还有守卫的官兵和驻守边防的军队，食盐需求量增加；加之又有河流运销之便，带来了北场盐业的发展。而南场自元末以后，经常遭受天灾，改朝换代期间的战争又时常造成阶段性的人口锐减，灶户逃散。如明代燕军来往沧盐南场，"民多抗拒之，燕军赤其地，海丰诸场就荒"，影响了盐业持续稳定的生产。还有值得注意的是，明代以后，华北地区人口增长较快，需要开垦更多的耕地，以生产更多的粮食来维持生存。据不完全统计，元代河北省的人口，按照现今河北省的129个县计算，有497850户，114.8293万口；明万历六年（1578），按照现今河北省的96个县计算，有316187户，335.5365万口；清嘉庆二十五年（1820），按照现今河北省的126县计算，有3309146户，1434.1368万口。另据清政府户部统计，清道光二十年（1840），直隶的人口为2264.6万人，咸丰二年（1852）为2349.2万人，光绪九年（1883）为2193万人，其中青县30余万人、沧州32万余人、盐山县19万余人。虽然以上人口统计并不一定十分准确，但是从元代以后，尤其是明清以后河北省人口迅速增长是不争的事实。②原有

① 参见邹逸麟主编《黄淮海平原历史地理》，安徽教育出版社，1997，第153~154页。
② 参见河北省地方志编纂委员会编《河北省志·人口志》，河北人民出版社，1991，第16~20页。

的耕地难以承受人口成倍增加的压力，为了生存，当地的农民和灶户等不得不拓荒地为耕地。而盐业生产滩晒技术的进步，使得原来的草地、芦荡等失去盐业生产上的作用，为开垦为耕地提供了条件。进而南场的滩地逐渐减少，灶户多改为耕田的农民。《盐山新志》载，清代以来，灶户多改业，子孙"盐者十九归农"，"南场多荒，灶地尽垦。南场向制晒盐，又无取于草煎"。

从盐业管理即盐政的角度看，机构的北移也使得南场的盐政疏于管理，很多学者对此有阐述。[①] 这里仅根据清代经常看到的要求增加管理机构和加强缉私的奏折做简单的叙述。长芦都转运盐使司（长芦运司）康熙十六年北移天津后，巡盐御史刘安国在康熙十八年就上疏请复设沧州分司，因为"南十场地方辽阔，相距北十场道里遥远，青州分司势难分身兼顾"，"查沧州分司，向系运判之印，无分司字样，原与运司一同驻扎沧州"，长芦运司移天津后，"惟存运判独驻沧州，是昔日之长芦运判，实今日之沧州分司"，现在私贩盛行，"必须专用料理，此沧州分司诚不可一日无官者也"。[②] 雍正元年，巡盐御史针对沧州南场"一岁约晒得盐十万余包，告引之商不过数家，此可销盐一万有奇，其余之盐露堆海滩，是以灶户得任意私卖"的现象，建议"委员专司收买场盐，不许在滩露堆，尽运官坨筑包、堆码、苫盖、收管，陆续发商告运"。[③] 另外，滩晒制盐占有大量的盐滩地，不仅易于计算税收和管理，也便于稽查私盐。而刮卤地煮盐则难以丈量和核定税收，助长了私盐的泛滥，也致使官盐产销量下降。

盐业产销的管理方式、产品运销不畅和陆路运费居高不下，也抑制了南场盐商的兴起和发展。《盐山新志》载，历代长芦盐法税收，以场灶为主，灶丁为辅，销盐则以官买为主，商运为辅。明代以前，税收重在灶而不在商，清代以来重在商，"其课遂归商而不归灶"；加之，南场产盐陆路运销成本高，无利可图，商人越来越不愿承揽盐业运销。所以在南场，清代以后没有出现大盐商，原来的盐商也转营他业。雍正元年，南场的盐商"不过数家"，

---

① 参见张毅《明清天津盐业研究（1368~1840）》，第23、42、180页。
② 《清代长芦盐务档案史料选编》，附录，第601~602页。
③ 《清代长芦盐务档案史料选编》，附录，第605页。

仅销盐一万有奇。民国元年（1912），青、静、沧、盐、庆五县共计有2021道盐引，均无商承运，于是收归官运总局承办。

综上所述，长芦盐业南衰北盛的原因是多方面、多层次的，且在不同时段其作用力与表现亦不尽相同。因此，长芦盐业南衰北盛的定局是在数百年间由各种因素推动形成的。

03

城市发展与社会流动

略论近代环渤海地区港口城市的
起步、互动与互补*

本文所论的近代环渤海地区港口城市，是指开埠通商的天津、秦皇岛、烟台、青岛、威海、龙口、营口、大连、安东。这些城市大多是近代以后得以迅速发展的，但由于各城市的自然和社会环境不同，面对的国际和国内市场各异，从而在发展和互动中形成各自的特色，在区域经济中担当着不同的角色。

一

明清时期政府实行海禁政策，国内贸易以内陆运输为主，沿海城镇是海防屏障，其主要功能是防御外海之患。清中叶以后，海上运输工具改善，商品经济进一步发展，促使沿海和海外贸易有所扩大，一些沿海城镇逐渐繁荣；但是各级政权所在地是政治经济中心，港口仅仅是其门户，难以发挥沿海贸易等经济职能。当时环渤海地区港口城市大致可分为两种类型。

一是商业比较发达，其经济功能有所凸显，已经是有一定规模的城镇。如天津，是首都北京的门户，明代设卫筑城为军事要地；其背靠华北平原，沿海贸易、漕运和盐业等兴盛，从而带动了商业的发展，到清中叶已经聚集了近20万人，成为北方仅次于北京的第二大城市。又如烟台，地处山东半

* 本文原载于《天津社会科学》1998年第6期。

岛，西南连青岛，控渤、黄二海，与大连隔海相望，卫京津门户，扼战略要冲，明代设千户所。清代，烟台所处的登州"向系私设口岸"，广潮、江浙和渤海湾籍的海船来此进行贸易，海运漕粮船只也常在这里躲避风浪，或另雇北洋小船分装北上，或就地贸易，清道光末年已经有百余家商号，是比较兴旺的港口商埠。营口，作为辽河的入海口，清中叶成为东北与关内商品交流的集散地。江浙、闽广等处沙船来此贩运豆货，获利甚大，已经是一定规模的商业集镇。青岛，在明清时期是胶州湾诸多小港口之一，面临黄海，港阔水深，群山环绕，不仅是山东的天然门户，也是北方良港，且地当南北洋之中，是兵家必争之地，也是海外倭寇和商人驻泊之地。清政府于 1891 年在青岛建制设防，并建立供北洋海军装卸物资和官兵上下的军事码头。青岛商业也有所发展，有渔船 370 艘和众多的行商、坐商，1897 年有商铺 65 家。

二是军事战略地位十分突出，但经济并不很发达，仅仅是一个或数个小渔村。如威海，在山东半岛东北端，与旅顺、大连隔海相望，共扼渤海咽喉，其南北两岸斜伸入海，呈半环形，刘公岛等横于中间，成海上屏障，军事战略地位十分重要。该地原为渔村，停泊往来渔船。大连湾有旅顺和大连，旅顺形势如雄狮踞滩，明代设中左所筑城，清康熙时设水师营，防卫辽东半岛；大连当时只不过是港湾中的一渔村。秦皇岛在明代是军事运输港，修长城建关设卫；清代其商业运输较为发达，与山东、天津有较频繁的经济联系，共由几个渔村组成。

近代以后，环渤海地区港口城市陆续开埠通商。最早开埠的是 1861 年约开口岸天津、烟台和营口。1898 年后在帝国主义的胁迫下，青岛、大连、威海、安东先后开埠，秦皇岛和龙口为 1898 年、1914 年自开口岸。由于各港口的地理位置、社会环境不同，以及开埠的时间不同，其腹地和面对的国内外市场也不同，发展的速度和方向有很大的差别。

二

各港口城市开埠通商后，城市的功能有所转变或强化。有一定商业基础的城市经济功能迅速加强；一些港口的军事基地的作用得到充分发挥，成为以防备外患为主的战略要地。

从时序和空间上看，各城市经济发展的速度由开埠先后、地区内经济发展水平、交通条件的改变等综合因素决定。各港口城市在发展过程中有一定的竞争和互动关系。

天津、烟台和营口在北方最早开埠，与世界市场、江南商品市场联系的加强带动了城市近代工商业的崛起，成为中外商品的汇集之地。

以对外贸易为例，天津、烟台和营口的发展速度比较快。天津对外贸易总值 1861 年为 547.5 万海关两，1899 年为 7760.5 万海关两，1906 年达到 11286.5 万海关两。[①] 营口 1865 年为 382.8 万余海关两，到 1893 年达到了 1765.9 万海关两，与 1865 年相比，增长了 3.6 倍；[②]1896 年又增长到 2277 万海关两，其经济地位已经超过了烟台，在全国 29 个通商口岸中上升到第 9 位。[③] 中东铁路和京奉铁路建成后，营口对外贸易总值迅速上升到 1899 年的 4835.7 万余海关两。[④] 烟台 1863 年对外贸易总值为 390.5 万海关两，1900 年为 2800.7 万海关两，比 1863 年增长了 6 倍。上述城市的近代工商业也得到不同程度的发展。天津 19 世纪末有打包厂、卷烟厂、机器磨房、机器厂、织绒厂等一批近代工业，建立了自来水公司和煤气公司，洋行数量从 1879 年的 26 家增加到 1890 年的 47 家。[⑤] 营口 1896 年有 30 余家油坊，20 世纪初有土货、洋行批发商店百余家。烟台"各路巨商云集，顿添行铺数百家"。[⑥]

如果说天津、营口和烟台的发展是得风气之先，占了在北方最早开埠之天时，那么，20 世纪前后发展起来的开埠港口则是取决于交通条件的改善。但从大的背景上看，国内市场与世界市场接轨后，需要不断改善自然和社会环境，加强基础设施建设，以获得更大的效益，扩大经济腹地和国内外市场。

---

① 历年天津海关年报。

② 历年牛庄海关年报。

③ 交通部烟台港务管理局编《近代山东沿海通商口岸贸易统计资料（1859~1949）》，对外贸易教育出版社，1986，第 4、31 页。

④ 历年牛庄海关年报。

⑤ 参见罗澍伟主编《近代天津城市史》，中国社会科学出版社，1993，第 255、259、198 页。

⑥ 《崇厚同治五年奏折》，中国第一历史档案馆藏，转引自丁抒明主编《烟台港史（古、近代部分）》，人民交通出版社，1988，第 88 页。

从小的环境上看，烟台和营口的进一步发展存在一些不利因素。主要表现在：其一，营口和烟台的港口多属于水浅的自然港，没有进行大规模的建港和疏浚工程，不利于大型船舶停靠，而天津和营口均有 2~3 个月的结冰期，影响运输与贸易；其二，该三港均在渤海湾内，不利于与世界市场的直接交流；其三，没有近代化的交通运输，限制了腹地的扩大。

但在 20 世纪初，环渤海的一些其他港口发展起来。满铁 1905 年独揽大连港口建设和经营权之后，就大规模改建、新建码头和防波堤，完善辅助设施的配套，疏浚港内外通道，以提高港口的吞吐能力。如 1930 年竣工的甘井子煤炭专用码头，设计年通过能力为 300 万吨，可同时停靠 4 艘 7000~10000 吨级船舶，装卸作业全部机械化，是当时东亚最大的机械化煤炭码头。该港 1924 年建成的客运站，可容旅客千余人；第一码头的煤炭输送设施，使装船效率每小时达 900 吨；豆油混合保管设施工程有可容近 2 万立方米的 6 座油罐和 2 条装船输油管道。到 1935 年 12 月，在大连港区水域和路域共挖泥 498 万立方米、填方面积 280 万平方米。[①] 据日本的天野元之助对满铁 1907~1930 年的投资统计，1907 年满铁对港湾投资 52.3 万日元，到 1930 年为 8320.1 万日元，是 1907 年的近 160 倍。[②] 大连港的吞吐量 1913 年为 214 万吨，1918 年为 353 万吨，1929 年为 901 万吨，分别比 1913 年增长 65% 和 321%。

青岛港的建设是在德国统治下进行的。德国占领胶州湾后就开始建防波堤和码头，到 1915 年共耗资 21000 余万马克在大港和小港建成 4 个码头、停船泊位 23 个，以及船厂、船坞和航标等。中国接管后的 1931 年又建成当时北方最大的 3 号码头，该码头可同时停靠 8 艘 6000 吨级轮船。青岛港 1899 年的吞吐量只有 36.9 万吨，1905 年达 84 万余吨，码头扩建后吞吐量逐步增长，1919 年为 118.2 万吨，1931 年为 217.1 万吨，比 1905 年增长了 158.45%。

这些新开港口在空间范围上也有所扩展。青岛的地理位置，使其港口航运不仅限于渤海湾内，有相当数量的轮船和帆船往来于山东半岛西南部和江

---

① 参见刘连岗等编《大连港口纪事》，大连海运学院出版社，1988，第 109、99、107 页。
② 天野元之助：《满洲经济の发达》，《满铁调查报告》1932 年 7 月号，转引自杜恂诚《日本在旧中国的投资》，上海社会科学院出版社，1986，第 90 页。

苏北部，与日本的海运也十分便利。大连港不是河口港，有终年不淤、不结冰、港区内面积辽阔、锚地广阔等特点，从大连到国内外港口的海运航线，要比绕过辽东半岛进入渤海湾的营口少行 400 余公里。这些港口在与内地的联系上也占据了优势。青岛有胶济铁路与济南相连，与津沪铁路相接；大连靠满铁的南满铁路，与京奉、中东铁路相接；秦皇岛即在京奉铁路线上，从而加强了与内地的经济联系，扩大了腹地，实力空前加强。龙口的开埠和发展也间接地扩展了区域联系的空间范围。1894 年清政府开展内港行轮运输后，龙口与辽东营口之间的内港行轮往来逐年增多，尤其是土货贸易和连年不断的春去冬回的赴东北移民垦荒者猛增，于是龙口充分发挥了渤海便于湾内人口流动和商品流通的作用。

另外，青岛和大连港一开港就宣布为"自由港"，实行减少税收、鼓励洋货进口和转口政策，提倡建立与进出口有关的工业和加工业，促使中外商船聚集，国内投资创办近代工商业者日多。胶济和南满铁路为吸揽内地商品向青岛和大连集中，都曾实行过减免税收、降低运输价格等政策，引导内地商品的流向。

各港口开埠时序和空间范围的差别，不仅给其发展带来不同的影响，也促使各港口之间进行竞争。当然，在各国政治经济实力不断增强的状况下，这种竞争并不是在完全平等的基础上进行的。即便如此，环渤海地区各沿海城市在发展和竞争中形成的互动，使北方的经济布局发生了变化，形成了以沿海城市为主、铁路交通为辅的近代化发展趋势。

仅以对外贸易为例，大连的发展速度最快。豆货历来是辽东乃至东北出口的大宗商品，20 世纪以前多由营口出口。据历年海关统计，1875 年营口输出大豆和豆制品共计 2759240 担，1899 年增加到 9252315 担，达到 1668.6 万海关两。1910 年，大连出口豆货数量超过了营口，占大连、营口和安东三港豆货出口总额的 55.89%，营口占 43.03%；到 1920 年大连占 82.79%，成为东北出口豆货最多的港口。① 历年该三港的进出口贸易净值中，1907 年前营口

---

① 历年海关年报，转引自刘熙明《大连港贸易与南满之产业发展》，硕士学位论文，台湾大学，1988，第 15、25~26 页。

占绝大多数，1910 年营口和大连平分秋色，1915 年大连占 56.48%，营口降至 27.21%，后大连一直占进出口贸易净值的 60% 以上。这时大连不仅是东北第一大港，占全国对外贸易总额的比重也由 1910 年的 4.9%，居第五位，上升到 1920 年的 13.1% 和 1931 年的 15.0%，仅次于上海，居第二位。[1]

与此同时，青岛也取代了烟台对外贸易港口的地位。20 世纪以前，山东草帽辫多用轮船、帆船从沙河镇运到烟台出口，胶济铁路开通后，"以前一直被运往烟台的山东中部的草制品，全部被集中到青岛，这样烟台顷刻间就变得萧条了"。[2] 花生的出口亦然。以前多由烟台运到海外或沿海商埠，1909 年以后烟台的出口量虽然也在增加，但其速度无法与青岛相比。除了第一次世界大战期间之外，青岛每年出口的花生量大约占全国出口总量的 30% 左右，最高时几近 50%。1915 年后花生仁出口增加，青岛出口量 1918 年近 50 万担，1924 年达到 255.3 万担，占全国出口总量的 50% 以上；而烟台每年出口仅 10 万担左右，占全国总量的 4% 左右。[3] 青岛与烟台相较，1903 年青岛进出口贸易总额不过 1461.1 万海关两，烟台是青岛的 2.87 倍；1910 年青岛超过烟台，1931 年青岛竟是烟台的 4.2 倍。青岛对外贸易额在全国的比重，1911 年为第 8 位，1931 年上升到第 5 位。

三

到了 20 世纪 30 年代初，环渤海地区各港口城市的经济都有不同程度的发展。

天津城市经济功能空前加强。据 1928 年的不完全统计，天津共有 3 万多家大小贸易公司、商店和洋行，资本总额 3000 万～4000 万元，从业职工约 10 万人；18 家外国和中外合资银行，其中总行设此的 4 家银行资本总额为

---

[1] 严中平等编《中国近代经济史统计资料选辑》，科学出版社，1955，第 69 页。
[2] 《山东半岛》，1915，第 15 页，转引自寿杨宾编著《青岛海港史（近代部分）》，人民交通出版社，1986，第 89 页。
[3] 《近代山东沿海通商口岸贸易统计资料（1859~1949）》，第 190~193 页。

5700 万元，56 家华资银行，其中总行设此的 15 家银行的资本总额约为 3000 万元，居全国第 2 位。同期华界城区有较大规模的华资工厂 2168 家，资本总额 3300 余万元，外商工厂约 90 家，资本总额约 3000 万元，形成了以纺织、面粉、化工等轻工业和出口加工业为主，大中小工厂并存，近代工业与传统手工业互补的近代工业体系。

德国占领青岛后，投资 2.09 亿马克开办了 20 家工厂企业；日本占领时也大力投资青岛工业，1922 年有资本 50 万元以上的企业 14 家，资本总额为 25000 万元。[1]1931 年，青岛有较大规模的工厂 126 家，手工业作坊 1194 家，[2] 棉纺、烟草和榨油三大行业占绝对优势，形成以轻纺、食品工业为主体的港口城市。青岛 1933 年拥有的各类商号涉及 35 个行业，5514 家，资本 19090 万余元。[3] 城市人口从 1910 年的 3.5 万人增至 1932 年的 42.6 万人。[4]

烟台则经历了由盛渐衰的过程。开埠后的 1891 年烟台有商号 1660 家，1901 年为 1780 家。以后城市经济发展缓慢，1933 年仅有近代工厂和手工业作坊 55 家，资本总额 524 万余元，[5] 工业以缫丝业、面粉和食品加工业为主，手工业占有较大的优势。烟台的人口 1891 年为 3.2 万人，1931 年为 13.1 万人。

龙口开埠前的 1912 年只有商号百余家，1919 年有商铺 800 余家，其中较大的 300 余家，除洋广杂货商外，围绕与东北的粮食交易和移民而建的粮行、客栈、银钱业占商业的大多数，人口近万人。威海则发展到拥有人口 2.3 万，轮船和帆船业较为发达，商业则基本由英国商人控制，基本是以军港为主的港口。秦皇岛 20 世纪初有铺商 20 余家，1924 年有各类商店 244 家，城镇居民有 1.5 万人；[6] 除了有较大的玻璃厂和机车车辆厂外，主要是运输装

---

① 胡汶本等编著《帝国主义与青岛港》，山东人民出版社，1983，第 56 页。
② 青岛市军管会编印《青岛经济概况》，1950，第 2 页。
③ 实业部国际贸易局编印《中国实业志·山东省》，丙，1934，第 41 页。
④ 参见张利民《近代华北城市人口发展及其不平衡性》，《近代史研究》1998 年第 1 期。
⑤ 参见范祥德《近代烟台经济区的兴起和演变（1862~1898）》，参见彭泽益主编《中国社会经济变迁》，中国财政经济出版社，1990。
⑥ 满铁庶务部调查课：《秦皇岛の港湾と诸关系》，满铁调查资料第 42 编，1924，第 28~30 页。

卸业。

大连作为东北最大的口岸，经营进出口商品的商铺随着对外贸易的发展猛增。开埠初期的 1903 年有各类工商企业 574 家，其中工厂 50 多家。到 1926 年有较大规模的工厂 382 家，资本总额 12212 万日元；1937 年有 751 家，资本总额 17993 万日元。在九一八事变以前形成了以油坊、机器、纺织和其他食品加工业为主的工业体系，其中日本人办的企业在资本和经营上均占优势。城市人口 1913 年为 7.2 万人，1930 年增至 28 万人。

营口的油坊最早出现于 1840 年，20 世纪后机器油坊逐渐代替土法油坊，1931 年有新式油坊 23 家，资本总额为 115.5 万炉银。[①]1911 年，营口有 5 家具有近代意义的机器厂，各有工人二三十名，可以制造零星机器、铁具和轧油机。[②] 小型织布厂也因为洋纱和机制纱大量涌入而增多，1925 年有织布厂 120 家，织机 2000 余架。商业中银炉和批发商最有势力，二者互相兼营，也投资油坊和货栈。据 1897 年调查有银炉 17 家，到 1905 年达 26 家，资本最多的有 3.5 万两，总共 45 万两。20 世纪后银炉衰退，钱庄数量增加，有十余家。[③]1900 年营口有百余家洋广货批发商，其资本雄厚，多者 3 万~5 万银两，少者 1 万银两，平均每家的年经销额在四五十万银两左右，最多者达百万银两。[④] 所以，营口的工商业是以榨油、织布业和批发商、银炉为主。据统计，1909 年营口有较大的批发商、杂货店、各类货栈共 120 余家，其年均盈利少者千两，多者万两。[⑤]1919 年有商铺 1500 余家，其中在市场中占有重要位置的 60 余家。营口 1912 年末有 7.5 万人，1931 年末增至 11.3 万人。[⑥]

---

① 东北文化社年鉴编印处编印《东北年鉴》，1931，第 1057 页。
② 《满铁沿线商工要录》，第 72 页，转引自孔经纬主编《清代东北地区经济史》，黑龙江人民出版社，1990，第 419 页。
③ 参见孔经纬主编《清代东北地区经济史》，第 452~454 页。
④ 满铁经济调查局：《南满洲经济调查资料》，第 6 辑，营口，第 62~63 页。
⑤ "营口县公署档案"，转引自孔经纬主编《清代东北地区经济史》，第 486 页。
⑥ 1912 年数据来源于八木奘三郎《满洲都城市沿革考》，满铁会社总裁室弘报课，1939；1931 年数据来源于加藤新志《奉山铁路沿线及背后地经济事情——含热河南部》，铁路总局，1934。

四

近代环渤海各港口城市是在相互竞争中得到发展的，其过程也是互动、互补的过程，是在多种合力的作用下完成各自定位的，从而冲击了传统的内陆经济布局，形成了具有近代意义的经济区域。这些经济区域从地域上似乎没有脱离传统的区域范围，但实际上其商品的品种和流通方式、经济结构的组成、内外市场范围等都有较大的变化，特别是经济中心已移到沿海城市。这些经济区域从口岸通过铁路、海运、河运、人流、传媒等多种渠道，对周围地区呈浸淫式或等级式的扩散，开始形成以港口城市和近代交通枢纽为中心的新的经济格局。

辽宁经济区域原是以奉天为中心的，交通运输也是围绕着省府、县城等政治中心开拓的。但近代以来营口和大连的发展，使辽东乃至东北的经济活动在相当程度上面向世界和关内市场，提高了农副产品的商品化；加之人口的流动、广泛的传媒，促使东北经济迅猛发展，大大缩小了与关内经济发展的差距，经济区域有所扩大，经济中心也转变成以大连为主，沈阳为辅。大连、营口和安东在该经济区域中有各自的位置和分工，从对外贸易来看，该三港对外贸易的对象有所不同。以 1909~1919 年大连、营口、安东三港进口商品来源地所占比重为例。大连港主要是开展对外贸易，除了第一次世界大战期间的 1914 年之外，直接进口的洋货一般占进口总额的 60%~70%，从国内通商口岸进口的土货占 20% 左右。营口在 20 世纪以后，直接进口洋货多在 30% 左右，而从各港来的土货一直占有较高的比重，少者占 30%，多者占50%。这表明营口在一定程度上是面向国内，特别是面向渤海湾沿岸。安东以往与国内外来往多靠海运，从通商口岸来的洋货 1909 年占 37%，1911 年鸭绿江铁桥建成，日本政府又实行铁路运费减税三分之一的政策，大量日货从朝鲜经铁路到安东，再经安奉支路运到吉林等东北的北部，如 1919 年安东铁路货运商品的价值占进出口贸易总额的 62%。[①]一时间，日本货成为安东港

---

① 参见刘素芬《渤海湾地区口岸贸易之经济探讨（1871~1931）》，博士学位论文，台湾大学，1991。

洋货的主要来源。

从进出口商品的种类分析，大连 1908 年来自日本的纺织品的吨位占进口总数的 70%，到 1911 年占 84.78%。而营口的纺织品有相当数量是来自上海等中国其他口岸，也有华北和山东农村生产的土布。大连进口面粉的大部分是来自日本，营口是从上海、山东和天津等地运进面粉的。出口商品中，大连的煤炭有一半输往日本，尤其是生铁几乎全部出口日本，供其扩大军事工业；而营口 1925~1927 年出口的铁矿石和生铁中，有 59% 运到华北，5% 运到华中，35% 输往日本。

由此可见，到 1930 年前后，辽东经济区域各港口的分工已经大致确定。即大连是东北第一大港，对日贸易占有绝对比重，其进出口商品也是与日本的需求或者日商的经营有着密切的关系。营口逐渐形成以国内省埠之间沿海运输为主，特别是以环渤海地区之间轮船和帆船运输为特色的港口。安东港成为主要进行对朝鲜、日本的贸易和向国内输送木材、粮食和柞蚕丝等比较专业化的港口。

天津有便利的海运、河运和铁路，腹地扩展到华北和西北，以英国、日本、美国作为主要贸易对象，是华北乃至北方最大的经济中心。秦皇岛作为天津的辅助港口，一方面在冬季天津港结冰时期接纳往返船只，另一方面是开滦煤矿的煤炭输出国外和江南的专业港。

山东经济区域原是以省城济南为中心，其经济是沿着运河发展的。青岛发展起来后，基本取代了济南的地位，形成以青岛为主、济南为辅，沿着铁路线向四周呈等级式扩散的经济格局。山东的几个港口也有比较明确的分工，青岛以直接进出口贸易为主，对象最初以德国为主，以后与日本的贸易占据优势。烟台 20 世纪后进口商品中有相当部分是转口到其他口岸，最多时占 70%，一般占 30%，土货出口（直接运到国外）一般占 30% 左右。龙口亦然，大多数进口货物为土货，多运往国内，1922 年后出口外国增多，约占 60%。

到 1930 年前后，山东各港口已经基本完成了港口的定位，形成了互补的格局。即青岛以直接贸易为主，其对象是国外的日、英、美等国和国内的上海以及江浙一带。烟台和龙口则侧重于与渤海湾内各港口的商品流通和人员流动，帆船贸易在其贸易量中占有较大的比重。威海仍是军港，有一定的商流，主要是路过的转口和停靠，在对外贸易中的作用有限。

在各经济区域重新组合和各港口基本定位的过程中，在广阔的环渤海地区各个经济中心之间也发展到有一定程度的互补。

环渤海地区的自然环境、人文地理、社会结构、社会文化等各方面有相当的同一性。在明代，中央政府曾设蓟辽总督，统辖顺天、辽东、保定三巡抚；清朝统治者也设立了统管直隶、山东和奉天三省通商、交涉事务的北洋通商大臣。这反映出统治者对管理该地区的认识是统一的，为地区之间的经济联系提供了一定的前提条件。随着近代与世界市场的接轨，特别是海上和铁路运输的开辟、商品经济的发展，以及城镇数量的增多和规模的扩大，各区域之间空间地域结构和产业结构的互补性增强，以经济为主的联系变得频繁而广泛；加之河北、山东大规模的"闯关东"移民潮，自然而然形成了与东北地缘、亲缘的联络，促使各经济区域的物流和人流跨过原有的经济区域和行政区划，向以经济中心和交通枢纽为节点的更大地域范围发展。这种以区域间横向联系为特点的经济活动的基础就是在市场、产品结构、产业结构、能源、资金、技术、设备、劳动力、信息等方面的互补性和依赖性。各港口之间的互补，就充分地体现了这一点。以各港口对外贸易为例，天津、青岛和大连等商埠在功能、进出口国别、进出口商品、轮船帆船的比重等方面各有侧重，形成了北方与世界市场直接对接的新格局。天津虽然仍保有北方大港的显著地位，但是基本失去了东北农副土特产品的来源，在北方的经济地位呈下降趋势；青岛和大连依靠地理环境，加强与世界、内地市场的联系，出口的商品有较浓的地域特色，是迅速发展起来的国际商港，在一定程度上与天津平分秋色，甚至在某些方面或时期还超过了天津；烟台、牛庄等在与大连和青岛的竞争中，逐渐放弃与世界市场的商品流通，成为区域市场和渤海湾内的商品集散中心；秦皇岛、安东和龙口则成为具有浓厚地域色彩的专业港。

但是，我们对环渤海地区之间的经济联系和互补，不可估计过高。各经济区域的同一性对区域之间的经济联系既有促进作用，也有制约作用。在基本是无序的、初级的市场经济状况下，基础原料、农副土特产品及加工品等过多的同一带来了激烈的竞争，致使利润减少，制约着扩大生产和流通。对外贸易愈来愈被日本控制，以日本市场需求为转移，这极大地限制了与世界市场的接轨。天津是当时北方最大的经济中心，有相当强的经济实力，在中国北方地区的经济近代化中起先导作用。但是，天津地处渤海湾的最里端，掣肘于地处渤海湾最顶端的青岛和大连，与外国以及东南沿海地区的经济联系受到限制；而且天津邻近首都，被视为防备外患的门户和推行近代化的试验地，受到方方面面的限制，难以充分发挥经济功能的特长。再者，各经济区域的发展在时序上基本是同步的，近代工业的发展速度、农村的商品化程度、市场的广度和深度、实业家和商人的经营管理思想等有差距但并不是很大，不可能形成领属关系。一方面，环渤海地区有经济比较落后的内地和山区，沿海一带也长期处在各国列强分割、军阀混战和自然灾害频仍的环境下，社会秩序动荡不安，商路不畅，人民生活没有保障，商品需求量下降，严重地阻碍社会经济的发展。加之受行政区划的限制和军阀割据战争等因素的影响，环渤海尚未形成一个被人们认同的地理概念。所以，近代以来环渤海地区的经济联系，还仅限于港口和交通枢纽城市之间在竞争、互动、互补、互利前提下的商品流通和人口流动，并未形成大的联合和合作。

尽管如此，区域之间的经济联合和合作、商品和要素市场的统一等，在一定程度上代表了市场经济的发展趋势。也可以说，社会化大生产和商品需求量增加所代表的市场经济，在现代化的交通工具和社会传媒的推动下，将冲破分散、狭隘、封闭的自然经济的格局，在较大的范围内，形成更广泛且有效的合力，带动周围地区的发展。这是市场经济体系发展到一定程度的必然趋势，也是当前要促成环渤海地区之间经济联合的原因所在。

近代华北港口城镇发展
与经济重心的东移[*]

社会分工和商品流通的发展造就了港口。随着技术进步和商品经济发展，港口抑或迅速发展为港口城镇，抑或步履艰难逐渐衰落。港口城镇的这种发展变化也直接影响到区域经济的发展和经济布局的重组。在华北，明清时期的港口城镇是与当时的经济状况和交通环境相适应的，促进了南北商品流通和区域经济发展，进而成为内陆型经济布局的重要保证。开埠通商以后，中国经济与世界市场接轨，交通运输势必发生巨大变革，华北港口自然也有了十分显著的变化。首先是完成了从内河港口向沿海港口的区位转移，其次是城市功能从军事防御为主转变为进出口贸易和商品集散的经济中心，并呈现出多元性和综合性的趋势。这种变化，不仅带来港口城镇自身经济实力的增强，而且促进了地区性和区域性市场的分工与发展，推动了商品流通网络的重新组合，促使华北经济布局根据世界市场的需要发生转变——经济重心逐渐向东部沿海转移。

一 明清时期的港口城镇

明清时期，华北地区的交通运输体系主要是围绕着政治统治、内陆经济的需要构建的，主要交通干线是由北京至汉口驿道、大运河和沿海漕运，以

---

* 本文原载于《河北学刊》2004 年第 6 期。

及内河水道、内陆城市之间的南北官道等。建立在此基础上的港口可分为两大类型，即内河和沿海港口。虽然两类港口城镇的自然和社会环境不尽相同，但是其发展模式都与南粮北运的漕粮有直接的关系。

元朝建都北京后，为了供应首都的巨大消费和北部边防官兵的粮饷，开始了漕粮的运输。最初漕运渠道有运河和海运两条。运河初开时，河道狭窄水浅，航运受到很大限制；到元朝末年，运河漕运量每年约 500 万担，远远不能满足京师的需求。明永乐九年（1411），政府重修会通河；四年后（1415），大运河通浚。大运河北接卫运河直达京津，南与江淮运河相连抵达苏杭，从此，华北地区有了一条贯通南北的内河运输通道。明政府实行废止沿海漕运的海禁政策后，漕粮全部改由河运，并在运河沿线各地置仓储粮。这时，大运河是政府的漕粮运输孔道，也是沟通南北物资交流的大动脉。到了清代，漕粮仍然倚重河运，而且通过运河与江浙、安徽等地远距离大宗商品的埠际贸易规模有所扩大，运河附近商业和农业商品化得以发展。临清、聊城、济宁、德州、张秋镇、泊镇、沧州、天津、通州等港口城镇，不仅有许多储存漕粮的仓库和守军，而且商业和手工业开始兴盛，成为规模不一的南北商品集散中心。

济宁位于山东运河中段，是"南北咽喉"——"南控徐、沛，北接汶、泗"，是南北转输的重要商品流通枢纽。方志记载，"济当河漕要害之冲，江淮百货走集，多贾贩""四百万石漕艘皆经其地，士绅之舆舟如织，闽广吴越之商持资贸易鳞萃而猬集"，商业迅速繁荣。明代济宁城内已有布市、棉花市、杂粮市、牛驴市、箅子市等专门市。清代，江南商品流通范围开始沿运河向北扩展，南北商品的集散转运成为济宁商业的重要内容，为商品运输服务的车行、船行、脚行等广布城关附近，成为当地的特色之一。明万历初年，济宁州城居人口 13524 人；到清乾隆中叶，城市居民将近 12 万人，是一个有相当规模的商业城市。[①]

临清据运河与卫河交汇处，借运河流通之便发展成为明清时期山东最大

---

① 张利民等：《近代环渤海地区经济与社会研究》，天津社会科学院出版社，2003，第81~83 页。

的商业城市，也是山东省经济中心。明初大运河浚通后，临清"游宦侨商日渐繁衍"，"四方之人就食日滋"。《利玛窦中国札记》记载："临清是一个大城市，很少有别的城市在商业上超过它，不仅本省的货物，而且还有大量来自全国的货物都在这里买卖，因而经常有大量旅客经过这里。"临清也是以中转贸易为主的商业城市。明代禁海后整个华北、西北及辽东地区供民用军需的布匹、绸缎，以及漕粮，大多由江南通过运河北运，各地商人云集。明万历年间，临清城内共有布店 73 家、绸缎店 32 家，每年经销的布匹至少有一二百万匹，是北方最大的纺织品贸易中心和中转批发市场。清代的临清还是华北最大的粮食市场。乾隆年间，临清城内粮食集中市场共有六七处，经营粮食的店铺多达百余家，年交易量达五六百万石至一千万石。①

运河沿岸的聊城、德州和通州等也是因运河而兴的城镇。聊城明初即为东昌府治，东关外有大运河经过，大量漕船停泊，很快成为"商贩所聚"的主要商业区。清康熙年间，"聊摄为漕运通衢，南来客舱络绎不绝，以故吾乡之商贩者云集焉，而太、汾二府者尤夥。自国初康熙间来者踵相接，侨寓旅舍几不能容"。乾隆至道光年间是聊城商业最繁荣的时期，"地临运漕，四方商贾云集者不可胜数"，"东省之大都会也"，仅有名号可考的山陕商号即有三四百家。② 明洪武二年（1369），德州设卫，有储运漕粮的粮仓和卫军。1397 年"于御河东筑卫城"；靖难之役时，这里既是主战场，也是双方争夺储粮的军事重地。运河开通后，德州的德州仓和常丰仓、广积仓，位列运河沿岸四大名仓，地位陡然上升。1411 年"移州治于卫城，招集四方商旅分城而治"，在四关设军市、民市、马市、羊市、米市、柴市、锅市、绸缎市、新旧线市等，安置各处的商旅，"四方商旅之至者众矣"。③德州集散的大宗商品，除了周围地区的粮食和棉花外，还有沿运河北上的纸张、糖类、海味、火腿等南方杂货。元末，通州"编篱寨为之，是为旧城"。④ 漕粮从海上运抵直沽

---

① 许檀：《明清时期山东商品经济的发展》，中国社会科学出版社，1998，第 158~166 页。
② 张利民等：《近代环渤海地区经济与社会研究》，第 85~87 页。
③ 乾隆《德州志》卷 1、卷 4。
④ 康熙《通州志》卷 2《建置志》，第 1 页。

后，经过河西务在张家湾上岸，再陆运至 7.5 公里外的通州储存。这时的通州，有乐岁、广储等粮仓，是漕粮抵达首都的转运站。不久，郭守敬开凿了通惠河，通州仓储的粮食可由船运至首都。明初始在北运河西建通州城，后又扩建了新城，将粮仓围在城内。这样，通州位于通惠河与北运河的交汇点，上通北京，下通天津，成为漕粮运输、仓储和供应首都的重要城镇。

除了大运河沿岸的港口城镇之外，散布在其他河流的内河港口，虽然是周围地区商品流通的主要运输渠道，但受商品经济不发达等制约，以本地区生产商品的相互调节为主，其规模和集散能力远逊于运河各港口，区域之间通贯南北的经济联系十分有限，故发展速度仍然比较缓慢。

明清时期，华北沿海港口经历了曲折的发展过程。元代漕粮的另一条通道是海运，其数量从元初的每年 4 万余担，一度达到 350 余万担。在海运漕粮的推动下，登州、莱州、胶州和天津等地船舶云集，商贾荟萃，成为北方重要的商贸港口，带动了周围地区的经济发展。但是，因倭寇猖獗、帆船抵御风浪的能力有限，船队时有倾覆，加之运河通浚，明朝政府实行废止沿海漕运的海禁政策，并将胶东地区的人口西迁充实鲁西，许多地区"土旷人稀，一望尚多荒落"，① 使其军事防御功能空前增强。明中叶后，"海禁久弛，私贩极多"，但多为小船近海航行，贸易范围有限，限制了港口城镇和沿海地区的经济发展。清初统治者继续实行海禁政策，沿海地区土地贫瘠，仅仅依靠本地的农业难以维持。如山东沿海的州县，丰年"谷价视昔减四之三"，歉年则"外粟不致"，"惟坐以待毙"，甚至"有白白授人以产而人不敢承者"，② 沿海地区经济发展十分缓慢。清康熙年间，海禁开放，沿海港口与江南、东北和渤海湾内的经济联系逐年频繁，闽粤的糖类、瓷器、纸张、茶叶、布匹、药材等，东北的大豆、杂粮和山货等集中到这里销往华北内地；而华北内地的棉花、布匹、粮食、柞蚕丝、豆货、铁器和药材、干鲜果品等土特产品，也汇集到这些港口运往南方和东北。于是，沿海各港口城镇又迎来了迅速发展的时机。

① 嘉靖《山东通志》卷 7《风俗论》。
② 康熙《日照县志》卷 3《地亩》。

烟台属登州府福山县，明代在奇山设立守御海防的千户所。其时，烟台"不过一渔寮耳，渐而帆船有停泊者，其入口不过粮石，出口不过渔盐而已，时商号仅三二十家"。清代海运漕粮复开，南北贸易逐渐扩大。当时，南北洋海上运输多是用沙船运送，烟台是南北洋海上运输线的必经之地，港湾沿岸滩浅沙平，易于沙船停靠；而且"南船北来，每因北洋风劲浪大，沙洲弯曲，时有搁浅触礁之患，非熟谙北路海线舵手不敢轻进，往往驶至烟台收口，另雇熟悉北洋小船，将货物分装搭载，拨至天津"。[①] 烟台遂成为南北货物运输的中转站、商船往来出入的必经之地，各地商人多来此贸易。"逮道光之末，则商号已千余家矣，维时帆船有广帮、潮帮、建帮、宁波帮、关里帮、锦帮之目。"到咸丰后期，商号数量又有成倍增加，[②] 成为山东半岛最重要的港口。

胶州隶属莱州府，胶州城始建于明代初年，城周仅2公里，城内有居民200余户，"城东三里即海潮往来之地，南至灵山卫百五十余里俱可泊船"。明代海禁松弛后，"商贾自淮南来者俱取道于此，民食所赖以济"，这时主要为较小船只的近海短途贸易，"转运米豆南北互济，犹不过轻舟沿岸赍粮百石而止，连樯大艘未尝至也"。清代海禁开放后，南北沿海贸易规模扩大，胶州很快发展为"商船辐辏之所，南至闽广，北达盛京，夷货海估山委云集，民用以饶圩于沃土"。南北船只搭载的各种货物汇集东门和南门之外，形成了有十余条专业街区和八大行栈的商业区，面积超过城区的十倍。[③]

山海关明初设卫，是防御关外的军事要塞，城南5公里的海运码头以军事供应为主，海禁以后码头逐渐淹废。[④] 清代裁撤卫所，山海关是稽查出入商旅的关口，凡出入山海关者必须持有原籍或贸易地给发的印票，以防止关内人口移民东北。随着东北地区与关内商品流通的发展，海运和陆运贸易增加，康熙年间在山海关设立税关，征收往来于关内外商品的税金。

天津的形成和发展更可说明内河和沿海港口的主要作用。明永乐二年

---

① 《咸丰九年山东巡抚崇恩奏折》，转引自丁抒明主编《烟台港史（古、近代部分）》，人民交通出版社，1988，第20页。

② 民国《福山县志稿》卷5《商埠志·缘起》，福裕东书局，1931，第2页。

③ 道光《胶州志》卷22，第8页；卷1，第29~30页。

④ 康熙《山海关志》卷2《地理志》。

（1404）天津建卫筑城，其职能范围多局限于与军事有关的筑建城垣、戍守卫城、监督保护漕运、修建和保卫粮仓，以及屯田和军事训练。明朝迁都北京后，天津作为拱卫首都的门户，军事和政治地位凸显。日本攻陷朝鲜和金兵攻明时，天津均是调兵、筹粮、运饷乃至打制兵器、筹备物资等的军事基地。而且，天津作为河海兼备的港口，是海运和大运河运输漕粮的通道，储运漕粮也带动了商业的兴盛。在明正德年间，天津作为京师的门户和运河漕运的枢纽站，已是"粮艘、商船鱼贯而进，无虚日"。清代，漕运和漕运带来的贸易成为天津商业的重要组成部分。天津城外运河沿岸，"南艘鳞集"，市声鼎沸，渐成街市。在运河上，数千只漕船装载数百万石土特产品穿梭往来，"漕船到水次，即有牙侩关说，引载客货，又于城市货物辐辏之处，逗留迟延，冀多揽载，以博微利"。[①] 每值漕运时节，天津沿河码头的船只南北往来，"帆樯云集，负缆者邪许相闻"，[②] 商贾汇聚，一时间百货云集，"繁华热闹胜两江，河路码头买卖广"。[③] 天津是众河流的入海口，通过河运与内地的经济往来日渐频繁，拥有广阔的经济腹地，是华北平原最主要的经济中心；到清代中期，已经成为拥有近20万城市人口、以经济功能为主的城市。

综上所述，明清时期在华北地区交通条件相对落后的情况下，内河和沿海的港口配合官马大道等陆路驿道中的省会等政治中心，支撑着内陆型自给自足小农经济。这时的商品流通网络，主要是建立在地区内和地区之间互相调剂的基础上，港口作为商品流通网络的节点，在增强自身实力的同时，对周围地区的商品经济发展起到一定的促进作用。从经济地理学和区域经济的理论分析，当时华北地区可以分为两个经济区域。其一是包括直隶、山西省，以及山东、河南和内蒙古部分地区；其二是包括山东省大部和江苏、河南部分地区。这两个经济区域，有各自的政治和经济中心。前者首位是首都北京，百万城市人口的巨大消费使其傲居各城市之巅；次位是作为商品流通枢纽的天津，通过陆路和内河构成其经济腹地。后者的济南只是省会和消费市场，

---

① 《清史稿》，食货三，中华书局，1977，第3584页。

② 《津门保甲图说》，总说，清道光二十六年刻本。

③ 张焘：《津门杂记》卷下，天津古籍出版社，1986，第101页。

商品流通的枢纽并承担经济职能的是临清和济宁，其腹地也是通过运河和驿道等形成的。从空间上看，各经济区域的经济重心是在大运河和驿道等交通枢纽、首都和省会附近地区，即偏重华北平原农业比较发达的地区。同时也应该注意到，康熙年间海禁解除以后，沿海贸易为与其他区域的埠际贸易提供了更广阔的发展空间，促使经济重心开始向东部沿海转移。

二 近代港口的区位转移与经济发展

近代以后，华北地区被迫开埠通商的有天津、烟台、青岛、威海等沿海港口，自行开埠的除了秦皇岛和龙口外，多是内陆城镇，如济南、潍县、周村、张家口、济宁等。天津、青岛、烟台和秦皇岛等沿海港口发展最快，沟通了华北与世界市场的经济联系，使华北地区的经济发展被迫纳入世界经济体制的轨道，对外贸易和沿海埠际贸易的发展、近代工商和金融等业的振兴，增强了自身的经济实力和辐射能力，成为不同区域的经济中心；而且沿海港口通过不断的建设和完善，拥有停靠大型轮船的深水码头、货场、防波堤、灯塔、现代化的装卸设备等港口设施，并有铁路和修造船舶的工厂船坞，成为具有近代意义的港口。内陆城市也有较大的发展，尤其是济南成为山东商品集散中心，但多依附于天津和青岛等进出口贸易口岸。蓬莱、龙口以及冀东等沿海地区的其他自然港口，没有开埠通商，港口设施的改进有限，主要承担帆船的短途沿海贸易，其贸易范围和经济实力远逊于开埠港口。而大运河沿岸的许多内河港口则由于河道淤浅、漕粮停运以及铁路开拓等，已经不再是南北商品的运输通道和集散转运中心，发展缓慢，甚至逐渐衰落。所以，随着商品交易目的地和商品种类的转变，以及商品运输方式的变革和商品流通网络的重组，华北地区的港口完成了向东部沿海的区位转移。因此，在某种意义上可以说，沿海港口开启了华北经济近代化的进程。

沿海港口开埠通商后，进出口贸易率先起步并繁盛，埠际和区域内的商品流通也随之活跃，进而改变了原来的商品主体结构，重新整合了商品市场和商品流通网络，近代工业的出现和发展也使城市经济的结构发生质变，自身的经济实力得以不断增强，成为腹地范围不同的经济中心。

各沿海港口开埠通商后，进出口贸易迅速发展起来。根据海关统计，天津1863年的进出口贸易总额净值为718.8万海关两，1895年增加到5017万余海关两。从1902年起，天津开始与各国直接贸易，1906年进出口贸易总额净值突破1亿海关两，1921年为22477.9万海关两，1931年达到35022.9万海关两，成为北方最大的对外贸易口岸。烟台与天津同时开埠，是当时山东唯一的进出口贸易港口，并可通过小清河连接济南，海关进出口贸易总额净值在1865年为705万海关两，1880年超过了1000万海关两，1900年为2705.8万海关两。1910年的贸易总额为3632.9万海关两，1921年为6269.7万海关两。1930年后有所下降，多为三四千万海关两。青岛19世纪末开埠，由于建有现代化的港口设施和胶济铁路，对外贸易迅速发展，1900年进出口贸易总额仅为396.8万海关两，1905年达2235.2万海关两，1910年为4375万海关两，居山东的第一位，1923年超过了1亿海关两，1931年为21912.6万海关两。秦皇岛港以运输煤炭为主，1905年进出口贸易总额为2185万海关两，1931年达到3671.7万海关两。龙口1914年开埠后，1915年进出口贸易总额为62.8万海关两，1920年上升到397.6万海关两，1930年为1092.3万海关两。威海进出口贸易额较小，1931年仅为888.7万海关两。①

国外商品通过沿海港口城市源源不断地进入内地市场，内地一些原本是地区内或国内流通和消费的商品，车运船载，远渡重洋，成为以销往世界市场为目的世界性商品，逐渐成为华北地区商品流通的主流，形成了土货和洋货并存、消费性的生活资料和生产资料并重，以对外贸易和埠际贸易为主的多元的商品流通结构。由于以内外贸易为主的商品流通凸显出巨大的活力，商品种类迅速增加，除了传统的农产品和手工业品外，原来羊毛、猪鬃和兽骨等丢弃之物也进入出口商品的行列，社会化大生产的机制品愈来愈多地充斥市场。在用途上，有民众生活的消费品，有近代工业需要的原料和建筑材料，也有专门供应世界市场的土特产品。商业中新兴行业增加，原有的行业

---

① 交通部烟台港务管理局编《近代山东沿海通商口岸贸易统计资料（1859~1949）》，对外贸易教育出版社，1986，第4~14、242页。

开始趋向细化和专业化的重新组合，商品市场的性质开始转变，形成了以沿海港口城市和交通枢纽为中心，由终极市场、中级市场、中转市场、专业市场和产地市场等多层次市场组成的具有近代意义的商品流通网络。华北沿海的港口城市在商品流通网络中具有各自的位置，天津、青岛是终极市场，是各经济区域的经济中心，其他港口城市担负着中级市场或辅助进出口等不同的职能。①

近代工业作为新的经济成分出现，改变了原来的城市经济结构，为城市经济实力的增强奠定了一定基础。到 20 世纪 30 年代，各港口城市基本形成了各具特色的近代工业的主体构架。在天津，近代工业的主体是纺织、食品等轻工业和化工等行业；在青岛，以棉纺、火柴、食品和化工等轻工业为主体；在烟台，除了丝织、发网等手工业外，1933 年的十余家华商企业中，主要是榨油、机织、面粉、火柴、酿酒、造钟等轻工业；秦皇岛有资本 150 万元的大型玻璃制造企业；龙口以粉丝加工业最盛；威海主要是橡胶制造和木材加工业。由于进出口贸易的需要，这些城市还集中了中外银行和传统的钱庄银号。

沿海港口进出口贸易、近代工商业和金融业的兴起，商品市场的转型和商品流通网络的重组，使这些港口发展为一定规模的城市，经济功能转变为城市的主要功能，商品集散能力和城市的辐射能力迅速增强，经济腹地有所扩大，成为一定区域范围的经济中心。

三 华北地区经济重心的东移

开埠通商后，华北地区商品流通范围的日益扩大和工业的发展，以及运输方式的变革，促使商业发展和商品市场功能逐渐完善和增强，商品流通的网络也开始发生变化。但是，世界市场的冲击并没有彻底改变长期形成的以农业为主的经济结构，并没有打破华北地区原来两个经济区域的格局，只是

---

① 参见张利民等《近代环渤海地区经济与社会研究》，第 10 章。

由于各经济区域交通环境等发生变化和经济发展，加之行政区划、地缘和长期形成的地域观念等因素，各经济区域的临界线愈来愈不清晰，边缘地区相互重合，相互渗透，呈现出分化和重组的复杂格局。在两个区域经济近代化发展中，最为突出的就是经济布局开始发生变化，经济重心由首都、省会和传统交通运输枢纽，逐渐转向沿海和近代交通运输枢纽，并呈现出多元化的趋势；而其空间特征，就是从偏重内地向沿海地区东移。沿海港口开埠通商促成了与世界市场的接轨，不同程度地改变了各区域的商品结构和需求关系，随之带来了商品流通网络的整合；由于近代交通运输网络的建立，形成了以海运和铁路运输为主，内河、公路和畜力运输为辅的近代交通体系；近代工商业和手工业、农产品商品化的发展构筑的经济环境，使各区域经济布局到20 世纪30 年代中叶基本完成了具有近代市场经济性质的重新组合。

明清时期以北京和天津为中心的经济区域，到近代以后经济布局出现了较大变化。开埠通商和运输方式的变革，促使通商口岸、铁路等交通枢纽、手工业和农业商品化生产专业区成为新的经济增长点，经济重心以口岸、铁路、公路和内河周围的城镇为主要节点进行了重新组合。在该区域中，天津经济地位的提升是最显著的变化。天津自开埠通商后，充分发挥了其经济功能，无论是内外贸易、近代工业振兴和商品市场的发育，还是其集散能力的增强、腹地的扩大，以及对周围地区的影响和示范作用，都是其他城市不可比拟的，是华北乃至西北地区的经济中心。北京作为辽、金、元、明、清的首都，一直是该区域甚至全国的政治、文化和教育中心，影响巨大。但是，经济上北京则以商品的大量消费和生产主要供鉴赏等满足文化需求的工艺品、传统食品等为主，近代工业除了一些毛纺织业和公用设施外，唯一的大型企业石景山钢铁厂筹办了近二十年；国民政府迁都南京后，众多银行随之南下，使得全国财政金融中心的地位不复存在；在商品流通网络中，除了对张家口以北地区有一定辐射作用外，多是以巨大的消费著称。清同治九年（1870）起，直隶总督署于每年海口春融开冻后移驻天津，冬令封海即返保定，保定就完全失去了明代以后省会的政治地位和经济地位。太原、张家口和呼和浩特等内陆城市，近代经济有较大的发展，仍然是本省或一定范围的经济中心，但商品流通的种类改变和流通网络重组后，其对外贸易则依附于天津口岸。新型城市中，石家庄作为铁路枢纽，商品集散能力十分突出，加强了天津与河北、山西等省乃至西北的经济联系，促使其进入世界经济的体系；工矿城市唐山和以煤炭运输为主的秦皇岛对该区域经济重心的东移起到了一定的促进作用。

明清时期由山东和直隶、江苏、河南部分地区组成的经济区域，近代以后逐渐转变为建立在近代工业、手工业、商业和农业商品化发展基础上的，以沿海、铁路、公路和内河沿线的平原及丘陵地带不同类型经济发展为主体的经济布局，其经济重心由原来的临清、济宁和消费市场的济南逐渐东移，形成了以山东最大的对外贸易口岸青岛为中心，以济南为最大集散和消费市场的重新组合。20 世纪以后，港口城市青岛成为山东省最大的进出口口岸，进出口贸易额在全国各口岸中居第三、第四位。青岛的经济实力也迅速增强，中外工业和商业企业林立。胶济铁路和 20 世纪 20 年代修筑的公路增强了青岛的辐射力和集散能力，其腹地不局限于山东，还包括河北中南部和河南等地，每年的商品集散总值从 1910 年前后的约 7000 万海关两增加到 1925 年的近 2 亿海关两。因此，20 世纪后青岛成为新崛起的以对外贸易和轻工业为主体的、具有一定殖民地色彩的经济中心。济南原是政治功能为主的省会，拥有相当的消费能力。20 世纪初，胶济和津浦铁路在这里交会，使其成为交通枢纽，商品集散和转运能力迅速增强。1924 年，济南的商品输出和输入总额为 18618 万元；[①] 1927 年增加到 21295 万元，其中输入 12498 万元，输出 8797 万元。[②] "鲁省西、南、北三部货物，皆以此为转运枢纽，地方繁盛，一日千里，俨成华北重要商场。"[③] 济南还是近代民族工业的发祥地和聚集地，形成了以棉纺和食品等轻工业为主的近代工业体系。虽然济南没有直接开展对外贸易，但政治地位、经济实力的提高和增长，特别是铁路枢纽优势所具有的吸附和集聚能力，使其可通过铁路与青岛、天津、北京、上海等有直接广泛

① 济南市志编纂委员会编印《济南市志资料》第 3 辑，1982，第 36 页。
② 实业部国际贸易局编印《中国实业志·山东省》，丁，1934，第 39 页。
③ 胶济铁路管理局车务处编印《胶济铁路经济调查报告》，总编 6，商业，1933，第 1 页。

的联系，在一定程度上控制着省内的商品流通，是建立在周围城镇近代工业、手工业和广大农村基础上的以集散为特色的经济中心。在山东省的东部和中部，沿铁路线出现了一批以矿山、交通枢纽和织布等出口商品生产集散为主的城镇。这些城镇通过铁路等运输渠道与青岛、济南等经济中心形成领属关系，推动了山东省经济重心的东移。

总之，因开埠通商沿海港口城镇成为华北最早受到西方势力冲击、最先引入近代科学技术的前沿，使华北地区的经济发展被迫地纳入世界经济体制的轨道，它在确立自身的性质和功能定位，进而增强自身经济实力的同时，也促使以城市为主的商品市场与流通网络程度不同地演变和重组，推动了经济布局的整合和经济重心的东移，在一定程度上代表着华北地区经济近代化的发展水平。而且，沿海港口城市的发展、经济布局的重新整合和经济重心的东移，符合自由竞争市场经济的发展趋势，其影响一直延续至今。

简论华北城市近代工业结构的特征[*]

对于城市来说，近代工业在一定程度上标志着经济发展程度和水平，甚至决定着城市的性质和发展方向，近代工业结构也体现着自然和社会环境所赋予的区域特征，这种特征正是我们研究不同区域发展水平和特点的关键，也是解读中国经济近代化发展不平衡性的基础。本文以华北^①诸城市近代工业结构为例，探索该区域在经济近代化进程中的一些特点。

一　近代工业发展之阶段与空间

华北诸城市近代工业的发展脉络从时序上几乎是同步的。19 世纪 70 年代政府创办的军事工业，几乎都是近代工业的起步；政府和中外商人也开办一些矿山和缲丝、榨油、面粉、织布、火柴、机械、水泥、驳运和打包等企业。总的来看，直至 20 世纪以前，华北各城市近代工业的数量和规模十分有限，无论是有代表性的近代纱厂、华北特有的矿山资源产业，还是有地方特色的行业，除了开平煤矿外，大型企业屈指可数。归其原因大致如下。首先，受到华北社会经济发展状况的制约。华北商品生产和市场经济尚不发达，区域之间商品流通的种类和规模还十分有限。其次，受交通条件的制约。华北的交通以陆路为主、水路为辅，不利于大宗商品的流通。运河因疏浚不力功

　＊　本文原载于《城市史研究》第 24 辑，天津社会科学院出版社，2007。
　①　本文所述之华北，系指目前行政区划的京津和冀鲁晋的两市三省，以及内蒙古自治区一部分。详见张利民《论华北区域的空间界定与演变》，《天津社会科学》2006 年第 3 期。

能减弱；清代中叶以后海禁松弛，沿海贸易带动了沿海地区的商品流通，但对于广大腹地的作用不大。最后，受城市主要功能的制约。当时大部分城市的功能以政治或军事为主，其经济辐射和吸纳功能不强，以手工业和商业为主要功能的城镇还没有得到充分发展，天津和烟台等口岸开埠后多是通过上海和香港的转口贸易，直接与国外的贸易极少。另外，华北长期处在首都的羽翼下形成的保守理念、中央政府官僚之间的争斗等，构成对建立和运行新型经济体制不可低估的负面影响；加之 19 世纪末各地农民反抗外国入侵，尤其是八国联军攻占天津、北京等城市，使得初见端倪的近代工矿业几乎全部被摧毁。

从 20 世纪初期到 1927 年南京国民政府成立，是华北各城市近代工业发展的全盛阶段。20 世纪初清政府推行新政，鼓励兴办实业，以挽回利权，激发了绅商投资工矿业的热情，近代工矿业有所发展，甚至可以说是庚子事变后的再度崛起。第一次世界大战到 1928 年前后是华北各城市近代工业发展的高峰期，设立的企业数量多，规模大，几乎包括所有的行业，投资者的身份、投资方式和组织形式也呈多样化。在天津，从 20 世纪初到 1913 年出现了资本在万元以上的企业 47 家；1914~1928 年设立的近代企业多达 1286 家，其中，1915~1916 年和 1920~1924 年两次高潮总共仅 7 年时间，就建厂 862 家之多，占总数的 67%，年均建厂 123 家之多。[1] 在山东，据统计，1913 年有中国人开办的工厂 991 家，设于 1903 年以前的 346 家，1910 年以后新建的330 家。[2] 据胶海关 1922 年统计，青岛和山东铁路沿线各地共有工厂 200 多家，资本总额约有 5400 万元。[3] 山西近代工业集中在太原、阳泉、大同、新绛和榆次等城镇，以煤矿和冶炼为主的格局已初现。各城市在构筑近代工业的主体构架的同时，开始根据自身以及腹地特产形成各具特色的工业结构。但是，军阀混战带来的社会不稳定，投资者的政治背景，以及日资势力的日见增强

---

[1] 转引自罗澍伟主编《近代天津城市史》，中国社会科学出版社，1993，第 417 页。

[2] 《农工商部统计表》《农工商部第二次统计表》，转引自张玉法《中国现代化的区域研究·山东省（1960~1916 年）》，台北，中研院近代史研究所，1982，第 546 页。

[3] 1912~1921 年胶海关贸易十年报告，见青岛市档案馆编《帝国主义与胶海关》，档案出版社，1986，第 178 页。

等，使30年代以后各城市的近代工业并没有得到全面的发展，只是在一些行业上有所发展，工业结构有一定的整合，逐步形成各有侧重的工业布局和分工。全面抗战期间，华北是日本侵略者的战略物资基地，各城市多集中在战略物资的生产上，偏离了原有的发展轨道，是附属在日本战时经济体制下的殖民地经济。

华北诸城市工业的发展从空间布局上体现的是东密西疏，集中在大中城市和矿山专业城镇，而大部分城镇几乎阙如。这种现象到民国时期仍然没有明显改善，说明了在市场经济比较落后和外国势力不断增强的状况下，近代工业发展的艰难和不平衡性。近代工业需要有一定的经济环境和社会环境，即技术、资本和市场，因而大中城市和交通比较发达的地区是投资者的最先选择。最早的近代工业企业就出现在天津、济南、烟台和太原等城市。20世纪后，除了矿山以外，有代表性的大型企业也集中在天津、青岛和济南等较大城市。唐山、石家庄、潍县、博山、阳泉、大同等，因矿业和铁路枢纽而起，也带动了周围地区的发展，成为功能比较专一的城镇。如博山煤矿矿区达111平方里，估计存量15161万吨，到1934年有资本在10万元以上的大小煤矿20处，年产近百万吨。[1] 有些围绕着资源开发和运输等形成的专业城镇，通过铁路与口岸城市连接，沟通了区域、全国以及世界市场，自身的经济实力也在不断增强。如唐山，除煤矿外，又建立了水泥、棉纺等大型企业；石家庄本来是铁路枢纽，也建立了2万余枚纱锭的大型纱厂。在沿海口岸城市和铁路沿线城镇的带动下，一些城镇建立了发电厂，或者主要为当地消费的面粉、火柴等企业。如呼和浩特、包头有电灯公司和面粉厂；河北省的张家口、宣化、唐山、沧州、保定、邯郸和石家庄都有规模不大的机器面粉公司；山西省除了太原和大同外，榆次、临汾、平遥、新绛和汾阳等也有面粉厂和火柴厂；山东省除了济南和青岛外，济宁、德州、青县、烟台、威海卫、龙口、长山、潍县、即墨、胶县和益都等城镇也建立了面粉公司和火柴

---

[1] 胶济铁路管理局车务处编印《胶济铁路经济调查报告》，分编第5册，博山县，1934，第6~8页。

公司，①潍县、威海卫、济宁、周村、临清、邹县、蓬莱、泰安等有发电厂。②到20世纪30年代前期，华北区域的工业分布有了一定改善。但是，通过对铁路北宁线、京汉线、胶济线、京包线的经济调查与30~40年代初对一些农村的考察，可以明显看到，在内地尤其是近代交通不发达的内陆和山区，除了一些手工业外，很难看到近代工业的痕迹。如1934年胶济铁路沿线经济调查表明，在莱阳、诸城、昌邑、昌乐、寿光、临淄、广饶、商河、临邑、海阳、黄县、牟平、蓬莱、栖霞、文登等县县城内，绝大部分是家庭手工业，有的县一家近代企业也没有，只有一些手工作坊，或政府办的平民工厂。即便是在津浦铁路沿线的德县、平原、齐河等县"距省甚迩，一切日需用品，大都购自省垣"，工业极不发达；而在招远等县，除了金矿、煤矿之外，其他企业微乎其微。③

二　诸城市近代工业之行业结构

天津、青岛、济南、太原、北京等大中城市早期的近代工业多以军事工业起步，并有一些为进出口贸易、轮船修理服务的企业，然后多从纺织、皮毛、面粉等轻纺和食品行业开始创建近代化企业，20世纪20年代以后根据口岸和腹地物产等优势，开始构筑各自的工业主体，经过30年代的调整、全面抗战期间日本构建战略物资生产基地和抗战胜利后的恢复重建，形成了具有一定同一性和异质性的行业结构和体系，体现了自然和社会环境对工业的影响。这样的行业结构和区域内的工业布局，直接影响新中国成立后各城市的经济发展。

在天津，1913年前工业企业涉及的行业有发电、榨油、毛纺、造胰、烟草、火柴、面粉、造纸、制革、酿酒、饮料以及铸造机械等，其

---

① 胶济铁路管理局车务处编印《胶济铁路经济调查报告》，总编下册，工业，第10~11页；分编各册诸县之记载。
② 实业部国际贸易局编印《中国实业志·山东省》，辛，1934，第770~778页。
③ 《胶济铁路经济调查报告》，分编各册。

中毛纺、制革、榨油和机械等行业是在进出口贸易的推动下出现的。第一次世界大战后天津迅速兴建了大型纱厂和化工企业，构筑了工业的主体。1928 年社会局调查的结果显示，中国城区 2186 家华资工厂中纺织工业占56.43%，化学工业占 6.18%，饮食品工业占 6.51%，服用品工业占 2.47%，机器及金属品制造业占 1.4%，表明纺织、化工、食品和机器制造业是支柱性行业。各行业的资本额和工人数量所占比重也能够证明这一点，纺织业占全市工业资本总额的 83.42%，工人总数占 68.6%；化工业分别占7.33% 和 9.58%，食品业分别占 5.14% 和 3.09%，机器及金属制造业分别占 1.77% 和 9.27%。[①]20 世纪 30 年代，机械、冶炼等业有所发展；1936年天津工业总产值中，包括毛纺、针织和织布等在内的纺织业占 39.94%，居首位，食品工业占 37.64%，化工、金属加工、机器制造、电力和冶金工业所占比重有所上升，[②]已经基本形成了以纺织、化工和食品工业为主体的近代工业行业结构。在这样的行业结构中，具有一定特色的是毛纺、地毯、制革等行业。基于羊毛大量出口的状况，天津 20 世纪前就建立了较大规模的毛呢厂，以后的仁立和东亚毛纺厂产品销及全国。地毯业是 20 世纪后顺应国际市场需求兴起的，30 年代前除了投资较大的美古绅、倪克、井泽等 4 家外资企业外，还有华商经营的地毯工厂和作坊 303 家，其地毯出口总值在天津出口货物总额中一度居第二位，数量在全国出口总量中多占80% 以上。[③]制革业也是如此，20 世纪后新开设十余家制革工厂，有的企业资本达 40 万~50 万元。

北京是消费型城市，生产日用品和奢侈品的手工业十分发达，清末开始设立京师电灯公司和自来水厂，在毛织、呢革、火柴、烟草、面粉、玻璃等行业也有少数企业，到 1912 年有资本万元以上、部分使用动力的企业仅 20家。第一次世界大战后，新建立的近代企业集中在面粉、服装、食品和文化

---

① 根据天津特别市社会局编印《天津特别市社会局一周年工作总报告》，1930，各项工业统计。
② 参见天津简史编写组编《天津简史》，天津人民出版社，1987，第 316~317 页。
③ 方显廷编《天津地毯工业》，南开大学社会经济研究委员会，1930，第 9 页。

用品等行业；1937 年对北京市区和郊区的调查统计显示，有包括石景山炼铁厂、长辛店机厂、南口机厂在内的民营重工业企业 140 家，资本总额 112.6 万元，年产值 233.6 万元，工人 1865 人；有包括毛纺织、织布、地毯、印刷、皮毛、服装、食品、酿酒、火柴等在内民营轻工业企业 1035 家，资本总额 757 万元，年产值 1271 万元，工人 1.6 万人。① 其中，较有特色的是地毯业，清末北京"有织机十台以上的地毯工厂还不到十家"，② 到 1924 年有地毯工厂和作坊 206 家，6834 名工人。北京作为具有百万人口的城市，近代工业显得十分薄弱，并没有改变消费型城市的性质。

在山东省，青岛的近代工业中棉纺织厂的规模最大，主要是日资纱厂，其次是缫丝、火柴、榨油和面粉业。1936 年，纺织和食品两个行业的产值占该市工业总产值的 93.8%；1938 年底统计中外企业的资本总额为 2.46 亿元，其中纺织业占 90.2%，食品业占 5.5%，而机械和化工两业仅占 2.39%，③ 形成了以棉纺、火柴、食品和化工为主体的工业行业结构。济南的近代工业是以火柴、面粉、卷烟、棉纺等行业为主体，而且华资企业在总体上有一定优势，反映了省会城市在经济发展中的特质。1934 年，济南有主要工业企业共计 137 家，其中 7 家面粉公司、4 家纱厂和 5 家卷烟厂的资本总额占全部企业资本总额的 74.78%。④ 在烟台，最早的企业是张士弼创办的张裕葡萄酒公司，以后陆续建立有缫丝、卷烟、火柴、面粉、棉织、榨油、胰皂等企业和手工业作坊。到 1933 年，十余家华商企业中，除了 1 家盐业公司外，其余都是面粉、火柴、酿酒、造钟等轻工业。⑤

山东省一些地区盛产烟叶，纸烟也有一定市场，于是卷烟业成为青岛和济南近代工业的主体之一，并带动周围城镇兴建了规模不一的卷烟厂和熏烟

① 刘大钧：《中国行业调查报告》下册，第 26~27 页，转引自曹子西主编《北京通史》第 8 卷，中国书店，1994，第 187、190 页。
② 彭泽益编《中国近代手工业史资料（1840~1949）》第 2 卷，中华书局，1961，第 381 页。
③ 青岛日本商工会议所：《经济时报》第 13 号，1939 年，转引自李宝金《青岛近代城市经济简论》，《文史哲》1997 年第 3 期。
④ 《解放前济南市资本主义工商业概况》，济南市志编纂委员会编印《济南市志资料》第 3 辑，1982，第 59 页。
⑤ 《中国实业志·山东省》，丁，第 66 页。

厂。在青岛，规模最大的是颐中烟草公司，资本二三百万元，年产近 16 万箱，年产值 1920 万元，还有日商的米星、合同和东亚烟草公司，华商的山东、崂山等烟草公司；济南有裕隆、铭昌、鲁安、华通等烟草公司；烟台、潍县和即墨等城镇也都有数家卷烟厂。① 潍县等烟草集中产区还建立了加工烟叶的熏烟厂，潍县的英国烟公司和南洋兄弟烟草公司熏烟厂规模颇大，还有中、日商人建立的数家熏烟厂，1933 年 5 家熏烟厂年产 2900 余万磅，产值 576 万余元。② 火柴业最早出现在天津，20 世纪以后山东省城镇凭借东北的木材兴建了许多火柴厂，青岛、济南的火柴生产在全国占有相当的地位。青岛 1921 年共有 6 家中外火柴厂，年产总量约有 900 万罗；30 年代初增加到 15家，资本总额为 212 万元，③1934 年 11 家的年总产值达到 429 万余元，其产量在全国居首位，比居第二位的上海多 1 倍以上。济南 1913 年建立的振业火柴厂，资本 50 万元，在济宁、青岛有分厂，是华资四大火柴厂之一；20 年代有 3 家华资火柴厂，资本 143 万元，年产 3.37 万箱，产值约 150 万元。 1933年，济南的火柴年产量在全国居青岛、上海之后，为第三位。在青岛和济南的带动下，烟台、潍县、即墨、胶县和益都等城镇也建立了小型工厂。④ 据统计，1933 年全国火柴总产量为 701616 箱，其中山东省占一半以上，居火柴业首位。⑤

太原工业发展具有较为明显的特色，即在政府的主持下围绕着煤铁兴起以机械、冶炼为主的行业结构。1894 年省政府就创办了山西机器局，后改称山西陆军修械所，1917 年阎锡山又扩建为山西军人工艺实习厂，管辖 16 个分厂，主要进行冶炼、机械制造和火药生产；1923 年后又增加设备，全部生产转入枪炮弹药，职工达 5000 余人，有 1100 余部机器，形成太原机械制造

① 参见《中国实业志·山东省》，辛，第 451 页；《胶济铁路经济调查报告》，总编下册，工业，第 12 页。
② 《胶济铁路经济调查报告》，分编第 3 册，潍县，第 13 页。
③ 1922~1931 年胶海关贸易十年报告，《帝国主义与胶海关》，第 212~213 页。
④ 《胶济铁路经济调查报告》，总编下册，工业，第 10~11 页；分编第 1 册，青岛，第 22 页。
⑤ 满铁经济调查会编印《山东に于ける工业の发展》，1935，第 97~100 页，满铁调查部编印《北支那化学工业调查资料》，1937，第 26、35 页，转引自庄维民《近代山东市场经济的变迁》，中华书局，2000，第 448 页。

业的基础；以后阎锡山将其归并为工艺实习厂和火药厂两个企业，共有各种机器设备3800部，职工15000余人，是全国最大的兵工厂之一，带动了太原机械工业的发展。30年代，阎锡山创办西北实业公司，重新整合和扩建，形成拥有生产枪炮弹药和民用产品的12个分厂，构成了太原机械制造行业的主体。

在呼和浩特、包头，以及张家口、宣化等城市，除了电灯、面粉等企业外，都形成了以毛纺、地毯和皮毛加工业为主体的行业结构。如呼和浩特有资本30万元的绥远毛织厂，包头有400余名工人的绒毡工厂；包头20年代初有10人左右的地毯作坊十多家，数百名工人，1936年增加到30余家，年产约2.5万平方英尺。[1]这些城市还是皮毛加工中心，如张家口被时人誉为"皮都"，有资本万元的振亚香牛皮工厂和500多家皮毛加工业小作坊，每逢收购季节受雇佣的皮毛工匠多达几万人；[2]宣化1915年有皮行50余家，1925年调查显示，"皮毛行六十余家，共约有工人五千六百名"；[3]包头有加工生熟皮张的黑、白皮房和制毡作坊，1936年有黑皮房30家、白皮房19家、毡房13家和靴鞋作坊20家。[4]

总之，华北诸大中城市的工业结构多以轻工业、食品工业和化工业为主体，特色产业也有一定的同质性，即多是纺织、面粉、卷烟、火柴、制革、榨油业的企业，但是由于各城市面向不同的市场、腹地物产各异，上述行业企业的数量和规模各有侧重，形成了区域内的分工。

三 近代工业发展的特征

从华北各城市近代工业的兴起和发展，可以总结其主要特征，从而进一步了解华北经济近代化的轨迹、特质和规律。

---

[1] 施坦：《别具一格的包头地毯》，《包头史料荟要》第7辑，1982，第31~32页。
[2] 徐纯性主编《河北城市发展史》，河北教育出版社，1991，第227页。
[3] 彭泽益编《中国近代手工业史资料（1840~1949）》第3卷，第121~122页。
[4] 绥远通志馆：《绥远通志稿》，1936，转引自《包头史料荟要》第4辑，1980，第27~28页。

其一，投资者随着环境的变化有所侧重。华北地处畿辅，在工业初创时就得到中央和地方政府的投资等多方面的支持，投资企业的华商也与政府有着各种联系，这种联系有经济的，也有政治的，因此可以说一直是在政府的关照下开展的，如投资、企业和产品的专利权、免税等，煤矿等较大企业更是如此。20世纪以后，具有更广泛意义的政府行为和色彩愈发明显。如政府政策的推动力、绅商的主动迎合、军阀官僚的直接投资、政府对企业的直接和间接的支持等等。尤其是军阀官僚的直接投资，从某种意义上说在很大程度上支撑了华北区域近代工业的振兴，与江南近代工业发展有着明显的不同。据学者研究，军阀官僚的投资自清末开始，1918~1921年达到高潮；其对工业的投资以北京、天津和直隶省为主，涉及采矿、纺织、粮食加工、化工、公用事业以及机械等众多的行业。[①] 山东省的上述特征主要反映在矿山建设上。山西省的早期工业是政府直接创办，20世纪20年代多为阎锡山一手操办，他创办的西北实业公司几乎垄断了该省的机械制造等行业。政府和军阀官僚的投资多集中在纱厂和矿山等大型企业上，并形成了具有一定意义的资本集团，如周学熙等创办的华新公司，在天津、青岛、唐山、卫辉建纱厂，对矿山、自来水、化工、机械、水泥等行业进行投资，再如交通系军阀政客对矿山等业的投资。有的企业得到政府在专利、税收等方面的支持，但人事和经营管理上也有较多的官办色彩，成为企业发展的桎梏。因此，华北区域的工业企业较依赖政府和倚重军阀官僚，对政局和政治氛围的稳定等显得十分敏感。

其二，在各城市工业中，外资进入时段相对较短，投资力度和行业各异，而且日资势力迅速扩大，在一些行业呈垄断状态。20世纪前后，德国占领青岛后注重建港、修筑铁路、市政工程和开采矿山，英商的开平煤矿投资建设秦皇岛港，天津的外商多投资市政设施和创立为海运、进出口贸易服务的小型企业。青岛被德国和日本占领，尤其是1915年日本取代德国后，日资在纱厂、卷烟、缫丝等行业投巨资，形成一度的行业垄断，1922年青岛被中国政府收回时，有资本50万元以上的日本企业80家，资本总额高达2.5亿日元。

---

① 参见魏明《试论北洋军阀官僚的私人经济活动》，《近代史研究》1985年第2期。

但从总体上看，外资在华北各城镇工业投资的规模和行业十分有限，与民族资本主义企业在不同行业相互补充共同发展。以天津为例，1928 年外资企业约 90 家，资本总额约 3000 万元，主要集中在出口加工、卷烟和机械业等行业；北京、济南、太原和呼和浩特等也很少有外资建立的大型工业企业。20世纪 30 年代以后，外资尤其是日资的投资迅速增长，集中在纺纱、矿山、钢铁、橡胶、卷烟、面粉等行业，外资企业已逐步由外贸附属和初级加工业，向基础工业、多门类工业转化。特别是九一八事变后，日本的满铁和财团将投资的注意力转向华北，其投资规模和行业等都大大超过了欧美诸国，以为将华北作为日本侵略战争兵站和物资供应基地奠定基础。

其三，大中城市与城镇的工业结构形成了一定的互补。以上资料表明，华北诸大中城市的工业结构多以纺织、食品等轻工业和化工业为主，尽管在皮毛加工、地毯、火柴、面粉等行业有一定的区域特色，但是并没有全面体现华北近代工业的特点。华北盛产煤铁等资源，原来就有诸多的煤窑和冶炼作坊，开埠后政府和中外商人等曾着手建设大型矿山，但因资金、设备和管理等原因，只有开平和中兴煤矿运转正常。20 世纪以后，由政府和中外商人等多方投资，兴起了建立近代矿山的热潮。如北京附近的门头沟有资本 150 万元的煤矿公司和 100 万元的斋堂煤矿公司，石景山曾设铁厂。河北省唐山因煤矿而兴，开滦矿务局产量从 1912 年的 169.3 万吨增加到 1927 年的 495.8 万吨，附近还有柳江和长城煤矿；宣化有鸡鸣山煤矿；南部的煤矿也非常集中，有磁县、临城、井陉、正丰、怡立等大中型煤矿，也有资本十数万元的小矿井，[①]带动了邯郸和邢台等城镇的经济发展。在山西省，煤铁是支柱产业，集中在阳泉和大同。阳泉的保晋矿务总公司资本达 286 万元，在阳泉、晋城、大同、寿阳等地均有煤井，1932 年产量达到 52.2 万吨，并建立了使用洋式炼铁炉的铁厂，附近还有富昌、中采、平记等煤矿。据 1935 年统计，在阳泉一带的大小矿井多至 300 余座，资本在万元以上的煤矿不下数十家。在大同，

① 参见蒂姆·赖特《中国经济和社会中的煤矿业（1895~1937）》，丁长清译，东方出版社，1991，第 270~271 页；汪敬虞主编《中国近代经济史（1895~1927）》，人民出版社，2000，第 1693~1696 页。

除了属于保晋、晋北矿务局的矿山外，有同宝、宝恒等近十家规模较小的煤矿。[1] 根据大同矿照档案记载，1914~1924 年的 10 年间，在大同以采矿公司或私人名义划占的矿区就有 47 家，198 处矿区，占地面积多达 280 多万亩。在长治附近的潞城，有石圪节、建昌、广懋煤矿和铁矿，以及许多大小不等的煤窑。据统计，1937 年山西全省约有工人 6 万人，其中采矿工人几占半数。[2] 山东省峄县枣庄的中兴煤矿最初资本仅数万元，1921 年增加到 750 万元，1930 年产量达 35.6 万吨。[3] 淄博集中了数家大型煤矿，最初德华银行等 14 家银行在坊子创办煤矿，后在淄川重建，1913 年产量达 41.4 万吨，1923 年改组后的鲁大矿业公司，资本 250 万元，1931 年产量为 58.1 万吨；附近还有悦升、乐城、博东、旭华和华宝等煤矿。[4] 30 年代有 20 家资本在 10 万元以上的煤矿，最大的悦升和博东公司资本为 140 万元和 150 万元。大型矿山企业的建立和发展，促使企业所在地迅速发展为功能较为单一的工矿业专业城镇，正如时人所言："工以矿兴，商以矿聚，路以矿筑，举凡一切事业无不与矿有直接间接关系，矿业盛衰，影响至巨。"[5]

这些以资源生产为主的专业城镇不仅能够体现华北区域矿山资源产业的特征，而且与大中城市在投资、运销等各方面有着十分密切的联系，形成互补和互动，构筑了华北区域近代工业的格局。如开滦、保晋矿务局和启新洋灰公司等许多矿山企业的总公司设在大城市，以吸揽资金和调度销售；建厂设备、部分原料的购置，以及产品的销售和出口无不依靠大城市，大城市的能源也依赖城镇的煤、铁和水泥等供应，建立起互相依托的密切关系。同时，大中城市与矿山专业城镇的密切联系，既增强了矿山专业城镇自身的经济实力，也带动了周边地区，特别是铁路沿线和如石家庄等交通枢纽城镇的经济发展，促使华北区域的工业布局有所改善。

---

[1] 参见山西省史志研究院译编《山西大观》，各县介绍，山西古籍出版社，1998。

[2] 《山西省经济资料》第 2 册，第 9 页，转引自刘建生、刘鹏生等《山西近代经济史（1840~1949）》，山西经济出版社，1995，第 406 页。

[3] 山东省实业厅编印《山东矿业报告》，1932，第 162、258 页。

[4] 《中国实业志·山东省》，庚，第 1~53 页。

[5] 《胶济铁路经济调查报告》，分编第 5 册，博山县，第 6 页。

近代华北城市人口发展及其不平衡性[*]

人口是社会生产力，既是生产的主体，又是社会生产过程的消费者。分析近代华北城市人口的发展，以人口界定城市的规模，探索其发展的不平衡性，是研究华北城市近代化和城市系统演变不可缺少的重要方面。

一　近代华北城市人口的发展

华北区域是中华民族的主要发祥地，也是城镇相对集中之区。春秋时期全国有近百个城镇，大多在黄河中下游的华北地区；秦汉时华北人口比重和密度居全国首位，670 个城市中，冀、鲁、豫、晋、陕五省（现行政区）占 3/5。[①] 齐国都城临淄竟有 7 万户，仅男子约 21 万人。[②] 由于东汉以后社会大动乱和天灾人祸的长期蹂躏，以及江南的开发，华北区域人口发展处于停滞状态；直到明清时期才有较大的发展，但人口重心已经移到江南。乾隆十四年（1749），华北五省共有 6679 万人，占全国总人口的 36.57%；到 1840 年增至 10484.7 万人，所占比重却降为 25.03%。[③] 据美国学者施坚雅估计，1843 年，不包括东北和台湾地区在内，中国 2000 人以上的城镇共 1653 个 2072 万人，占全国总人口的 5.1%。其中包括山西、

　*　本文原载于《近代史研究》1998 年第 1 期。
　①　胡焕庸、张善余：《中国人口地理》上册，华东师范大学出版社，1984，第 246 页。
　②　《史记·苏秦列传》，中华书局，1959，第 2257 页。
　③　赵文林、谢淑君：《中国人口史》，人民出版社，1988，第 452、457 页。

河南、河北省大部，山东全部以及江淮分水岭以北的苏皖部分地区的华北区域，共有城镇 416 个，数量居八大区域之首；城镇人口 465.1 万人，绝对值仅低于长江下游；但城镇人口占总人口的比重仅为 4.2%，列八大区域之六，低于全国平均值。1893 年华北区域有城镇 488 个，580.9 万人，数量和人口均居全国之首；但城镇人口占总人口的比重却仅为 4.8%，明显低于全国 6.0% 的平均值，更不及长江下游的 10.6%。[1] 这反映了在清代中晚期，华北区域范围大、人口多，相对来说城镇也多，但城镇规模小，人口集聚能力有限。当时，北京是全国最大的城市，1781 年京城内外约有 87 万人之多；[2] 为其服务的城镇逐渐兴盛，如天津、通州、德州、临清、济宁、张家口、大同等人口集聚；各省省会是一定区域的政治经济中心，其周围也有一些中小城镇。从而形成了以政治职能为主，经济职能为辅，以北京为中心的传统社会晚期城市系统。

近代以来华北区域（包括京、津、冀、鲁、晋、内蒙古和豫北）城市人口发展大致经历了三个阶段。

20 世纪以前是起步阶段。进入近代以后，天津、烟台等五个口岸被迫开埠通商，随着城市功能的转变，人口有较大幅度增长。天津是北洋大臣和直隶总督长驻地，外贸和近代工商业起步较早，1840 年天津城区范围内共有近 20 万人，到 1903 年达到 36 万人，增长了 81.6%，年均增长速度为 9.5‰。[3] 烟台原是渔村，"居民寥落，不过茅屋数十椽耳"，开埠数年，"高楼广厦，比户相连"，"贸易之盛，户口之繁，较之省会殆有过之"。[4] 1901 年有 5.7 万人，比 20 年前增加了 1 倍。[5] 青岛自被德国强租后，从数百人的荒僻渔村到 1902

---

① 参见施坚雅《中国封建社会晚期城市研究——施坚雅模式》，王旭等译，吉林教育出版社，1991，第 74 页。

② 李慕真主编《中国人口（北京分册）》，中国财政经济出版社，1987，第 39 页。

③ 参见张利民《论近代天津城市人口的发展》，天津社会科学院历史研究所、天津城市科学研究会《城市史研究》第 4 辑，天津教育出版社，1990。

④ 劝业公所：《山东全省戊申己酉年报告书·商务科文牍》，第 22 页。

⑤ 姚贤镐编《中国近代对外贸易史资料（1840~1895）》第 2 册，中华书局，1962，第 1367 页。

年增至 1.4 万人，1909 年成为拥有 3.5 万人的城镇。① 秦皇岛原被日人称为
"僻在北方海岸，特农家渔民所居之一寒村耳"，② 兴建开滦煤矿和修京奉铁路
促使其自辟为通商口岸，建港运煤，涌进数千名筑港工人，1907 年常住人口
4600 人。

唐山是因矿而兴，它原是"居民百余户，人口不足二千人，有商号数家，
均系小本经营"，集日时也"销售无几，极为冷落"的村庄；1878 年开平煤
矿建立，不久又出现了机车修理厂和洋灰公司，升格为镇；19 世纪末开平煤
矿已有 3 矿出煤，约有工人 3000 人，全镇约 1 万人。③

首都和省会人口增长不快。北京因旗兵外出征战等，人口自然增长较慢，
1910 年为 110 万人，比 130 年前仅增长 25%。济南 1843 年不过 6 万人，因
是铁路枢纽，到 20 世纪初增至 10 万人。④ 太原是省内经济中心，沿海开埠对
其影响不大，1890 年太原城内有 3 万人，到 1919 年仅增至 42672 人。⑤ 保定
原称有 25 万人，其重要性逐渐被天津替代，地位下降，官僚眷属迁居京津，
人口逐年减少。

20 世纪初至 1937 年是城镇人口迅速增长阶段。其主要原因在于：其一，
通商口岸增多。除了前期的五个，华北又开放了济南、潍县、周村、龙口、
多伦、归化（呼和浩特）、张家口、满洲里和赤峰，总共有 12 个通商口岸、
2 个外国租借地，集中在山东、河北和内蒙古，内地的山西和河南阙如。其
二，近代交通运输系统的建立。京奉、胶济、京汉、正太、津浦、京包等铁
路干线和支线陆续建成通车，形成了以铁路为主的近代华北交通运输网络。

---

① 《胶海关十年报告，1892~1901 年、1902~1911 年》，转引自青岛市档案馆编《帝国主义
与胶海关》，档案出版社，1986，第 63、117 页。

② 《经济报》1898 年 5 月 14 日，转引自黄景海主编《秦皇岛港史（古、近代部分）》，人
民交通出版社，1985，第 144 页。

③ 刘秉中编著《昔日唐山》，政协唐山市文史资料委员会，1992，第 78、86 页。

④ 参见胡焕庸、张善余《中国人口地理》下册，华东师范大学出版社，1985，第 66 页；
德·希·珀金斯《中国农业的发展（1368~1968 年）》，宋海文等译，上海译文出版社，
1984，第 388 页。

⑤ 《山西省第二次人口统计》，转引自行龙《人口问题与近代社会》，人民出版社，1992，
第 138 页。

它不仅促进了各地的商品化生产、商品流通、人口流动和华北经济布局的重新组合，也带动了铁路中转站和终点站迅速成长为大小不等的城镇。其三，近代工矿业的兴起和以外贸为主的商业的发展，带动了市场规模扩大和市场经济繁荣，为一些城镇或市场发展提供了绝好的机遇。所以，这一阶段华北区域城镇数量增多，城镇人口剧增，逐渐形成了由铁路相连的以沿海、沿边、新兴工矿业和交通枢纽城市为主干的近代华北区域城镇系统，表明其正在迈入近代城市化的轨道。

这一时期涌现出许多城镇。石家庄在 1878 年修建京汉铁路前，仅是一个 150 户 600 多口的村庄，[①] 成为铁路枢纽和粮棉集散中心后，1928 年有 6 万余人。[②] 张家口 1834 年时市区仅万余人，1909 年京张铁路通车后成为较大的内陆商埠，1931 年市区有近 9 万人。[③] 包头 1834 年是近万人的市镇，天津开埠后成为西北皮毛转运中心，1912 年人口增至 68094 人，80 年增长了 5.5 倍；1923 年京包线通车，成为华北近代交通在西北的终点，土洋货在此集散，商店林立，流动人口大增。但战争和灾荒使固定人口减少，到 1934 年包头市的人口仍维持原来的 6.5 万人规模。[④] 一些以某种商品为主的专业集散地，如德州、张店、周村、泺口、大汶口、沙河、安阳、周口、道口、榆次、邢台、宣化、辛集、胜芳、独流等，也逐渐发展为一定规模的城镇。

天津、青岛、济南等大中城市经济发展水平提高，吸附能力增强，人口大增。如天津 1928 年达到 1122405 人，一跃成为逾百万人的特大城市，22 年的增长率为 164.37%，年均增长率达 45.18‰。青岛 1910 年为 16.5 万人，到

① 徐纯性主编《河北城市发展史》，第 24 页。
② 徐振安：《石家庄之人口》，政协河北省石家庄市委员会文史资料研究委员会编《石家庄文史资料》第 2 辑，1984，第 125~127 页。
③ 刘蔚：《张家口市区一百五十年间的人口变迁》，政协张家口市委员会文史资料委员会编《张家口文史资料》第 22 辑，1992；内政部统计司编《民国十七年各省市户口调查统计报告》，1931。
④ 包头市人口普查办公室：《解放前包头市人口概况》，包头市地方志史编修办公室、包头市档案馆编辑《包头史料荟要》第 10 辑，1984；胡焕庸：《论中国人口之分布》，华东师范大学出版社，1983，第 88 页。

1932 年增至 42.6 万人，增长了 156.16%。[①] 济南从 1910 年的 25.8 万人，到 1932 年达 42.2 万人，增长了 63.57%。[②] 太原到 30 年代初也增至 13 万人；唐山从 1917 年的不足 2 万人，到 1928 年增至近 10 万人。[③]

1937 年至 1949 年是畸形发展阶段。这时华北沦为日本侵略者的殖民地，又是主要战场，但城镇人口并没有因此而减少。原因如下。其一，大量农民为逃避连年不断的战争和灾荒躲进京津等大城市。如 1936 年后的 5 年间天津租界净增近 6 万人；1939 年大水灾后北京人口增加 10 万人，天津增加 13 万人。其二，日本和华北伪政权为巩固其统治，加强了对政治经济中心城市的统治。北京是日本统治华北的大本营，日本军人、官员、工商业者及家属麇集，1941 年全市有日本人（不包括军人，下同）85188 人，比 5 年前增加了 20 倍。保定、济南、石家庄、太原等交通枢纽和军事要冲，是日军重兵驻扎之地，日本商人等也聚集于此。据统计，1937 年 7 月济南有日本人 2054 人，太原有 32 人，到 1941 年 6 月分别增至 19518 人和 15577 人；石家庄原没有日本人常住，此时竟有 13140 人。大同原来只有 4 个日本人，到 1941 年达到 8700 余人。据 1941 年 4 月的统计，华北各省（包括蒙疆地区）共有日本人 342112 人，比 1937 年 7 月增长了 693.62%，净增近 30 万人；占在关内全部日本人的比重从 1937 年的 49.59% 增长到了 67.58%。[④] 其三，日伪为掠夺煤铁等国防资源，扩大和新建了一批工矿企业，集中了相当数量的工人及其家属，也促使其成为一定规模的城镇。

因此，1937 年以后华北特大城市和大城市的人口不断增加。1941 年北京总人口比 1936 年增长了 16.87%，天津同期增加 20.75%；青岛 1940 年比 1938 年增加 9 万人，济南同期增加 9.3 万人。张家口是伪蒙疆政府所在地，1940 年增到 10 万余人。石家庄人口也从 1937 年的 7 万人增到 1940 年的 9.3

---

① 张利民:《论近代天津城市人口的发展》,《城市史研究》第 4 辑;《胶海关 1932 年贸易报告》,转引自《帝国主义与胶海关》,第 387 页。
② 沈国良:《济南开埠以来人口问题初探》,《山东史志资料》第 1 辑,山东人民出版社,1982。
③ 胡焕庸、张善余:《中国人口地理》上册,第 258 页;刘秉中编著《昔日唐山》,第 90 页。
④ 盐原三郎:《都市计画・华北の点と线》,日本国会图书馆藏,1971,第 86 页;高木翔之助:《北支・蒙疆年鉴》,"华北经济通讯社",1941,第 402 页。

万人。[①]太平洋战争后，残酷的战争又把众多难民赶到城市，一些城市的人口在跌宕起伏中仍有所增加。

二 华北城市的人口等级和系统

以往各级政府均不重视城市人口统计，且统计标准不尽相同，没有留下系统而科学的统计资料；但综合考证尚可大致勾画出不同时期华北城市的人口规模；这将有助于界定其地位和作用，深入研究近代华北区域的城市系统。城市的等级则主要根据1949年该市的人口规模，即100万人以上为特大城市，50万人以上为大城市，10万人以上为中等城市，5万人以上为小城市，2万人以上为小城镇。

（一）特大城市

北京和天津为特大城市，其历年人口数量如表1所示。

表1 近代北京和天津人口数量统计

单位：千人

	1900年前	1912年	1917年	1928年	1935年	1940年	1949年	1953年
北京总人口	888[a]	1129.1	1221.0	1358.6	1573.1	1745.2	1979.0	2538.0
市区		725.1	811.6	918.7	1113.9	1273.0	1354.0	1643.0
郊区		404.0	409.5	439.9	459.2	472.0	325.0	895.0
天津总人口	198.7[b]	886.5	1047.9	1361.7	1237.3[c]	1503.1	2431.5	2939.6
市区		601.4	719.9	939.2			1895.7	2317.3
郊区		285.1	328.0	422.5			535.8	622.4

注：a.此为1781年统计数值，范围包括内外城、城属人口及营兵。b.此为1840年统计数值，范围包括城关，不含四乡。c.1934年天津市、县划界，此后统计范围均为市区人口，不含四乡。

资料来源：李慕真主编《中国人口·北京分册》；李竞能主编《天津人口史》；等等。

---

① 兴亚院华北联络部：《华北劳动问题概说》，新华印书馆，1942，第14~17页。

北京在清末已是人口超过百万人的大城市，近代后自然增长率低，有时甚至呈负增长，但其特殊的地位吸引了众多的迁入者，1949 年市区人口比 20 世纪初增长了 1 倍。天津则是另一种发展模式，清代的 1840 年是不足 20 万人的中等城市，近代后经济功能空前增强，成为华北区域的经济中心，吸引了腹地大批人口，1903 年增加到约 36 万人，到 1949 年的百余年间市区人口增 9 倍，达到近 200 万人。

（二）大城市

青岛和济南是人口超过 50 万人的大城市，其历年人口数量如表 2 所示。

表 2　近代青岛和济南人口数量统计

单位：千人

	1900年以前	1910年	1917年	1929年	1936年	1940年	1947年	1949年	1953年
青岛	60 [a]	167	217	362	426 [c]	584	787	826	917
济南	60 [b]	258	275	379	442	523	574	642 [d]	680

注：a. 此为 1892 年胶州地区数值。b. 此为 1843 年统计数值。c. 此为 1932 年统计数值。d. 此为 1948 年统计数值。
资料来源：实业部国际贸易局编印《中国实业志·山东省》，1934；东亚同文会编印《支那省别全志·山东卷》，1917；"关东都督府民政部"编《山东省视察报文集》，东京印刷会社，1913；满铁华北事务局调查部编印《北支主要都市ニ於ケル商品流通事情》，1943 年油印本；内政部《中华年鉴》上册，"人口"；沈国良等《济南开埠以来人口问题初探》，《山东史志资料》第 2 辑，1982；等等。

大城市都集中在山东省，该省人口多、密度大是原因之一，但更主要的原因还是开埠通商后城市政治经济地位的提高。青岛被外国租借后，筑港修路，外贸繁盛，轻纺工业发达，容纳能力提高，以最富饶的胶东半岛为腹地，50 年内城市人口增长了近 14 倍，一跃为华北的第三大城市。济南是山东省会，历史悠久，胶济和津浦铁路开通后辟为通商口岸，带来了商品流通和近代工业的发展，经济功能增强，人口平稳增长，1910 年后的 40 年中人口增长了 122.48%。

（三）中等城市

现代人口统计将拥有 20 万~50 万市民的城市列为中等城市，但将此用于城市近代化水平不高的中国，尤其是用于城市近代化刚刚起步的华北区域似乎过于牵强，因此本文将人口规模下调为 10 万人。据统计和考证，到 1949 年，华北区域包括城郊人口在内拥有 10 万~50 万人的中等城市 16 个，其历年人口数量如表 3 所示。

表 3　近代华北地区中等城市人口数量统计

单位：千人

	1900年以前	1917~1918年	1928年	1936年	1940年	1949年城区扩展前	1949年城区扩展后	1953年
石家庄	0.6 [a]	6	63	74 [b]	179	126	278	370.4
唐山	2 [c]	20	98	130	126	163	473.3	629.3
保定	100	80	78 [d]	88	105	170	172.5	243
张家口	142 [e]	65	90	91	111 ★	185	241.3	305
秦皇岛	5 [f]	6		30	31 ★	105	166 [g]	191.3
烟台	95	8 [b]	102	145	170 ★		172	188
威海		150		190 [h]	150 ★		119	
潍县	100	80		122	122	100	113	149
太原	120 [i]	110	101	200	143	278	442	721
大同		20		89	98 ★		161	228
长治		9		109 [h]			129	98
阳泉		6				150		177
呼和浩特		78	76	84	104	113		148
包头	10 [i]	74	63	68	62	114		149
郑州				150	197 [i]	100	147	595
开封	200	200		303	247 [i]	230 [k]	282	299

注：★其外国人口统计中，除日本人外均为 1936 年数值。a. 此为 1878 年人口数。b. 此为 1937 年统计数值。c. 此为 1874 年人口数。d. 此为 1930 年统计数值。e. 此为 1881 年人口数。f. 此为 1907 年统计数值。g. 此为秦皇岛与山海关合为秦榆市，1949 年山海关归辽西省，秦榆市复称秦皇岛市。h. 此为 1931 年统计数值。i. 此为 1834 年人口数。j. 此为 1939 年统计数值。k. 此为 1947 年统计数值。

资料来源：《中国实业志》各省分卷；《支那省别全志》各省分卷；杨文洵《中国地理新志》，中华书局，1946；青岛守备军民政部编印《山东铁道沿线重要都市经济事情》（上），调查资料第 18 辑，1919；大兴公司编印《冀东防共自治政府管内典当业调查报告书》，1937 年油印本；《北支蒙疆年鉴》1941~1944 年；胡焕庸、张善余《中国人口地理》；李慕真主编《中国人口》各省分册；河北省地方志编纂委员会编《河北省志·人口志》，河北人民出版社，1991；等等。

中等城市大致分两大部分。第一部分即传统时期延续的城市。如保定、太原、开封都是省会和古城，有过人丁兴旺的盛世；到了近代，因地处内陆，受商品经济的冲击和影响较弱，或被沿海城市所替代，吸附能力减弱，腹地日益缩小，加之战争不断，盗匪横行，人口增长缓慢，甚至停滞和倒退。张家口是历代军事重镇，1724 年设厅，为清朝与蒙古、俄国政治经济交往中心，又是颇有规模的皮毛集散地；京张铁路开通和自辟为通商口岸后，成为华北北部重要的陆路商埠，人口增长较快。但 1910 年外蒙古"独立"使贸易中断，加之军阀混战、灾荒频仍，人口流失较多。以后曾为察哈尔省省会和伪蒙疆政府所在地，人口略回升。

第二部分是近代崛起的城市，可分为通商口岸、交通枢纽和工矿业城市三种类型。其共同的特点是，自身具有某种优越的环境和条件，使其数十年间由小城镇或农村，迅速发展为颇具规模且有相当潜力的城市。烟台、秦皇岛、威海、呼和浩特和潍县等通商口岸中，烟台开埠早，但后被青岛所替代，1916 年末人口减至 8.6 万人，到全面抗战爆发前仅增至 14.5 万人；[①] 威海为军事要塞，工商业并不发达，1932 年近 20 万人中务农者 89494 人，从事工商业者仅 2 万余人；[②] 呼和浩特在开埠前后人口增长较快，但终因地理、经济水平所限，以及战争、灾荒等原因未能持久发展；潍县周围农业商品化程度较高，手工业发达，但本身没有大工业，以家庭手工业和农产品集散为主，吸引力不大。石家庄和郑州是交通枢纽。郑州原系县城，成为京汉、陇海铁路交汇点后，商品集散能力空前提高，随之出现近代纱厂等工商业和金融业，经济实力大增，1939 年城市人口近 20 万人。石家庄亦是同样，1933 年人口增至 6.3 万人；1937 年日军侵占该市后，极力想把这个粮棉基地、煤矿中心和军事要冲建成其侵华的兵站基地，"开发"为华北的六大都市之一；1940 年 1 月石门市正式成立，周围获鹿、正定县的 65 个村划归该市所有；1941 年人口增到

---

① 《支那省别全志·山东省》，第 114 页；《烟台概览》，第 2 页，转引自《近代山东沿海通商口岸贸易统计资料》，第 252 页。
② 《中国实业志·山东省》，戊，第 16 页。

16.7 万人，加上外籍人口达到近 18 万人。[①] 唐山、大同、长治、阳泉等以工矿业为特色，聚集了众多工人。唐山有开滦煤矿、纱厂、洋灰公司和机车制造厂等，1939 年有 42 家近代企业，是重工业为主的城市。[②]

（四）小城市

人口为 5 万~10 万人的城市为小城市。因历年人口统计是以县为单位，县城和城镇人口的统计资料十分缺乏且不系统。据现有的统计资料估算，到 1949 年华北有 11 个小城市。其中，洛阳、济宁和德州等是大运河沿岸城市。洛阳在隋朝曾为国都，兴盛一时，拥有 100 万人，济宁和德州也是商品交流中心。近代以后，这些城市因黄河改道和水患、大运河年久失治以及铁路不便等，地位不断下降，人口增长停滞或衰减。承德在清初只是 80 户的小山村，避暑山庄的建立使其政治地位提高，立为府治，人口渐增，1928 年又为热河省省会，是该地区的政治中心。其他小城市有的是铁路中转站，有的是近代工矿业兴起之地，有的周围地区商品经济比较发达，人口呈增长趋势；但商品经济欠发达和天灾人祸等因素制约城市经济职能的发挥，人口规模不大。其历年人口数量如表 4 所示。

表 4　近代华北地区部分小城市人口数量统计

单位：千人

	1900年以前	1917~1918年	1929年	1937年	1940年	1946年	1949年	1953年
承德		21		43		45	60	89.3
沧州		23		34	31		55.3	58.1
德州	66 [a]	30				20	80	90
济宁	120 [b]	67				100		86
博山		25	38	54 [c]	54			268 [d]
周村		25	61	70 [c]	69			
榆次		60					98	60

① 北京新民报社石门总支社编印《石门市を中心としたる京汉线事情》，1940，第 12 页；张鹤魂编《石门新指南》，石门新报社，1942，第 7~10 页。

② 徐性纯主编《河北城市发展史》，河北教育出版社，1992，第 109 页。

续表

	1900年以前	1917~1918年	1929年	1937年	1940年	1946年	1949年	1953年
赤峰		30				34	50	92
洛阳	50				73		69	171
安阳		50		50	94ᵉ		61.2	125
新乡					60		58	170

注：a.此为1787年数字。b.此为1843年数字。c.此为1936年统计数值。d.此为博山与周村合并后统计数值。e.此为1938年统计数值。

资料来源：《中国实业志》各省分卷；《支那省别全志》各省分卷；杨文洵《中国地理新志》；《山东铁道沿线重要都市经济事情》（上），调查资料第18辑；《冀东防共自治政府管内典当业调查报告书》；《北支蒙疆年鉴》1941~1944年；胡焕庸、张善余《中国人口地理》；李慕真主编《中国人口》各省分册；《河北省志·人口志》；等等。

（五）小城镇

小城镇是指1949年常住人口2万人及以上5万人以下者，其中有县城，也有集镇。据不完全统计，华北小城镇历年人口状况如表5所示。

表5　近代华北地区小城镇人口数量统计

单位：千人

	1900年以前	1917~1918年	1937年	1940年	1949年	1953年
邢台		17	51	70	34	56.6
邯郸	28ᵃ	22		28	45	90
正定		20	22			
胜芳			50		47	48
泊镇					21	32
通州	20	19	37.6			
门头沟		2	20			
宣化	25	15	29	15ᵇ		
卢龙		15		20ᵇ		
泰安		20	41		32	60
临清	50ᶜ	36			36	44
临沂		40				
益都	50ᵈ		38	35ᵇ		
菏泽	60	50				

续表

	1900年以前	1917~1918年	1937年	1940年	1949年	1953年
枣庄		10	36[e]			
邹县		30				
大汶口		12				
临汾		8		17	44	
平遥	30	8				
侯马					42	
集宁	17	21	43	29	20	37
多伦		17		30[b]		
周口		20				
焦作		10				37
道口		19				

注：a. 此为 1900 年数值。b. 此为 1946 年数值。c. 此为 1843 年数值。d. 此为 1852 年数值。e. 此为 1929 年数值。

资料来源：《中国实业志》各省分卷；《支那省别全志》各省分卷；杨文洵《中国地理新志》；《山东铁道沿线重要都市经济事情》（上），调查资料第 18 辑；《冀东防共自治政府管内典业调查报告书》；《北支蒙疆年鉴》1941~1944 年；胡焕庸、张善余《中国人口地理》；李慕真主编《中国人口》各省分册；《河北省志·人口志》；北宁铁路局经济调查队《北宁铁路沿线经济调查报告》，北宁铁路局，1937；《石门市を中心としたる京汉线事情》；《河北察哈尔各县地方实际情况调查报告》，《冀察调查统计丛刊》第 1~3 卷第 1 期，1936 年 7 月至 1937 年 7 月；胶济铁路管理局车务处编印《胶济铁路经济调查报告》各分册；等等。

在这些城镇中，有的是传统时期的府治、州治或县治等政治中心，到近代因商品经济发达或铁路开通成为一定规模的市场，并向专业市场发展。邢台和宣化是皮毛集散地，邯郸、正定和邹县等是粮棉集散地。有的城镇政治军事地位不突出，甚至连县城都不是，近代以后工矿业和新式交通的兴起，为其带来发展契机，使其经济功能加强，人口增长幅度超过一般水平。枣庄、门头沟和焦作等因煤矿而兴，集宁、多伦因清政府实边垦荒政策，招致众多农民聚集，加之铁路开通，成为商品集散地，人口增加；卢龙周围工矿业兴起和商品经济发达；临汾、侯马和平遥等自然环境优越，农业发达，是全省人口最密集的经济荟萃之地。因此，这些城镇得以保持一定的发展速度。

近代以后，一些传统的政治经济中心因环境的变化而停滞或衰落。如临清、益都、菏泽等受交通和市场等的限制没有相应的发展。有的城市因人口规模小竟被排除在小城镇之外。如大名清代有 4 万人，1917 年减至 1.7 万人；易县清末有 2.5 万人，1917 年仅 1.7 万人；蔚县 19 世纪末有 2.5 万人，1907 年仅 1.5 万人。[1]与此同时，一些县城或城镇因交通等条件的改善，政治经济地位上升。河北省霸县的胜芳镇，是京津蔬菜等主要供给地和小批量商品集散地，京津的发展带动了该地人口的增长，1949 年近 3 万人，而该县县城仅 1.5 万人。束鹿县县城始建于隋朝，清代号称有 2 万人，近代后其南部的辛集镇因邻近石家庄，交通也比县城便利，尤其是著名的皮毛集散加工中心，被称为"直隶第一镇"，1937 年人口增至 7000 余人，而县城减至 6000 余人；到 1949 年辛集达 18172 人，1953 年 22768 人，遂成为束鹿县行政机构所在地。怀来、阳原和怀安县因重要的军事地位，人口相对集中在县城，京包铁路开通后沿线的旧保安镇、沙城镇、阳原县城的西城等集镇因商业繁荣而迅速兴盛，人口超过了县城，最终县城迁址。旧保安镇 1917 年人口达 1 万人左右，1937 年为 13736 人，是怀安县城的 6 倍；沙城镇 1937 年人口与怀来县城相同，1949 年增至 22962 人，比 12 年前增长近 5 倍。[2]这表明环境的变化促使内地城镇功能发生转变。

通过华北各级城市及小城镇人口的列举，我们来对其城市人口发展做一归纳，并分析华北城市近代化的水平（因小城镇统计不完备不系统，故暂且省略）。近代华北各级城市人口发展如表 6 所示。

表 6　近代华北各级城市人口发展情况

单位：万人

	1900年以前*		1917~1918年		1936~1937年		1949年		1953年	
	城市数量	人数	城市数量	人数	城市数量	人数	城市数量	人数	城市数量	人数
特大城市（100万人以上）			2	226.9	2	281	2	441.1	2	547.7
大城市（50万人以上）	1	88.8					2	146.8	5	354.2
中等城市（10万人以上）	7	98	5	95.2	10	221.7	16	241.5[d]	17	333.1[f]

[1] 《支那省别全志·直隶省》，第 220、286、318 页。

[2] 参见《河北省志·人口志》；《河北察哈尔省各县地方实际情况调查报告》，《冀察调查统计丛刊》第 1~3 卷第 1 期，1936 年 7 月至 1937 年 7 月。

	1900年以前★		1917~1918年		1936~1937年		1949年		1953年	
	城市数量	人数	城市数量	人数	城市数量	人数	城市数量	人数	城市数量	人数
小城市（5万人以上）	9	54.1ᵃ	12	84ᵇ	16	108.9ᶜ	11	80.1ᵉ	10ᵍ	78
合计	17	240.9	19	406.1	28	611.6	31	909.5	34	1313

注：各类城市均包括市区和郊区，其名称和规模详见表1至表5。★ 多为1860年前后统计数据。a.其中威海人口缺，暂定5万人。b.其中洛阳和郑州人口缺，暂定7万和8万人。c.其中阳泉、济宁、洛阳、新乡、榆次人口缺，各暂定为8万、6万、7万、5万、6万人。d.威海、烟台、大同、长治为城区扩展后数值。e.其中济宁、博山、周村人口缺，暂定各9万人。f.其中唐山、太原、郑州均达到50万人以上，列为大城市；增加达到中等城市规模的淄博、洛阳、安阳、新乡；威海人口缺，暂定15万人。g.增加达到小城市规模的邢台、邯郸、泰安。

表6虽并不十分准确，但可基本反映华北区域城市近代化的发展。1900年以前华北区域有17个城市，大城市只有北京；城市总人口约240.9万人，平均每个城市14.17万人；从城市等级序列看，仍是传统社会有序的城市系统模式。1917年前后华北区域的城市增到19个，总人口为406.1万人，平均每个城市21.4万人，并出现了京津两个特大城市，意味着华北各城市的功能已经逐渐转向以经济功能为主，人口容纳能力也随之提高，城市规模在扩大。1936年华北的城市增加到28个，总人口为611.6万人，比1917年增长了50.6%，城市数量和人口数都有相当大的发展，但城市的集聚能力还没有充分发挥，平均每个城市有21.8万人。到1949年，城市增至31个，总人口为909.5万人，占华北五省总人口的6.35%；比30年前多12个城市，增加了503.4万人，增长了123.96%，平均每年增16万余人，平均每个城市人口也增至29.3万人，这表明20世纪以后华北区域城市人口发展速度是比较快的。再从各级城市的序列上看，1917年前后特大城市人口占城市总人口的比重为55.87%，中等城市占23.4%，小城市占20.68%；1949年特大城市人口占城市总人口的比重降为48.50%，大城市占16.15%，中等城市占26.55%，小城市所占比重大大降低，仅为8.81%。由此可反映出近代华北的城市等级层次从无序阶段开始走向系统化阶段，逐渐形成具有中国和华北区域特点的城市化道路。

以华北区域的城镇人口增长与全国比较。施坚雅统计，我国（不包括东北和台湾地区）1893 年有 1779 个城镇，2351.3 万人，占总人口的比重约为6.0%，年均递增率为 2.53‰；华北有 488 个城镇，580.9 万人，占总人口的比重约为 4.8%。[①] 据统计，1936 年全国有 5 万人以上的城市 191 个，1949 年为 168 个，[②] 人口达 5765 万人，占总人口的比重约为 10.6%；50 年间年均递增率达到 16.1‰，与全国总人口年均 5.7‰的速度相比是快的。[③] 华北区域 1949年 2 个直辖市和 5 省区总人口为 14143.8 万人，其中城镇人口 1394.8 万人，城镇人口占总人口的比重达到 9.86%，[④] 但如不计算京津两个特大城市的 400余万人口，各省区所占比重远不及全国的水平。尽管如此，自 1840 年到 1949年，华北城镇人口增长了 140.11%，而同期总人口仅仅增长了 37.98%，表明华北区域的城镇人口确有较大幅度的增长。

三　近代华北区域城市人口的不均衡性

由于中国商品经济的发展是伴随着西方帝国主义的政治经济侵略而来的，所以华北区域城镇人口的发展有着不可避免的不均衡性，主要反映在以下几个方面。

其一，城市人口规模的不均衡性。19 世纪中叶，华北区域的城镇是传统时期的城市系统，人口增长基本是有序的。近代以后突破了传统的模式，但与当时世界城市发展的一般规律有所不同。1950 年世界城市人口的比重是，百万以上的特大城市人口仅占城市总人口的 18.8%，10 万人以上的城市人口占城市总人口的 54.1%，2 万人以上的城市占比为 78.1%，其余为 2 万人以下的城市。[⑤] 而华北区域的特大城市和大城市人口占城市总人口的比重过大。

---

① 施坚雅：《中国封建社会晚期城市研究——施坚雅模式》，第 74 页。
② 朱铁臻主编《中国城市手册》，经济科学出版社，1987，第 34~35 页。
③ 胡焕庸、张善余：《中国人口地理》上册，第 261 页。
④ 因行政区划有变化，故与前数字有所不同；除北京市为 1949 年扩大行政区划前数字外，其余均为现行政区划内城镇人口统计数字。根据李慕真主编《中国人口》各省分册统计。
⑤ 联合国：《城乡人口增长类型》，纽约，1980，第 7 页，转引自高佩义《中外城市化比较研究》，南开大学出版社，1991，第 22 页。

据不完全统计，1900 年前华北区域各级城市中只有 1 个大城市，人口占城市总人口的 36.8%，中等城市人口占 40.7%，小城市人口占 22.5%；到 1949 年，特大城市和大城市人口集聚能力急剧提升，特大城市人口占城市总人口比重为 48.5%，比世界平均值高出 1 倍多；5 万人以上的小城市发展缓慢，1949年仅占 8.81%，城市数量和人口规模大大低于世界平均值。这说明，到 1949 年华北区域城市人口规模尚处在发展中国家普遍存在的不均衡状态，是具有中国特色的城市近代化的起步阶段。

其二，城镇人口分布的不均衡性。近代以后华北区域的经济结构和布局发生巨大变化，城镇人口的空间布局也呈现出近代的特色。沿海、铁路沿线和矿山附近城镇人丁兴旺，人口占城市总人口的 80% 以上；而原来的政治中心（省会、府治、州治等）、运河沿线和陆路运输枢纽等城市，受商品经济以及交通等影响相对较弱，人口仅勉强维持原有规模甚至减少。这种状况与华北城市数量东密西疏，平原多山区少，山东、河南和河北人口密集的自然社会环境是一致的。另外，还有一个特殊现象是，特大城市和大城市的发展带动了周围地区城镇的崛起，但是这些城镇并没有因此进一步迅速发展。北京、天津、济南、唐山等城市周围都有一些城镇，如通州、丰台、长辛店、门头沟、廊坊、井陉、泰安等，大城市的繁荣，以及铁路、矿山和商品流通使其一度兴盛，人口有所增加。井陉 1907 年即建立了煤矿，1917 年仅2200 人，到 1937 年增至万人；1937 年长辛店有 18281 人，廊坊有商店 200余家；[①]1939 年杨村有 12538 人，王庆坨有 12790 人，[②] 都有相当大的发展潜力。但是因为这些城镇距大城市太近，难以形成由本身经济实力为主导的中心，人口集聚能力受到限制，最终只能依附大城市，形成一定规模的城镇群，也加重了城镇分布的不均衡。如通州光绪年间有 16800 人，到 1917 年不过18750 人；[③]1928 年有人调查武清县城时发现，只有 57 家小商店，因"距平津

---

① 参见《支那省别全志·直隶省》，《北宁铁路沿线经济调查报告》等。

② 陈佩编《河北省武清县事情》，"新民会中央总会出版部"，1940，第 16 页。

③ 傅崇兰：《中国运河城市发展史》，四川人民出版社，1985，第 162 页；《支那省别全志·直隶省》，第 156 页。

皆近，凡过 10 元以上之物件，则均直往平津购买者多，故该县无大工商业之可言"。①

其三，城镇人口结构失调现象严重。由于城市人口多是农村的剩余劳动力，他们仍把土地看作安身立命之本而独自进城，故城市人口呈现出性别比例和年龄结构失调现象。全国人口的平均性别比 1912 年为 121.7，1949 年为 109.7。而北京 1918 年为 173.2；② 天津 1929~1948 年平均值为 149.65，1932 年高达 179.61，即 1.8 个男性中有 1 个女性；③ 青岛 1931~1947 年为 126.3；④ 济南 1914 年为 146.54，1934 年为 162.34。⑤ 中等城市也是如此，特别是新兴城市或重工业城市的性别比，高于传统城市和集散中心城市。据内政部统计，1928 年太原性别比为 282.77，包头 188.41，呼和浩特 223.56，张家口 277.47。⑥ 石家庄 1933 年为 172.15，1940 年为 145.71；1934 年张家口为 224.75，保定为 167.1；唐山 1940 年为 147.72。⑦ 小城市因人口流动大性别比失调状况不明显，博山 1929 年为 110.81，威海 1931 年为 114.25，潍县 1932 年为 143.32。⑧

在年龄结构上呈菱形，即青壮年多、老幼者少。北京 1929 年 15 岁以下人口占总人口的 19.1%，60 岁以上占 4.6%，成年组占 76.3%；1948 年成年组占 65.2%。天津 1937~1947 年成年组占 65% 以上，最高的 1942 年达 70.05%。然而，这种年轻型年龄结构并没有促使结婚率提高。北京 1919 年和 1929 年的结婚率分别为 5.3‰和 5.4‰；天津从 1929 年的 8.48‰下降到 1948 年的 3.07‰；而 1929~1931 年河北等 11 省 22 处农村的平均结婚率则为 9.97‰。⑨

① 楼兴周:《河北省工商业调查纪录》,《河北工商月报》第 1 卷第 4 期, 1929 年 4 月。
② 胡焕庸、张善余:《中国人口地理》上册, 第 144 页;李慕真主编《中国人口（北京分册）》, 第 55 页。
③ 李竞能主编《天津人口史》, 第 207 页。
④ 吴玉林主编《中国人口（山东分册）》, 中国财政经济出版社, 1989, 第 79 页。
⑤ 《支那省别全志·山东省》, 第 53~54 页;《中国实业志·山东省》, 丁, 第 8 页。
⑥ 《民国十七年各省市户口调查统计报告》, 1931 年。
⑦ 徐振安:《石家庄之人口》,《石家庄文史资料》第 2 辑;《冀察调查统计汇刊》第 1 卷第 2、4 期, 1936 年;刘秉中编著《昔日唐山》, 第 91 页。
⑧ 《中国实业志·山东省》, 丁, 第 162 页;戊, 第 16 页;丁, 第 84 页。
⑨ 李慕真主编《中国人口（北京分册）》, 第 55~56 页;李竞能主编《天津人口史》, 第 215、130 页;乔启明:《中国农村社会经济学》, 商务印书馆, 1945, 第 74 页。

这也说明在城市的青壮年大部分并不在城市结婚生子，而是把回家乡成家立业作为归宿。这种状况也导致城市失业率和犯罪率升高，以及嫖娼、赌博盛行等城市社会问题严重。

其四，城市的职业结构畸形，无业人口比重大。中国近代城市是随着帝国主义的政治经济侵略发展起来的，一方面还没有摆脱传统城市的束缚，聚集着大量的寄生消费群；另一方面经济结构畸形，大型工业不多，商业发达，所以职业结构中工矿、交通运输等生产性人口比重小，商业、军政、人事、服务等人口比重大。在北京，商业服务人口占总人口的比重一直居首位，1912 年占 16.8%，1948 年 6 月占 15.3%；工业人口 1912 年占 3.9%，1946 年占 8.8%。显示出北京是政治和文化为中心的消费城市。天津则充分表现出近代兴起的经济中心城市的特点。1936 年工业人口占职业人口的比重为 39.36%，交通运输人口占 12.56%，加上农业和矿业后的生产性人口共占53.47%，商业人口占 27.2%，服务人口占 7.79%，公务人口占 3.75%。受战争和经济萧条影响，工业发展停滞，城市功能多样化，天津职业人口中生产性人口占比下降，1937 年占 23.91%，1947 年占 43.6%；而商业和服务性人口增加，一般占 37.3% 和 7.4% 以上，最高的年份分别占 40.15% 和 9.65%。[①] 青岛1947 年农、工矿、交通行业的生产性人口占职业人口的 23.97%，商业、自由职业、服务性和公务人口占 19.72%。[②] 中小城市也是同样。1932 年威海生产性人口占职业人口的 12.84%；1934 年张家口占 14.99%，保定占 24.17%，石家庄约占 25%。在一些工矿业为主的新兴城市，生产性人口相对较多。长辛店的居民中"十分之七八为平汉铁路机厂工人"，丰台也是"以在铁路充工人者为多"，门头沟的"居民多在各矿工作"，构成其主要职业成分。[③] 在职业成分中还有一个特殊现象，即农业人口依然占有一定的比重。由于城市发展过快，新扩充的地区尚未开发，一些历年在此生活的农民没有放弃土地，继续从事农业生产。1932 年威海市农业人口占职业人口的 77.87%，农业和渔业

---

① 李慕真主编《中国人口（北京分册）》，第 57 页；李竞能主编《天津人口史》，第 251 页。
② 吴玉林主编《中国人口（山东分册）》，第 82 页。
③ 北宁铁路管理局：《北宁铁路沿线经济调查报告》，1937，第 600~601 页。

人口共占全市人口的 48%；张家口 1934 年农业人口占职业人口的 23.29%。[①]
说明越是近代工商业不发达的城市，保留越多的农民。到 1947 年，北京和青
岛两市的农业人口占职业人口的比重仍然有 11.95% 和 16.27%。[②]

同时，城市人口大规模增加，无疑是近代以后城市经济功能加强所带来
的拉力和农村因战争灾荒等导致自然经济趋于崩溃的推力的结果。但是，一
方面，农村人口因天灾人祸等大量涌入城市。据 30 年代初调查，华北一些县
农村人口的离村率多者近 9%，少者也有 2%；[③] 另据南开大学 1936 年对山东
农村人口的调查，其离村的原因属于生活无着等经济原因的占 69%，属于天
灾人祸的占 27.3%。[④] 如天津铸造和五金业基地三条石的郭天祥铁工厂的 98
名学徒中，来自河北和山东的破产农民占 94.4%。[⑤] 另一方面，城市经济在西
方列强的压制下不能迅速发展，容纳人口的能力有限。也就是说，农村居民
的破产速度远远超过城市发展的容纳能力。因此，城市中失业人口急速增多，
越是大城市问题就越严重。失业人口的数量往往被看作影响社会安定的重要
标志。为粉饰太平，各级政府都对该项统计大打折扣，如天津 1936~1947 年
统计中失业人口从未超过 3 万人。[⑥] 不过从各城市包括就学、老幼和失业者在
内的无业人口统计中可见一斑。如北京 1912 年无业人口占总人口的 50.6%，
1946 年占 46.2%；天津 1928 年为 38.77%，1936 年增至 60.75%。[⑦] 中小城市
人口集聚程度和范围有限，城里无法安身还可回家乡，但无业人口比例也比
较高。据 1928 年统计，在太原除有职业人口外，其他人口占总人口的比重为
42.29%，包头为 46.37%，呼和浩特为 57.48%，张家口为 46.06%。[⑧]

---

① 根据《中国实业志·山东省》，《冀察调查统计汇刊》第 1 卷第 2、4 期（1936 年）等统
　计计算。
② 转引自张庆军《民国时期都市人口结构分析》，《民国档案》1992 年第 1 期。
③ 乔启明：《中国农村社会经济学》，第 134 页。
④ 《华北劳动问题概说》，第 74 页。
⑤ 《学徒名目》，未刊原件，天津三条石历史博物馆藏。
⑥ 李竞能主编《天津人口史》，第 248 页。
⑦ 李慕真主编《中国人口（北京分册）》，第 57 页；李竞能主编《天津人口史》，第
　244~245 页。
⑧ 《民国十七年各省市户口调查统计报告》。

其五，城市居民不稳定。来自农村的城市居民多是被生活所迫进城的，在家乡有土地或妻儿父母，时刻为此牵肠挂肚，要经常寄钱接济；同时长期以来形成的家庭观念和风俗习惯，也使他们并不能斩断与农村的联系，他们或经常来往于城乡之间，或根据形势择地而居，增强了城市居民的不稳定性。首先，城市人口呈现季节性流动。节假日回乡过节和农忙时务农的现象在中小城市工矿业中十分普遍，这在京津等大城市的大工厂也是被资方认可的。天津一纱厂 1928 年 12 月工人出勤率为 93.76%，而夏收时请假回乡收麦者甚多，7 月出勤率降至 88.15%。① 近代煤矿工人多是从附近招募的，季节性流动更为普遍。开滦煤矿在春节时不得不停产；在春夏农忙时各矿劳动力数量大减，产量下降，有时干脆农忙停产。② 小城镇更是如此。潍县某织布厂的工人本是农民，"并未完全脱离农业"，"一到农忙，都各自回家务农"。③ 其次，城市居民的收入多用来接济家乡。如对天津永利碱厂 505 名工人中 50 名住厂工人的调查中，每月都给家乡寄钱的多达 40 人，年均寄出 49.5 元，占年均总收入的 29.84%。④ 再次，城市中廉价劳动力和无业游民多。进城的破产农民或难民没有技术，求职极难，不得不廉价出卖体力，所以来城市的"大半为人力车夫、仆役及小本叫贩"，"直接从事生产者则甚少"。⑤ 1906 年，天津有人力、畜力车夫 11217 人，装卸搬运工 3641 人。⑥ 1908 年的调查描述了他们艰难的生活："几个或十几个人共同借草屋居住"，"疲乏的身上盖着稻草，横躺竖卧，很快就鼾声四起"，"他们没有也不需要碗筷，一日三餐均在外面充饥"。⑦ 在人力车夫中，"拉散车之车夫，以乡下人为多数，能自己备车者极少"，"单身车夫多住在车厂"。⑧ 1940 年 11 月的调查显示，北京有人

① 方显廷：《中国之棉纺织业》，国立编译馆，1934，第 143 页。
② 蒂姆·赖特：《中国经济和社会中的煤矿业 1895~1937》，丁长清译，东方出版社，1991，第 31~33 页。
③ 彭泽益编《中国近代手工业史资料（1840~1949）》第 4 卷，三联书店，1957，第 25 页。
④ 林颂河：《塘沽工人调查》，北平社会调查所，1930，第 260 页。
⑤ 《近年冀察平三省市之人口状态》，《冀察调查统计汇刊》第 1 卷第 2 期，1936 年。
⑥ 《二十世纪初的天津概况》，侯振彤译，天津史志编委会，1989，第 99~101 页。
⑦ 东亚同文会：《支那经济全书》第 1 辑，1908，第 347~348 页。
⑧ 王清彬等编《第一次中国劳动年鉴》，北平社会调查部，1928，第 623 页。

力车夫 5.5 万人，天津有 4.5 万人，济南和青岛各 2 万人。他们绝大多数孤身一人，无固定收入，如"骆驼祥子"那样靠拉车糊口，少则一二年，多则三五载，便因体力不支，或回乡务农，或病累而死。据统计，1940 年北京人力车夫中的大多数即 68% 的人只干 1~5 年，6 年以上的占 32%。[①] 有的四处游荡，成为城市中的游民，天津"游手好闲之辈，所在多有"，[②] 且随着城市人口的增多，游民也在增加。最后，城市人口数量起伏不定。灾荒和战争等非经济因素，对城市人口增减的影响十分强烈。北京和天津人口曾因此出现多次短期起伏。1912 年清帝逊位，王公贵族、官僚政客携家离京，1927 年南京国民政府成立，国家政治中心南移，都造成北京城市人口的下降。1936 年后因抗战全面爆发，市民逃难，学校南迁，日军占领，也造成两市人口下降。1938 年后华北遭受特大水灾，灾民遍地，加之战争的蹂躏，迫使农民进城谋生或逃避战祸，两市人口剧增。北京 1937 年后四年内增加了近 30 万人，天津 1941 年内净迁入近 10 万人。太平洋战争爆发后，日本加紧对中国的搜刮和掠夺，在城市实行食粮配给制，市民食不果腹，工厂停工，两市迁出人口增多，人口急剧下降。北京 1945 年比 1942 年减少了 15 万余人，天津 1946 年比 1943 年减少了 11 万余人。1947 年后解放军解放了华北大部地区，国民党残兵败将、农村的富绅及其家属纷纷逃进京津，一时间两市人口突增，北京 1947 年净增了 20 余万人，天津仅 1948 年上半年就迁入 14.3 万人。[③] 中小城市也是同样。如包头、呼和浩特和宣化等城市人口增长速度不快，甚至一度下降，其重要原因之一就是连年不断的自然灾害和战争。埃德加·斯诺在《西行漫记》中描绘道，绥远的很多地方在 1933 年大旱灾期间，竟变成了"许多死亡的城市"和"荒芜不毛之地的乡野"。[④]

总之，近代以来华北区域的城市人口与全国一样迅速增长，城市开始进

---

① 《华北劳动问题概说》，第 92~93 页。

② 《督辕纪事》，《大公报》1902 年 9 月 2 日。

③ 李慕真主编《中国人口（北京分册）》，第 53 页；李竞能主编《天津人口史》，第 178 页。

④ 埃德加·斯诺：《西行漫记》，董乐山译，三联书店，1979，第 188 页。

入近代化轨道，但这主要是西方列强在华政治经济势力不断扩大的结果。就像一把双刃利剑，既促进农村自然经济的瓦解和城市的近代化，成为沿海和沿铁路线城市发展的重要基础和推动力，同时又造成了农村的极度贫困化，造成沿海与内地、东部与西部城市数量和人口规模、人口结构分布的不均衡，对城市的进一步发展造成了沉重的负担和相当大的阻碍。这就是中国城市化过程中表现出的半封建半殖民地色彩。

"闯关东"移民潮简析[*]

"闯关东"是中国近代向东北移民的略称,出现在清代,20 世纪后形成了移民高潮,其数量之多,规模之大,"可以算得是人类有史以来最大的人口移动之一"。[①]

一 "闯关东"的由来及其规模

清代以前,包括辽宁、吉林、黑龙江和蒙古东部的东北地区,人烟稀少,大部分土地处于荒野未开、崇山未辟的状态。清军入关在北京建立了清王朝,关外的满族人大多随军入关,据估计明末清初满族人口约 100 万人,迁入关内的达 90 万人之多,编入汉军旗的汉人和大批奴婢也随之入关。[②] 即便在原来人口较多的辽东,此时也是沃野千里,有土无人。为此,顺治元年(1644)清廷要求各地官署劝农开垦,"荒地无主者,分给流民及官兵屯种,有主者令原主开垦";"招徕流民,不论原籍别籍,编入保甲,开垦无主荒田","永准为业"。[③] 顺治八年(1651)清廷谕令,"民人愿出

---

* 本文原载于《中国社会经济史研究》1998 年第 2 期,人大复印报刊资料《中国近代史》第 4 期全文转载。

① 《海关十年报告(1922~1931)》卷 1,第 254 页,转引自章有义编《中国近代农业史资料 第 2 辑 1912~1927》,三联书店,1957,第 638 页。

② 参见韩光辉《北京历史人口地理》,北京大学出版社,1996,第 272 页。

③ 《大清会典事例》卷 166。

关垦地者",山海关造册报部,"分地居住"。[①]顺治十年(1653)颁布了
《辽东招民开垦条例》,鼓励关内民众到东北垦荒种地。对于招民的头目,
"招民开垦至百名者,文授知县,武授守备",百名以下者也授予相应官职;
对招徕的移民月给口粮、籽种和牲畜。[②]与此同时,设置了管理民人的地方
政治机构。于是,颇具规模的移民潮迅速形成。如在海城,顺治年间"招
民开垦,直鲁豫晋之人,来日日众"。[③]但时隔不久,清廷以东北为"龙兴
之地",担心关内汉人的大量迁入会损害旗人利益,破坏满族的习俗和秩
序,康熙七年(1668)废止了招垦令,推行封禁政策,以后的措施越来越
严厉,从局部封禁到全部封禁,从验关封海到驱逐流民。尽管禁令日见严
厉,却不能完全禁阻关内民众进入东北。迫于日趋沉重的生活压力和连年
不断的自然灾荒,越来越多的山东和直隶省农民或泛海偷渡到辽东,或私
越长城走辽西,涌向仍在沉睡的东北沃野。道光《荣城县志》载:"地瘠民
贫,百倍勤苦,所获不及下农,拙于营生,岁歉则轻去其乡,奔走京师、
辽东、塞北。"[④]仅康熙末年,山东到关外垦地者已多至十数万人。据统计,
到乾隆四十一年(1776),大约有180万关内移民(包括后裔)来到辽河
及吉林、黑龙江一带谋生。[⑤]这些移民活动都是在清廷实行封禁政策的情况
下进行的,故称为"闯关东",以后一直被世人所沿用。

近代以后,在政府的支持和鼓励下,向东北移民的规模愈来愈大。不断
扩张的沙俄轻易地攫取了东北大片领土,促使清廷改封禁为弛禁,移民实边
放垦。咸丰十年(1860),清政府首先开放了哈尔滨以北的呼兰河平原,翌年
又开放了吉林西北平原。最初政府开放的禁地范围有限,但是禁令一开,放
垦一事如脱缰之马,关内成千上万的农民蜂拥而至,不论是开禁之地还是封
禁之区都涌入大批的移民,规模愈来愈大。20世纪初,清政府决定开放蒙地,
还设立押荒局、垦务总局,督导开垦事务;各地也先后设立了垦务局、边务

---

① 《清朝文献通考》卷1,浙江古籍出版社,1988,第4858页。
② 《盛京通志》卷23《户口》。
③ 《海城县志》卷7。
④ 道光《荣城县志》卷3。
⑤ 葛剑雄等:《简明中国移民史》,福建人民出版社,1993,第454页。

局和垦务公司等招徕华北农民。光绪三十四年（1908），黑龙江巡抚奏准《沿边招垦章程》后，分别在汉口、上海、天津、烟台、长春等地设立边垦招待处，对应招者减免车船费，不增押租。对招垦有力人员进行奖励，即能够招徕10人以上者，到达开垦地后为百户长；能招徕百人的为屯长，能招徕300人的以土地四方照半价卖给。其他各省纷纷效仿，为移民推波助澜。宣统二年（1910），政府正式废除了乾隆以来汉人出关垦殖的禁令，第二年又制定了东三省移民实边章程，并相应地在招民垦荒的地区设置了一些新的府县，使移民数量逐年增加。山东半岛每年乘船到东北者"合计共达三十五六万人之谱"。①20年代至30年代初，华北等地的政治经济状况不断恶化，越来越多的破产农民和灾民、难民不得不到东北逃荒、避难。据不完全统计，1921年关内向东北移民数量仅为20.9万人，1926年增为56.7万人，1927年移民数量猛增到105万人，1923~1929年有437.9万人到东北谋生。②另南开大学在东三省调查千余户农业移民表明，有10%是清末前来的，民国时期的20年间来的占90%，其中1925~1930年到东北的占50%以上。③可见，这一时期是关内向东北移民的高峰期。

移民到东北的多是华北地区的农民，山东胶东地区的登州、莱州、青州和河北保定、滦州等冀东地区、京津地区，有便利的途径，有"闯关东"的习俗，是移民的主要输送地区。后来，重灾区河南依靠发展起来的铁路，也有相当数量的农民逃亡到东北。

在早期，山东的移民大都"泛海"在辽东的营口等地登陆，然后再向周围地区发展；直隶的移民则大都"闯关"从陆路到辽西。到了20世纪以后，海上交通的发展，便利了渤海沿岸之间的运输，烟台和龙口等沿海港口几乎

① 《盛京时报》宣统二年三月初五，转引自朱玉湘《中国近代农民问题与农村社会》，山东大学出版社，1997，第323页。
② 陈翰生：《难民的东北流亡》（1930年），陈翰生等编《解放前的中国农村》第2辑，中国展望出版社，1987，第65页。
③ 《中国农村人口增减趋势以农民离村部分考察》，《中行月刊》第9卷第3期，1934年，转引自章有义编《中国近代农业史资料 第3辑 1927~1937》，三联书店，1957，第880页。

成为山东移民的输送地，每年有大量的移民出入。光绪初年，华北大旱，"山东避荒之人，至此地者纷至沓来，日难数计。前有一日，山东海舶进辽河者竟有三十七号之多，每船皆有难民二百余人，是一日之至牛庄者已有八千余名，其余之至他处马头者尚属日日源源不绝"。[①]1928 年和 1929 年，烟台、青岛、龙口三港对东北地区的客运量分别为 61 万人次和 64 万人次。[②]同时，近代铁路的发展为华北农民赴东北提供了更为便利的交通条件，移民的规模逐年扩大。民国《胶澳志》记载："每逢冬令，胶济铁路必为移民加开一二次列车。而烟潍一路，徒步负戴，结队成群，其熙熙攘攘之状，亦复不相上下。综计一往一来，恒在百万以上。"[③]据胶济铁路调查，二三十年代"每日乘胶济车由青岛转赴东三省求生者，达三千余人"。[④]在京奉线，天津铁路局出售可移民一家的移民票，1922 年仅售出 8340 张，到 1928 年增至 13224 张，1930年达 98201 张。据海关统计，20 年代至 30 年代初，由天津经铁路到东北的总计在 40 万人以上。有专家认为，20 世纪 30 年代前，每年从冀鲁豫去东北的有 40 万 ~50 万人，最多的年份超过百万，其中循京汉、津浦、京奉等铁路前往的约占 1/3。[⑤]

到东北的移民大约分两种，其从季节性迁移逐渐变为永久性移居。季节性移民如同候鸟，初春从家乡出发，深冬即回乡过年或探亲，第二年过了正月十五再去。经过单身或乡亲结伙数次候鸟式往复后，有的在东北的境遇改善了，有的在家乡实在无法维持生计，即携妻带子到东北安家落户，变为长居的永久性移民。早期以季节性移民为多，到了 20 年代以后，随着东北自然环境和经济环境的改善及华北环境的恶化，越来越多的华北农民定居东北。如 20 世纪二三十年代，山东等地因"数年以政令之烦，军匪之扰，移出之数

---

① 《论山东难民多往奉锦二府事》，《申报》光绪二年八月二十四日，转引自李文治编《中国近代农业史资料　第 1 辑　1840~1911》，三联书店，1957，第 935 页。
② 交通部烟台港务管理局编《近代山东沿海通商口岸贸易统计资料（1859~1949）》，对外贸易教育出版社，1986，第 128 页。
③ 民国《胶澳志》卷 3《民社志》，第 130 页。
④ 章有义编《中国近代农业史资料　第 2 辑 1912~1927》，第 638 页。
⑤ 宓汝成：《帝国主义与中国铁路（1847~1949）》，上海人民出版社，1980，第 473 页。

倍于往昔，且多货其田庐，携其妻子，为久居不归之计"。[①] 根据 1921~1930
年移民东三省的统计，10 年内共移入 618 万余人，移出 326 万余人，留居者
为 291 万余人，[②] 留居者近 50%，且多全家定居东北。

向东北移民的规模举世闻名。有学者估计，从清政府明令移民实边到清
代末年，移入人口（含后裔）达到 1400 万以上，年均近 30 万人；[③] 另外，东
北总人口的增长速度也可反映移民的规模。据统计，19 世纪初东三省总人口
不足 200 万人，1840 年增至 304.8 万人，到 1911 年前后增加了 1500 多万人，
为 1800 余万人；再到 1931 年，人口达到 3000 余万人。[④] 其中一部分是人口
自然增长，绝大多数是人口机械增长，即大批的移民所致。

30 年代初，日本侵入东北，建立伪满洲国，实行殖民统治。日本制定了
向东北大量移入日本人和朝鲜人的大陆殖民主义政策，公布了针对华北移民
的《取缔外国劳动者规则》，并严加限制移民入关；民众也不愿去东北做亡国
奴，致使大批的移民回乡。如山东"自前年九一八事变发生后，因受日阀之
蹂躏摧残，多裹足不敢前往。即原在东省之商民，亦因不得宁处，相率扶老
携幼转回故乡，是以日来由东北过青回籍之农民，异常众多。凡由大连进口
之轮船，无一艘不告人满"。[⑤] 从此，"闯关东"的移民潮停滞。1937 年七七
事变后，出于扩大侵略战争的需要，日本侵略者从山东等地诱骗和抓捕当地
农民到东北的矿山等充当劳工，到 1940 年达到 130 余万人；1942 年至 1944
年每年也有百万以上的华北劳工到东北。据统计，从 1930 年至 1942 年进入
东北的共有 504 万余人，离开的有 327 万余人，留在东北的有 176 万余人。
但是，这是日本侵略者有组织有计划的强掠的劳工，带有强烈的掠夺性，这
些劳工或是当地的青壮年，或是战俘。在东北做劳工没有人身自由，有浓厚

---

① 民国《胶澳志》卷 3《民社志》，第 130 页。
② 转引自赵中孚《一九二〇—一九三〇年代的东三省移民》，台北《中央研究院近代史研
究所集刊》第 2 期，1972 年。
③ 参见胡焕庸、张善余《中国人口地理》下册，华东师范大学出版社，1985，第 326、
342、355 页；《中国人口》各省分册。
④ 《关外农民纷纷返籍》，《钱业月报》第 13 卷第 2 号，1933 年 2 月。
⑤ 《山东移民急进中的东北农民问题》，《东方杂志》第 32 卷第 19 号，1935 年 10 月，第 71 页。

的殖民色彩，"与以前的流动农民的性质完全不同"，"简直与南洋的贩卖猪仔无异"，"他们简直不是工资劳动者，而是纯粹的奴隶"。[①] 所以已经不是抗战前原来意义的移民。

二 "闯关东"的原因

向东北移民的原因，固然有上述中央和地方政府实行移民实边政策，积极招垦，以及东北自然经济所带来的吸引力。但是，更大的驱动力是华北自然经济环境不断恶化和社会动荡不安，把破产的农民、难民推到东北谋生。

其一，华北地区地少人多是向东北移民的前提。清代以后，山东、河南和直隶人口猛增，人口密度远远高于全国平均数，甚至一度成为密度最高的省份。1840年、1898年和1936年全国每平方公里平均有43.63人、41.29人和48.88人，而山东省该三年分别为207.71人、246.24人、256.40人，其密度从居全国第四位，上升到第一、第二位；河南省该三年分别为147.80人、157.07人、192.52人，由居全国第七位上升到第四位；河北省该三年分别为97.39人、111.33人、139.35人，由居全国第十位上升到第八位。[②] 随之而至的是，人均占有土地的数量逐年减少。据统计，华北冀鲁豫咸丰元年（1851）人均耕地4.46亩，1912年前后降至3.66亩，1928年以后又降到2.93亩。[③] 耕地与人口的失调使华北农村生存压力极大，促使人们移民到人烟稀少、土壤肥沃的东北地区。

其二，连年不断的自然灾害是华北难民离乡背井去东北的直接原因。咸丰五年（1855）黄河改道，殃及鲁、豫、直省，山东省灾情在六分以上的村庄即达7161个，灾民逾700万人。[④] 从该年到1911年清朝覆灭的56年中，山东省仅因黄河决口成灾的竟有52年之多，共决口263次，成灾966

① 朱玉湘、刘培平：《论"九一八"事变后东北地区的关内移民》，《近代史研究》1992年第3期。
② 赵文林、谢淑君：《中国人口史》，人民出版社，1988，第475、513页。
③ 据章有义《近代中国人口和耕地的再估计》（《中国经济史研究》1991年第1期）计算。
④ 转引自李文海等《中国近代十大灾荒》，上海人民出版社，1994，第44页。

县次。① 从咸丰四年（1854）开始，直隶省连续 5 年遭受蝗灾，京津、直隶东北部和南部最甚，飞蝗蔽野，田地达到了春无麦，食五谷茎俱尽的地步。光绪元年（1875）后连续 4 年的华北特大旱灾，遍及华北五省，受灾难民达 2000 万人以上，饿殍就达 1000 万人以上。山东受灾农村民众皆"扶老携幼，结队成群，相率逃荒于奉锦各属，以觅宗族亲友而就食"。② 光绪三年（1877）直隶旱灾，灾区甚广，"大率一村十家其经年不见谷食者，十室而五；流亡转徙者，十室而三"。③1920 年华北五省出现长时间大面积的严重旱灾，灾区面积约 271.27 万平方里，受灾共 340 个县，灾民达 3000 万人左右，死亡 50 万人。1928 年至 1930 年，华北、西北又遭受了旱、水、雹、虫、疫并发的巨灾，遍及甘、晋、绥、冀、鲁、察、热、豫等 9 省，饿殍遍野，万里赤地。面对持续不断的自然灾害，不甘困守待毙的灾民不得不远离家乡，四处逃亡，沿着前辈的脚步"闯关东"，一时间成为向东北移民的主流。

其三，军阀混战等战争频仍，严重地摧残了农村社会生产力，加速了农村自然经济的破产，迫使农民辗转流徙，移民东北。近代中国对外对内战争和兵灾匪祸频繁，第二次鸦片战争、八国联军侵华、太平天国北伐军、捻军、黑旗军以及义和团等都曾横扫华北诸省，直接或间接给当地农民带来了莫大灾难。尤其 1915 年以后，直皖战争、两次直奉战争、国民革命军北伐等混战年年不断，战祸波及华北各省。如山东"军队号称二十万，连年战争"，致使"作战区域（津浦线）十室九空，其苟全性命者，亦无法生活，纷纷抛弃田地家宅，而赴东三省求生"。④1930 年蒋介石同冯、阎、李之间的新军阀大战，双方投入兵力 100 万以上，所耗战费 2 亿元，战区"闾里为墟，居

---

① 袁长极等：《清代山东水旱自然灾难》，山东省地方史志编纂委员会编《山东史志资料》第 2 辑，山东人民出版社，1982。
② 《论山东难民多往奉锦二府事》，《申报》光绪二年八月二十四日，转引自章有义编《中国近代农业史资料 第 2 辑 1912～1927》，第 935 页。
③ 《畿辅旱灾请速筹荒政折》，光绪五年八月，《张文襄公全集·奏议》第 1 册，河北人民出版社，1998，第 25 页。
④ 《各地农民状况调查——山东省》，《东方杂志》第 24 卷第 16 号，1924 年 8 月，第 122 页。

民流散"，赤地千里。在遭受兵祸践踏的同时，华北农村还时常受到土匪的
骚扰。鲁西、冀南、豫东受害最烈。来自各军阀队伍中的散兵游勇，不仅人
数动辄数千成万，还配备各式轻重武器，到处杀人放火，强取豪夺，勒索财
物，所过之处，如同水洗，人财皆空。"全豫百零八县，欲寻一村未被匪祸
者即不可得。"① 在山东，"为土匪者，不计其数"；其他地区的土匪也是多者
近万，少者数千。在河北，"充当土匪者，有五百万之众"，"大小股之土匪，
几可在河北的每一县中见到，甚至连天津、北平附近之村庄也有被土匪占去
者"。② "匪过如梳，兵过如篦"，兵匪交加，更使农民生路皆无，不得不远
走他乡。

其四，赋税沉重、兵差逼迫贫困至极的农民另谋生路。政府的日益腐败
和军阀混战，使华北农村的赋税逐年加重。有学者统计，以 1902 年全国最
好的稻田每亩不过 4 角为准，河南 1928 年的田赋增长了 6.5 倍，山东莱阳
1927 年增长了近 5 倍。③ 各种附加税之多则更是骇人听闻。田赋附加税是历
代统治者特别是地方政府增加财政收入的主要手段。在清代有耗羡、平余、
漕耗公费等；到光绪中叶，各省纷纷正式设立田赋附加税，随粮征收，或按
亩摊派，来应付日益增加的地方支出。不过，此时从种类和数量上看，为数
尚微。民国以后，华北诸省将原来的杂款、附加及地方的各种陋规全部并入
正赋征收，加重了农民的负担；不久政府又规定地方政府有征收田赋附加税
之权，但不能超过正税的 30%。1927 年，中央和地方划分税收项目后，各
地政府为了应付庞大的财政支出和筹集军阀的军费，从种类和数量上都加重
了附加税的征收，有的省、县甚至当地驻军及区镇乡公所都层层加码，变本
加厉，附加名目增至数十种或上百种，附加税率超过正税数倍乃至数十倍。
在 1926 年和 1927 年，河北和河南全省的附加税超过正税 2 倍有余，山东省

① 《美国人士对中国灾荒之捐赈》，《晨报》1921 年 1 月 20 日。
② 《崩溃过程中之河北农村》，《中国经济》第 1 卷第 4、5 期，1933 年 8 月，转引自章有
  义编《中国近代农业史资料 第 3 辑 1927~1937》，第 902~903 页。
③ 《中国底田赋与农民》，《新创造》第 2 卷第 1、2 期，1932 年，转引自章有义编《中国
  近代农业史资料 第 3 辑 1927~1937》，第 12 页。

1926 年的附加税超过正税 4 倍之多。① 张宗昌统治山东时，还在田赋上附加了军事特别捐、军鞋捐、军械捐、建筑军营捐四种苛杂，合计再收 5.3 元；② 从 1928 年 3 月开始又凭空增加了 8 种附加税，每正税 1 两要付 14.56 元苛捐杂税，远远超过了正税。③ 据 1934 年 7 月调查，河北省有附加税种 48 种，河南省有 42 种，山西省有 30 种，山东省有 11 种。④ 常年应征的差徭和额外摊派的兵差，尤其是用军事名义临时派征的以力役、实物、货币为主的兵差，给农民带来了巨大的灾难。清朝统治者围剿太平军和捻军时，在华北沿村勒派民夫车马，急如星火，兵差繁重，各省的差徭每年多者数百万两银，少者百万两银。民国后兵差沉重，民众难以承受。军队过境时，广招粮饷车马，稍一迟疑，便鞭挞交加，甚至抓人杀人。1928 年后兵差最为严重。山东 107 个县中有 77 个县有兵差，河南 112 个县中有 92 个县有兵差，河北、山西则县县有兵差。据统计，山东临沂等县 1928 年兵差额数占地丁正税的 274%，冀中 8 县 1929 年的兵差额数占地丁正税的 432%，河南商丘等县 1930 年竟达地丁正税的 4016%，即是地丁正税的 40 倍。⑤20 世纪以后东北移民大增，最直接的原因应是华北地区战祸、赋税和兵差这些人为因素。正如当时研究者所言，"冀鲁豫人民之赴关外者，其动机由于东省情形之利诱而去者少，由于原籍环境之压迫而去者多"。⑥

另外，社会意识和习俗也起到了不可低估的作用。山东等地"闯关东"由来已久，移民中向家乡寄钱者有之，带财物回乡过年者有之，也不乏发财致富成家立业者，这些刺激了更多的人到关外谋生赚钱。胶东有些村庄几乎村村、家家都有"闯关东"的，甚至村里青年人不去关东闯一闯会被乡人视

① 从翰香主编《近代冀鲁豫乡村》，中国社会科学出版社，1995，第 492 页。

② 《张宗昌治下的山东》，《向导周报》第 131 期，1925 年，转引自章有义编《中国近代农业史资料 第 2 辑 1912~1927》，第 571 页。

③ 松崎雄二郎：《山东省の再认识》，1940，第 213~233 页。

④ 《中国田赋附加的种类》，《东方杂志》第 31 卷第 14 号，1934 年，转引自章有义编《中国近代农业史资料 第 3 辑 1927~1937》，第 16 页。

⑤ 王寅生等：《中国北部的兵差与农民》，《国立中央研究院社会科学研究所集刊》第 5 号，1931 年，转引自《王寅生文选》，中国财政经济出版社，1999，第 107~108、110 页。

⑥ 何廉：《东三省之内地移民研究》，《经济统计季刊》第 1 卷第 2 期，1932 年。

为没出息，逐渐形成了"闯关东"的习俗。所以在华北，特别是山东的胶东和河北的冀东，劳动力稍一充裕，或一遇天灾人祸，人们首先想到的是携妻带子，或集结亲戚好友，蜂拥到关东去谋生。

三　简析"闯关东"的正负效应

如此规模的移民，对移出地和移入地的社会经济必然有相应的正负效应。

对于东北移入地来说，正效应主要表现在土地开发、农业发展、近代工商业创建和城市近代化等方面。

东北的社会生产力比较落后，大部分土地尚未开垦，来到东北的移民"大多是一贫如洗的贫民和灾民"，"甚至初到时连独立租地的能力都没有。他们既不能得到当地政府之经济上的帮助，又不能获得地主底相当的宽待，因此初到时大多只能当雇农"。[①]据 20 世纪 20 年代的调查，在辽宁省的移民，有 6/10 被人雇用垦地，3/10 自领官地垦荒，1/10 为工人。[②]他们勤奋耕耘，开垦荒地，耕地面积增加，粮食产量也有大幅度的提高。据珀金斯估计，东三省 1873 年有耕作面积仅仅 24 百万亩，到 1913 年达到 123 百万亩，40 年增加了 4 倍。[③]另据统计，1914 年东北（包括热河省）共有耕地 13819.2 万亩，到 1932 年达到 20618.6 万亩。[④]东北 1912 年粮食总产量 8002305 吨，1930 年增为 18865000 吨，18 年间共增加 10862695 吨，每年净增 603483 吨。这些移民还带来了先进的种植、养殖技术，如玉米的种植和推广、大豆与柞蚕的生产和加工等，提高了农业生产力。

移民来到东北创建近代工业，经营商业，繁荣了当地的商品经济，也在东北建立了相当的势力。他们创建的近代工业主要集中在榨油、缫丝、烧酒

---

① 冯和法编《中国农村经济资料》下册，台北，华世出版社，1978，第 997 页。
② 《满洲移民的历史和现在》，《东方杂志》第 25 卷第 12 号，1928 年，转引自章有义编《中国近代农业史资料　第 2 辑 1912~1927》，第 647 页。
③ 德怀特·希尔德·珀金斯：《中国农业的发展（1368~1968）》，宋海文等译，上海译文出版社，1984，第 316 页。
④ 许道夫编《中国近代农业生产及贸易统计资料》，上海人民出版社，1988，第 8 页。

等业。东北盛产大豆,山东移民在营口、大连、奉天、哈尔滨等市创建了大量油坊,加工出的豆油和豆饼远销我国江南地区和国外,也为经营者带来丰厚的利润。在安东,原来将柞蚕运到烟台等地缫丝,20世纪以后该地"山丝出产丰富,烟台商人多来此开设厂栈,就近缫丝出口"。[①]直隶的王玉珍在黑龙江创办平山煤矿,山东的韩宪宗在吉林的夹皮沟办金矿等。东北有人参、貂皮、药材等特产和大量的粮食,却缺乏布匹、铁器、日用品等洋广货,且商品经济尚不发达,故吸引了一批移民在此经商。关内经商者主要从事的有粮食、杂货、银钱业等。东北粮食和大豆往关内和海外运销的,最初多为关内的商人,购运销售洋广货的杂货行也多由关内的商人经营,至于经营银钱和汇兑业的则更是山西和山东人。这些商人的活动,不仅有助于推进东北商品经济的发展,促进集市的增加和繁荣,而且其本身的势力也日益增强,在许多地区成为举足轻重的商帮。在奉天,商人有河南帮、山西帮、山东帮和关里帮,"其在商场上占有势力者,则为山东帮及关里帮,金融界多系关里帮,实业界多系山东帮";在营口,"各帮势力仍以山东帮及直隶帮为最";在大连,"各商之势力最占优胜者为关里帮及山东帮,经营代理店事业者大半系关里帮,其它油坊钱庄杂货多属山东帮";在长春,"商人以直隶永平府之昌黎、乐亭、抚宁、临榆(统名曰关里人)及山东之东三府占大多数,而山东人多营杂货行,关里人多营银钱业";在哈尔滨,"各帮商人之势力以山东帮及直隶之关里帮为最占优胜,关里帮多系银钱业,山东帮多系实业,而根基稳固握有实力者仍为山东帮"。[②]

其三,移民是东北产业工人的主要来源,也推动了东北城市近代化。最初,移民多分布在辽宁的大中城市和交通要道周围,有相当部分的移民被招募为工人。如1898年沙俄修筑中东铁路,"所有土夫,多系由直隶、山东陆续招致,三省不下一二十万人。以吉林一省言之,奚啻五六万人"。[③]修筑

---

① 中国银行总管理处编印《东三省经济调查录》,1919,第86页。

② 《东三省经济调查录》,第39、57、148、210、237页。

③ 《吉林将军长顺折片》,光绪二十六年六月初十日,故宫博物院明清档案部编《义和团档案史料》上册,中华书局,1959,第252页。

京奉等铁路时亦然。东北各地矿山的矿工大部分也是从华北招募的。1921 年抚顺煤矿采煤苦工中，原籍为山东的占 53.4%，原籍是河北、京津和热河的占 39%。[①] 20 世纪后移民扩展到吉林和黑龙江，其中稍有经济实力或经商经验者，也多留在大小城市从事工商业，成为东北各城市中的新生力量。这些移民自身身份转变了，也相对地促进了东北地区的城市化。以大连地区为例，1903 年城区人口仅 4 万余人，到 1935 年增至 37.7 万余人，增加了 8 倍；同期该地区总人口增加了近 5 倍。1936 年、1937 年该地区山东人占移入人口的89.1%，河北人占 10%。[②] 移民留居带来的人口机械增长是城市人口迅速增长的主要原因。

另外，对东北地区社会文化方面也有一定的正效应。如语言的趋同、习俗的沟通等。其负效应从经济方面看，有农村地价上涨、城市工资低下等；从社会方面看，有短期雇工多、青壮年多造成的职业结构和性别比例的失调等。因篇幅所限，唯有另文而论。

从移民移出地来看，正效应主要有如下几方面。其一，在一定程度上降低了当地的人口密度，增加了人均耕地面积，从而暂时减轻土地与人口的压力，使人口的分布趋向合理。其二，在灾荒和人为破坏农村生产力时，为难以维持生计的民众提供了一条活路，有助于减轻各级政府赈灾救灾的压力。如 20 世纪二三十年代，河南遭灾，政府提供交通工具组织难民到东北去做工；慈善机构和同乡会也募捐设救济处，将难民移送东北。其三，移民尤其是季节性移民，多是独自"闯关东"的，通过做工开垦，有了一定的积蓄，即带回或寄回家乡，增加了家乡的收入，补贴农村经济的出超。如山东烟台在 20世纪二三十年代每年收到东北移民寄来的汇款就达 4000 万元；在龙口 1940年前后有银钱业 25 家，资本和附属资本共计 109 万元，其主要的业务就是汇兑，九一八事变前每年的汇兑达 500 万元，以后减至 250 万元。[③]

---

① 王清彬等编《第一次中国劳动年鉴》，北平社会调查部，1928，第 365 页。

② 刘世锜编著《旅大地理》，新知识出版社，1958，第 49 页。

③ 参见《芝罘、威海卫、龙口的经济贸易港湾事情》，作者不详，约 1940 年油印出版，第 30、65~67 页，中国社会科学院经济研究所藏。

对移出地也有负效应。如消减了农村生产力，导致耕地大量荒芜。到东北移民的主流是各地农村的青壮年劳动力，而青壮年是农村主要劳动力，是农业生产的中坚。青壮年的流失，使华北农村人口渐减，劳力薄弱，耕地因天灾人祸等而弃，又因青壮年劳动力常年在外而荒，逐渐成为荒地。故民国以后，华北平原荒地数量却在增加，到 1934 年，山东的 49 个县里有荒地 10238 万公亩，河南的 69 个县里有荒地 6987 万公亩。[①]

值得注意的是，移民潮有利于打破地域之间的界限，促进地区之间社会经济和文化的传播、交流、融合和互补，有助于人口素质的提高，推动东北与关内社会经济和文化更加协调与统一，如双方商品的交流、资源的互补、文化习俗的融合等。

总之，近代"闯关东"为特色的移民潮，是当时社会经济环境造成的社会现象，其产生的原因和所起到的正负效应是多方面、多层次的。深入总结和研究这一历史过程，将有助于研究和引导当前农村剩余劳动力过多而出现的"民工潮"。

---

① 国民政府主计处统计局编《中国土地问题之统计分析》，正中书局，1941，第 48 页。

近代环渤海地区间商人对流与影响[*]

一

早在明代，山东与辽东就有一定的商业往来。当时海禁时开时禁，辽东巡抚"侯汝谅复请开登、莱海道，诏弛海禁。未几，辽商利之，私载货物往来"。^①清政府虽然也实行海禁政策，但由山东渡海闯关到辽东经商者从来没有中断过。济南府的齐东县农户"勤于纺织"，其产品"通于关东，终岁且以数十万计，民生衣食之源，商贾辐辏之势在是"。^②恩县的土布，由"布客采买运往奉天、山西二处出售"。^③与辽东隔海而望的胶东各县更是如此。他们"北赴辽沈，舟航之利，便于他郡"，故其经营的品种不限于本地的手工业品，其运销的范围也更广。如黄县"地狭人稠，故民逐利四方，往往致富。远适京师，险涉重洋。奉天、吉林，方万里之地，皆有黄人履迹焉"。^④另据《黄县志》记载："其商于外也，辽东为多，京都次之。地距辽东数千里，风帆便利，数日可至，倏往倏来，如履平地，常获厚利。大贾则自造舟贩鬻，获利尤厚，于是人相艳视，趋骛日众矣。总

* 本文原载于《社会科学战线》1999年第3期。

① 龙文彬：《明会要》卷56《食货四》下册，中华书局，1956，第1071页。

② 嘉庆《齐东县志》周以勋《布市记》，转引自张利民等《近代环渤海地区经济与社会研究》，天津社会科学院出版社，2003，第103页。

③ 《恩县乡土志》，1908，物产，商务。

④ 宣统《山东通志》卷40《疆域志三·风俗》。

黄民而计之，农十之三，士与工十之二，商十之五。"[1] 他们有较为固定的销售网络，用帆船来往于辽宁和山东及直隶等渤海湾之间，亦承揽江浙沿海一带的货物；除了载客外，主要贩运粮食、布匹、线带、鞋、羊皮、五金、丝绸、染料、瓷器等货物到辽宁乃至东北，返程时装载柞蚕、大豆、杂粮、山货等货物，其产销地不限于本地，还面向河南或江南。直隶省东北部的商人或农民，也利用邻近辽东的地利之便，闯关泛海往来于两地之间，从事互通有无的商业活动。

除了商人的民间贸易外，政府还调拨关内外粮食以济灾民。仅乾隆五十年（1785）春，"天津航海商船领取赴奉者八百余只，其运回粮石不下数百万石，俱经运赴直隶之大名、广平，河南之临漳以及山东德州、东昌、临清、济宁一带粜卖"。[2] 另外，关内外驻军的军需粮饷也是物流的重要组成部分。这些虽然不是纯粹的商品，但从事运输的大部分是各地商人，从而促进了关内外的经济往来。

从 19 世纪末各口岸开埠通商后，环渤海地区之间商人流动的规模扩大，经营范围涉及工商、金融及矿业，其销售网络和流向有所改变；特别是有些东北商人也到关内经商办厂，形成了一定规模的商人对流。

以前环渤海地区的海运贸易绝大部分是由帆船业承担的。20 世纪以后，轮船运输日见发达，在各沿海口岸和对外贸易中逐渐占据上风。但是，有的港口帆船运输还占有较大的比重。据天津常关 1908 年的报告，该年进港的航海帆船有 1159 只，比上年多 400 多只。[3]1917 年天津常关统计的出入帆船共计 1016 只，多来自东北、山东和河北，其中东北为 567 只，河北 250 只，山东 186。[4]20 世纪初大连港帆船进出仅为 8000 只左右，以后迅速增加，1917 年和 1918 年达到最高峰，为 22984 只和 24720 只，运输货物分别为 2286880 石和 2098423 石，以后略有减少，每年保持在 18000 只船左右，

[1] 同治《黄县志》卷 3《食货志》，《中国地方志集成·山东府县志辑》第 49 册，凤凰出版社，1990，第 425 页。
[2]《清实录》卷 1240，高宗乾隆五十年乙巳冬十月上。
[3] 1908 年天津钞关报告。
[4] 东亚同文会编印《支那省别全志·直隶卷》，1920，第 104 页。

运输货物多则 170 万石，少则 120 余万石。[①] 另据统计，环渤海地区内 1919
年帆船运输的总吨位比 1905 年增长了 228.23%，帆船运输贸易额 1925 年为
3914.4 万两关平银，比 1912 年增长了 49.18%。[②]

　　尽管帆船运输量和贸易额有所增加，但在各城市的海运总吨位和总贸易
额中，帆船所占的比重却逐年下降。天津作为环渤海地区的中心，有较广阔
的经济腹地，有多种对外贸易方式和渠道，帆船运输在数量上有所增加，但
是帆船运输贸易额始终没有超过总贸易额的 5%。大连 20 世纪 20 年代帆船运
输的船只数量比 20 世纪初增加了近 4 倍，总吨位达到了 200 余万石，但仅占
其全部贸易额比重的 3% 或 4%，1929 年帆船的贸易额仅占贸易总额的 2.34%。[③]
青岛港 1900 年包括沿海各口岸的进出帆船达 4700 只，装载货物 150 余万担，
价值 332.7 万两关平银，占当年口岸贸易总额的 84.07%；到 1913 年进出口帆
船达到 10030 只，装载 327.08 万担，分别比 1900 年增长 1.13 倍和 1.18 倍，
但占贸易总额的比重不足 10%。[④] 当然，各城市的贸易渠道不同，其所占的比
重也有所差别。营口每年的帆船贸易额占其总贸易额的比重少则 20%，多则
48%。[⑤]

　　陆路运输原来是畜力大车等传统交通工具的天下，近代铁路的开通，使
地区之间的运输方式和运输规模有了巨大的改变。据天津海关 1904 年年报记
载，秦皇岛开埠后，"至由铁路运出山海关外之货，多系食物、洋酒、纸烟等
类，系经有胆识商人在本年冬令运往。尚有获利生意，系奉天杂豆，由该岛
转运南省。并闻此项贸易，每年牛庄封河后，仍由秦皇岛运往，嗣后人人皆

---

① 大连商工会议所：《大连、营口两港に於ける支那沿岸贸易》，1925，第 39 页。
② 历年各海关年报。1905~1919 年环渤海地区帆船出入只数和吨位，转引自刘素芬《近
　代北洋中外航运势力的竞争（1858~1919）》，张彬村、刘石吉主编《中国海洋发展
　史论文集》第 5 辑，台北，中研院中山人文社会科学研究所，1993，第 326~327 页；
　1912~1925 年环渤海地区帆船出入贸易额，见满铁庶务部调查课《支那の戎克と南满の
　三港》，1927 年 8 月，第 20~30 页。
③ 王树楠等纂《奉天通志》卷 115《实业三·商业》，东北文史丛书编辑委员会，1983，
　第 38 页。
④ 转引自青岛市史志办公室《青岛史志·交通志》，新华出版社，1995，第 357、358 页。
⑤ 满铁庶务部调查课：《支那の戎克と南满の三港》，第 60 页。

知该口岸冬令亦不能间断，天津贸易由此推广"，秦皇岛成为联系关内外的懋迁总汇之区。① 京奉铁路开通以后，华北与辽宁的联系更加密切。1905 年由天津和秦皇岛运往奉天和吉林的洋货达 500 万海关两，占当年运到内地货物总值的 12%。② 华北和东北经铁路运输的商品与海运基本类同，既有当地的土货，也有转口的洋货，其中东北的粮食是输往华北等关内的大宗商品。据青岛海关记载，因北洋军阀混战，京奉、津浦铁路停运，"价值低廉之土货，势不得不另寻一较便易之途径而输出"，1922 年经海运从东北输入的高粱近 170 万担，比上年增加 3 倍多，玉米比上年增加了近 20 倍，小米由上年的 900 担增加到 37500 担。③

随着各地经济的发展，商人的经营范围愈来愈广泛。关内商人在辽东主要投资榨油、缫丝、烧酒等业。东北盛产大豆，山东商人在营口、大连、奉天等地创建了大量油坊，加工出的豆油和豆饼远销江南和国外，也为经营者带来丰厚的利润。如山东牟平县林培基于 1909 年到大连开设同聚厚油坊，年产豆饼 30 万枚，资本从五六千元增至数十万元，成为大连华商商会会董。④ 山东半岛盛产柞蚕丝，后把技术传到安东地区，使该地成为柞蚕丝的生产基地，山东商人在这里设商收购，将柞蚕运到烟台缫丝，再销往南方和海外；进入 20 世纪后，该地"山丝出产丰富，烟台商人多来此开设厂栈，就近缫丝出口"。⑤ 也有商人在辽东开办中小型工厂。如山东掖县的陈孟元于 1919 年后在哈尔滨开设聚丰祥杂货店，经营烟及纸牌等，获利丰厚。九一八事变前在沈阳创办聚丰福印刷厂和太阳烟厂（1932 年投产），后从太阳烟厂先后调集 40 万元，在青岛建立阳本印染厂。⑥ 采矿、冶金等大型基础工业，多是政

---

① 天津社会科学院历史研究所、天津市档案馆编《津海关年报档案汇编》下册，1993，第 139 页。

② 《津海关年报档案汇编》下册，第 139 页。

③ 见青岛市档案馆编《帝国主义与胶海关》，档案出版社，1986，第 355、320 页。

④ 田边中治郎：《东三省官绅人名录》，台北，文海出版社，1973，第 849 页。该书成书于 1924 年前后。

⑤ 中国银行总管理处编印《东三省经济调查录》，1919，第 86 页。

⑥ 《陈孟元先生事略》，政协青岛市委员会文史资料研究委员会编《青岛文史资料》第 7 辑，1986，第 36~40 页。

府、军阀投资兴建的，一些商人也曾创办小型矿厂，或被政府、军阀所取代，或被日本企业所侵夺，或因经营不善而中辍，收效甚微。

地区之间流通的商品既有传统商品，如粮食、木材、中草药、皮货，也有近代后增加的商品，如大豆、豆饼和豆油等豆货，柞蚕丝、棉制品、糖类，还有转口的洋货。东北历来盛产高粱等杂粮，是运往关内的大宗商品，随着东北农业的发展，粮食产量增加，成为商人经销的主要商品，尤其是华北灾荒之年，更要靠东北接济。1908 年京津一带遭水旱两灾，直隶赈抚总局在天津招集商人分赴奉天的新民府、沟帮子、田庄台、锦州、宁远等地，"一体购办小麦、小米、红粱"，由京奉铁路运至京津等地。据天津商会不完全统计，仅 5 月 25 日至 7 月 21 日的近两个月就从奉天省购运各种粮食 100 余万石。①1911 年直隶省又受风雨灾害，天津 66 家粮商自 9 月 20 日至 11 月 22 日两个多月间，"由奉天、锦州、新民等府采买红粮等平粜"，"共计购粮 33.09 万石"。②1921 年山东歉收，在青岛，"东三省高粱经大连运来者，自（上年）的 66000 担增至 309000 担"；1927 年山东遭遇大灾荒，青岛运来东北的高粱达 1804000 担，比上年增 150 余万担。当关外遇到战事或灾荒时，也需要关内各省的支持。如 1904 年日俄在辽东作战，又值该省遭灾，据天津商会不完全统计，天津数十家商户从 3 月 21 日至 6 月 16 日的近 3 个月时间就运去各种粮食 67880 石。③木材原来经营的规模不大，随着沿海各城市的发展，木材需求量大增，安东一带的木材成为华北各地木材的主要来源，《奉天通志》记载，"鸭绿江之木材向来销路以天津为最巨，次则渤海湾沿岸诸港，西至营口、锦县，南至龙口、威海卫、青岛"。④20 世纪初，天津一地到辽东采办木材的木商有 31 家，其中天庆木商一家每年购运的木材用银就达 200 余万两。1904 年日俄战争爆发，日军在大东沟一带截留外运木材 100 余万件作为军用，激起直隶、山东和奉天三省 262 家木材商的联名反对，并筹划组织资本为 50 万两的木材公司，

①　天津市档案馆等编《天津商会档案汇编（1903~1911）》，天津人民出版社，1989，第 2001~2011 页。
②　《天津商会档案汇编（1903~1911）》，第 2028 页。
③　《天津商会档案汇编（1903~1911）》，第 1981 页。
④　王树楠等纂《奉天通志》卷 118《实业六·林业》，第 25 页。

以挽回利权。① 近代以后豆货是东北销往江南和海外的主要商品，占大连和营口出口的绝大比重，成为商人经销和加工的重要商品。②

随着与世界市场接轨，商品经济的发展，购销渠道的改变，以及日商的影响等，商人的经营方式趋于近代化。早期华北商人到东北经商者多是季节性的行商，民国以后政府号召开发东北，加之华北自然条件和社会条件不断恶化，越来越多的华北商人到东北创办工商业，成为久居此地的坐商。他们根据商品的特点和运销的方式，利用便利的海运、铁路运输以及内河航运，向各级市场派代理人，建立分号、办事处，形成了较为固定的购销网，并对大宗的豆货和粮食实行了期货交易。大连、营口和奉天等城市还建立了商品交易所，除了有现货交易外，也开展期货交易。

值得注意的是，原先是关内商人到关外去淘金，近代以来辽宁以及东北的商人也到关内经商和投资，形成商人的对流。如奉天金州人毕荫堂在青岛开办协顺兴工程局，借日本在青岛建港扩市之机，活跃于建筑界，赚取巨利，日军败退后分资开当铺。③ 张本政是旅顺附近渔民子弟，19 世纪末给日本人当杂役，1901 年租得两只 500 吨的日本轮船，往来于烟台、大连、大东沟之间；日俄战争后在大连正式成立政记轮船合资无限公司，资本 4 万元，开设了从大连至龙口、天津、营口、青岛和上海等航线。1920 年该公司总部迁烟台，改组为股份有限公司，资本增至 512 万元，拥有大小轮船 17 只，在烟台、大连和营口还有数十只大舢板；1926 年据称有资金 1500 万元，是仅次于轮船招商局和三北轮船公司的华资第三大轮船企业。他还投资烟台和青岛的电业、金融业，曾为大连和烟台总商会的会董。④

还有一批原籍是山东或直隶人，青少年时闯关东到大连一带经商，积蓄一些资金后又回到原籍开办商店或公司。如山东黄县的葛义安，青年时到大连，在一家食品杂货店当店员，1923 年回到青岛开办永泰公司，经营食品

① 《天津商会档案汇编（1903~1911）》，第 1716~1756 页。
② 关于东北的豆货贸易参见雷蕙儿《东北的豆货贸易（1907~1931 年）》，《台湾师范大学历史研究所专刊》第 7 集，1981 年 5 月。
③ 水野东英编《山东日支人信用秘录》，青岛兴信社，1926，第 250 页，天津图书馆藏。
④ 《天津商会档案汇编（1912~1928）》，第 808 页。

杂货。莱阳的初云山，青年时来到大连，先为贩卖蔬菜的行商，后在大连开办 8 家店铺，资产达数十万元；1914 年只身到青岛，开办了经营杂货土产和面粉的裕源兴号，成为青岛莱阳派的代表人物。1916 年日人编的《山东日支人信用秘录》载，仅青岛有名的中国商人中，从辽东回乡开办商店者就有十余人。

总之，近代以来环渤海地区之间，这种商人的双向流动是随着经济的发展而兴起并逐步扩大的，它所带来的影响也是前所未有的。

二

环渤海地区商人的活动，促进了该地区间的经济往来，有助于华北和东北地区的经济发展，其作用是十分明显的。

第一，弥合了经济发展先进地区与落后地区的差距。近代以后，环渤海地区许多城市开埠通商，为商人的流动创造了良好的外部环境。近代交通的发展改变了传统的商品流通方式和渠道，也促进农副产品商品化的提高和农业生产产品结构的改变。同时，环渤海地区市场数量增多，市场交易空前繁荣，市场功能逐渐完善和增强，市场等级愈发分明，出现了众多的专业市场，基本形成了服务于世界市场，由沿海城市、集散中心、农村集镇等组成的多层次市场系统，即以初级市场（农村的集镇）为基础，专业或转运市场（包括大集镇在内的中小城市）为支柱，中心市场（大中城市）为枢纽的市场系统。在环渤海地区共形成三个具有近代意义的经济区域：以天津为中心的经济区，腹地包括河北、山西，河南和山东的一部分，以及西北地区；以青岛、济南为中心的经济区，腹地为山东全省和河南；以大连、沈阳为中心的经济区，腹地包括东北全部。之所以称之为具有近代意义的经济区，是因为该经济中心改变了传统时期那种以内陆贸易为主的经济发展模式，各经济区内都有一两个通商大埠为经济中心，该经济中心通过进出口贸易与世界市场接轨；流通的商品并非仅仅保证本区域内的需要，有相当大的部分是以世界市场或者埠际市场的需求为转移的世界性商品，其经营方式和手段以及运输工具等都日趋近代化，从而逐渐实现了与世界市场对接的经济格局。正因为是具有近代意义的经济区，所以在各经济区形成和发展过程中，随着交通的近代化和内外贸易的繁荣，商品流通势必不断向外扩大。其扩大的走向，一是向更高一级的市场寻求资金的支持和商品的更新，如积极开拓世界市场，努力发展与国内最大的商品集散市场——上海等通商大埠的往来；二是不断扩大自己的市场销售网络，为自身的商品寻找新的市场和销路，并设法加强与那些社会经济环境基本相同或者相对落后地区的联系，以赚取更大的利润。环渤海地区之间的商品流通就是在这种前提下逐渐发展和活跃起来的。各地区的商人在这种商品流通中起到了不可取代的重要作用。

地区之间的商品流通，是商人在互通有无基础上进行的互补性经济活动。从各港口贸易的物流走向、价值和所占比重中，即可大致了解这种经济区域的差异。据统计，1917~1926 年大连港帆船运输出入的商品中，除了与东北的贸易外，运往华北各地的始终占大多数。其中，运往山东的最多，最高的是 1917 年占总移出额的 68.3%，最少的是 1926 年为 37.8%，一般占 60% 以上；而山东运到大连的商品较少，最高的 1920 年占大连移入额的 22.9%，1925 年仅占 10.8%，一般占 15% 左右。大连与直隶、江苏帆船往来同样也是移出量大于移入量，有时移出量是移入量的 10 倍以上。[1] 而运进大连最多的是来自东北各地的商品。即大连作为经济中心，从东北各地运来豆货、粮食等大量土货运往关内和国外，再将交换来的工业、手工业品转运到东北各地销售，这就是辽宁各港口进出口贸易所特有的出超现象。这里有地区差价，但更大的利润是经济发展先进地区与落后地区所存在的不等价交换。

商人的活动也促进了落后地区社会经济的发展，缩小了地区间的差距。关内商人到东北，首先是站稳脚跟，巩固和壮大本身势力，进而成为许多地区举足轻重的商帮。在奉天，"其在商场上占有势力者，则为山东帮及关里帮，金融界多系关里帮，实业界多系山东帮"；在营口，"各帮势力仍以山东帮及直隶帮为最"；在大连，"各商之势力最占优胜者为关里帮及山东帮，经

---

[1] 《支那の戎克と南满の三港》，第 31~32 页。

营代理店事业者大半系关里帮，其他油坊钱庄杂货多属山东帮"；在长春，
"商人以直隶永平府之昌黎、乐亭、抚宁、临榆（统名曰关里人）及山东之东
三府人占大多数，而山东人多营杂货行，关里人多营银钱业"。① 其次是带动
了当地商人的崛起和发展。据日本满铁 1919 年的调查统计，在大连，年营业
额超过 50 万元的中国的大商号中，辽宁籍的有 5 家，山东籍的 14 家，河北
籍的 5 家；52 家华商油坊中，辽宁籍的 17 家，山东籍的 33 家。金州有 16 家
较大的中国人开的商店，除了 5 家山东籍外，其余皆为辽宁人开办。铁岭有
57 家中国人开的商店，其中辽宁籍的有 21 家，山东 13 家，河北 21 家，山西
2 家；年营业额超过 10 万元的 25 家中，辽宁籍的 9 家，山东、河北各 8 家。
开原有个人商号 53 家，其中山东籍 12 家，河北籍 23 家，辽宁籍 18 家。② 在
外地和本地商人的共同努力下，辽宁的工商业自 20 世纪以后迅速发展，其速
度超过了关内，带动了东三省经济的发展。据奉天商会统计，1924 年该城市
工业有 54 行 3670 余户，较大的商业 76 行 4040 户商号；其中"咸同以前开
业者，仅 102 户，光宣间 594 户，余 3344 户，皆民国时设立。……直、鲁、晋、
豫人占十之六七，本省只占少数"；另外，还有百货、杂项等小商店 2558 户，
"咸同前开业者仅 45 户，光宣间 391 户，余 2122 户皆民国时设立。可见民国
以来，商业逐渐发展"。③ 加之日本在辽宁的投资、中国政府和官僚开办采矿
业等，促使辽宁成为东北地区商品经济的发源地和推广地，缩小了经济落后
地区与先进地区的差距。

　　第二，有利于环渤海地区内城市经济职能的分工与合作。近代以前，环
渤海地区各沿海城市职能以政治和军事为主，城市之间没有过多的经济联系，
更谈不上发挥城市的经济功能。近代以后，特别是 20 世纪 20 年代前后，环
渤海地区各经济区域之间的互补得到了调整，大中城市的经济职能凸显出来，
并已经基本定型。近代工业的主体框架也初步形成，出现了功能不同、各具
特色的城市群，有进出口口岸，有集散中心，有能源生产基地，有纺织、面

---

① 《东三省经济调查录》，第 39、57、146、210 页。
② 满铁地方部劝业课编《南满洲商工要览》，大和商会印刷所，1919。
③ 王树楠等纂《奉天通志》卷 115《实业三·商业》，第 20 页。

粉等轻工业生产中心，有出口商品集散加工中心等。在一定程度上完成了近代北方沿海地区经济布局的重新整合。

同时，商人的活动及商品经济的发展，促使各沿海城市在对内对外贸易中有较明确的分工。从 1905~1919 年帆船运输总吨位和 1912~1922 年帆船总贸易额统计中各城市所占的比重来看，大连和营口在帆船总吨位中占有绝大比重。大连 10 年内帆船运输吨位和贸易额增长了 2.5 倍左右，所占比重也有较大提高；营口受大连的影响对外贸易发展缓慢，帆船运输基本维持原有水平。该两港口所占总吨位的比重，少则占 60%，多则达到 90%；而在总贸易额中最多仅占 60%，这与该两港口历年来大量输出豆货、粮食和土特产，形成长期出超现象相符。山东的两城市所占比重次之，青岛帆船运输增加不多，占总吨位和总贸易额的比重也在下降；烟台与营口的状况相仿。①从总体上看，三个经济区在市场、产品结构、产业结构、能源、资金、技术、设备、劳动力、信息等方面的互补性和依赖性逐渐加强。由于天津、青岛和大连有较优越的自然环境和社会环境，交通方便，经济腹地广阔，开埠通商后即成为该经济区域的中心城市。在这些城市，外轮几乎垄断了航海业，洋行把持进出口业，外资企业和商店也有相当的实力，是西方廉价工业品的巨大市场和原料供应地。天津以其近代铁路交通网与广大腹地相连，仍保有北方大港的显著地位，出口以棉花、皮毛、猪鬃、药材为大宗，主要面向英、日等国。青岛和大连以其特殊的地理位置，便于与世界市场联系，有较浓厚的国际港的色彩。青岛出口以花生仁、烟叶、榨油、牛肉、鸡蛋、煤炭、草帽辫、丝织品等为大宗，最初是以德国为主要出口国，后与日、英贸易占大多数。大连则侧重大豆、豆油、高粱、玉米、煤铁输出，主要出口国为日本。烟台、营口在大连和青岛的竞争下，逐渐放弃与世界市场的商品流通，成为区域市场的集散中心；秦皇岛、安东和龙口则成为具有浓厚地域色彩的专业港。这种城市经济功能的初步划分，有助于环渤海地区各经济区域的互补，向更大的经济区域发展。

---

① 《支那の戎克と南满の三港》，第 31~43、62~64 页。

妈祖信仰的北方传播及其特点[*]

妈祖信仰是中国社会中极富特色的民间信仰之一，源于宋代福建沿海妈祖为"海神"的传说。妈祖信仰一经形成，便由福建沿海渐次向外扩散，南北传播。目前，妈祖信仰传播的研究成果较为丰富，但多聚焦于南方传播的相关情形，对北方传播的研究略显单薄，尤为缺乏妈祖信仰南北传播的比较研究。鉴于此，本文以梳理妈祖信仰北方传播的历史轨迹为起点，归纳妈祖信仰北方传播的特性，从而探讨妈祖信仰南北传播的异同，这对丰富妈祖信仰的研究或有裨益。

一 沿海漕运催生妈祖信仰北上

早在宋代，闽浙地区便有了妈祖信仰。沿海民众修建妈祖庙，祭祀妈祖，以求得妈祖在海运和渔业上的保佑。随着沿海漕运向北方的扩张，妈祖信仰逐渐北上，开始出现在山东地区。山东省长岛县庙岛的海神娘娘庙，由福建海运商人建于宋宣和四年（1122），有妈祖铜像和壁画，还有300多艘古代船模，占地90多亩，每年七月初七举行祭祀活动，这表明沿海船商和渔民对妈祖的虔敬与依赖。莱州蓬莱阁西端在宋徽宗年间也修建了妈祖庙，[①]宁海的海神庙和天后宫是元代至大年间重修的，估计也始建于宋代。可以说，山东省沿海部分地区在宋代已经出现了妈祖信仰和祭祀场所，这表明妈祖信仰的北

---

　*　本文原载于《安庆师范学院学报》（社会科学版）2015 年第 3 期。

　①　陈鹏、郭慕良、李玉昆：《天后史迹的初步调查》，《海交史研究》1987 年第 1 期。

方传播与海船活动的范围几乎同步。

到了元代，南北疆域统一于大都，因大都众多官吏、家眷和民众等的官俸银米、茶丝绢棉等巨大的消费，以及北方驻军粮草、服装和装备等物资皆依靠富庶的江南供应，漕运兴起。元初漕运由内河承担，自浙西涉长江入淮水，由黄河逆流而上，最后入御河到大都。由于中途转折，耗资费时，年仅运载 30 万石到 60 万石。后几经周折，至元二十六年（1289）开通了会通河，于是自余杭至大都的运河航道比隋代运河缩短了 1800 里，江南的货物自杭州经运河，终至直沽抵达大都。由于运河岸狭水浅，通航能力已远不能满足大都需要，至元十九年（1282）始开海运，数年后海运漕粮增至 50 余万石。海运漕粮从上海刘家港起航，到天津（直沽）全程"凡一万三千三百五十里"，每年江南漕粮由海运北上至直沽下卸存仓的达二三百万石，然后经由北运河转运京师。天津原名直沽，本是"海滨荒地"，"元都于燕，去江南极远，而百司庶府之繁，卫士编民之众，无不仰给于江南"。① 江南漕粮北运后，"每岁春夏，运粮舟将抵直沽，即分都漕运官出接运"，② 即将汇聚这里的海船和河船漕粮，装驳船运至通州转运大都。当时三岔口既是海船的终点码头，又是入潞河航道的始点，每年有万余艘船只和十余万名水手经常往来于此。"晓日三岔口，连樯集万艘"，便是直沽三岔口成为重要河港兼海港码头的真实写照。在附近地势较高的地方，建立了广通仓等粮仓，以接储南来海船之粮，疏京师之粟。仓廒的建设和发展标志着直沽开始具有转运、存储等多方面的功能。于是，政府在这里设立了转运和仓储的行政管理机构，如漕粮接运厅、都漕运司和镇守海口屯储亲军都指挥使司等。同时，北来南往的船舶所载货物（土宜），也无不在此装载交易，进而在沟通南北商品流通上发挥了极大的作用，促进了直沽向城镇发展，出现了海津镇，妈祖信仰亦随之北上。

除了沿海漕运的因素，元代官府对妈祖信仰的承认与支持也是一个重要原因。元泰定三年（1326）在海津镇始建的天后宫就是由官府拨款。《元史·祭祀志》中有"至元中，以护海运有奇应，加封天妃神号积至十字"的记载，

---

① 《元史·食货志》卷 1，中华书局，1976，第 2364~2366 页。
② 于敏中等编纂《日下旧闻考》第 6 册，北京古籍出版社，1981，第 1861 页。

中国历史博物馆藏的《敕封天后志》卷下有"助漕运"的图画。因为漕运是官府赖以生存的运输线，官府需要借助妈祖信仰，支持连年不断的海运；在抵御自然能力有限的情况下，北上海船也需要祈求神灵的保佑，必然带来对妈祖的信仰，这就是《天妃图》中所言的"波涛中默佑漕船"和"垂神灯粮船有赖"，也就是天历二年（1329）政府在直沽天后宫的祭文中所言的"国家以漕运为重事，海漕以神力为司命"。于是，妈祖有了新的封号，即天妃和天后，天妃宫、天后宫与妈祖庙、海神庙齐名，同指海神妈祖庙。在元代，除了海津镇有天后宫外，山东有数座妈祖庙，如宁海州天后宫、成山祠，蓬莱阁天后宫、天妃庙、天妃庵、天妃阁。北方有的地方也陆续修建天后宫。

明代初期，虽然朝廷实施海禁政策，但是民间的贸易没有中断，而且官方的漕运仍然很频繁，妈祖信仰的北上传播范围持续扩大，不仅仅限于天津这样的漕运终点，在沿途的山东沿海也由于江浙闽的海船和商人的增多而流传，主要体现在天后宫的修建。正如刘伯温在"台州路重建天妃庙碑"处所言，"国家建都于燕，始转粟江南，过黑水，越东莱、之罘、成山，秦始皇帝之所射鱼、妖蜃之市悉帖妥如平地，皆归功天妃，故薄海州郡，莫不有天妃庙"。[1] 因此，在山东省荣成之石岛、俚岛，文登之威海，福山之烟台，蓬莱之庙岛等漕粮必经之地，妈祖信仰尤为兴盛。此时的海船吨位一般不超过六十吨，对海口要求不高，沿岸沙滩处极利于停泊，主要是选择躲避北风、偏北风处停靠。以上地方都是南来船舶较为理想的停泊场所，仅在芝罘湾内每年就有上千艘漕运船只进出。据记载，洪武五年（1372），"靖海侯吴桢总舟师数万，由登莱转运饷辽"；永乐元年（1403），"督海运粮四十九万石饷北京、辽东，后增至七十万石"。[2] 此时的芝罘湾港口已经转到向南部的西南河口，其入海口是大片浅滩，人们在西南河口东侧的威海卫建立了天后宫，以祈求海神的保护。天后宫出现后，海口便

① 《刘基集》，林家骊点校，浙江古籍出版社，1999，第 175 页。
② 光绪《增修登州府志》卷 22，《中国地方志集成·山东府县志辑》第 48 册，凤凰出版社，2004，第 219 页。

成为中心场所，当地居民常在这里同运粮饷的船只进行交易，交易活动逐渐聚集在天后宫两侧，形成了东西长约一里的商业街。在某种意义上而言，漕运传播了妈祖信仰，而妈祖信仰繁荣了海运贸易。此外，青岛的天后宫建于明成化三年（1467），历代都有修建；即墨县的天后宫和德州的天妃庙也始建于明代。

明代，山海关也修建了天后宫。山海关的码头庄，唐代以前就是储存军粮、接运转输海运粮秣的口岸，辽金时期荒废。明初徐达费时 2 年修筑长城和关城，动用屯兵、匠役和民夫不少于 1.5 万人，其食粮和部分建筑材料要依靠海运。为了南来物资的储存和转运，徐达在原来泊船旧址开设了码头庄港，将食粮、棉花、布匹、冬衣等在这里集中后转运辽东，仅食粮一项洪武末年最高达 70 万石。天顺七年（1463），这里修建了天后宫，明代兵部主事祁顺曾题写《天后宫碑记》："海远之人，有适急变，而赖神以济者，因建以咎神祝。"后来清乾隆皇帝御书赐额"珠宫涌现"。附近的金山和北戴河的老虎石也修建了天妃庙。

辽东半岛也修建了天后宫。元代辽东与中原的官方联系中断，但民间贸易仍存，南方的米、布匹等商品与辽东的马匹、毛皮、药材等商品均经辽东半岛各口岸往来交易，粮饷、军服等从这里上岸。于是，天妃宫出现，虽然修建的具体年代难以考订，但明正统九年（1444）十月朝廷命辽东金州、海州二卫春秋择日祀天妃庙，说明此时已经有了具有一定规模的天妃宫了；而且明代和清初的一些官方文件中屡屡以娘娘宫、娘娘庙为地点，佐证了娘娘宫的久存。[①]

从上述可见，妈祖信仰的北方传播与沿海漕运的发展有着直接联系，某种意义上沿海漕运的向北扩张催生了北方的妈祖信仰。而漕运北上与国家政治、军事中心转移联结在一起，因此妈祖信仰又受到国家政治力量的间接影响。从天后宫分布的空间特征来看，基本是随着漕运路线的转折而变化，主要是通过海路沿途继续向北推进，直至山海关和辽东半岛。

---

① 刘连岗等编《大连港口纪事》，大连海运学院出版社，1988，第 16、24、36 页。

二　沿海贸易促使妈祖信仰向北方扩展

清代康熙年间海禁开放，加之海运技术的发展，海运成为南北商品流通的主要孔道，也促使各沿海口岸逐渐兴盛起来。随着闽浙商人的增多，以天后宫和天妃庙为标志的妈祖信仰也延伸到运河沿岸的内陆。这意味着此时的妈祖不仅是海运的保护神，还是长途贩运商人尤其是依靠海运的商人在各地的保护神。其中，不仅仅是沿海贸易的商人，也包括内河运销的商人，不仅仅包括来自江浙和闽粤的商人、船工，也包括山东沿海的商人。尤其是沿海贸易和闯关东的移民潮，也促使山东商人在辽东半岛兴建天后宫。

清代以后，妈祖在北方的传播有三个走向：其一，继续沿着海路向山海关以北的辽宁推进；其二，从天津和山海关上岸后沿着滦河等商路向长城南侧延伸；其三，由天津向南沿着南运河等海河水系向以运河为主的腹地扩展。由于明代以后天津成为河海交汇之所，南北和腹地的商品在这里集散，由此成为北方妈祖信仰的中心。

在辽宁省，牛庄城北有天妃庙，也就是天后宫，俗称小姐庙，为清初所建。小姐庙原为茅草房，康熙六十一年（1722）改建为瓦房，三十余年后的乾隆十九年（1754）又再次重修。乾隆二十五年（1760），《重修牛庄城北小姐庙碑记》称："牛庄城北有巨川焉，聚艨艟，通商旅，西连津沽，南接齐鲁，吴楚闽粤各省悉扬帆可至。……粤稽行宫之建，原为茅茨草庵，奉侍香火。至国朝康熙岁次壬寅蒲月，重建瓦殿三间；至乾隆十九年又叩募贵官仁人，施金捐帛，鸠工庀材，复整庙貌，钟楼梵宇，焕然一新。"[1]营口，原名没沟营，又称西营子，是辽河的入海口。西营子天后宫在现在的营口市西大街，辽宁省博物馆编《辽宁史迹资料》记言：该天后宫是清雍正四年（1726）在龙王庙旧地址上重建的。天后宫正殿前嘉庆年间所铸香炉上镌有"奉天海城县没沟营税店丰盛、恒益、宝兴、广信、洪昌，上海信商周锡璜同敬

---

[1] 民国《海城县志》卷6《艺文志》，《中国地方志集成·辽宁府县志辑》第8册，凤凰出版社，2004，第415页。

助"，"嘉庆二十五年立"等文字。^①盖平县城有四座商人所建会馆，即三江会馆、山东会馆、福建会馆和山西会馆，都是来此开展贸易的商人集资修建的。三江会馆、山东会馆、福建会馆都建有天后宫，祀"天后圣母"，因这几省商人均由海路而来，"天后圣母"被海商视为航海保护神。三江会馆始建于康熙四十二年（1703），为江苏、浙江、江西三省商人所共建。乾隆十七年（1752）《重修三江会馆碑记》言："盖平自开海以来，三江士商乘槎而至者络绎不绝，始于康熙四十二年同志捐资购地于县之东南隅创建三江会馆，内供天后圣母诸神圣像，以为久远遵崇之地，共昭诚敬焉。复于雍正八年恭遇谕旨赐额，凡天下原建有天后宫祠宇，择其规模洪敞者，令照例春秋致祭，载入祀典，诚百代之盛典也。"于是，诸商等"倡义劝输，于庚午岁，值三江之商云腾而至，咸愿乐输，于是鸠工庀材，至辛未夏中而栋宇维新矣"。^②据松浦章的研究，盖平的福建会馆始建于康熙五十年（1711），山东会馆建于乾隆三十五年（1770）。^③《山海钞关榷政便览》"现行事件·盖州口事宜"条记有："三江会馆香资十二两，福建会馆香资八两，山东会馆香资八两。"三江会馆所捐香资银最多，应是其在这三个会馆中实力最强、资财最为雄厚的一种反映。^④

复州，位于辽东半岛南部，渤海湾东岸，明代为复州卫，清康熙年间设城守尉，雍正十二年（1734）升为复州。州城北门外有一座天后宫，"大殿三楹"，大约是咸丰以前由海商集资所建，有咸丰年间进士徐赓臣所撰《创建天后宫碑》为证："我复地滨大海，虽通省之下游，实舟行之孔道，北通牛口，西通析津，西南通利津、莱州，南通烟台、登州"；"苏之沪，浙之宁、慈，福之同安、台湾，岭南之佛岗、厦门，凡商贾之有事于北者，其往来皆必经于此。……总计数十年来商贾辐辏，络绎不绝"。娘娘宫为复州主

---

① 营口市档案馆编《营口通史》，2001，第111页。
② 民国《盖平县志·艺文志》卷16，台北，成文出版社，1974年影印本，第627~628页。
③ 松浦章：《清代における沿海贸易について》，小野和子编《明清时代の政治と社会》，京都大学人文科学研究所，1983。
④ 《山海钞关榷政便览》卷4，转引自加藤繁《中国经济史考证》第3卷，吴杰译，商务印书馆，1973，第131~146页。

要海口，可泊五六百石大船，系粮食输出口岸。民国《复县志略》载："当
南满铁路未通以前……娘娘宫实为奉省南偏之紧要海港，往来山东登莱二郡
者皆假舟楫焉。"①

金州城也有天后宫。据泉州海外交通史博物馆调查组的调查报告，金州
天后宫建于乾隆五年（1740），为山东船户捐建，又称山东会馆。不过据加藤
繁先生的记述，从金州天后宫正厅内的屏风上乾隆三十六年九月十五日众商
刻的各种商货名称和捐银比例可以看出，金州天后宫的集资方式，是由当时
来此贸易的客商按照各自所贩货物的品种和数量捐银，不是船户捐建，而是
船户与商人所共建，且似也不限于山东商人。

锦州天后宫为江浙、福建两帮商人于雍正三年（1725）始建，建材是福
建茶商由福建运来的，完工于乾隆二十六年（1761）；嘉庆六年（1801）再
度重修。②如果说天后宫的修建历时 36 年之久，可能是由于财力不足，那么
仅时隔 40 年的再度重修，恰恰反映了江浙、福建两帮商人的经济实力的增
强。据乾隆五十六年（1791）四月锦州副都统台斐音清查，锦州天桥厂、龙
王庙两处共有寓居闽人 191 名，"因贸易索赔等事"留居于此。③据道光十九
年（1839）的核查，"锦州所属天桥厂海口，据报已入保甲闽人五百八十九
名，流寓闽人二百四十七名冶"。④

辽宁半岛的其他地方也修建了天后宫、天妃宫，或娘娘宫。如辽阳早就
有妈祖的传说，天妃庙始建于清代；大孤山天后宫建于乾隆年间，光绪八年
（1882）重修，与地藏庙、文昌庙、关公庙、财神庙合建一处；兴城建筑年代
不可考，光绪二十三年（1897）重修；沈阳、丹东、大连、旅顺都有天后宫，
多是位于南方或山东会馆内，是随商人、船户的会集修建的。

---

① 徐赓臣:《创建天后宫碑》，民国《复县志略》，台北，成文出版社，1974 年影印本，第
　619、30 页。
② 陈鹏、郭慕良、李玉昆:《天后史迹的初步调查》，《海交史研究》1987 年第 1 期。
③ 《清实录》卷 1376，高宗乾隆五十六年辛亥四月下。
④ 《盛京将军者英奏搜查海口商船及查办海口烟禁情形折》，道光十九年四月二十三
　日，中国第一历史档案馆编《鸦片战争档案史料》第 1 册，天津古籍出版社，1992，
　第 559 页。

山东省莱州蓬莱阁西端宋代修建的海神娘娘庙，光绪十年（1884）重修改称天后宫；刘公岛和威海的海神庙、天后宫多建于明代，文登县天后宫建于清乾隆五十七年（1792）；烟台的福建会馆也于光绪十年扩建为天后宫，建材是从泉州运来的，规模宏大，属于闽南风格；荣成的石岛有光绪年间船主建的天后宫，有200多个船模；厘岛的天后宫建于道光年间；日照县有多处天后宫，建于清同光年间。①

同治《续天津县志》载，天津县内有16处天后宫，分布在东门外、陈家沟、丁家沽、咸水沽、贺家口、曹沽、泥沽、东沽、前辛店、后尖山、秦家庄、城西马庄、河东磨家口、芦兆口、直沽、城西如意庵等处，其中以直沽的天后宫最大。在清代中前期，基于沿海贸易规模的逐步扩大，南方和山东沿海等地商人渗透到内陆，天后宫作为海运保护神的意涵演化，逐渐沿运河以及滦河等海河水系向内地扩展，在山东省的德州、菏泽、济宁、聊城、长山等府县都建有妈祖庙。比如，山东省周村，地处腹地，西接济南府，东邻青州府，北对黄河平原，南靠沂蒙山区。清代初期官道改为从周村经过后，成为南北物品的集散地，嘉庆三年（1798）被称为"旱码头"，"若汉口、佛山、景德镇、朱仙镇之属"。而这样一个旱码头建有一座宏伟的天后宫。该天后宫亦称天后阁，建于乾隆三十三年（1768），耗时7年，"高阁五楹，群楼数间，彩楼对列，长廊环卫"，颇具规模。显然，周村天后宫的兴建与水运贸易有关，各地商人有利用运河贩运物品的，也有通过近海的贩运线路运送物品的，即附近有码头通过小清河到渤海。嘉庆《长山县志》载："国家漕运固赖神功，而行旅商贾亦资呵护。长山周村镇，商贾云集，各行货物皆出南省，凡采买运载，俱安然无恙，其为商贾庇荫者，尤未易更仆数也。众商久欲建祠虔拜，因限于地，故迁延未就"，于是县令叶观海主持，利用紫霞元君宫前旧有的南厅基址动工修建了天后宫，共耗银6000余两，"皆出自外省本省客商以及绅士"。②民国《曲阜县志》载，每年四月八日娘娘庙设会场于东

① 李露露：《妈祖信仰》，学苑出版社，1994，第119~122页。

② 《周村重修兴隆桥碑记》《天后阁记》，嘉庆《长山县志》卷13《艺文志二》，《中国方志丛书·山东省》第87辑，台北，成文出版社，1976，第1138、1126~1127页。

关前后。宣统《清平县志》也载，每年四月各地或演戏或竞设香烛，祭祀各村之娘娘庙佛，十八日至二十一日在县城东关演戏，祭祀娘娘庙佛。

从天后宫兴建的空间分布来看，清代以来随着沿海贸易的发展，海运、河运线路不断扩展，尤其是河海商路间的交叉和延伸，妈祖信仰的北方传播基本是沿着河海商路向外扩展。可以说，较为繁荣的经济贸易活动促使妈祖信仰向北方扩展，妈祖信仰在北方的活跃程度与商品流通和市场发展水平存在直接关系。据不完全统计，清代以前山东省内至少有 40 处妈祖庙，京津和河北省内有天后宫和天妃庙等 35 处。[1] 当北方开埠通商后，海运开始推行轮船运输，民众对自然的认识不断进步，新建天后宫者极少。

三　妈祖信仰北方传播的特性

通过考察从宋元到明清妈祖信仰北方传播的轨迹、因素和天后宫的空间分布状况，可以看到妈祖信仰北方传播具有以下特性。

其一，北方传播路径多依赖海运或河运路线，其扩展规模受制于海运或河运贸易。因此，不同于南方妈祖庙遍布沿海和内陆、空间分布密度高的特性，北方天后宫空间分布稀疏、狭长，集中在沿海和沿河地区，尤以沿海区域为主，与海岸线走向关联度颇高；清代以后虽然在海河水系的一些河流沿线也出现天后宫或天妃庙、娘娘庙等，但多在运河一带，并没有扩展至华北平原，乃至沂蒙和太行山区。

其二，北方民众对妈祖的认知程度不高。尽管妈祖达到了至高无上的地位，但是清代中后期以后在北方新建的天后宫或天妃庙很少，原有的庙宇有的也因为年久失修而不复存在，从清代以后的府志县志看，各地对妈祖的认知度也大为降低。究其原因，北方自开埠通商后，海运开始推行轮船运输，加之铁路运输的发展，商路有所改变；闽浙等南方的商品也因为开埠以后洋货充斥而不再是商品流通的主流，闽浙商人的活动范围也受到限制。从文化

---

① 尹国蔚：《妈祖信仰在河北省及京津地区的传播》，《中国历史地理论丛》2003 年第 4 期。

和习俗上看，妈祖信仰对于北方来说是外来的异质文化，在以内陆经济为主的北方民众看来，海洋是遥远的，且带有些许畏惧和惶恐的防御心理，而没有东南沿海居民以海为生的亲近感。因此，北方的一般民众，尤其是靠天务农者，没有形成对妈祖的心理认同，对妈祖的认知程度有限，共享性不强，其妈祖信仰也随之逐渐淡漠和萎缩，尤其在西方文化的冲击下，妈祖信仰成为时过境迁的过眼烟云，成为历史的记忆。

其三，北方妈祖信仰的信众单一，功能多元。南方妈祖信仰的信众复杂，人数众多，具有普遍性的特征，在那里妈祖是一位平民化的神祇，祭祀场所随处可见，祭祀时间生活化，甚至家庭供奉妈祖，并视其为生活或家庭成员的一部分。北方则有所不同，信众单一，主要是海运商人和船工。随着沿海漕运和贸易的发展，闽粤等地商人北上建起了会馆和天后宫，祭祀妈祖，寻求精神庇佑。天津闽粤会馆内设有建帮、潮帮公所，共同专祀天后圣母，每逢客货抵津，"均须虔祀天后，报答神庥"。[①] 每届中元，"醵资作会，高搭席棚，长有数百步，悬列灯彩无算，高低不一，照如朗日。又有巧匠扎成粤戏数出，人物如生，挂向坛前，延僧设醮，放焰口，抛施食物，锣鼓喧天，锭帛遍地。历年用款不止千金，鼓动游人不下万计"。[②] 其实，妈祖作为外来文化与北方民间信仰难以融合，无法形成广泛的心理认同，只能是特殊人群供奉的对象。正是基于此种因由，北方妈祖日渐远离海神角色，其信仰和功能出现多元化的倾向。清代北方天后宫的影响力不只是保海运平安的功能，也不仅限于闽粤商人聚集场所，在有的地方商人会馆和天后宫合为一体，有的还称为娘娘宫、小姐庙，有的紫霞元君庙、龙王庙并列，甚至地藏庙、文昌庙、关公庙、财神庙合建一处。比如，山东荣成海神众多，诸如"黄华大王"、"北海之神"和"始皇老爷"等，海神庙处处可见，妈祖则与诸多海神共融一处。

其四，北方妈祖信仰经济贸易功能突出。北方妈祖因海运贸易催生，由

---

① 天津市档案馆等编《天津商会档案汇编（1912~1928）》，天津人民出版社，1996，第2100页。

② 张焘:《津门杂记》，天津古籍出版社，1986，第83页。

闽籍商客而来，因此各地妈祖庙多是物资交流的商品集散地，也是来往商客聚集的固定场所，其经济贸易功能较为突出，与北方常见的庙会、香会类似。比如，烟台的天后宫衍生为商业中心，至咸丰后期该处商店增加到近千家，"西不出圩子门（今西马路），东不越广东街，南至奇山所北门尚不足一里，北至海亦尚有数十百步不等"。① 在天津一度规模空前的天后宫皇会，通常在妈祖庙组织天后神像游行大会，届时赴庙烧香的船只"不远数百里而来"，"由御河起，沿至北河海河，帆樯林立……所有可以泊船之处，几于无隙可寻"，盛大的进香场景蔚为壮观。② 重要的是，天津天后宫已是一个全市大规模的物资交流、商品交换的贸易市场，在其两旁，形成了两条大街，一是宫北街，一是宫南街，街上大小店铺林立，临时摊点星罗棋布，几乎是民众聚集购物的必到场所。可见，北方妈祖庙兼有庙会场所和市场的性质，在推动城镇和乡村社会经济发展方面有一定作用。

其五，北方妈祖信仰政治色彩浓厚。与南方妈祖信仰没有明显的官府敕封色彩不同，北方妈祖信仰带有浓厚的政治色彩。明清时期的北方，内陆以自给自足的小农经济为主导，交通也是以陆路为主，商品化生产和市场经济欠发达，且多为畿辅之区或龙居之地，在这样的环境下天后宫等的修建似乎反映了北方民间信仰的一个特点，即对官府意志的顺从。从北方妈祖信仰传播因素看，除漕运、闽商商业活动外，政府的推动力量清晰可见。元代以后，朝廷敕封妈祖为夫人、天妃和天后等，皇家敕建或政府倡建天妃宫和天后宫等祭祀场所，比如天津的天后宫等，被政府、商家和民众所重视。天津皇会是原来的娘娘会得到了康熙和乾隆皇帝的封赏后改名为皇会的，在晚清天津民间画师所绘制的《天津天后宫行会图》中有这样的语句："上天津卫天后宫老娘娘真正灵应，天后二字别处没有，都写天仙圣母、有天妃圣母，别处不能写出天后圣母。别处娘娘宫神位没有赶上敕封。"天津的娘娘则是被历代朝廷敕封的。每届皇会出行时，最前面都有"上造娘娘敕封"的门幡，在行会

① 民国《福山县志稿》卷5《商埠志》，台北，成文出版社，1974，第714页。

② 张焘:《津门杂记》，第76页。

过程中也会对天妃的受封经过大肆宣传和生动展示。[①] 这些皇家正统的渲染，吸引了众多民间社团的广泛参与，促使民间的趋从。近代以后，西学东渐之风盛行，天津的皇会时有遭到非议。1907 年 5 月 8 日《大公报》登载了署名为皖南翠微居士撰写的评论文章《论天津皇会宜禁》，认为要提倡工商业的振兴，"劳民伤财之皇会"应该禁止，以后在报端也偶尔有文章强调提倡教育、改良风俗，批评四年一次的皇会。但是，最后一次的皇会举办于 1936 年。此时，天津商会会长等呈文天津市市长，"为谋繁荣市面，复兴工商，沟通都市农村经济计，爱发起如例举行皇会，庶使各行营业，乘此机会，得以活动，市面恢复生机，渐臻欣欣向荣之气象"。市政府商议后同意举行皇会，并责成财政局、社会局和公安局协同办理。在政府的支持下，各界商人以及天后宫道士等 40 余人组成了筹委会，推选市政府秘书长施骥生为主席，财政局局长为副主任（后改公安局局长），决定凡外县入境之土产、各项出品等物，一律予以免税，并增派警力。于是，当年皇会在商人组织申请、政府直接支持和领导下浩浩荡荡地举行。对于此种情形，该文作者指出："天津市商会呈请市府举办皇会，说是繁荣市面、振兴工商，市府批示也说是事关繁荣津市，应予照准，由此看来，此次举办皇会的动机，其意义已由宗教的而变为政治的了。"[②] 显然，皇会已不是完全意义的庙会了，而是具有一定政治性质的物资交易大会。

四　结语

妈祖作为一个源自南方向北扩展的神灵，其信仰表现出南北不同的色彩。北方妈祖信仰的特性与其传播路径、商业贸易和地缘政治联系在一起，相对南方而言，我们是否可以说妈祖信仰与北方民间信仰主流体系有更多层面的认同感，是否可以认为政府和商人组织对妈祖信仰有更多的价值挖掘。如果将当代福建各地与天津的妈祖文化进行比较的话，或许更能体会到南北的差

---

① 《天津天后宫行会图》，香港和平图书公司，1992，第 65 页。
② 望云居士等：《天津皇会考纪》，天津古籍出版社，1986，第 5 页。

异。比如，在闽浙和台湾等地供奉妈祖的场所完全是由民间管理，其信仰活动既有一年一度的大型祭祀，也有常态化的参拜，且已经进入很多居民的家庭。天津的天后宫管委会属国家事业单位，其经费来自财政拨款，所作所为皆为工作职责，并非信仰使然，天后宫的复原和管理则是天津市各级政府的行为，妈祖圣诞的祭祀是作为地域文化品牌极力打造的旅游项目，称为妈祖文化节。因此，通过简单归纳北方妈祖文化的特点，政府或民间或可在今后的倡导和推进工作中采取更有针对性的方针与措施。

04

日本在华北的经济掠夺

七七事变前后日本中国驻屯军对华北的政治经济侵略[*]

一　日本中国驻屯军对华北的统治

日本中国驻屯军（亦称天津驻屯军）是抗战全面爆发前日本在中国关内唯一的正规驻军。根据《辛丑条约》，驻屯军自 1900 年义和团运动后驻守天津等地，驻屯军司令部和兵营均在天津的日租界。第一任司令官是陆军中将。驻屯军最初有步兵、骑兵、炮兵、工兵、野战医院和军乐队等 2000 多名官兵，根据时局的变化兵力有增有减，多时达到 5000 余人。1935 年随着日本侵华步伐的加快，驻屯军被编入作战序列的正规军。翌年，驻屯军大肆增兵，成为日本侵占华北的先头部队。

日本军政当局的侵华野心由来已久，但政府和军部在方法、步骤等问题上长期争论不休，时而政府占据上风，时而军部操纵政府，军部的法西斯军官还经常制造暗杀、政变等恐怖事件。20 世纪 30 年代以后，中日矛盾进一步激化，日本国内主战的军部的地位上升，1936 年日本的"二二六事件"标志着日本从军队法西斯化发展到国家法西斯化，军部成为制定与实施国家内外政策等一切活动的主角，加速了发动全面侵华战争的步伐。

在天津的驻屯军与在东北的关东军一样，代表着日本军部的势力。1936

---

*　本文原载于《东北亚研究》2015 年第 5 期。

年 1 月 16 日，日本军政当局制定的《处理华北纲要》，指定"处理华北由中国驻屯军司令官负责"，① 确定了中国驻屯军为制定华北政治、经济方针政策和计划的主持者，也是各种事件的策划者和实施者。于是，驻屯军的驻地——天津成为日本策划对华北政治、军事和经济侵略的现地大本营。

天津之所以是日本军政当局的现地大本营和指挥部，有地缘政治和经济环境的因素。天津是北京的门户和中央政府对外交涉的中心之一，是军阀和官僚汇集之地。同时，天津还是北方最大的通商口岸和工商业城市，是华北、西北乃至东北地区的经济中心。对于日本而言，天津的日租界面积最大，设立时间最为长久，1936 年日本侨民有 1.1 万余人。他们除了被日伪政府雇用外，多是从事经济活动的商人和公司职员，垄断了天津一部分商品的进出口市场。更为重要的是，自 20 世纪以后天津的对日贸易额始终居天津进出口贸易总额的首位，在全国进出口贸易中也占有较大的比重。因此，天津是日本对华商品倾销和掠夺资源的最主要口岸。另一方面，1875 年日本在天津开设的日本领事馆，在华北地区是第一个，统管直隶省、山西省及察哈尔都统所辖内蒙古的交涉事宜，1902 年升格为总领事馆，总领事馆的警察署及所属的特别警戒部队负责保护日租界治安和日侨安全，这是日军可以依靠的武装。而且，日侨中有在乡军人团、义勇军等组织，遇到危及日侨安全和利益的事端时会倾巢出动，是日军的后备力量。

日军占领东北后，侵略的矛头指向华北地区，天津成为抗日战争全面爆发前日本对华侵略的前沿，麇集了中国驻屯军、日本军部、日本关东军，以及日本政界、满铁、财阀和日本浪人等各方势力，成为策划和实施军事行动、进行社会经济调查、制定政治经济侵华计划与方针政策的大本营。作为日本军政当局指定负责处理华北事务的中国驻屯军，在 1937 年七七事变前后的侵华行径都有着十分强烈的目的性和计划性，大致可以划分为两个方面：一是主持和实施政治军事行动，推进"华北自治"和全面侵华战争；二是制定侵掠华北地区经济的计划和方针政策，并以武力为后盾。

---

① 复旦大学历史系编译《1931～1945　日本帝国主义对外侵略史料选编》，上海人民出版社，1983，第 195 页。

二 日本中国驻屯军的政治军事侵略

1931 年九一八事变爆发后的 9 月 24 日，日本中国驻屯军召集驻屯军、领事馆、共益会、义勇队和日侨等各方代表在天津居留民团的会议室召开对策协议会，制定保护日侨等对策，驻屯军通知每家每户储备粮食、蔬菜和必备的消费品，并通过军队从大连及其他地方购买食品。议定当遇到暴乱和事变，以及一些不安全的苗头时，驻屯军与警察署等武装一起实行戒严，加强巡逻，并以此扩大其威慑力。1931 年 11 月，天津发生"便衣队暴乱"（实为日方制造的暴乱），驻屯军司令官香椎中将立即发布戒严令，宣称由于日租界靠近中国街区，为保证日本侨民的生命财产及权益不受损害，命令驻屯军全体紧急出动，加强警戒。随后，驻屯军不断实行戒严，举行军事演习，以武力威慑中国政府与民众，加剧了中日关系的紧张局面。

此后，驻屯军除了加强对日租界和日侨的保护外，更为重要的是，作为"华北自治"和策动各种军事活动的主谋和执行者，在天津等地直接指挥军事行动，掌控全面侵华的军事部署和节奏。

九一八事变后驻屯军、关东军特务机关等共同策划的"便衣队暴动"，即天津事变，目的是转移日本国内外视线，稳定在中国东北的局势，尽快建立"满洲国"。当年 10 月 29 日，关东军奉天特务机关长土肥原贤二大佐来到天津，首先到驻屯军"走访海光寺的司令部，并和驻屯军协商"。[1] 在驻屯军的支持下，土肥原策划由驻屯军和特务机关收买了千余名地方上的地痞流氓，组成了便衣队，由日本军官和在乡军人会会员训练，并在日侨中组织了1000 多名在乡军人会会员参加的义勇队。[2] 11 月 8 日，便衣队武力扰乱市面，土肥原趁机在日军的保护下将溥仪偷偷带出天津乘船至大连。暴乱发生的第二天，驻屯军司令香椎浩平中将以该事件"实已危及日本租界侨民生命之安

---

[1] 古野直也：《天津军司令部（1901~1937）》，东京，国书刊行会，1989，第 189 页。

[2] 王律飞：《王一民与天津事变》，《天津文史资料选辑》总第 67 辑，天津人民出版社，1995，第 103 页。

全"为由，要求中国保安队和警察撤退到日租界300米之外，并威胁河北省主席王树常、天津市市长张学铭："打死一个日本侨民，日本帝国政府绝对不会答应的。"此后中日双方几经交涉，局面趋于平静。11月26日至30日，驻屯军为配合日军在东北的侵略行动，掩护便衣队再次发动暴乱，日本军警和义勇队也加强警戒和巡逻。虽然暴乱被中国军警合力镇压，但是驻屯军和日租界当局向中国政府提出的取缔排日宣传、撤去对日军事设施、租界外围300米以内的区域只能配置携带步枪的巡警等条件得以实现，张学铭也被迫辞去天津市市长兼公安局局长的职务，天津只留警察保安队驻守，撤出军队。

随后，驻屯军策划和实施了武力占领长城防线和侵占关内等行动。日本军政当局建立"满洲国"后，逼迫中国政府承认以长城沿线为"满洲国"的边界线，并在长城以南设立非武装区，为入侵华北开辟通道。为此，日本军政方面一方面大造舆论，宣称热河是"满洲"的一部分；另一方面，更重要的是武力威胁。日本关东军在热河一带制造各种事端，不断进行武装挑衅。驻屯军作为军部在华北的代表也频频出动。1932年11月，策划诱降中国驻山海关军队。1933年初在关东军的增援下，动用飞机、军舰进攻并占领山海关、承德，控制热河，进逼长城一线。随后，日军进攻长城各口，遭到中国军队的顽强抵抗。4月和5月，日军进攻并一度占领了冀东数县，战火推进到长城沿线以南的关内地区，直逼天津、北平。5月30日，由国民政府军事委员会北平分会代理委员长何应钦委任的全权代表陆军中将熊斌，和关东军副参谋长冈村宁次在塘沽签署了《塘沽协定》，从此华北门户洞开。当年5月，驻屯军借口两名新闻记者在日租界被枪杀、中国援助东北义勇军进入非武装区等提出抗议，并出动坦克、装甲车和炮队到天津市的河北省政府门前武装示威，关东军也在山海关和古北口等地集结，形成武力威胁。7月6日，国民政府华北军分会代理委员长何应钦与驻屯军司令官梅津美治郎签订《何梅协定》，中国在河北省和察哈尔省的主权大部丧失，河北省的反日团体和反日活动被取缔。

此后，日军策划"华北自治"的阴谋已经明朗化。1935年8月，日本陆军省在《关于对北支政策》中提出，当前要做到华北五省"不受南京政令的支配，而成为自治色彩浓厚的亲日、满地带"。这期间，日本政府把驻屯军作为正规军编入作战序列，新任司令官多田骏少将于 9 月 24 日公开宣布要建立所谓的"华北五省联合自治体"，采取彻底驱逐反"满"抗日分子、华北经济独立、与日本伪满展开军事合作等行动，以推行"华北自治"，随即特地将关东军特务机关长土肥原请来推动所谓的"自治运动"。1935 年，中国政府公布币制改革后，日本军方人员群起反对。日本驻华使馆武官矶谷廉介声明，"作为驻外军部断然反对这次币制改革"，提出"华北在天津军（即中国驻屯军）和驻各地武官的帮助下，应迫使以宋哲元为首的各省市当权者阻止现银南运"。① 同时，驻屯军制定了《华北自主币制施行计划纲领方案》，提出华北金融要与华中、华南金融相分离，建立新的金融中枢；建立由华北自治政权与民间银行、钱庄等合办的华北公库，作为华北唯一的货币发行机关，驱除在华北流通的法币。据此，日本陆军省于 1936 年 1 月拟定《华北币制改革指导要领》，要求华北币制"应迅速排除来自华中、华南方面实质性的支配关系，进而吸收利用其资金"。② 驻屯军的具体规定包括准备发行各种纸币和铜币、组织华北公库理事会、设公库准备金等。尽管这些措施在中国金融界的抵制下未得实行，但是 1936 年 5 月"冀察政委会"还是决定由河北省银行另外发行纸币，"冀东防共自治政府"成立的"冀东银行"发行纸币和辅币，严重地干扰了中国的币制改革。

1936 年 4 月 17 日，日本军政当局加紧了全面侵华战争的准备步骤，开始向华北增兵，驻屯军发展成为步兵旅团、骑兵队、炮兵队、工兵队以及驻华北航空大队等兵种齐全，具有攻战能力的正规野战军队，分别驻扎在天津、丰台、塘沽、唐山、滦县、山海关、秦皇岛等地。并且日本军部将中国驻屯军改称为华北驻屯军，司令官由原来的军部任命改为日本天皇亲授。日方公布的数字显示，增兵后的驻屯军为 5700 余人，而实际兵力远远超过日方公布的这一数字。

1937 年的七七事变，就是驻丰台的驻屯军步兵旅团第一联队第三大队制

① 秦郁彦:《日中战争史》，河出书房，1961，第 338、77 页。
② 岛田俊彦等编《现代史资料》第 8 册，美铃书房，1964，第 124 页。

造的。紧接着，驻屯军开始策划设立日伪政权。从7月25日起，驻屯军特务机关长茂川秀和多次联络新老亲日分子张弧、高凌霨等十余人筹划成立伪政权，拟定人选，征得驻屯军特务机关同意后，7月28日最后确定成立以高凌霨为委员长、王竹林等10人为委员的"天津市治安维持会"。7月31日，即日军占领天津的第二天，茂川秀和宣布了驻屯军的决定。8月1日，在驻屯军与特务机关的监督和主持下，"天津市治安维持会"正式成立。①

"天津市治安维持会"是完全被驻屯军控制的傀儡政权，高层人员皆是亲日派，驻屯军派员出任各部门顾问、辅佐官等。而且"维持会"的一切活动必须得到日军的同意，即大部分会议由日本特务机关长主持，讨论的问题要由日本特务机关提出，施政情况要随时向其汇报。驻屯军司令官香月清司还以"赈济"名义向"天津市治安维持会"捐赠10万元，并允许其"染指过去专供中国中央政府使用的重要财源"。②

1937年8月31日，日本华北方面军成立，这是日本统治华北占领区的现地最高指挥机构，日本中国驻屯军被纳入其中。华北方面军主要负责占领地区的统治，镇压中国民众的抗日活动。华北方面军设立了特务部，原驻华武官喜多诚一少将为部长，其主要任务之一是"在华北建立政权"。喜多诚一公然宣称要建立的华北政权不是地方政权，而是"取代南京政府的中央政府"，要在日军势力范围内的地区行使政令。③这种主张得到日本军部和关东军的大力支持，于是特务部四处物色亲日汉奸，积极炮制伪政权。12月14日，"中华民国临时政府"在中南海宣布成立，首都设在北京。该"临时政府"管辖范围与日本华北方面军统辖范围一致，并随着日军占领地的扩大，伪政府的管辖范围逐渐由京津扩展到河北、热河、山东及山西、河南、察哈尔等省的部分地区。日本欲以此代替中国的中央政府，所以对"临时政府"的控制，不似伪满那样直接由日本人任职，而是派遣顾问，"在制定政策大纲方面由日

---

① 陈志远、乔多福：《抗日战争时期日本对天津伪政权的控制》，《南开史学》1986年第1期。
② 《天津市治安维持会施政工作报告》，河北省档案馆藏，档案号：D693-62-101，转引自郭贵儒《河北沦陷区伪政权研究》，人民出版社，2013，第99页。
③ 日本防卫厅防卫研修所战史室编《北支の治安战》第1册，朝云新闻社，1968，第42、44页。

本顾问进行内部指导"。1940 年 3 月 30 日，在日本的策划下，汪精卫在南京宣布成立"国民政府"，取消北京的"临时政府"，原班人马改为"华北政务委员会"，王克敏仍为该会委员长，直接受日本华北方面军的操纵和指挥。

三 日本中国驻屯军的经济侵略

驻屯军在大量搜集并完成社会经济调查情报的基础上，策划和制定了掠夺华北经济的方针政策和各种计划。

1933 年 11 月，满铁制定了《华北经济工作调查要项》和《设置华北经济工作调查机关案》，在天津、青岛设经济调查会分会，在北平、张家口、山海关、太原、济南、烟台等地设事务所，开始了华北经济调查，半年内出台了 37 个调查报告。[①]1934 年 2 月，满铁扩大调查规模，这时的调查完全听从驻屯军的部署和指挥。驻屯军制定了《华北重要资源、经济调查之方针及要项》，在其参谋长给满铁的信件中，把调查活动提升到"为助长帝国对华经济的发展，使战时我国国防不足资源易于补充，扶植和增强帝国对华北的经济势力，促成日、满、华北经济圈做必要的准备"的战略高度，提出要调查华北产业、资源、交通、金融、贸易，并列出调查细目，要求提出解决办法，为日本军政当局出谋划策。[②]这些调查人员组成了驻屯军的乙嘱托班和丙嘱托班，其中乙嘱托班规模最大，有 175 人，是华北调查的主力，并于 1935 年 10 月在天津日租界荣街 17 号路 1 号设立了事务所。这次华北调查，耗时一年多，出动近 500 人，花费近百万日元，整理出近百册调查报告书，[③]成为驻屯军制定掠夺华北经济方针政策和计划的基础。同时，驻屯军司令部、日本大藏省和外务省设立的东亚经济调查课等机构，以及天津日本人商工会议所等，都对华北政治经济的各个方面展开了调查。

---

① 满铁调查部编印《支那经济开发方策及调查资料》，1937 年 12 月，第 315~322 页；以下简称《支那立案调查 2-1-2》。

② 《支那立案调查 2-1-2》，第 385~399 页。

③ 中国驻屯军司令部乙嘱托班编印《乙嘱托班调查概要》，第 1~9 页。

日军占领东北后，侵华的目标首先是华北地区，急需确定方针政策。驻屯军根据满铁等的调查结果，制定掠夺华北经济的方针、政策和计划。1935年6月，驻屯军制定《中日经济提携计划修正案》，提出日本对中国的面粉业、棉纺织业、煤铁等工矿业、交通的"开发"或利用的初步方案。①一个月后，驻屯军将这一思路落实到华北，制定《随着华北新政权产生的经济开发指导案》，提出"应利用一切机会，促进对交通、资源及金融方面的投资"。"以满铁为主的会社投资于交通（铁路、公路、航空、水运、港口）及矿产资源的铁和煤；其它方面任日本投资者自由行之"。在东北的关东军应召集"满洲"的财阀汇集资金，"迅速组成一个小规模的开发会社"，驻屯军则主要是"组织地方经济开发团体对这些事业的调查和实施予以密切合作"。②该指导案虽然还没有提出完整具体的计划，但具有指导意义，且力图扩大驻屯军的指挥权力。1936年1月16日，日本政府出台的《处理华北纲要》完全采纳了驻屯军的方案，即日本将"重点放在财政经济（特别是金融）、军事和对一般民众的指导方面"，"对经济部门的扩展以依靠私人资本自由渗入为原则"，并且确定"处理华北由中国驻屯军司令官负责"。③

从此，驻屯军开始主持制定对华北经济的方针、政策和计划。1936年3月，驻屯军炮制了《华北产业开发指导纲领案》，经过几个月与日本军政各部门的磋商修改，6月呈交日本政府。该纲领开宗明义，宣布这是"驻屯军司令部开发华北的最高指导方针，各方面皆据此实行"，日商在华北创设和经营的统制性企业，"均遵从驻屯军司令部的指定计划而行之"，以"便于顺应国策"。该纲领提出，日本对华北不同的工业部门采取不同的方式，对现存的容易开发的部门给予指导和"经验技术的援助"。而"对于要迅速开发的必需的国防资源的重要企业，以中国方面的自身难以开发"的，"要依赖日本方面的积极投资"，日本政府"一定要特别促进财阀巨头的崛起"。投资的企业

---

① 转引自延安时事问题研究会编《日本帝国主义在中国沦陷区》，上海人民出版社，1962，第47页。

② 《支那立案调查2-1-2》，第97~98页。

③ 《1931~1945 日本帝国主义对外侵略史料选编》，第194~195页。

以日中合办为原则，但是"要努力确保日方的权益，企业经营及技术上的要害要由日本人掌握"。对现在不能着手开发但对将来极为重要的资源和产业等，"要努力获得其利权"。为了保持与日本、伪满洲国经济的一致，该纲领把现有的和计划创办的企业分为禁止、统制、自由三类，矿业、交通、通信、工业（即发送电、冶金、化工、建材等业）、商业中特殊商品的专卖和包销等"对日满经济或国防有重大影响的企业"，属统制性企业，其资本来源和所在地"均根据国际的观点加以统制"。该纲领还计划"创办日中合办的强有力的特殊投资会社"，目的是统一计划，避免竞争，并提高对抗其他外国在华经济势力的能力。① 这是日本军政当局最早的，较全面系统的掠夺华北经济的方针政策。不久，驻屯军联合满铁等又出台了对华北币制、投资、电力、钢铁、煤矿等行业的一系列"开发"纲要和具体计划。这些纲领和计划，确立和强化了中国驻屯军在华北的"领导"地位，强化了军部的绝对权威；还积极为发动战争做经济上的准备，迎合日本财阀扩张在华势力的企图，阻断了满铁垄断华北经济的趋势。两个月后，日本政府根据这些纲领和计划公布了《第二次处理华北纲要》，其内容与驻屯军的《华北产业开发指导纲领案》基本相同，只是更为强调一切从战略和国防的高度，着眼于军事上的需要，要确保日本的权益。该要纲的附件，基本照搬了驻屯军部署的华北关税、金融、煤铁、盐棉和矿山资源等部门的计划。② 此时，在驻屯军的主持下，日本已经制定出相当系统完整的掠夺华北经济的方针政策。

此后，驻屯军继续制订各项计划，如《华北经济开发五年事业计划》《华北经济开发五年资金计划》等。驻屯军还组织满铁制订了《华北产业开发计划案及表》《华北经济开发资金计划案及表》。对华北矿山和工业的目标是，"把在平时和战时对日满圈必要资源的开发补给作为重点"，"确立日满圈发展所必需的铁、煤炭、液体燃料、盐等重要产业置于日本势力之下"，与国防资源密切相关的建材、化工诸产业也要依附于日本的势力之下。

日本华北方面军成立后设立的特务部，成为日本统治华北经济的策划者、

① 《支那立案调查2-1-2》，第103~119页。
② 岛田俊彦等编《现代史资料》第8册，第369~371页。

主持者和指挥者。1937 年 9 月 6 日，华北方面军参谋长指示特务部部长喜多诚一，把华北的经济统制作为特务部的主要职责，要求"关于交通、经济等的开发，应注意与作战用兵方面的关系，及国防资源的获得，努力促使日满资本的流入"。① 虽然华北沦陷后在天津的日本中国驻屯军不复存在，但是其人员大多成为华北方面军特务部军官和职员。更重要的是，其此前制定的有关华北经济的方针政策和计划被华北方面军特务部承袭。如 1937 年 10 月华北方面军特务部制定的《华北经济开发基本要纲案》中强调的"开发华北产业的根本"，是"获得以扩大日本生产力所必需的资源和必要程度的加工"，"以弥补日满经济的缺陷为目的"，"以把华北包容在帝国经济圈为目标"。② 如，12 月 16 日日本企划院第三委员会制定的《华北经济开发方针》，目的是"扩充我方在日满两国方面的广义的国防生产力"，要将华北建成永久的以战争需要为主的国防资源的基地。③ 再如，日本华北开发会社的设立，④ 以及华北方面军特务部制定的一系列全面扩充华北生产能力的计划等，多曾经是驻屯军制定的方针计划的内容，并根据战局的变化进行调整和修订。

无论是日本中国驻屯军制定的方针计划，还是抗战全面爆发和太平洋战争后的计划，与当时的"速战速决"等战争野心一样都具有极大的盲目性。因为日本侵略者过分高估了沦陷区日伪政权的统治能力，未充分考虑华北本身的生产能力和生产条件的有限性，以及劳动力的大量丧失，更未充分考虑中国人民的反抗决心和中国共产党领导下的军民以交通破击战、坚壁清野等方式对日伪政权与军队的沉重打击，日伪军队华北地区的占领仅仅勉强维持在"点"和"线"上。因此，无论是在城市和矿山增资设厂等扩大生产量的计划，还是在乡村粮食和棉花的增产措施，甚至对绝大多数产品实行配给的强制性掠夺，都只是画饼充饥的一纸空文，是很难顺利推行和实现的。

① 岛田俊彦等编《现代史资料》第 9 册，第 41 页。
② 《陆军省有关中国事务往来秘密大事记》（1937 年 10 月 15 日），日本防卫厅防卫研修所图书馆藏。
③ 岛田俊彦等编《现代史资料》第 9 册，第 59 页。
④ 张利民：《华北开发株式会社与日本政府和军部》，《历史研究》1995 年第 1 期。

　　综观 20 世纪 30 年代以后日本中国驻屯军在政治、经济上的各种行径，可以确定驻屯军在日本对华北的侵略中扮演着策划者、指挥者和执行者的角色，这是日本政府在加强军队绝对权威性前提下"军政合一"法西斯体制的直接体现，促使了侵华战争的全面爆发，也强化了其对华北沦陷区的政治统治和经济掠夺。

抗战期间日本对华北经济统治方针政策的制定和演变[*]

统治华北经济，掠夺华北资源，把华北变成其侵略战争的兵站基地，是日本侵华战争的主要内容之一。日本对华北经济统治的方针政策，既是统治华北经济的宗旨和纲领，也是掠夺华北经济的行动指南。因此剖析日本军政当局制定对华北经济统治方针政策的过程和演变，[①] 是研究日本在中国推行军事殖民统治，进行经济掠夺的重要方面，能够更深入地揭露日本侵华战争的本质和目的。

日本对华北经济统治方针政策的制定和演变可分为三个阶段，即 1937 年七七事变前为初步确定阶段，华北沦为占领区后在"以战养战"的总经济战略下的所谓恢复和"开发"阶段，太平洋战争以后的强制掠夺阶段。

一

九一八事件后日本在中国东北建立了伪满傀儡政权，随即就把视线集中到华北。对日本军政当局来说，控制华北既可巩固伪满洲国、防备苏联东进和进一步窥视中国关内，又可攫取重要国防资源，以弥补其匮乏的原料和提高国防能力，尽快实现充当亚洲霸主的野心。正如关东军的石原莞尔在 1932

---

* 本文原载于《中国经济史研究》1999 年第 2 期；有关文章还有《论日本对华北经济方针政策的制定》[《历史教学（下半月刊）》1996 年第 9 期]。

① 因篇幅所限，该文暂不论及日本对华北的金融政策。

年11月写的《经略满蒙之我见》所言，日军不能满足于统治伪满洲国的现状，必须制定"开发中国本部首先是实现华北的方策"，让"山西的煤、河北的铁、河南和山东以南的棉"为日本所用。[①] 对日本的财阀等金融产业界来说，占领华北乃至中国市场，利用中国的廉价原料和劳动力，既可获取巨利，又可转嫁国内的经济危机。所以日本朝野沆瀣一气，共同策划统治华北经济的方针政策和计划，进行经济侵略，是其当务之急。

首先，日本从社会调查入手。在日军不断攫取华北主权，制造"华北自治"等阴谋活动的同时，满铁开始着手进行华北社会经济调查。1933年11月，满铁制定了《华北经济工作调查要项》和《设置华北经济工作调查机关案》，其经济调查会在天津、青岛等设分会，在北平、张家口、山海关、太原、济南、烟台等地设事务所，组成了北方班，开始进行华北经济调查。其内容包括各矿山的生产和蕴藏量、交通状况、棉麻皮毛等农副产品的利用与潜力、冀东工业状况、各国在华北的利权与投资、伪满与华北的贸易关系等。半年后，这些调查人员写出了37个调查报告，[②] 得到了日本政府和军部的赞许和支持。于是，满铁从1934年2月起又开始进行大规模的社会经济调查。这次调查的内容扩大到华北的政治、社会、地理、文化、风俗等方面，为日本军政当局制定对华北经济掠夺的方针政策提供了大量的有针对性的情报。为了指导满铁的调查，日本中国驻屯军于1934年10月制定了《华北重要资源、经济调查之方针及要项》，把调查的方针提高到"为助长帝国对华经济的发展，使战时我国国防不足资源易于补充，扶植和增强帝国对华北的经济势力，促成日、满、华北经济圈做必要的准备"的战略高度，划定了一系列调查部门和细目，要求满铁对华北产业、资源、交通、金融、贸易进行基础性调查，调查妨碍日本对华北经济掠夺的各项事业，研究解决办法，为日本军政当局制定对华北经济政策和实施措施出谋划策。[③] 在日军的指导和支持下，满铁的

---

① 角田顺：《石原莞尔资料·国防策》，原书房，1971，第108页。
② 满铁调查部编印《支那经济开发方策及调查资料》，1937，第315~322页；以下简称《支那立案调查2-1-2》。
③ 《支那立案调查2-1-2》，第385~399页。

华北调查被纳入日本中国驻屯军的行动，从 1935 年 7 月开始，以"驻屯军甲、丙嘱托班"的名义，打着"得到华北诸省经济开发及日华经济提携的基础性资料"的幌子，在华北各地展开了大规模的调查，出动近 500 人，花费了近百万日元，耗时一年多，对华北的金融货币、财政贸易、政治外交、交通港口、电力工业、农业生产和土特产品、矿山资源等进行了详细而系统的调查，整理出近百册调查报告书。[①] 除了满铁之外，驻天津的日本中国驻屯军设置了经济课和经济顾问部，大藏省设东亚经济调查课，外务省也增加了经济调查力量，日本商工会议所驻华北的机构等民间组织也对华北的经济资源、政治制度、社会风俗、贸易现状以及产业实态等方面进行了无孔不入的调查。这些情报的攫取，为日本军政当局制定对华北经济的方针政策和计划提供了重要的依据。

日本对华北经济的方针政策和计划，是基于这些社会调查，并随着政局的发展由军政当局和满铁等共同谋划的。最初日本政府鉴于九一八事变后的国际舆论和中国人民的抗日情绪，在 1934 年 12 月 7 日制定的《关于对华政策的文件》中，只强调扩大日本在中国的利权，杜绝排日情绪，以造成"在华北的日满华特殊关系"，不敢公开暴露其图谋华北的野心。[②] 从 1935 年开始，日本军部不断制造事端，蚕食华北主权，使"华北自治"的阴谋明朗化，并物色亲日分子拼凑伪地方政权，这时日本朝野更加关注如何攫取华北资源为备战所用，一时间日本舆论媒介大肆宣扬要"开发利用"华北资源，控制华北经济，促使其政府迅速制定更明确的对华北经济的方针政策。在华的日军和满铁等"当仁不让"，为扩大自己的势力，互相勾结，积极谋划对华北经济的方策。关东军和中国驻屯军一方面在所谓"中日经济提携"的幌子下，于 1935 年 6 月制定了《中日经济提携计划修正案》，其中第一，对中国之农工业（如面粉业、棉纺织业）由日本给予技术上的指导，对中国之农产品则应以增进日本工业之利用价值为前提；第二，对中国之煤、铁、锑、钨等之开发，由日本提供技术和资本；第三，日本以技术资本开发中国之交通；第四，

①　中国驻屯军司令部乙嘱托班编印《乙嘱托班调查概要》，1937，第 1~9 页。
②　岛田俊彦等编《现代史资料》第 8 册，美铃书房，1964，第 23 页。

组织一个中日贸易协会，作为"中日经济提携的机关"。[①] 另一方面，日军等以把中国首先是华北变成其殖民地为目的，制定日本朝野急需的对华经济侵略方针政策，正如关东军驻北平特务机关长松室孝良给总部的秘密情报所讲，将来华北"诚我帝国之最好新殖民地"。[②] 关东军于 1935 年 7 月 2 日联合满铁和伪满洲国有关部门讨论经济方策时提出，华北的政治工作可"由国家机关直接进行"，而经济工作必须"由国家以外的机关担当"。华北经济应"由直接实行机关采取直接方式实施"，这个"实行机关不能委诸民间资本，应是国策机关"。具体方策是"特设立大投资公司做为总括的投资。该公司将纯然为金融机关，满铁、东拓当然参加，同时更广泛地纠合日本内地之资本"；该公司的工作"首先应设立者为矿产业、交通业、贸易以及棉花栽培"，并加强与伪满、蒙古的贸易。[③] 同时，中国驻屯军在 1935 年 7 月制定了《随着华北新政权产生的经济开发指导案》，提出"应利用一切机会，促进对交通、资源及金融方面的投资"。"以满铁为主的会社投资于交通（铁路、公路、航空、水运、港口）及矿资源的铁和煤；其它方面任日本投资者自由行之。"为此，"由关东军在当地纠合各财阀集中有限的资金，迅速组成一个小规模的开发会社"，驻屯军在华北"组织地方经济开发团体对这些事业的调查和实施予以密切合作"。[④] 这里虽还没有完整具体的方针计划，但提出了掠夺华北经济的主要目标和方法，为制定政策打下基础。日本政府根据军部和满铁的方案，于 1936 年 1 月 16 日公布了《处理华北纲要》，决定在经济方针上，要以顾问方式，"重点放在对财政经济（特别是金融）、军事和对一般民众的指导方面"，确定"对经济部门的扩展，以依靠私人资本自由渗入为原则"，并指定"处理华北由中国驻屯军司令官负责"，使其成为制定华北政治、经济方针政策的主持者。

---

① 转引自延安时事问题研究会编《日本帝国主义在中国沦陷区》，上海人民出版社，1958，第 46~47 页。

② 孙怀仁：《华北经济提携一瞥》，《世界知识》第 5 卷第 5 期，1936 年，转引自《日本帝国主义在中国沦陷区》，第 46 页。

③ 《华北中日"经济提携"》，《申报月刊》第 4 卷第 8 号，1935 年。

④ 《支那立案调查 2-1-2》，第 97~98 页。

从此，日本中国驻屯军在政府的支持下，联合各种势力开始积极筹划对华北经济的方针政策和计划。1936 年 3 月，中国驻屯军炮制出了《华北产业开发指导纲领案》，送军政各部门反复磋商修改，6 月正式报军政当局。该纲领对华北的经济方针是，对于华北现存的容易开发的部门，日本要给予指导和"经验技术的援助"，"对于要迅速开发的必需的国防资源的重要企业，以中国方面的自身难以开发，要依靠日本方面的积极的投资来促进开发"。其所需巨额资金"要依赖日本方面的积极投资"，政府"一定要特别促进财阀巨头的崛起"。建立企业以日中合办为原则，"要努力确保日方的权益，企业经营及技术上的要害要由日本人掌握"。"对现在不能着手开发但认为对将来极为重要的资源和产业等，日方要努力获得其利权。"为了与日本、"满洲国"的计划一致，该纲领也把华北企业分为禁止、统制、自由三类，矿业、交通、通信、工业（即发送电、冶金、化工、建材等业）、商业中特殊商品的专卖和包销等，是"对日满经济或国防有重大影响的企业"，皆列为统制性企业，不论其资本来源和所在地，"均根据国际的观点加以统制"。该纲领可以说是日本军政当局最早的较全面系统的对华北经济的方针政策。同时，根据该纲领中"创办日中合办的强有力的特殊投资会社"的宗旨，驻屯军还制定了《华北产业开发机关——计划设立华北兴业有限公司纲领案》，其目的是统一计划，避免在华企业投资竞争，"能根据国策合理地促进国防上必要的产业的开发"，"能以最少的投资，发挥最大的效益"，"增强日、满、华依存关系"，从而加强对抗其他外国在华经济势力的能力。暂拟该公司资本额 2 亿日元，由日中政府和民间共同投资。该公司的任务是"不直接经营事业，只发挥产业的合理统制机能"。[①] 这是 1938 年成立的华北开发会社最早的设立方案。不久，日本中国驻屯军联合满铁等又制定出了有关华北币制、投资、电业、钢铁业、煤矿等行业部门的一系列"开发"纲要和具体的计划。

这些方针政策和计划的作用和意义在于，其一，将日本所推行的"总体战体制"付诸华北，积极为发动战争做物资等方面的准备；其二，避免了满

---

① 《支那立案调查 2-1-2》，第 103~119 页。

铁对华北经济的垄断，迎合了日本各财阀扩张在华势力的意图；其三，采用民间和中日合办等方式，在一定程度上减轻了日本政府财政困乏的压力，也削弱了中国民众的反日情绪；其四，不排除外国势力的政策，可减少与西方国家的冲突。因此，日本政府及时地肯定了这些纲领和计划，于 1936 年 8 月 11 日公布了《第二次处理华北纲要》，要求各界加快侵夺华北经济的步伐。在半年前，日本政府还是以私人资本自由渗透为原则，这时提高到战略和国防的高度，即要在华北"建设巩固的防共亲日满地带，同时有利于获得国防资源和扩充交通设施"。当时的经济工作是，"通过民间资本的自由参加，扩大我方权益"，并引导中国资本，"形成一种以日人和华人共同一致的经济利益为基础的日华不可分割的情况，以有利于华北无论在平时和战时都能保持亲日态度的目的"。在投资方向上强调，"特别是在国防上必需的军需资源（如铁、煤、盐等等）的开发，以及与此有关的交通、电力等设备方面"，"必须用我方的资本，迅速求其实现"。要纲的附件中，根据驻屯军的方案具体部署了投资和控制华北关税、金融、煤铁、盐棉和矿山资源等部门的方针和步骤。[①]可以说，此时日本已经基本确立了相当系统和完整的对华北经济的方针政策和计划。

推行这些方针政策的主要机构是满铁的兴中公司。该公司 1935 年成立，资本 1000 万日元；它"作为对华经济工作的统一机构"，"负有统制和推行对华经济工作之使命"，任务是"直接经营、斡旋、中介各种在华经济事业，并对此进行投资"。仅两年的时间，该公司凭着雄厚的资金和军部的支持，控制了华北的电力、矿山，盐的输日等行业或部门。另外，日本在华各纺织会社也在天津和青岛强占、建立纱厂，垄断了华北的棉纺织业。

二

七七事变爆发后，华北地区沦为日军占领区。此时，日本把对华北经济

---

① 岛田俊彦等编《现代史资料》第 8 册，第 368~371 页。

掠夺的方针政策确定为，作为"帝国经济圈"中仅次于中国东北的准后方，要尽快地建立以日本为中心的殖民经济体系，"以获得扩大日本生产力所必需的资源"，弥补日"满"经济的缺陷。① 为此，日本统治者首先要在恢复原有生产能力的基础上，"开发"重要国防资源；战争转入相持阶段后，制定了与"以华制华"政策相适应的"以战养战"的经济政策。

事变之后，日本中国驻屯军扩编为华北方面军，是华北政治经济统治的最高指挥机关，该军特务部负责指导政治经济一切事务。华北地位的改变和战争的需要，促使统治者尽快制定出相应的方针政策。1937 年 9 月，华北方面军特务部一成立，立即召集满铁等人员制定出《华北产业基本对策要纲草案》，明确了日本对华北经济统治的宗旨和任务，即"开发华北产业的根本"，是"获得扩大日本生产力所必需的资源和必要程度的加工"，"以弥补日满经济的缺陷为目的"；方针是"以把华北包容在帝国经济圈为目标，在动员当地资本的同时，要结合日满两国的资本技术开发产业，以期扩充帝国生产力和安定民众生活"。对华北的企业仍按照原定的政策，"根据帝国资本的参加分为统制企业和自由企业"；统制企业"要照应日满两国的产业计划，根据日满华一体的计划"，"由国策会社综合管理经营"。同时，华北方面军特务部还制定了《华北国策会社要纲草案》，要合并在华北已经有相当势力的满铁兴中公司和其他企业，"联合满铁和广大内地资本以及当地资本"组成资本5 亿日元的华北兴业公司，"统一综合经营华北的国策性事业，以补充日满经济圈的缺陷"，"以期防止资本的滥费，扶植企业和促进华北经济开发"。② 12月 16 日，日本企划院第三委员会根据该草案制定了《华北经济开发方针》，确立了对华北经济统治的方针，"开发华北经济，为了加强日满经济的综合关系，以确立实现日满华合作共荣的基础"，"建立日满华不可分割的关系"，"扩充我方在日满两国方面的广义的国防生产力"。其目的是把华北划入其蓄谋已久的所谓"日满华经济圈"，建成永久的以战争需要为主的国防资源的基

---

① 满铁调查部编印《北支那产业开发计画资料（总括の部）》，1940，第 29 页。
② 《陆军省有关中国事务往来秘密大事记》，1937 年 10 月 15 日，日本防卫厅防卫研修所图书馆藏。

地。该方针还决定"为了开发和统制华北经济",设立由政府和财阀共同投资的"国策会社","它是以体现举国一致的精神和动员全国产业的宗旨而建立的组织",统一指挥和监督各个矿山和交通、通信、电力等重要产业的建立、生产和经营。[①] 这时,以军管和委托经营等方式牢牢统制华北的经济命脉,在保证战争需要的同时,迅速恢复原有企业的生产,"开发"日本和伪满缺乏而战争又急需的国防资源。如华北的铁路,要"掌握在帝国势力之下,不遗余力地完成军事任务和占领区的补给";全面统制了电力、通信、盐业和矿山企业部门,以迅速恢复生产;建立伪中国联合准备银行,垄断了金融业,实行财政税收殖民化;积极筹划"国策会社"和行业统制机构等,以图迅速建立殖民经济体系,尽快进入所谓的全面"开发建设"阶段,做到"凡对扩充我国生产力有用的重要资源,都应促进其开发及其取得"。[②] 这期间,华北方面军特务部纠集有关人员制定了一系列长期的全面扩充华北生产能力的计划,如《华北生产力扩充五年计划》、《华北产业九年计划开发目标》和《华北主要资源对日输出计划草案》等;这些计划所定的主要国防资源的生产量和输入量很高,胃口极大,处处反映了日本企图用很短时间霸占中国的野心。

1938 年中期日军攻陷武汉和广州后,中国战场和日本国内的政治经济都有许多变化。在中国战场上,过长的战线和活跃的敌后战场,使日军难以招架,被迫转入相持阶段。日军的疯狂扫荡、残酷的屠杀,连年的天灾,致使华北广大农村社会生产力严重不足,土地荒芜,农作物收获无几。1938 年,小麦产量减产三成,面粉产量不及战前的一半,棉布产量仅及战前的四成,无法维持数十万日伪军和当地民众的需要,物价上涨,食粮和物资极缺,迫使统治者从日本以及华中调入大量的粮食和日用品。在日本国内,尽管政府已经全面实施了战时经济体制的政策,把经济体制拉入一切为了战争的轨道,如制定了《临时资金调整法》、《输出入品等临时措施法》和《国家总动员法》等,增加对军事工业资金的投入,统制了各种物资的调运、分配和进出口,

---

① 岛田俊彦等编《现代史资料》第 9 册,第 59 页。
② 日本防卫厅防卫研修所战史室编《北支の治安战》第 1 册,朝云新闻社,1968,第 102、265 页。

以保证军事工业和战争的需要。但其国内的人力、财力和物力十分有限，工业原料尤其是军事装备和物资所需材料和资源极度贫乏。战争带来的巨大的军费开支和消耗，使日本国内"历年所积贮的资源，尤其是军需原料已快用罄，经常产品又不够供应需要"，市场上物资极缺，物价腾贵，人民负担急剧加重，经济几陷崩溃，根本不可能为华北企业提供巨额资金和设备，华北的许多建设项目一拖再拖，开工无期。于是，日本改变了对中国政治经济的策略。在政治上，确立以政治诱降为主的"以华制华"的策略，把巩固占领区治安作为当务之急，"建立东亚新秩序"。在经济上实行"以战养战"的策略，强调经济的自给和互补，重点解决战时经济的需要。6月，日本政府的智囊团昭和研究会中国问题研究所提出："开发中国经济，必须考虑对已定的日满经济开发工作发生补充作用"，"在开发方面必须有相应地缓急之分。同时，考虑把经济开发计划从属于目前进行战争的目的，对它的规模、进行速度等等，有加以修改的必要"。①7月，日本政府通过的《从内部指导中国政权的大纲》强调，"经济开发与交通建设，必须有利于确立日满华三国的国防"，对于交通，"特别是在华北方面，应以国防要求为第一位"，"不遗余力地完成军事任务"。11月30日，日本内阁制定的《调整日华新关系的方针》基本确定了"以战养战"的经济策略。该方针在华北和"蒙疆""划定国防上、经济上（特别是有关资源开发利用方面）的日华紧密结合地区"，"以寻求日满所缺乏的资源（特别是地下资源）为政策的重点"，"在产业经济等方面，根据取长补短，互通有无为原则"，实现所谓的经济"合作"，而华中则为"日华在经济上的紧密结合地区"。在华北等占领区，要"迅速达到恢复治安的目的"，"并努力使其实现长期自给的局面"；对于"永久性产业的建设，主要在治安地区的重要区域"逐步进行；而在作战地区，"除特殊个别的以外，原则上只限于商业交易及与商业有关的附属事业"。②也就是说，日本在华北建立的殖民经济体制，摒弃了在伪满那种由"国策会社"和财阀全面统治的模式，从战争

①　复旦大学历史系编译《1931~1945　日本帝国主义对外侵略史料选编》，上海人民出版社，1983，第270~271页。

②　《1931~1945　日本帝国主义对外侵略史料选编》，第273~274、281、283、287~288页。

和战时经济的局势出发，由日本的"国策会社"和财阀统制交通、通信、发送电、矿山、盐业等统制性行业，并采用尽量与华商进行所谓的"合作"等方式，以利用各方资金，维护、巩固和扩展其在占领区的政治经济统治；既要保证占领区的自给，也要给日本提供国防资源。1939 年 12 月 28 日，日本政府制定的《对外政策的方针纲要》又重申，"把日满华经济圈作为一个整体"，要"从确立国际经济自给圈的观点"制定方针政策和计划，"目标在于促进日满华经济圈内的自给自足"。[①] 这表明日本军政当局已经基本确立了"以战养战"的经济统治方针，一切从战争需要出发，以尽量满足战争急需的国防资源为目的，实行带有军事殖民主义色彩的经济统治。在这样的方针政策指导下，日本兴亚院华北联络部（即原来的华北方面军特务部）于 1939 年 5、6 月间制定了《华北产业第一次三年计划实施草案》《华北蒙疆钢铁业统制开发基本要纲》等，要"急速开发华北蒙疆主要铁矿山，确保对日铁矿石的供给，并复兴和建设当地制铁业"；[②]同时，日本于 1938 年底纠合政府和财阀的资金设立了统治华北经济的大本营——华北开发株式会社，[③]继续筹建交通、电力、盐业等会社，进入所谓的"开发"阶段。

但是，日本的所谓华北经济"开发"一实施就遇到诸多困难。其一，中国共产党领导下的人民战争，特别是大规模的交通破击战和对矿山的袭击，严重地打击了侵略者的掠夺计划的实施，也使日伪军的势力仅维持在铁路、主要公路和城镇等"点""线"上。其二，战争肆虐和天灾横行严重地破坏华北农村的生产力，农产品产量急剧下降，无法保证满足在华日伪军和民众的生活需要。其三，推行所谓的全面"开发"计划，必然需要大量的资金和设备，而当时日本已无力提供，华北许多企业开工无期，或产量与所定目标相距甚远。1940 年 4、5 月，日本企划院技术部长官本武之辅到华北视察后，提出了对华北产业的"开发"要实行"重点主义"的方针；于是企划院在 7 月 7

日提出了《华北产业开发计划综合调整要纲》以及 20 个各行业的要纲、计划草案,将原来的全面"开发"政策和计划,改为实行所谓的"重点主义"。该综合调整要纲把 1941 年到 1945 年定为第二个五年计划期,"开发"的目标以增产煤炭和食粮为重点,产业"开发"计划要重点化、综合化、具体化,各部门所定的计划都要采用"重点主义",相互之间要加强有机联系的综合性和确立具体且"合理的"生产目标,"以最有效的使用有限的资金和资材"。关于煤炭增产,要把确保日伪满对华北的需要量作为重点,以向华南、华中输送量和本地消费量为目标,结合资金和物资供应的可行性来确定增产数量,根据煤质、可采量、运输距离、治安、建设的难易程度来决定对重要煤矿进行"重点性开发";为了增产还要继续采用"动员性采掘",所谓"动员性采掘",就是不顾设备和技术状况,靠增加劳工进行强制性生产。①通过其计划可以看出,这时的经济统治方针是交通、电力等各部门都要围绕着增产煤炭和食粮来重新调整,标志着对华北经济统治的方针政策从全面"开发"改为重点掠夺。

1940 年 9 月,美国宣布对日禁运废钢铁,随即日本与德、意签订三国同盟条约,这刺激了日本军政当局的侵略野心由"建设东亚新秩序"扩大为"建设大东亚共荣圈"。日本政府于 11 月 5 日和 8 日分别制定了《日满华经济建设要纲》和《对华经济紧急对策》,以及《中国事变处理要纲》等一系列文件,改变对华经济统治政策。在前项要纲中提出,日本"必须综合统一地推进国内体制革新的过程",尽快成为"国防国家",建成以日本为核心、中国和伪满为主干的"大东亚共荣圈"。在这个所谓的"大东亚共荣圈"内,华北与日本、伪满和"蒙疆"地区被定为"有机成一体的自存圈","大约在10 年内把三国结成一环,建立自给自足的经济体制,同时促进东亚共荣圈的建设"。日本在"大东亚共荣圈"内充当核心,以高度精密工业、机械工业和重化学工业为中心,并"对满华的经济建设给予指导和扶植";伪满洲国"要迅速整顿和发展重要基础产业",以矿业、电气和轻工业为中心;"中国要与日满协作,开发资源,复兴经济;华北、蒙疆的着重点是确立自存圈地位,

①《大东亚战争中帝国对华经济政策关系杂件》,日本外交史料馆藏,档案号:E0005-2。

把重点放在交通和重要产业的开发"。中国关内以矿业、盐业、工业原料和轻工业为中心，华北的任务则是提供重要的国防资源，如煤铁、盐棉等。[①]在《对华经济紧急对策》中强调，要抛开原来的措施，"迅速且进一步加强在中国各方面经济能力的综合运用，促进当地必要物资的调运和皇国获得必要的进口物资"，并且要缩减在中国的消耗，以迅速提高日本的国防经济能力，"特别是综合战斗力"。对于"当地产业的开发增产，主要应确保战时，严格限定在地区所储存的基本的国防资源上，根据能急速且经济地开发利用的可能来实施"。[②]在建立"大东亚共荣圈"的方针下，1941年10月华北联络部又重新改定了《华北产业开发五年计划》，更突出对煤炭、铁矿石和制铁业进行重点的掠夺性"开发"。

三

1941年11月，日本发动了太平洋战争，主战场转向太平洋地区，这时日本要把华北尽快变为太平洋战争的兵站基地，战争的巨大消耗要求华北在实行"以战养战"策略的同时，提供更多的物资和国防工业原料。日本在华北统治的方针是，进一步强化治安，对物资实行全面的统制和严格的配给，对矿山实行强制性掠夺，并竭力建设重化工加工业和机械修造业，提高运输能力和效率，不遗余力地为战争提供更多的战略物资。12月即制定了《战时紧急经济方策要纲》，要求中国在战争期间"取得为完成帝国的战争所必要的更多物资，确保军队的自给"，"谋求在占领区内重点并有效地取得重要的国防资源"，建立战时经济体制。1942年8月31日，日本兴亚院炮制出《中国经济建设基本方策》，计划以10年为期，前5年配合战争，后5年全面"建设"。该方策把中国的经济地位定为"具有丰富的劳动资源、地下资源和农业

---

① 石川准吉：《国家总动员史·资料编第四》，第1083~1085页，转引自中村隆英《战时日本の华北经济支配》，山川出版社，1983，第267~268页。

② 日本防卫厅防卫研修所战史室：《支那事变·陆军作战》第3册，朝云新闻社，1975，第308~310页。

资源的供给国"，要在适应国防需要的同时，确保当地民众生活必需物资的自给。华北地区"要随着资源的开发，完备重轻工业和交通通信设施"。其前 5 年的任务是，煤炭仍按原来的"重点主义"，以增产为主要任务；铁矿石要适应对日"满"输送能力和当地制铁的进展状况，"合理性增产"，并要大规模兴建制铁业；建设以矾土页岩为原料的铝工业；盐通过改良盐田增产和确保对日供给，并在当地培养以盐为原料的化学工业；机械工业"重点放在增强和完备开发用机械器具的修理能力上"。在后 5 年则妄图实行所谓的"飞跃性增产"和"全面的积极性开发"。① 不久又根据日本大东亚建设审议会决定的《大东亚经济建设方策》中华北分担的任务，即华北开发会社制定了《基于大东亚经济建设方策之华北经济建设要纲》，以 15 年为期大力增产煤铁、钢材和棉花，建设电力和铁路、港口等交通设施，兴建液体燃料、铝等矿山加工业。② 总的来看，这是日本在实现独霸世界的狂妄野心驱使下的计划，前 5 年以军事需要为主，华北是战争的兵站基地，以后的所谓基本"建设"，则是把华北变为附属于日本为其提供原料和加工的殖民地。在太平洋战争后期，日本在战场上连连失利，华北工农业产量下降，市场物资极缺，通货膨胀严重，1944 年 4、6 月，日本大东亚省次官和国务首相先后来华北视察，提出了要使华北经济进入决战状态，实行"超重点主义"的方针，加快掠夺步伐。这表明日本仍把华北看作内线作战的防线，妄图依靠华北的国防资源和经济能力与国际反法西斯同盟进行最后的决战。为此，日本不断制定和修改对华北的经济政策和计划。如华北开发会社的《基于黄海渤海地域国土计划之华北产业建设 15 年计划》（1943 年 7 月）、日本政府 1945 年 1 月制定的《确立中国战时经济的对策》、《在中国统筹物资的要点》等等。在近 4 年的时间内，日本军政当局对华北经济统制方针政策和计划主要集中在以下几方面：其一，巩固当地治安，竭尽全力掠夺占领区和抗日根据地物资，维持军队的自给，并加强物资的统制和配给，以保证华北日伪军和战争的需要；其二，确保交

---

① 《大东亚战争中帝国对华经济政策关系杂件》，日本外交史料馆藏，档案号：E0005-2。
② 详见郑伯彬编著《抗战期间日人在华北的产业开发计划》，国民政府资源委员会经济研究所，1947，第 96~104 页。

通线，提高运输能力，优先运输军需品和战争物资，并企图建立一条"大陆运输线"，以加强占领区以及与日本之间的物资流通，达到所谓"大东亚共荣圈"和"日元圈"内的"自给"；其三，对华北国防资源的重点放在掠夺上，首先是煤铁、矾土等，特别要在当地建设重化工加工业和修理业，以减轻运输压力，加快日本建造战争武器的步伐，维持这场侵略战争。这些政策在战争刚刚爆发时即基本确立，愈是到了战争后期，愈是用残暴的法西斯军国主义手段强力推行，反映了日本已经进入穷途末路、垂死挣扎的困境。

确保占领区内的自给，是日本在华统治者"以战养战"政策的具体体现。随着战争的扩大、日伪军长期对占领区的摧残和抗日军民的顽强抵抗，华北沦陷区的经济状况日益恶化，农业上粮棉产量连年下降，工业长期缺乏资金、设备和原料，许多工矿包括中日合办者经常停产或半停产，加之日本的掠夺和滥发钞票，造成市场上生活必需品极缺，物价飞涨，通货膨胀严重，民心不定。因此，建立与日"满"一致的战时经济体制，千方百计地维持当地日伪军的需要，是统治者的当务之急。1941年底，日本兴亚院华北联络部就根据其《战时紧急经济方策要纲》制定了一系列的对策，如《紧急粮食对策》《小麦征购促进对策纲要》《主要粮食配给统制纲要》《非常物价及物资对策纲要》等，加强了粮食、物资和物价的统制。伪华北政委会也随之制定了《华北物价紧急对策纲要》，意在用统制物资和物价等方法抑制通货膨胀。到了1943年下半年，日本在太平洋战场被迫转入守势，在中国的经济状况并没有改善，市场物资紧缺，物价猛涨，运输困难。日本军政当局一方面制定《对华获得物资要领》等，要求日军全力支援对日输出物资，自己负责当地的自给物资，即让日军大肆掠夺华北各地的物资；另一方面实施更严格的统制，几乎对所有的物资都实行统制，如7月13日公布的《对华紧急经济施策》，对中国市场的棉纱、棉布，以所谓"公正价格强制购买"。[①]同时，还指使伪中国政府颁布法令严惩囤积物资、操纵物价和扰乱市场的行为。伪政府先后公布了《扰乱经济统制治罪条例》《扰乱华北经济统制紧急惩治条例》《惩治

---

① 《北支の治安战》第2册，第268、379页。

囤积暂行条例》等，以严厉镇压的手段，对工矿企业的所有产品以及食粮等生活必需品实行全面的统制，设立各种物资配给会社和"组合"，建立了严格的配给制度，推行残暴的法西斯殖民统治。战争后期日本在华北的统治者强迫民众"献金献铁"，用榨取民众资财和掠夺企业设备的方法，为行将战败的侵略战争提供物资和资金，从而造成华北经济的全面崩溃。

确保华北交通运输的通畅，是日本在华北统治者的一贯政策。早在占领初期，日军就把此放在最重要的位置，即"华北的交通在防共和国防上有重大的关联，同时肩负着作为资源开发产业发展骨干性的最重要的使命。其运营的好坏，不仅仅关系华北，而且关系到东亚的安危和国运的消长，实际上确实对日满中三国共存共荣的成败影响甚大"。[1] 长期以来，抗日军民连续不断的大规模的破路战，使统治者不得不动用大量的兵力进行保护。太平洋战争爆发以后，日本更无力新建线路、增添设备，且海运受阻严重，战争又急需物资，只好竭力加强对交通的保护，日本提高运输能力和效率，实行军需优先，来维持其生命线。1942 年 10 月，日本兴亚院华北联络部在制定的 1943 年《物资动员计划设定要纲》中决定，由于海运力量紧缺，在中国关内外间的物资运输要由海运转换为陆运，海运主要投入对日和对东南亚的运输中；而且对日输送的资源要有质上的提高，即在当地进行第一次加工后运出；在各项物资运输中要加强"军需优先"。[2]1943 年 2 月，该部又制定了《华北海运对策要纲》，指出为了进一步支持战争，要充分利用中国船舶，"以小型轮船、机帆船航行于华北沿岸，将大型船舶转到对日运输的航线，输送军事工业原料"。[3] 不久，日本又征调了华北各轮船公司的全部船只，对海运实行一元化的军事管理。对于铁路等，日本主要依靠军队力量和华北交通会社。华北方面军为"必须确保重要地区和铁路两侧的治安，以保证战略物资的收集和运输不受阻碍"，收缩兵力，加强了铁路的警备。[4] 华北

---

① 闭锁机关整理委员会编印《闭锁机关とその特殊清算》，1954，第 334 页。
② 转引自中村隆英《战时日本の华北经济支配》，第 288 页。
③ 转引自李华彬《天津港史（古、近代部分）》，人民交通出版社，1986，第 212 页。
④ 《北支の治安战》第 2 册，第 535 页。

交通会社则不顾线路和机车设备的失修，一味地增加运行密度和载重量，进行破坏性运输；并改客车为货车，全力加强军需物资的运输。战争后期，日军在太平洋战场节节败退，海路几近断绝，开始转入所谓的"本土决战"阶段，日本在企图"调整大陆铁路输送能力及努力提高其效率"的同时，建立了大陆铁路运送事务局，开通一条横贯中国华北、华中、华南和关外的"大陆运输线"，将占领区货物由铁路从中国东北运到朝鲜的釜山，再经短途海运至日本的博多，以支持其岌岌可危的国内经济，但收效甚微。最后不得不又恢复了对中国铁路的军管，实行一元化的军事统治。

该阶段日本把掠夺华北重要资源的主要力量放在对现有矿山企业的增产上，即"超重点主义"，特别要增产煤、铁、矾土页岩、盐等资源，将此在当地加工后输送日本，并且建立化工、机械和汽车修理等配套行业，以减轻其负担。其中最为典型的是在华北兴建小高炉的计划。1940年10月，日本兴亚院华北联络部就制订了增产铣铁的计划，并于翌年末成立了华北制铁会社，但迟迟没有落实。战争的巨大消耗和海运困难，使其难以应付大规模的矿石运输和加工。正如日本工商大臣所言，铁矿石体积大且供给地多远离日本，"现在海上运输困难的情况下，维持增加钢铁生产极为困难"，"作为钢铁紧急增产对策之一"，就是要计划在原料生产地的华北、"蒙疆"等地建设小型高炉，将铁矿石就地加工成铣铁供给日本。[1]1942年12月24日，日本政府决定了《关于小型高炉运营之件》，要求在中国占领区、朝鲜和日本北海道迅速兴建20吨以上的小高炉，开工后3个月建成，设备尽量用库存品和备用品，亦可将国内"现存小型高炉中闲置或没有效率的转运移设"；企图在1943年用这些小高炉生产铣铁50万吨，其中华北、"蒙疆"为25万吨。[2]1943年5月，大东亚省部署了在华北、"蒙疆"建小高炉的计划，即用10个月在石景山、天津、唐山、太原、阳泉、青岛、宣化等地建大小高炉60座，达到年产

---

① 大东亚省中国事务局：《小高炉建设计划经过报告》，《秋元文书》，转引自中村隆英《战时日本の华北经济支配》，第301~302页。
② 昭和16年公文别录，内阁4，日本国立公文书馆藏，转引自中村隆英《战时日本の华北经济支配》，第303~304页。

铣铁 23 万吨的能力,"产品原则上目前全部供给日本"。[①] 但建设资金和设备毫无着落,迟迟不能建成投产;1944 年 7 月,大东亚省不得不命令由华北开发会社等调拨和融资 3.4 亿日元,迅速在各地兴建小高炉,到 1945 年日本战败时,建成者寥寥无几。[②]

四

总的来看,日本对华北经济统治政策的制定和演变有几个特点。

其一,这些政策的针对性较强。日本在制定对华北经济统治政策的过程中,进行了连续的大规模的社会经济调查,包括了政治、经济、文化、社会各个领域,涉及城市和农村,甚至对许多村庄进行了详细具体的调查,被其称为"惯行调查"。这样掌握了相当数量的统计资料,为其制定政策提供了基础且系统的情报。另一方面,根据日本和伪满的缺陷,详细地规定了华北所承担的任务,以及需要华北提供的具体数量,其制定的政策和实施的计划能够及时地为其战争服务。

其二,在制定政策和计划中,日军的作用十分显著。日本军部 1936 年就控制了政府,推行法西斯军国主义扩张政策。因此,日军不仅是分裂华北和发动侵华战争的元凶,在制定、修改和推行对华北经济掠夺政策中也起到十分重要的作用。其主要表现在,日军是制定对华北经济统治方针政策的组织者和主持者,并积极修改、大力推行其方针政策和计划,如参与华北开发、华北交通等会社的筹建,军管矿山企业,维护交通,等等;军队人员也始终是统治华北经济领导机构的成员。[③] 至于日军在统治华北时所谓的强化治安、封锁根据地、掠夺物资等法西斯暴行更是比比皆是。

其三,日本对华北的经济统治方针政策,既有很强的统一性和计划性,

---

① 华北开发会社计划局:《北支那开发株式会社及关系会社概要》(昭和 19 年上半期),1944 年 11 月印,第 257、8~11 页。

② 《北支那开发株式会社及关系会社概要》(昭和 19 年上半期),第 8~11 页;参见张利民《日本华北开发会社资金透析》,《抗日战争研究》1994 年第 1 期。

③ 详见张利民《华北开发株式会社与日本政府和军部》,《历史研究》1995 年第 1 期。

又有相当的灵活性。日本是根据其政府对华经济总策略，结合华北的经济状况制定方针政策的，企图形成日"满"华经济的统一性和系统性；其各种所谓的华北产业"开发"计划，也是力图与日本、伪满的经济计划一致，从而构成"大东亚经济圈"。另一方面，他们的经济统治方式是统制性的，设置了经济统治中枢——华北开发会社，对矿山、交通、电力、盐业、化工等所谓统制性企业，以及粮棉、战略物资和资源实行统一计划，统一管理，统一调拨。这充分反映了日本在制定和实施对华北经济统治方针政策中的统一性和计划性。同时，其经济统治方针政策也是根据局势的变化不断修改的。在七七事变前基本确定经济统治政策，到华北已经沦为其占领地时，则根据战争的需要和对华经济策略迅速地进行补充和修改，以图尽快把华北变成其殖民地；不久又提出"重点主义"，着力于煤粮的增产，要在保证自给的同时，增加对日输出；太平洋战争爆发后，为了让华北成为其兵站基地，又进一步修改其经济统治政策，推行所谓的"超重点主义"，不拘泥于原来的计划，实行强制的掠夺。这表明其方针政策有较大的灵活性。当然也不能忽视，日本对华北经济政策的改变，有很大原因是战争和经济困境所迫不得不为之。

其四，方针政策和计划的制定与实施有较大的差距。日本对华北经济统治的方针政策和计划不能说不具体、不系统，有总的方针政策和纲领，有实行的宗旨和目标；有年度计划，三年、四年、五年，甚至十年、十五年计划；还有各个部门的实施办法等，可谓大而全。但是其实施起来就大相径庭了。日本制定和实施的政策计划，是以其战争需要为第一位的，要把中国变为其殖民地；但抗日军民对侵略者的沉重打击，使其政策无法落实，计划不能实现。如煤炭 1941 年以后的最高生产量仅为 1940 年计划的 53.4%，铁矿石 1943 年的产量为生产能力的 86.4%，铣铁 1944 年的产量为生产能力的 26.4%；铁路客货车产量 1944 年仅 645 辆，机车从 1943 年后就没有生产；至于用小高炉炼铁更是遥遥无期，到 1945 年其战败时仅有几座投产。[①]

其五，日本对华北经济统治的方针政策，充分体现了其在华北实行的是

① 据日本大藏省管理局编印《日本人の海外活动に关する历史的调查》第 26 册《华北篇》，1947，第 216~219、230~231 页。

军事殖民体制统治下的超经济掠夺。无论是战争初期的军管和委托经营，还是在矿山推行的所谓"动员性采掘"，都是在军事暴力和殖民统治下进行的，是建立在广大民众累累白骨上的，其掠夺的每一块煤铁、每一斤粮棉都浸透了人民的血汗。至于战争后期"超重点主义"下的掠夺和所谓的"献机献金运动"，则更暴露其法西斯主义的残暴性和野蛮性。这一切注定这场侵略战争必定要失败，其对华北经济统治的方针政策也随之破产。

华北开发株式会社与日本
政府和军部[*]

华北开发株式会社成立于 1938 年 11 月，是当时日本在中国关内最大的"国策会社"，开办资本 3.5 亿日元，1945 年增至 4.43 亿日元。它不是经营会社，是投资融资机构，即根据战争需要在华北组建并监督有关战略资源的企业，到 1945 年拥有 60 余个子会社、公司或合作社，其资本总额达 189.2 亿日元。日本战败，该会社亦随即关闭。

十几年来，日本学者从日本对华北经济统治、"满铁"活动等不同角度，叙述了华北开发会社的成立，分析了它在某些部门的统治，推动了对华北开发会社的研究。尤其是中村隆英的论著，挖掘了大量的档案、文书及其他资料，系统地论述了日本在华北的经济掠夺，也记述了华北开发会社的设立过程。[①] 最近，中国学者也开始重视该领域的研究，已有成果问世。[②] 本文仅就华北开发会社如何受日本政府和军部的控制，做尝试性的探讨。

---

[*] 本文原载于《历史研究》1995 年第 1 期。

① 中村隆英：《战时日本の华北经济支配》，山川出版社，1983。参见依田熹家《日本帝国主义と中国》，龙溪书舍，1988；小林英夫《"大东亚共荣圈"的形成和崩坏》，御茶之水书房，1975；浅田乔二《日本帝国主义下的中国》，乐游书房，1981。

② 解学诗、宋玉印：《"七·七"事变后日本掠夺华北资源的总枢纽——华北开发会社的设立及其活动轨迹》，《中国经济史研究》1990 年第 4 期；居之芬、毕杰：《日本"北支那开发株式会社"的经济活动及其掠夺》，《近代史研究》1993 年第 3 期；林明德：《日本对华北的经济侵略（1933~1945）》，台北《中央研究院近代史研究所集刊》第 19 期，1990。

一 华北开发会社的设立

华北开发会社从酝酿至成立历经近 4 年，可分为 3 个阶段。

第一阶段为 1935 年以前，当时日本各方开始重视华北的政治经济地位，虽有所活动，但尚未提出华北经济统治计划和设立"国策会社"的方案。日本政府鉴于国际舆论的压力和中国的反日情绪等原因，强调"日、满、中三国的提携共助，以确保东亚之和平"，以"扩展商权"来逐步提升日本在华北的经济实力。[①]

满铁很早就窥视华北。1933 年，满铁拟定《设置华北经济工作调查机关计划》，设立了"北方班"。满铁经济调查会也在天津、青岛设立支部，在北平、山海关、张家口等地设立"出张所"，开始调查华北的经济状况，如矿山、工业、资源、交通等行业的情况。翌年 5 月，这些调查编成立案报告 37 种。1934 年满铁理事兼经调会专务十河信二两次考察中国，在其报告中建议设立经营铁路会社，从事运输和贸易活动。[②]为把经济"工作"重心逐渐转向华北，满铁还设立了天津事务所。

军部在华北的主要代表是中国驻屯军（以下简称天津军）和关东军。这时他们没有征得日本政府的同意，就积极进行"华北分离工作"，即设立特务机构，网罗亲日分子，尽快拼凑所谓的"地方自治政府"。在经济方面，天津军虽仅有驻军 3000 人，但在急激派鼓动下，以插手经济作为扩大势力的手段之一。1934 年 11 月，天津军制定了《华北重要资源、经济调查之方针及要项》，指导满铁的活动，关东军也积极支持满铁向华北"推进"。

第二阶段为 1935 年至 1937 年七七事变前。"何梅协定"、"秦土协定"和内蒙古、冀东等伪政权的成立，标志着军部的"华北分离工作"基本结束，

[①] 《关于对华政策件》（1934 年 12 月 7 日），岛田俊彦等编《现代史资料》第 8 册，美铃书房，1964，第 22 页。

[②] 十河信二：《中华民国经济状况视察报告》（1934 年），转引自中村隆英《战时日本の华北经济支配》，第 16 页。

日本新闻媒介大张旗鼓地宣传"开发"华北资源，各财阀开始收买天津等地的纱厂、矿山，或制订入侵华北的庞大计划。

满铁于 1935 年 1 月末开始筹建兴中公司。兴中公司记录载，"兴中公司是纯经济机关"，又强调"负有统制和推行对华经济工作之使命"，它"作为对华经济工作的统一机构，直接经营、斡旋、中介各种在华经济事业，并对此进行投资"。[①]8 月，拥有 1000 万日元，以十河信二为社长的满铁子公司——兴中公司成立。1936 年中叶，满铁还组织 500 余名调查员以天津军甲、丙嘱托班的名义，对华北的资源、交通、工业、金融、贸易以及社会、政治等情况进行大规模的调查，历时两年，耗资百万日元。

满铁根据这些调查制定了"开发"华北资源的投资方策和部门计划，还仿效日本和伪满洲国，制订"开发"华北经济的三年、五年计划，力图成为侵占华北经济的主要角色。

日本"二二六事件"后，军部基本上控制了政府，关东军和天津军成为侵入华北的主要决策者。这时关东军已完全控制了内蒙古和绥、察的政治经济，并继续向冀东、山西和山东渗透，"主张尽快促使棉和铁矿等产业的开发和交易"，[②] 积极指使满铁设立兴中公司并进行经济调查等活动。针对兴中公司的成立，天津军于 1935 年 7 月制定了《华北新政权产生后之经济开发指导案》，主张满铁的投资应在交通和铁、煤方面，其他方面日本的"投资者"可随意选择。为了避免竞争和被利用，这些活动"要由军方统制"，即由"军事和外交方面有关者组成华北经济开发委员会进行统制"。具体办法是，"尽快组成一个小规模的开发会社"，解决资本问题的方法是，"首先由关东军联合当地各财阀，收敛可以得到的有限资金"，"天津军则在中国民间组成地方性的经济开发团体，通过调查和推行开发事业，密切配合该会社"，[③] 即有意防止满铁的过分介入。为争得在华北的经济统治权，1936 年 2 月，天津军以

---

① 《关于兴中公司设立经过》（1935 年 12 月），转引自中村隆英《战时日本の华北经济支配》，第 58、17 页。

② 秦郁彦：《日中战争史》，河出书房，1961，第 327 页。

③ 满铁调查部编印《支那经济开发方策及调查资料》，第 97 页。以下简称《中·立案 2-1-2》。

满铁调查为基础，制定了《华北产业开发指导纲领》和《华北产业开发机关——华北兴业有限公司设立计划纲领案》，形成了系统的华北经济统治方针政策。首先确定了华北以"开发"战略资源为主的方针。其次，仿照伪满洲国的经济统治政策，把华北企业分为禁止、统制、自由三类，涉及矿山、铁路、公路、港湾、通信、电业、盐业等战略资源的皆为统制性企业，是日本投资的重点。最后，确立了投资政策和设立会社的措施。"对于开发必要的国防资源和其他重要企业，需要巨额资金，如抑制日本方面的积极投资，将束缚其开发。因此，政府当局的投资不言而喻，还要特别促使财阀巨头的崛起。日本方面的事业投资以日中合办企业为原则，在确保日本方面权益的同时，日本人关键要掌握企业经营和技术，努力最大限度地发挥投资的效果。为此要寻求创设有力的日中合办的特殊投资会社等方法。"[1] 这个纲领既迎合了日本财阀进入华北的愿望，又限制了满铁势力的无限膨胀，符合日本"总体战体制"政策，从而博得政府各界的重视。当年 1 月，日本政府的《处理华北纲要》就将华北经济的统治权交给了天津军，申明关东军的工作限定在内蒙古、绥远和山西部分地区，"对华北问题的处理，由天津军司令官负责"。[2] 这在一定程度上减少了天津军和关东军的矛盾。于是该年 2 月，天津军制定了《华北产业开发指导纲领案》，使原来的构想具体化，也是华北开发会社之嚆矢。其主旨是"促进必须开发的产业，要设立日中合办的事业投资的中枢机关，即官民联合的特殊的大的投资会社"，"该会社作为投资会社，不直接经营事业"，而是筹建有关子会社，协调并监督其产供销，资本规模为 2 亿日元，具有国际法人代表资格。[3] 以后，天津军还炮制出华北经济"开发"五年计划和投资方策等多种文件。

1936 年 8 月，日本政府通过《第二次处理华北纲要》，根据天津军的方案，确定"华北经济开发以民间资本的自由进出为宗旨"，军部要"迅速筹划实现那些要依靠特殊资金的国防资源（煤、铁、盐等）的开发和与此有关的

---

① 《中·立案 2-1-2》，第 105 页。
② 岛田俊彦等编《现代史资料》第 8 册，第 350 页。
③ 《中·立案 2-1-2》，第 117 页。

交通、电力等设施的建设"。[1]

第三阶段是七七事变到 1938 年末华北开发会社的成立。七七事变后满铁向政府递交意见书，并且修改一系列华北投资计划，准备大规模地进入华北。满铁天津事务所也扩充为华北事务局坐镇指挥。兴中公司受军部委托，接收或代管近 50 个被日军占领的矿山企业，俨然成为军部的后勤部队。在日本参谋本部的支持下，兴中公司还提出组织修正案，要脱离满铁，成为"一元化的华北经济指导的综合机关"。[2]

七七事变后，天津军扩编为华北方面军，成为日本在当地最高指挥机关，专设特务部负责指导政治经济工作。1937 年 9 月末，特务部制定《华北经济开发基本要纲草案》，指出"华北是日本帝国经济圈的一部分"，"在动员当地资金的同时，结合日满的资金、技术共同开发产业，以达到扩充日本生产力和安定民众生活之目的"。"日本资金参加的企业分统制和自由两种"，"统制性企业是配合日满的产业计划，以日、满、华北一体的计划为准则的计划性企业"，"由国策会社进行综合性的管理经营"。自由性企业则是"自由进出，利用当地资金，依靠相互合作的企业"，"即以中国资金促进自由开发，其技术、材料要依仗日本，经营也由日方给予确实的指导"。同时特务部制定了《华北开发国策会社要纲案》，确定该会社的任务是"统一地综合经营在华北的国策性事业，以弥补日满经济圈的缺陷。为此，该会社统一华北统制性企业的大部分，防止盲目投资，浪费资金，进而发展企业，促进华北经济开发"。该会社暂定资本 5 亿日元，政府和民间各半，"统一兴中公司和其他既存事业外，要集中满铁和广大的日本内地资金而成，也希望当地民间资金参加"，并强调"特务部作为现地机关，指导经济开发的计划的实施，而目前必要的计划立案由满铁经济调查委员会承担"。[3] 关东军则主持内蒙古、绥远

---

① 岛田俊彦等编《现代史资料》第 8 册，第 369 页。
② 兴中公司：《兴中公司组织改正案》（1937 年 9 月），转引自中村隆英《战时日本の华北经济支配》，第 118 页。
③ 《陆军省有关中国事务往来秘密大日记》，1937 年 10 月 15 日，日本防卫厅防卫研修所图书馆藏。以下简称《陆军省秘密大日记》；参见中村隆英《战时日本の华北经济支配》，第 124、142 页。

及山西等地铁、煤等矿的掠夺。

不久，日本政府通过了《中国事变处理要纲》和《华北经济开发方针》，肯定军部诸方案，决定"设立一个开发和统制华北经济的国策会社，体现举国一致的精神和全国产业动员的意义"。① 以后，日本各方代表组成华北开发会社设立委员会，通过会社法，拼凑班底。1938 年 11 月 7 日，华北开发会社正式成立。

从华北开发会社设立过程看，日本政府、军部和满铁时而互相合作，时而发生矛盾，在对华北经济掠夺的步骤和方法上常常不一致。日本政府顾忌苏联的威胁和美、英等国的压力，强调经济渗透与缓和抗日情绪，并积极充实军备，为以后战争做充分准备。军部的活动，尽管有时偏离对华政策，但政府或姑息迁就，或支持放纵。日本当地驻军——天津军采取限制满铁势力和招徕财阀的手段，避免了关东军的干涉，获得绝对权力。满铁始终得到关东军的支持，最初企图如在东北一样成为华北经济统治的"代表"，但后来无法与当地驻军抗衡，转而以攫取更多的权益为主旨。因此，它们在最大限度地掠夺华北资源，利用中国的资源和物资维持所谓的"大东亚共荣圈"这些根本目的上是一致的。正是为了达到这一目的，它们互相支持和合作。政府需要军部发动战争来转嫁国内的政治、经济困境，更需要军部和财阀的支持维持不断扩大的战争。因此，政府及时肯定和支持当地驻军的活动，赋予其统治权力，也顺应财阀要进入华北的愿望。满铁尽管具有雄厚的财力、人力和殖民统治经验，但如不依靠天津军等当地驻军，就不能开展华北经济调查和建立兴中公司等活动；同时，满铁向天津军及政府提供情报，出谋划策，甚至直接参与制订各种计划，也取得驻军和政府的信任而得到更多的经济权益。代表军部的天津军，既需要满铁等财阀为其提供情报、资金、设备、技术人员和管理经验，又要利用政府以国家的名义承认它在华北的地位，并借此赢得日本国内各界，特别是财阀的支持。因此，华北开发会社的设立是日本政府、军部、财阀等在侵占中国、掠夺中国资财的共同目标上，互相利用和勾结的产物。

———————

① 岛田俊彦等编《现代史资料》第 9 册，第 59 页。

二 华北开发会社与日本政府的关系

华北开发会社是日本"国策会社"，具有特殊法人资格，因而需要由政府以国家的名义给予经济和信用上的保障，维持其在华北经济统治的中枢地位。政府从资金上支持华北开发会社大致有以下几种方式。

（一）政府投入资金创办华北开发会社

"国策会社"固然需政府投资，但根据各"国策会社"的不同状况，政府投资的比重各异。华北开发会社建立于全面侵华战争时期，目的是统一"筹划"华北战略资源的"开发"，受到政府格外重视。据日本野田研究所1940年调查，当时有近百个"国策会社"，其中政府投资占资本额一半以上的仅11个，华北开发会社是其中之一。[①] 华北开发会社开办时，政府实物和现金投资5557万日元，占实付资本近9932万日元的55.95%；到1945年政府投资达25425万日元，占实付资本的81.56%。[②] 但值得注意的是，这些政府投资的90.44%是"现物出资"。所谓"现物出资"，就是日本政府把日军强占的中国政府和私人企业归为己有，经临时拼凑的评议委员会估价后，作为政府对原企业的实物"投资"，实际是日本对中国经济的霸占和侵夺。日本政府对华北开发会社的"现物出资"见表1。[③]

表1 日本政府对华北开发会社历年"现物出资"

单位：日元

	1938年	1939年	1940年	1942年	合计
铁轨、枕木	7525378	2744405	8575546	15809822	
桥梁、车站、铁路器材		14556026		51599695	

---

① 野田研究所编印《战时下の国策会社》，1940，第48页。
② 闭锁机关整理委员会编印《闭锁机关とその特殊清算》，1954，第319页。
③ 据《日本会社关系杂件：北支开发及中支振兴株式会社关系》统计，日本外交史料馆藏，档案号：E2.2.1-3-13-5。

续表

	1938年	1939年	1940年	1942年	合计
机车、其他车辆	15104038	13607790	68170316	2053623	
机械器材、备料		5820312	5685765	5816845	
已通的铁路	7956774				
枪械弹药				70220	
押收物资				4370200	
合计	30586190	36728533	82431627	79720405	229466755

（二）政府为华北开发会社招徕财阀投资

日本国内的企业早已陷入能源和劳力不足的困境，财阀对投资华北意欲已久，但华北政局不稳，华北开发会社又是受军政界严格控制的"国策会社"，这种状况不能不使财阀望而却步。于是，政府为"体现举国一致的精神和全国产业动员的意义"，强拉财阀投资华北开发会社。1938 年 4 月政府组织华北开发会社设立委员会时，除了有政府和军部代表外，还指定许多金融和产业界的代表为设立委员会委员。在政府通过的华北开发会社招股章程中，许多财阀被列名为赞助人，章程规定招股 3.5 亿日元，由政府认购 50%，赞助人认购 45%，一般公募仅占 5%。[①] 这就使各财阀不得不投资。以大仓财阀为例，1938 年 7 月政府要求认购 7 万股 35 万日元的股票，其中还包括 1.4 万股一般公募股票。结果仅大仓财阀所属的大仓矿业株式会社就持有华北开发会社股票 23.35 万日元。[②] 华北开发会社开办资本中，以财阀为主的民间资本有 4375 万日元，占实付资本的 44.05%，如果只计算实付资本中的现金资本，则民间资本占 63.65%。据 1945 年的不完全统计，满铁持有华北开发会社股票达 200700 股，三菱财阀有 161680 股，住友财阀有 114680 股，持 30000 股以上的财阀总共拥有 947290 股，占股票总数

---

① 《北支那开发株式会社卷》，《大仓财阀资料》74·24，日本东京经济大学图书馆藏。
② 《北支那开发株式会社卷》，《大仓财阀资料》74·23、74·24，日本东京经济大学图书馆藏。

的 10.69%。①可见在财源枯竭、战争开支激增的境况下，政府尽力督促财阀投资来支撑华北开发会社。

（三）政府给予许多特殊政策，支持华北开发会社

其一，定期拨给补给金。华北开发会社投资涉及交通、资源等大型企业，资金周转慢，利润甚微。为了广招资本，保证投资者利益，招股章程规定，优先分给民间股 6 分年息，政府自该会社成立后的 5 年内，拨给一定数额补给金，确保其年息。实际上，直到 1945 年从未停止每年拨给补给金，1939 年至 1945 年政府共拨补给金近 7927 万日元。②其二，经常特拨专款。为了加强华北调查，1940 年日本政府令华北开发会社设调查局，每年拨给一定的调查费，当年拨款 121.5 万日元，以后每年拨调查专款至 320 万日元。③根据华北开发会社的会社法规定，该会社依政府指示组建或调整有关企业，要由政府承担部分补偿。太平洋战争爆发后，海运受阻，战需物资不足，政府多次命令该会社尽快建钢铁厂，组织钢材、铝矾土的生产和木材运输，仅上述几项措施，政府拨给补偿金就达 308914.8 万日元。华北开发会社以此联合各财阀，分别在石景山、唐山、太原、天津、青岛等地建立小型高炉。④其三，担保并购买华北开发债券。会社法规定，政府允许华北开发会社发行实付资本 5 倍（后为 10 倍）的华北开发债券，并担保其本息偿付。至 1945 年，该会社在日本和中国发行了 223235 万日元的巨额债券，为实付资本的 7.16 倍。为支持该会社，政府购置了大量债券，仅大藏省存款部 1944 年底就存有 65733.5 万日元债券，占总发行量的 30%。⑤政府还向日本财阀，乃至中小企业、洋行兜售

---

① 《闭锁机关とその特殊清算》，第 319 页。
② 《日本会社关系杂件：北支开发及中支振兴株式会社关系》，日本外交史料馆藏，档案号：E2.2.1-3-13-5；《闭锁机关とその特殊清算》，第 324 页；日本大藏省编《昭和财政史》第 12 卷，东洋经济新报社，1962，第 10 表等统计。
③ 华北开发株式会社：《北支那开发株式会社及关系会社概要》（昭和 18 年度），1944，第 42 页。
④ 《北支开发株式会社、政府业务监督关系》，日本外交史料馆藏，档案号：E2.2.1-3-13-8。
⑤ 《昭和财政史》第 12 卷，第 1 表。

华北开发债券。1945 年，三菱商事株式会社天津支店存有华北开发债券 94.7 万元伪联币，大仓产业株式会社天津支店有 33 万余元伪联币的债券。一般工厂、洋行也不例外。据统计，1945 年国民党平津敌伪产业处理局接收天津部分日本工厂、洋行、商店时，共有 79.796 万元伪联币华北开发债券，占有价证券总额的 28.17%。①

另外，政府还给予华北开发会社免除 10 年所得税、营业收益税、地方税等特权，并给予该会社巨额贷款。据日本大藏省统计，到 1945 年该省存款部给该会社拨款、贷款达 13900 万日元之巨，② 用以维持其统治华北经济的地位。

日本政府在给予华北开发会社经济支持的同时，还监督其业务。该会社法规定，会社总裁、副总裁、理事和顾问由政府选任，会社资本变更、借款、发行债券、制订营业计划、处理决算须政府认可。政府委派官员为监理官执监督之责，他们可随时查阅该会社金库、账簿和文件，出席股东会和其他会议，在必要时可随时命令该会社报告有关业务状况。③ 华北开发会社成立时，政府又发布《关于会社监督命令书》，确定内阁总理执监督之权。监督范围除上述各项外，扩大到厘定变更有关人事和业务制度、职员收入待遇、资金计划和预算决算，保证重要的投资融资和债务，担负重大义务和缔结契约等均须内阁总理认可；甚至任命各子会社的高级职员和决定其生产计划也不例外。④

据此，华北开发会社专设监理一、二部共八课监督管理交通、运输、矿山、制铁、产业等各部门的产运销，其长官即政府委派的监理官。他们核定和落实各子会社的生产计划，协助购运机械设备，协调产品的运销，以保证及时供给日本战略物资，扩充其军备，维持战争。

政府对华北开发会社的这种监督管理，却时常受到军部尤其是当地驻军

① 平津敌伪产业处理局档案全宗，第二类第 5281 卷，天津市档案馆藏。
② 《昭和财政史》第 12 卷，第 1 表。
③ 《昭和财政史》第 12 卷，第 1 表，第 966~969 页。
④ 华北开发会社：《北支那开发株式会社及关系会社概要》（昭和 15 年度），第 23~27 页。

的牵制。1938 年 12 月，日本成立了兴亚院，专门统治占领地。兴亚院在华北的机构是华北联络部，成员多是华北方面军特务部第四课军官，特务部长喜多诚一任该部长官，即表明政府对军部的依赖关系。此时，兴亚院将实施对华北开发会社的监督，但陆军省建议，部分监督事项可由兴亚院代决，而与军部有关事项仍要由内阁总理兼兴亚院总裁决定，以保障军部的权益。①同时，华北方面军司令官也电告陆军省，认为"军部十分重视促进华北经济开发之事，要继续支持联络部等机关的工作。但联络部的任何事项都须得到东京兴亚院的认可，则时光已逝，失掉经济开发时机（如认可海州磷矿开发竟达数月之久），故请转达政府，"今后要多给联络部一些权限，充分发挥其职能。这样军部可在符合兴亚院要求的情况下，督促联络部对目前转到兴亚院各件（诸如指定担当者等），迅速做出决定"。②华北开发会社的监督权转给兴亚院后的 1940 年 8 月，华北联络部向上级建议，"最近开发会社事务不断增加，由于提倡当地重点主义，其主要业务实质是在北京进行"，故应"改正一部分开发会社及子会社监督的手续"，给予更多的自由和权利。③不久政府采纳了这项建议，简化了烦琐的申报手续。以后战争吃紧，经济恶化，政府已经无力顾及该会社，只得调整监督权限。1943 年，替代兴亚院的大东亚省致信下属的"北京大使馆"，"随着新事态的出现，对华政策也要随机转换，需要调整对华北开发株式会社的监督关系，以顺应时局之要求。为此修改监督命令书，使行政简单化和处理事务迅速化，并据实情扩充和加强现地机关的监督权"。④1945 年，在华北方面军特务部和联络部的压力下，政府通过了《关于大东亚省权限让与现地机关及简化处理事务之件》，发布了《监督命令书战时特例》，把监督权基本下移给"北京大使馆"。

---

① 《北支开发及中支振兴会社关系业务监督关系》，日本外交史料馆藏，档案号：E2.2.
　 1-3-13-8。
② 《陆军省秘密大日记》，1939 年 6 月 15 日。
③ 《北支开发及中支振兴会社关系业务监督关系》，日本外交史料馆藏，档案号：E2.2.
　 1-3-13-8。
④ 《北支开发及中支振兴会社关系业务监督关系》，日本外交史料馆藏，档案号：E2.2.
　 1-3-13-8（别纸一）。

三　华北开发会社与军部的关系

华北开发会社不是政治机构，却与日本军部有直接的关系。当时战争主宰一切，军部控制了政府，也成为日本在华北的最高行政指挥机关，就连政府在华北的指挥机构——华北联络部（后改为"北京大使馆"）也由华北方面军特务部把持，该部俨然成为华北开发会社的顶头上司。其次，以前政府的华北经济统治政策和设立华北开发会社计划等，大都以军部的方案为基础，其中就有特务部要指导经济"开发"的计划性实施的规定。再者，华北开发会社统管的部门，均与军部扩大战争和维系社会安定密切相关。在日军占领广东、武汉，大规模军事行动告一段落后，华北方面军更以确保华北安定和提供更多战略物资为主要任务。因此，尽管作为经济统治机构的华北开发会社业已成立，以华北方面军为代表的军部仍然不放松对华北经济的控制。如果说政府对该会社主要是实行经济支持和业务监督，那么军部则侧重于掌管人事安排和对交通、通信、冶炼等有关部门的创建及武力掠夺。其表现大致有几个方面。

首先，军部在统一筹划日本在华北经济活动的规模和步骤上有很大权力。华北方面军特务部是管理华北政务和经济的指挥机关，根据"关于交通、经济等开发，应注意与作战用兵方面的关系及国防资源的获得，努力促使日满资本的流入"①的指示，他们改变了日本财阀可自由投资各个部门的原定计划，在积极引导财阀投资统制性企业的同时，极力限制其对纺织、卷烟、面粉等非统制性企业的巨额投资，以集中财力、人力，迅速掠夺华北的战略资源。

铁路、公路和海运是运送兵力和物资的"生命线"，军部牢牢控制这些关键部门，迅速筹建有关会社，其中有华北开发会社最大的子会社——华北交通株式会社。七七事变后，华北铁路皆遭日军破坏，技术管理人员走失，

---

① 日本防卫厅防卫研修所战史室编《北支の治安战》第 1 册，朝云新闻社，1968，第 42 页。

运输不畅，直接影响日本的侵略战争进程。1937 年 9 月，华北方面军密电外务省和陆军省："鉴于铁路破坏意外之大，亟须配备技术性的专业铁路工程队，他们要尽力向前方推进，其主力（如果需要可组成大队）负责应急性修理被破坏的设施，以达成战场附近的应急运转。后方需迅速以满铁组成派遣队，负责这些铁路的保守性整理和运转。为使铁路得以配合军方迅速作战的意图，且及时了解实情，亟须请政府审议通过派遣八百名工程技术人员。"[①] 从而形成了由满铁人员组成的铁路战时军事管理体制。随后，特务部积极筹建华北交通会社，1937 年末制定了《交通机构构成处理要纲》。翌年 2 月通过了《中日合办华北铁路股份有限公司（暂称）设立要纲》，确定了该会社的宗旨、业务范围、资金和人员构成。1939 年 4 月建成中日合办的华北交通会社。[②]为保障战时通信畅通，华北方面军要求政府从邮递省和满洲电电会社等派员修复华北邮电设施，就此组成华北邮政总局。经特务部与华北伪政权协商后，1938 年 7 月正式成立华北电信电话会社。

同时，华北方面军以地方行政长官的身份控制投资方向，保证华北开发会社的垄断地位。如 1938 年 10 月，华北方面军听说有财阀组建华北海运会社，立即致电政府，"顷闻成立海运会社经营华北港湾及内河水运，如有此项计划，现地军断然不同意，应坚持按既定方针，此类事项由交通会社运营"。[③]纺织等轻工业投资少、利润高，日本财阀趋之若鹜，制订了庞大的华北"开发"计划。以纺织业为例，仅天津市就计划建 10 家纱厂，纱锭增加 257.47%，织机增 726.24%。但是特务部要求财阀以"开发"战略资源为中心，限制其投资规模。1938 年初，大日本、内外棉、富士等五六个纺织会社呈报在华北设立纱厂时，政府要求它们与华北方面军联系，于是特务部表示"新设扩充纱厂，只准许限定在建设中和已经购置场地等最小限度内，避免使用在日本的停产机器和现行制造机器建设新厂"。[④] 结果计划减少到纱锭增加 98.2%，

---

① 《陆军省秘密大日记》，1937 年 9 月 23 日。

② 福田英雄：《华北交通史——华北交通株式会社创立小史》，TBS ブリタニカ株式会社，1983，第 750 页。

③ 《陆军省秘密大日记》，1938 年 10 月 14 日。

④ 《陆军省秘密大日记》，1938 年 4 月 9 日。

织机增加 232.75%。

其次，军部插手华北开发会社和子会社的人事安排。军部十分重视它对华北经济的"指导工作"，力图通过控制会社人事安排来实现由军部为主的一元化领导。兴亚院成立不久，就向华北方面军寻求统治方策，该军司令官提出，在经济建设中要考虑到日、"满"，以及华北的"综合性"，"绝对加强日方的指导机关，特别需要由军部的一元化，以这种一元化顺利而彻底地掌握运用各种机会"，并强调必须增加华北联络部的人力。① 言外之意即加强军部的指导。1938 年 2 月该军密电陆军省，"在华北的国策会社和临时政府等使用的联络密码，必须在军部统制下"，建议"应由中央派出统制机关，或由当地驻军实行统制"。② 对于华北开发会社高级人事的任命，陆军省提醒华北方面军特务部"人事安排是政府综合各方意见，互相达到谅解而内定的"，"军部的方针，要尊重政府和会社当事者的意向"。③

然而，军部在筹建华北开发会社子会社时，充分发挥了指导作用。七七事变不久，满铁总裁松冈曾向政府呈《华北善后处置要纲并意见书》，认为以满铁设立三十年而形成的传统精神、机构、财力和人才，理所当然要应用于华北。满铁曾动用数百人，每年花费数十万元进行华北调查。"目前正值运用这些调查研究成果之际，对于交通事业和资源开发为中心的各项华北产业开发，满铁是军部首先考虑的机构。"该提议遭日本政府、军部和财阀反对而未能实行，随后松冈又建议华北的"主要交通业（铁路、港湾、汽车）要在满铁的援助统制下运营，资金也从满铁借款"。④ 华北方面军对此却不以为然，该军参谋长冈部认为，"这些问题是国家问题，无论如何不该以个人关系向政府提出要求"。⑤ 军部还是以利用满铁人才技术又防止其垄断为原则，计划成立在军部管理下以满铁人员为主的华北交通会社。1938 年 4 月冈部密电陆军

---

① 《陆军省秘密大日记》，1939 年 9 月 10 日。
② 《陆军省秘密大日记》，1938 年 2 月 23 日。
③ 《陆军省秘密大日记》，1938 年 10 月 6 日。
④ 《泉山三六所藏文书》第 3 号，日本东京大学教养学部社会科学研究室图书馆藏；参见中村隆英《战时日本的华北经济支配》，第 116~118、176~178 页。
⑤ 冈部直三郎：《冈部直三郎大将日记》，芙蓉书房，1982，第 140 页。

省，"在设立华北交通会社各种准备工作完成的基础上，有必要迅速决定该社社长（总裁）。这个新会社多由满铁的人员资材而立，实行的实为满中一元化运营，因此需要精通满铁事情又有相当能力的人来担任。而当前为战争时期，军方管理交通，故又必须是理解军方意图的人。希望该社人选问题应尽量由喜多特务部长提出为盼"。①8 月，华北方面军要把满铁华北事务局改编为交通会社，向陆军省提出建议，如在包括军部在内的政府指导下尽快内定总裁和整备华北事务局人员等。陆军省在肯定其做法的同时，告诫道："有关交通会社设立之处，应多由中央认可。贵电中关于设立会社的研究准备，是否包括允许变更设立会社的方面，诸如准备种类，特别是高级人事等重要事项，这须注意过分的干预。"②结果，满铁华北事务局没有改编，而华北交通会社的人员基本为军部所定的满铁人员。在有关通信、煤矿、铁矿会社的人事安排上，华北方面军也作为"内定者"起了很大作用。

同时，军部配合政府为各财阀划定经营范围，从而落实了原来的华北经济统治政策。如把华北交通会社划给满铁，华北电信电话会社分配给满洲电电会社、日本电电会社和国际电气通讯会社，华北盐业公司社长定为满铁兴中公司的内田敬一，井陉煤矿公司由贝岛煤矿的草场义夫任副董事长，大青山煤矿公司副理事长为住友矿业会社的梅原小次郎，大汶口煤矿公司由三菱矿业会社投资，石景山制铁矿业所主要由日本制铁会社组建，山西产业会社则由大仓矿业、上海纺织等会社投资。③

最后，军部还以战争或治安的需要为由，"监督"或"指导"华北开发会社业务。筹建华北交通会社时，华北方面军司令官与华北伪政权的王克敏就订立了备忘录，"关于日军现在占有的交通、通信及航空等的处理，今后应依局势变化而定。但在日军必须进行的军事行动期间，华北军最高指挥官要管理其军事上必需的各项事情"。翌年该会社成立，华北方面军又制定《华北

---

① 《陆军省秘密大日记》，1938 年 4 月 28 日。

② 《陆军省秘密大日记》，1938 年 8 月 23 日。

③ 参见《北支那开发株式会社之回顾》，第 117~119 页；《北支那开发株式会社及关系会社概要》（昭和 17、18 年度）。

交通株式会社监督规程》，规定该军司令官"在急需情况下，可直接对会社发布军事上必要的命令"，"可直接要求会社进行必需的作战警备"，该会社变更总裁和理事、事业和资金计划、利益分配及重要制度等要征得军方同意才得上报，甚至建设交通设施及计划，编排列车和变更重要定员、运输计划等，也须军方承认。华北开发会社的其他子会社亦是如此，首要的任务是在军部的指使下保证其各方面的需要。珍珠港事件后，日本推行紧急战时体制，无暇顾及华北，军部更以武力支持华北开发会社的经营。如华北方面军命令住友通信工业会社，把在华中的机器设备运到北京建立新厂，建设费用由华北开发会社筹拨；动用军队逼迫各矿山矿工下井采掘，并提高劳动强度，增加劳动时间，进行破坏性生产，加快了掠夺步伐；指命华北开发会社成立生产和修理汽车、电器的会社及实行物资统治的"组合"，并且强制征收粮食和钢铁，等等。

抗战后期，日本急于维系华北铁路、公路、河道这些"生命线"和矿山的开掘。华北开发会社依命设警备本部，各子会社也有警务部门和警备队。华北方面军则十分重视这些警务组织的人员、武器配备，经常召集各矿区警备人员培训、招募或提供人员，补充武器弹药，指挥修筑防备设施等，使这些警备力量能在当地军的一元化领导下，"维持治安"，保证生产。日本之所以能够在华北保住以铁路、公路的"线"和以城市、矿山的"点"为特征的统治，军部对华北开发会社各子会社警备力量的重视是重要因素之一。

综上所述，华北开发会社作为"国策会社"，始终是在政府监督和军部指导下，遵照政府和军部的指令经营的，如同该会社总裁贺屋作为战犯在远东军事法庭所言，华北开发会社"实际上除了日常业务以外，一切事项的决定都必须经日本政府批准"，以落实日本在华北的物资动员计划为目的，即"第一是供给日本军需品，第二是扩充日本的军备，第三是满足和平时期经济

---

① 福田英雄：《华北交通史——华北交通株式会社创立小史》，第 750、761~762 页。
② 平津敌伪产业处理局档案全宗，第二类第 4944 卷，天津市档案馆藏。

发展的需要"。① 在战争、资金、设备和运输、劳力等因素限制下，华北开发会社难以完成既定的生产和运输计划，与政府和军部的期望相差甚远，致使其地位逐年下降。战况恶化后，该会社更难维持，终于在中国军民的抵制下随着日本的战败而关闭。

① 张效林节译，向隆万、徐小冰等补校译《远东国际军事法庭判决书》，上海交通大学出版社，2015，第384~385页。

日本华北开发会社资金透析[*]

华北开发株式会社（简称华北开发会社）是侵华战争期间日本在中国关内设立的最大会社。它不是一般的投资会社，而是日本政府、军部和经济界经过多年筹划和磋商，代表日本朝野各界实行对中国华北经济统治的"国策会社"，负有垄断华北交通、通信和战略资源的产运销的重要使命，它是日本在华北推行殖民经济统治的大本营。开办它的目的还在于，力图加速把华北建成日本侵略战争的兵站基地。剖析华北开发会社的资本构成、资金来源及其特点，有助于具体了解日本在华北的投资，弄清日本帝国主义华北经济掠夺的真相。

华北开发会社是如何聚集资金的呢？

其一，依靠日本政府，动员金融和产业的财阀，凑足华北开发会社资本。华北开发会社成立于 1938 年 11 月，但早在 1936 年日本政府和军部就制订了设立投资会社的计划。1936 年 2 月，驻天津的日本中国驻屯军以满铁调查为基础，提出了《华北产业开发指导纲领》，主张日本在华北的经济活动，以"开发"战略资源为主，把华北的煤、铁、盐等战略物资的生产企业和交通、通信及电力企业划为统制性企业，作为日本投资和经营的重点，同时制定了"兴业有限公司设立计划纲领案"。它认为："开发必要的国防资源和其他重要企业，需要巨额资金，如抑制日本方面的积极投资，将束缚开发事业。因此，政府当局固然要投资，还要特别促使财阀巨头的崛起。""日本方面的事业投资以日中合办企业为原则……要寻求创设有力的日中合办的特殊投资会社等

---

　　*　本文原载于《抗日战争研究》1994 年第 1 期。

方法。"概而言之，就是"要设立日中合办的事业投资的中枢机关，官民联合的特殊的大的投资会社"，促进亟须"开发"的产业。它提出，该会社暂定资本2亿日元，具有国际法人代表资格，"作为投资会社，不直接经营事业"，以投资融资筹建有关会社，以求达到统治华北经济的目的。[①] 日本政府基本采纳了这一提议，确定了对华北经济活动的方针政策。当时，鉴于中国人民的反日情绪和国际舆论，日本多以日中合办的形式进入中国金融市场，这实际上是掩人耳目。日本非常强调筹办的日中合办企业，"在确保日本方面权益的同时，关键是要掌握企业经营和技术，努力最大限度地发挥投资作用"。

七七事变后，日本开始全面侵华战争，急需华北提供必需的战略资源和物资，以补充战场的消耗。日本军部对设立华北开发会社的计划作了修改，1937年9月提出《华北开发国策会社要纲案》，认为"华北是日本帝国经济圈一部分"，"在动员当地资金的同时，结合日满两国的资金、技术共同开发产业，以达到扩充日本生产力和安定民众生活之目的"。华北开发会社的任务是"统一地综合经营在华北的国策性事业，以弥补日满经济圈的缺陷"。其资本额暂定5亿日元，官民各半，"要集中满铁和广大的日本内地资金而成，也希望当地民间资金参加"。[②] 这时，日本已不需要日中"合办"的形式，而是以日本特殊法人的身份，纠集政府和财阀赤裸裸地对华北展开了经济掠夺。根据政府公布的《华北开发株式会社会社法》，该会社的资本为3.5亿日元，官民各半。从其资本构成可以了解政府和财阀的投资方式。华北开发会社的资本构成见表1、表2。

表1 1938年华北开发会社资本构成

单位：日元，%

类别	金额	应付股数	每股金额	实收金额	实收资本占总额比重	备考
政府	1.75亿	2888280	8.65	24983622	25.16	现金
		611720	50.00	30586000	30.80	现物
民间	1.75亿	3500000	12.5	43750000	44.04	现金
合计	3.5亿	7000000		99319622	100	

① 满铁调查部编印《支那经济开发方案及调查资料》，1937，第103~106、116~120页。

② 《陆军省有关中国事务往来秘密大事记》，1937年10月15日，日本防卫厅防卫研修所图书馆藏。

表 2　1945 年华北开发会社资本构成

单位：日元，%

类别		总股数	金额	出资形式	实收金额	占实收资本总额比重
政府	旧股	350万	1.75亿	现物 现金	149727550 25272450	48.03 8.11
	新股	158.5万	0.7925亿	现物	7925万	25.42
小计		508.5万	2.5425亿		25425万	81.56
民间	旧股	350万	1.75亿	现金的25% 现物	4375万 1350万	14.03 4.33
	新股	27.5万	0.1375亿	现金	25万	0.08
小计		377.5万	1.8875亿		5750万	18.44
合计		886万	4.43亿		31175万	100

资料来源：闭锁机关整理委员会编印《闭锁机关とその特殊清算》，1954，第 319 页。

　　由表 1 和表 2 可见，在华北开发会社开办之初，政府现物和现金投资额为近 5557 万日元，占实收资本的 55.96%，到 1945 年政府投资占实收资本的 81.56%。日本的每个"国策会社"都有政府的投资，使其经营中有一定的"国策性"。在 1940 年前，近百个"国策会社"中，日本政府直接管理的 22 家，政府投资占实收资本额一半以上者，仅仅 11 家，华北开发会社是其中之一。[1] 这表明，为全面侵华并积极积聚财力准备对西方作战而设立的华北开发会社，受到日本政府的格外青睐。但具体分析一下，可揭穿这种"政府投资"的假象。政府投资中绝大部分是"现物出资"，开办时这种现物出资占政府投资额的 55.04%，占会社实收资本额的 30.8%，到 1945 年现物出资为政府投资额的 90.06%，占实收总资本额的 73.45%。这种现物出资，并非政府以机器设备哪怕是旧机器设备抵资，而是把日军强占的华北企业，特别是交通设施归为己有，经临时拼凑的评议委员会估价后，堂而皇之地作为日本政府的投资。这实际上是日本用战争最大限度地霸占和侵夺中国的财产。而政府的现金投资，仅仅是开办时为装点门面的 2498 万日元而已，是将华北开发会社 50 元

---

[1]　野田研究所编印《战时下の国策会社》，1940，第 48 页。

面额的股票，折减至 17.3%，以每股 8.65 元的价格折款出资的，而这样的现金投资也只占当时该会社实收资本额的 25.16%，到 1945 年只占 8.11%。可见政府出资只是表面现象，政府实际花费十分有限（见表 3）。

鉴于满铁在中国东北实行垄断引起日本财阀极大的不满，日本政府也面临着军费开支剧增、财源枯竭的困境，因此日本在华北采取了允许财阀自由进入的政策，鼓励财阀来华北投资。华北开发会社即秉承政府的旨意，聚集财阀的资金，其目的就是要创建生产战略物资的企业，并防止各财阀间的竞争。1938 年 4 月，华北开发株式会社设立委员会成立，日本政府特意把本国金融和产业界的大财阀拉进设立委员会，使其成为该会社的筹备者和赞助人，并由资深的财界豪门乡诚之助为委员长，三井、三菱、住友、安田、大仓诸财阀，日本、正金、劝业等特种银行和一些地方银行，钟纺、东洋纺等纺织业财阀，东电、东邦、日电等电业集团和明治、北岛等矿山集团，以及海运和保险业的财阀都被拉进设立委员会，"以体现举国一致的精神和全国产业动员的意义"。[1] 根据会社招股章程，华北开发会社的资本组成，除政府承担50% 以外，各赞助人认购 45%，一般公募为 5%。这就是说，各财阀作为会社的赞助人必须投资，其投资数额则是政府摊派的。以大仓财阀为例，1938 年7 月政府派员到该会社，要大仓财阀各会社按分配比例认购 7 万股 35 万日元股票，并要大仓认购 1.4 万股一般公募股票。结果仅大仓财阀的大仓矿业株式会社就持有华北开发会社 23.35 万日元股票。[2] 其他财阀莫不如此。据 1939年 3 月 1 日公布的华北开发会社股东名簿，民间最大的股东是满铁 20 万股，3 万股以上的有：三菱本社 10 万股、住友本社 7.46 万股、住友金属工业会社8 万股，三井物产、三井合名、三井矿山各 6.78 万股，日本制铁 3.39 万股，日本生命、第一生命、明治生命各 3.1 万股，三菱重工、旭玻璃各 3 万股。具有强烈法西斯色彩的大日本军人援护会也持有 10 万股。除了军人援护会外，满铁等"国策会社"、财阀、保险会社持股 106.5 万股，占民间持股总额 350

---

[1]　岛田俊彦等编《现代史资料》第 9 册，美铃书房，1964，第 59 页。

[2]　《北支那开发株式会社卷》，《大仓财阀资料》74·24、74·23，日本东京经济大学图书馆藏。

万股的 30.43%。[①] 到 1943 年中期，从股东名簿中 1 万股以上股东看，满铁持股 20.07 万股，三井财阀 3 个会社持股 21.72 万股，三菱财阀 6 个会社持股 21.48 万股，住友财阀 5 个会社持股 22.26 万股，纺织财阀 2 个会社持股 2.79 万股；政府出资法人的三个"国策会社"持股 25.7 万股，电力会社集团持股增至 31.41 万股，其他 9 个会社持股 20.57 万股。[②] 合计以上财阀、"国策会社"持华北开发会社股份 166 万股，约占民间持股总额 377.5 万股的 43.97%，比开办初期略有增长，而军人援护会的持股则下降到 6.32 万股。由此可见，各财阀在政府的动员下，给华北开发会社极大的支持，特别是这些财阀多是采取现金投资方式，在会社开办时，其现金投资占会社实收资本中现金资本的 63.65%，这就为华北开发会社在创立初期提供了巨额的可用资金。

其二，大量发行债券，向政府和银行财团借款，不断扩大投资融资规模。作为投资机构，华北开发会社拥有号称 4 亿日元的资本，可谓实力雄厚。当时日本第一银行和三井银行合并而成的帝国银行资本也不过 2 亿日元。但是，华北开发会社通过兴建"开发"战略能源的企业来垄断华北经济，建立日本侵略战争的基地，仅靠开办资本是杯水车薪，无法周转。加之华北开发会社的资本仅有现金出资 6927 万日元，占资本额的 22.22%，现物出资多限于掠夺华北的铁路设施，其历年现物出资简况见表 3。

表 3　华北开发会社历年"现物出资"简况

单位：日元

项目	1938年	1939年	1940年	1942年	合计
铁轨、枕木	7525378	2744405	8575546	15809822	
桥梁、车站、铁路器材		14556026		51599695	
机车、其他车辆	15104038	13607790	68170316	2053623	
枪械器材、备料		5820312	5685765	5816845	

---

① 柴田善雅：《日本对军事占领下中国的资本输出》，日本国家资本输出委员会编《日本的资本输出》，多贺出版社，1986，第 160~170 页。

② 柴田善雅：《日本对军事占领下中国的资本输出》，《日本的资本输出》；另参见《闭锁机关とその特殊清算》，第 319 页。

续表

项目	1938年	1939年	1940年	1942年	合计
已通的铁路	7956774				
枪械子弹				70220	
押收物品				4370200	
合计	30586190	36728533	82431627	79720405	229466755

注：调查现物财产目录略。

资料来源：《日本会社关系杂件：北支开发及中支振兴株式会社关系》，日本外交史料馆藏，档案号：E2.2.1-3-13-5。

因此，华北开发会社需要广开资金来源，以投资和融资于华北新建的统制性企业。

发行债券是华北开发会社解决资金不足问题的重要方式之一。日本政府给华北开发会社特殊的政策中，有一条就是允许其发行为实收资本额 5 倍的华北开发债券，由政府担保债券本利的支付。因此，华北开发会社成立后就开始发行华北开发债券。1939 年初，以日本兴业银行为首，联合正金、朝鲜、台湾、第一、三井、三菱、安田、住友、三和、野村、东海、神户等 15 家银行和三井、三菱、安田、住友各信托会社组成辛迪加协调融资团，于 8 月 28 日第一次发行华北开发债券 3 亿日元，以后每年都多次发行债券。到 1945 年 4 月，6 年间华北开发会社在日本共发行 49 次债券，发行总额为 19.9735 亿日元；并在中国华北由伪中国联合准备银行以联银券为单位发行 6 次，折合 2.35 亿元华北开发债券，总共合 22.3235 亿日元。到 1944 年 4 月，政府又将发行债券的数额扩大到实收资本的 10 倍，以补充该会社短缺的资金，该会社计划再发行近 22 亿日元债券，后因战争失败而中辍。这样，实际发行债券为该会社实收资本的 7.16 倍。[①] 华北开发债券的主要承购者，即是上述的辛迪加银行团。据统计，它们所持债券为 19.9 亿日元，占实际发行额的 90%。[②] 这些

① 《闭锁机关とその特殊清算》，第 325 页。
② 日本兴业银行编印《社债一览》，1970，第 154~157 页，转引自铃木茂《日本帝国主义下中国北部占领地区开发的"综合调整"和华北开发会社》，《经济论丛》第 117 卷第 5、6 号。

财阀把华北开发债券分派给下属的银行、会社，使华北开发债券一时间充斥日本国内和中国的华北。据 1945 年国民政府平津敌伪产业处理局清理时的不完全统计，横滨正金银行北京分行存有华北开发债券 5.3 亿元联银券，三菱商事株式会社天津支店有 94.7 万元联银券的债券，大仓产业株式会社天津支店有 33 万余元联银券的华北开发债券。^①就连在华北的日本中小洋行、工厂、商店和伪政权出资的银行、工厂，在日本政府军部的威胁和动员下，也都要购买华北开发债券。如 1945 年在天津的部分日本洋行、工厂和商店存有近 80 万元联银券的债券，占有价证券总额的 28.17%；中国的河北省银行总行存有 150 万元联银券的债券。^②日本政府作为华北开发债券的担保者也极力用提前承购的方式支持华北开发会社债券的发行。据日本大藏省战后统计，1945 年该省存款部有华北开发债券 65733.5 万日元，占该部特殊会社等债券总额的 53.87%。^③这些债券除了少部分偿还借款和建设当地学校外，绝大部分成为该会社投资融资的主要来源。

　　向日本政府、银行等借款也是华北开发会社筹措资金的方式之一。随着战事不断扩大，战争物资奇缺，海运受阻，日本政府经常要求华北开发会社尽快建厂投产，以供军需，时常下达各项生产计划和规定输日产品数量。于是华北开发会社的借款从原来的政府和银行为主，扩大到华北的银行、会社，且借款数量也逐年增加。该会社历年营业报告书统计，开办之初的 1939 年没有向任何方面借款，1940 年向日本大藏省存款部、兴业银行和辛迪加银行团借款 2.56 亿日元，当年发行债券后偿还 2.33 亿日元，余 2300 万日元借款。翌年借款对象扩大到铁道互助会、华北电业和龙烟铁矿等会社，甚至还向华北方面军借款 800 万元。到 1943 年，除了向日本政府和国内的银行团借款外，还向日本地方银行团在北京的朝鲜、正金、不动产银行，天津的安田、天津银行，青岛的大阪储蓄、实业银行，以及伪中国联合准备银行借款，共借款 3.97 亿日元。当年偿还后还有 2.61 亿日元无法还清，并透

---

① 平津敌伪产业处理局档案全宗，第二类第 10983、2328、920 卷，天津市档案馆藏。
② 平津敌伪产业处理局档案全宗，根据第二类第 5281、1352 卷统计，天津市档案馆藏。
③ 日本大藏省编《昭和财政史》第 12 卷，东洋经济新报社，1962，第 10 表。

支 5729.4 万日元。^① 以后日本财源枯竭，军费开支剧增，华北开发会社各企业的资金无法周转，又新建制铁、采矾等企业还需要大量资金，于是只好不停地借款。仅 1943 年 8 月到 1945 年 3 月，该社就向日本正金银行北京支行借款 6 次，金额达 6.7 亿元联银券；向伪中国联合准备银行借款 3 次，金额为 5.865 亿元联银券。^②1945 年华北开发会社关闭后，经日本关闭机关整理委员会清算，该会社在日本国内借款达 28.715 亿日元，透支 131.886 亿日元。仅大藏省存款部就有 1.39 亿日元的华北开发会社的借款，占特殊会社等借款总额的 81.18%。另外，在华北开发会社向中国政府接收委员会提出的移交书中有借款 25.005 亿日元和透支达 759.3808 亿日元。到 1945 年日本战败前，华北开发会社在华北和日本国内的土地建筑物等不动产大约仅有 12.803 亿日元。^③可谓负债累累，只能靠政府的强制统治勉强经营。

其三，华北开发会社依靠日本政府给予的特殊经济支持，维持其经营。华北开发会社作为"国策会社"，有着"开发"华北经济的特殊使命，所以时刻离不开政府的支持。除了上述提及的提供开办资本、承购华北开发债券和给予贷款外，日本政府还采取直接拨款等特殊的形式。为了招徕民间资金，保证投资者能获得较多的利润，政府在该社会社法中明文规定，该社股份年息 6 分，营业后 5 年内股份年息未达 6 分时，民间股东享有优先分得股息的权利。政府还拨出一定补助金保证民间股息的分配。这样，既打消了民间投资者怕承受风险的顾虑，也使华北开发会社不用过分考虑民间股本股息利润的得失而大胆投资。自 1939 年起的 7 年内，政府给予的补给金从未间断，政府历年拨补给金见表 4。

---

① 根据华北开发株式会社《北支那开发株式会社及关系会社概要》（昭和 15~14 年上半年度）各册统计，华北开发株式会社计划局总务课印。

② 平津敌伪产业处理局档案全宗，第二类第 1053 卷，天津市档案馆藏。

③ 《闭锁机关とその特殊清算》，第 326~328 页统计；平津敌伪产业处理局档案全宗，第二类第 4969 卷，天津市档案馆藏。

表 4　政府历年拨补给金情况（1939 年 3 月至 1945 年）

单位：千日元

时间	1939年3月	1940年	1941年3月	1941年11月	1942年6月	1943年	1944年	1945年	合计
金额	8	2133	6199	1367	7083	6335	1306	54837	79268

注：1945 年补给金是否支付待考。

资料来源：《日本会社关系杂件：北支开发及中支振兴株式会社关系》，日本外交史料馆藏，档案号：E2.2.1-3-13-5；《闭锁机关とその特殊清算》；《昭和财政史》第 12 卷等。

根据会社法规定，如果政府指令华北开发会社组建或调整有关矿山企业，政府要给该会社一定的补偿金。太平洋战争开始后，战需物资奇缺，海运断绝，政府为维持战争多次命令华北开发会社尽快兴建炼铁高炉，生产战需的成品和半成品，加紧铝矾土的开采和木材运输。大东亚省大臣 1944 年 7 月下达极秘第 764 号命令，为了铣铁的紧急增产，开滦矿务局、天津制铁所、龙烟铁矿、宣化制铁所、青岛制铁、华北制铁、山西产业会需置小型高炉设施，命令华北开发会社给予必要的投资和融资。其资金额度因社而异，合计为 3.43992 亿日元，以后又升至 6.56621 亿日元。为紧急增产氧化铝，命令借贷给华北轻金属公司 2.34455 亿日元额度内的资金，用于购买开采矾土页岩的设施，其后又增至 8.26989 亿日元，并命令给华北矾土矿业公司融资 0.53313 亿日元，作为增产矾土建设资金，后该额度增到 1.36107 亿日元。为促进焦油和焦炭生产，命令投资或融资给华北燃料化学会社 0.3 亿日元，后额度增加到 0.83903 亿日元，并给青岛的东华火油工厂融资 0.18 亿日元；对木材购运也要华北开发会社给予 0.2214 亿日元的支持。总计贷款和融资金额达 7.019 亿日元。如按以后根据命令扩大投融资额度的金额计算，达 17.0362 亿日元。同时，对于因执行上述命令所产生的损失，政府决定给予华北开发会社 7.5 亿日元的补偿金。1945 年 2 月，大东亚省大臣又发布命令，对上述铁矿、煤矿、制铁所融资 3.37563 亿日元，作为其修复资金和流通资金；对生产矾土的华北轻金属、华北矾土矿业公司融资 1.62767 亿日元；购运木材费用 0.45431 亿日元，合计 5.45761 亿日元，对实行这些业务所受的损失，政府给华北开发会社

23.39148 亿日元的补偿。① 两项合计共给华北开发会社补偿金 30.8915 亿日元。此时日本败局已定，经济崩溃，这些补偿金不能完全兑现，但给华北开发会社注射了一支兴奋剂，促使它更加肆无忌惮地加紧掠夺华北的资源。

从上述资料我们不难看出，日本政府和财阀为了把华北建成战争、物资的兵站和基地，下了极大的赌注，其投资数额与规模不仅远远超过七七事变前的对华北投资，而且与它对华中、华南的投资相比超过了许多（见表5、表6）。据估算，到 1936 年末，日本对华北（不包括"蒙疆"）的投资为 4.32604 亿日元，占对中国（不包括东北）投资总额的 43.5%。② 关于七七事变后的日本对华投资，吴承明先生曾做过初步估算，③ 杜恂诚先生则估算为 41.70053 亿日元，④ 笔者在日本外交史料馆档案中，看到"中国事变后对华经济投资的调查"，该文件是用铅笔写在油印稿背后的稿本上，50 余页，均未注明作者、调查时间和统计方法，其调查统计的投资总额与我国学者的估算略有出入，但大体是可信的，有相当的参考价值。通过这些调查表，可以看出日本对华北开发会社及对华北的投资规模。

表5　七七事变后按地域分日本对华投资一览

单位：千日元，%

地区	1938年	1939年	1940年	1941年	1942年	1943年	1944年	1945年	占比
华北及"蒙疆"	159644	262032	308075	373449	434702	737416	871358	180100	71.11
华中	71861	68673	74976	91860	101207	247402	341443	46600	22.31
华南			5982	25600	72063	138595	65000		6.57
合计	231505	330705	389033	490909	607972	1123413	1277801	226700	100

① 《闭锁机关とその特殊清算》，第 321~322 页；《北支那开发株式会社及关系会社概要》（1940 年上半年度），第 8~12 页。

② 东亚研究所：《日本对华投资》，原书房，1974，第 1052 页。

③ 吴承明编《帝国主义在旧中国的投资》，人民出版社，1955，第 164、165、174 页。

④ 杜恂诚：《日本在旧中国的投资》，上海社会科学院出版社，1986，第 12、15 页。

表 6　七七事变后按会社区分日本对华投资一览

单位：千日元，%

地区	1938年	1939年	1940年	1941年	1942年	1943年	1944年	1945年	占比
华北开发会社	75484	165372	270390	310254	371733	682304	788357	180100	60.79
华中振兴会社	32914	29726	54999	55450	60231	65699	201443	46600	11.69
其他	123107	135607	63644	125205	176008	375410	288001		27.51
合计	231505	330705	389033	490909	607972	1123413	1277801	226700	100

资料来源：《大东亚战争中帝国对华经济政策关系杂件》，日本外交史料馆藏，档案号：E0005，不包括中国东北地区。

　　依表5、表6可见，1938年后的8年，日本对华北及"蒙疆"地区投资达33.26776亿日元，占对占领区（不包括东北）投资的71.11%，是对华中地区投资的318.65%。如以会社区分，对华北开发会社及有关子会社的投资额为28.43994亿日元，占总投资的60.79%，是对华中振兴会社及子会社投资的519.87%。这就是说，日本侵华战争时期，日本政府和财阀把物力和财力主要集中在华北地区，最大限度地掠夺华北的资源，而且大部分投资都集中于华北开发会社及其子会社。因此，日本对华北开发会社的投资在占领区投资中具有代表性。从对华北开发会社的资金分析，可看出日本掠夺华北资源活动的特点。

　　第一，日本在华北的经济活动，完全由日本政府和军部操纵。七七事变前，日本军政当局就制定了统治华北经济的方针政策，如所谓的产业"开发"计划、资金设想计划、经济"开发"五年计划、生产及输日产品和数量计划等纷纷出笼，充分显示其掠夺华北资源的贪婪，而且有些措施已经由满铁的兴中公司付诸实施。七七事变后，日本军政当局补充和修正原有计划，使之范围扩大，为战争服务的目的更加明确。设立华北开发会社就是落实这些方针政策的重要步骤之一。这时日本政府为军部所控制，推行军国主义，对华战争呈长期化。日本政府对本国和中国东北均实行战时经济统制政策，华北开发会社作为"国策机构"，完全依据日本政府和华北日军的意志和计划行事。不仅华北开发会社的宗旨、经营范围、资本构成由政府决定，而且会社总裁等高级职员均由政府选任，会社变更资本、借款融资、发行债券、处理预算决算和利润分配、制订经营计划、变更人事和业务制度以及职员待遇亦须经政府认可，甚至任命子会社的高级职员和决定其生产计划也要政府同意。日本政府在会社的监理官有着绝大的监督权。正如该社总裁作为日本战犯在远东国际军事法庭所供认的，华北开发会社以落实日本在华北的物资动员计划为目的，即"第一是供给日本军需品，第二是扩充日本的军备，第三是满足和平时期经济发展的需要"，它"实际上除了日常业务以外，一切事项的决定都必须经日本政府批准"。[①] 当然日本政府也竭力对这个特殊会社给予特殊的经济支持，如上述凑集资本，以国家财政支付民间股息，担保债券本息，给予补给金和补偿金，承担巨额借款，以及免除该会社 10 年所得税、营业税和地方税等。以该会社借款为例，到 1945 年仅日本大藏省存款部就有借款达 1.39 亿日元，是在对中国的各"国策会社"中借款额最多的（对华中振兴会社的借款额仅 5265 万日元）。[②] 华北开发会社正是在日本政府的支持和华北军事占领当局的保护下，在较短时期内带有强制性地对华北战略资源实行疯狂掠夺的。

第二，日本财阀在华北的经济活动中，充当了掠夺资源的帮凶。日本各财阀自 20 世纪初即开始投资于中国上海、青岛、天津及东北地区，并有相当的规模，尤其对棉纺织业的投资势头逐年增强。九一八事变之后，关东军不许财阀进入东北，而由满铁主持东北经济统制，引起了各财阀的极大不满，波及日本政界。因此日本政府在制定对华北经济统制方针政策时吸取了这些教训，要笼络各财阀，以取得它们的支持。同时，要"开发"华北的资源需要大量的资金。1936 年 4 月满铁对华投资问题小委员会考察后提出的"华北投资设想"估计，仅交通、通信、矿山、金融及工业的投资即需 10 亿日元之巨，[③] 而日本政府对外投资能力仅为 2.4 亿日元，这就需要日本金融和产业界

---

① 张效林节译，向隆万、徐小冰等补校译《远东国际军事法庭判决书》，上海交通大学出版社，2015，第 384 页。

② 《昭和财政史》第 12 卷，第 1 表。

③ 中村隆英：《战时日本の华北经济支配》，山川出版社，1983，第 80~83 页。

各财阀积极投资。于是日本政府决定对华北投资以自由进入为宗旨，鼓励和促进财阀的投资。[①]

七七事变之前，由于"华北事变"和"何梅协定"、"秦土协定"，激发了中国人民的抗日情绪，日本军部尚未完全控制华北；而且列强为维护其在华势力范围也在抵制日本势力对华北的渗透，日本财阀对华北投资还有顾虑。除了满铁为独占华北经济，设立兴中公司对电业和盐业进行投资，并着手掠夺某些矿山之外，大部分日本财阀对政府强调"开发"的那些投资大、利润低、风险大的矿山、冶炼等行业，多沿袭20年代的规模，以中日"合办"形式进行试探性的投资和经营，其重点则放在较保险且有一定经营经验，又能较快赚取利润的棉纺织、面粉、卷烟等行业。如纺织业的财阀从1931年后陆续收买了天津7家纱厂中的5家，纱锭和织机数量分别占天津纱锭、织机总数的47.5%和62.5%。青岛有9家日本纺纱厂，中国纺纱厂仅1家；石家庄的大兴纱厂和唐山的华新纱厂也被日本纺织会社收买或强占。[②]日本财阀的这种投资趋势可由当时的东亚研究所的调查得到佐证。据统计，1936年末日本在华北投资占首位的是棉纺织业，共1342万元，占华北总投资额的31.14%；以下依次为银行业，占15.14%；进出口业占10.85%。矿山业投资仅为1638.4万日元，占3.79%，位居第五，且多为中日合办企业。[③]

七七事变后，日本在华北的投资环境有了很大变化。首先，日本成了统治者，排斥了西方列强势力；其次，日军扶植的华北伪政府拱手将资源"开发"和"建设"等所有权利让给日本，日本政府及财阀可主宰华北经济；再次，华北的铁路、交通、通信及电力等均在日军和满铁的管制中；最后，满铁的兴中公司已经捷足先登，接受华北方面军的委托接管了54个中国的企业和矿山。这促使各财阀争先恐后地涌入华北。同时从财阀本身考察，它们与政府的各种联系和政治交易，决定着它们要响应战争总动员，以资金支持战争；且日本国内经济已经陷入资源原料奇缺、劳动力严重不足的困境，亟须

① 岛田俊彦等编《现代史资料》第8册，第350页。

② 《北支那通货金融调查资料》，第373~376页。

③ 《日本对华投资》，第1054页。

根据战时经济的形势调整生产格局，向占领区投资来缓解危机，因此形成了向华北投资的高潮。华北开发会社的经营目的之一，就是集中这些财阀的资金兴建"开发"战略资源的企业，减少重复投资浪费，并保证各财阀在华北的势力范围、生产规模、投资借款和利润增值。于是，各财阀与华北开发会社组成若干个生产战略物资的会社，到 1944 年华北开发会社与各财阀组成的会社（即华北开发会社的关系会社）达 54 家，包括交通、通信、电业、煤炭、矿山、制铁、化工、盐业、纺织等工业部门和有关的运销会社、商品统配合作社。这些关系会社的实收资本达 18.91904 亿日元，其中华北开发会社投资 9.08318 亿日元，华北和内蒙古伪政府投资约 3 亿日元，其余皆为各财阀的投资。① 这时日本各财阀在华北的投资，主要从属于政治、军事和战略经济利益的需要，把殖民地化和建立战争军备基地放在首位，不顾及利润率高低和市场供求关系，暂时放弃攫取更大的利润，服从于国策，与国家资本、法西斯军国主义紧密地结合在一起，成为掠夺华北经济的主力。

总之，华北开发会社作为投资融资的国策机构，是日本各界对华北投资融资的总代表和媒介，通过该会社把日本国家资本、满铁等殖民会社、银行和日本各财阀的资金，最大限度地聚集起来，投向华北战略物资的生产运销，形成对华北经济的垄断，共同疯狂地掠夺华北资源，它是日本政府对华北经济统治的大本营。

---

① 据《昭和财政史》第 12 卷（第 710~714 页）和《闭锁机关とその特殊清算》（第 322~323 页）统计。

日本对华北铁路的统制*

全面抗战期间，华北铁路始终在日本严密的控制之下。日军利用铁路调动军队，运送给养，运输国防资源，巩固和扩大占领区，铁路是日本侵略者的"生命线"。揭露日本统制华北铁路的方针、政策、手段和目的，研究铁路在战争中的作用，有助于深入了解日本在华北的殖民统治。

一 日本对华北铁路的强占

日本对华北铁路垂涎已久，早在第一次世界大战时日本就一度出兵强占了胶济铁路，并对京绥铁路等进行经济渗透。1928年日本故技重演，武力侵占了胶济铁路，扩大了在华北的势力。1931年日本占领了东北后，加紧了谋取华北铁路的活动。1934年满铁理事十河信二考察中国后建议，延长北宁线至山西，把山西的煤运往日本。[①] 随后，日本朝野在制定各种对华北经济政策和计划时，无不把投资和统制的重点放在铁路上，如计划建沧石线、沧沽线、彰济线等，目的是便于日本平时掠取华北的国防资源和战时提高军队机动能力。

卢沟桥事变后，华北尽入敌手，铁路被日军占领。9月，日本华北方面军参谋长冈部直三郎指示其特务部长喜多诚一，"直接供作战用的中国方面交

＊ 本文原载于《抗日战争研究》1998年第4期。

① 十河信二：《中华民国经济状况视察报告》，1934年私人印刷；中村隆英《战时日本の华北经济支配》，山川出版社，1983，第16页。

通、通信机关，统由军方直接使用"。10月1日日本政府又重申，"在军事上必需的交通设施及资源开发，应在必要的统治下进行"。^① 最初，铁路由日军实行军事管制。当时铁路是敌我双方攻防的主要目标，毁坏十分严重。据统计，1937年末各线毁坏约7200处，约占全部铁路设施的16.8%，平均每公里为1.6处；其中津浦线最严重，平均每公里3.1处，正太线2.4处，京汉线2.1处。^②而且铁路职工或南下或失散回乡，运输瘫痪，不能输送日军南侵。日军一面由工兵进行应急性修复，以运送军队和武器；一面急命满铁派员到华北修复车站、桥梁及通信设施。9月23日华北方面军密电政府："鉴于铁路破坏意外之大，亟须配备技术性的专业铁路工程队"，"负责破坏设施的应急性修理，以达战场附近的应急运转"；已占领的铁路，"需迅速以满铁组成派遣队，负责其保守性修整和运转"。"为了使铁路得以配合军方迅速作战之意图"，需要"由满铁派遣八百名工程技术人员来华北协助对铁路进行保守性修复和运转"。^③ 于是，满铁的大批管理和技术人员来到华北铁路，负责铁路的修复和运营。

与此同时，日军则开始积极筹划组建统制铁路的机构。1937年末，华北方面军特务部制定了《交通机构构成处理要纲》。翌年2月，又通过了《中日合办华北铁路股份有限公司（暂称）设立要纲》，确定了设立宗旨、资金和人员组成；不久又将计划扩大为筹设华北交通会社。初期，华北方面军作为铁路的军管者，对统制机构领导者的组成有着相当的权力，还代表日本政府同伪华北政权就统制交通和设立会社等事宜进行交涉。1938年4月，华北方面军司令官寺内寿一与王克敏缔结了《关于交通通信及航空备忘录》，规定"对日军占有的交通通信及航空等有关问题的处理，应根据形势日后进行协商。在日军必要采取军事行动期间，因军事上的需要，得由日军华北最高指挥官

---

① 日本防卫厅防卫研修所战史室编《华北治安战》第1册，朝云新闻社，1968，第42、44页。

② 福田英雄：《华北交通史——华北交通株式会社创立小史》，日本TBSブリタニカ会社，1983，第348~349页。

③ 《陆军省关于中国事务往来秘密大事记》，昭和12年9月23日，日本防卫厅防卫研修所图书馆藏。

对于交通通信及航空等加以管理"。① 为了建立华北交通会社，华北方面军同伪华北政权进行了多次交涉，仅 1938 年 9、10 月和 1939 年 3、4 月，特务部长和王克敏的会谈就达 32 次，共 62 个小时之多。②1938 年 3 月，华北方面军把铁路移交给满铁新设立的华北事务局，由该局代管。1939 年 4 月由军部一手炮制的华北交通会社成立，对华北交通实行全面的统制。

华北交通会社一成立，日本政府就煞有介事地宣布，华北铁路以"中国政府"（伪南京政府）的"国有铁路"归华北交通会社经管。华北交通会社是日本在华北经济统制总枢纽——华北开发会社的子会社，是当时最大的中日合办会社，统管着华北铁路、公路、港湾、水运等全部交通。该会社开办资本 3 亿日元，其中伪华北政权仅出资 3000 万元，满铁出资 1.2 亿元，华北开发会社出资 1.5 亿元。华北开发会社的出资全是"现物出资"，即把强占的华北铁路各种设施估价后作为日本政府对华北交通会社的实物投资。据有关档案统计，1938 年至 1942 年日本政府以华北铁路的铁轨、枕木、桥梁、机车、车辆、车站及各种器材对华北交通会社的实物投资总额为 225026335 日元，即 2 亿多日元。③

华北交通会社统制铁路之后，日军并不放心，仍对其实行军事保护。铁路是日军的"生命线"，也正是中国抗日军民打击日寇的重要对象。对此，日军采取各种措施加强对铁路的控制和监督。根据日本政府的驻军地区交通"应一概保留军事上的要求权和监督权"的方针，华北方面军与华北交通会社制定了监督规程和实施细则，规定司令官在驻军地域和急需情况下，"可直接对会社实施军事上必要的要求权和监督权"，"可直接要求会社进行必需的作战警备"；该会社变更职员、事业和资金计划、建设铁路和运输计划，以及变更利益分配和重要制度等，都要得到军方的同意。④ 同时，日军组织铁路警

---

① 福田英雄：《华北交通史——华北交通株式会社创立小史》，第 750 页。
② 福田英雄：《华北交通史——华北交通株式会社创立小史》，第 620 页。
③ 据《日本会社关系杂件：北支开发及中支振兴株式会社关系》统计，日本外交史料馆藏，档案号：E2.2.1-3-13-5；详见张利民《华北开发株式会社与日本政府和军部》，《历史研究》1995 年第 1 期。
④ 福田英雄：《华北交通史——华北交通株式会社创立小史》，第 620、762 页。

备队、训练铁路警察、建立"铁路爱护村"、修筑隔离壕墙等，确保铁路能迅速地运送军用物资和国防资源。1945年日本临近战败，海上运输断绝，更指望中国铁路千方百计提高运输能力，故于4月决定对中国铁路实行军管，于是华北铁路又由军方管制。由此可见，全面抗战以来华北铁路始终是在日本军方的严密控制之下。

二 统制下的华北铁路

日本统制华北铁路的宗旨是，支援战争、扩大和巩固占领区和掠夺国防资源，为此采取各种措施极力提高铁路的运输能力。

其一，恢复运营，建立铁路新线。事变前的1937年6月，河北、山东、山西、绥远和察哈尔5省共有铁路运营干线4253.105公里。战火所至，铁道毁坏，铁路全部瘫痪。日军随即调来工兵和满铁人员，调动中国东北和朝鲜的车辆，开通军运线路，以保证战场的需要；满铁也积极配合尽快开通华北北部和东北地区的运营，并开始修建通州至古北口铁路，该线长126公里，将原来的承德至古北口线延长到通州，使东北的日军能迅速侵入华北。1937年末，华北铁路恢复运营的线路总长为2736.9公里。

华北交通会社的管辖范围与华北方面军统治范围相同，即包括北宁、平汉、津浦、平绥、正太、同蒲、陇海等干线和若干支线。该会社除不断恢复原有线路外，还配合军队的统治建设了一些铁路干线和支线。如89公里长的开封至新乡支线，既避开了黄泛区，又便于寇略中原；横贯华北平原东西的石家庄至德州干线，全长181公里；山西境内的东观至潞安干线，全长174公里；溯县至原平干线，全长112公里；北宁线部分线段的复线和同蒲线改轨等。另有一些通往矿区的专用线，以便于煤铁等国防资源外运，如龙烟至宣化86公里的龙烟线、门头沟至大台30公里的门头沟线、大青山至包头41公里的大青山线，以及山东的章丘运煤线、中兴运煤线、民兴运煤线、金岭镇运铁线等。①1939 年，华北交通会社营业路线为 5258.5 公里。1941 年 6 月止，华北交通会社共建了 14 条干支线，共长约 850 公里，年末铁路运营路线为 6008.4 公里，比 1939 年增加 14%。②太平洋战争爆发以后，华北交通会社几无力建新线，只是临时建立一些支线加快国防资源的掠夺，1943 年运营路线为 6117 公里，仅比 1941 年增约百公里。而且，抗日军民动辄数万人的铁路破击战，使许多线路损坏严重，修复困难，以致停止运营。1944 年后华北铁路运营路线长度逐年下降，1945 年减至 5728.6 公里。

其二，增加各种车辆和设施。据不完全统计，全面抗战前华北铁路共有 898 部机车、1609 辆客车和 13400 辆货车。③战争全面爆发后，大量车辆南下或被毁坏。日军迅速从中国东北和朝鲜抽调大量车辆支援华北，仅 1937 年 10 月上旬平均每天就有 155 部机车、113 辆客车和 4536 辆货车运送军队和给养到华北、华中。④同时，日军和华北交通会社还到各战场掳掠原有车辆，如 1938 年 3 月占领山西运城南时掳掠同蒲和正太线的机车 38 部、客货车 960 辆；5 月在徐州会战后掳掠津浦和陇海线的机车百余部、客车货车近 250 辆。到 1938 年 8 月共掳掠 394 部机车、540 辆客车和 4047 辆货车。⑤另一方面，日本还扩建机车车辆厂，加紧修复坏车和制造新车；并从本国抽调旧车，从德国等购置车辆。1940 年 6 月华北开发会社组建了华北车辆会社。该会社资本 3000 万元，其中华北交通会社出资 800 万元、日本大陆交通机材会社出资 200 万元、满洲车辆会社出资 1200 万元，专门负责车辆的制造、组装、修理和购置。该会社迅速在唐山、天津、长辛店、石家庄、南口、济南、徐州、张家口和太原等地恢复并重建了 9 家机车车辆厂，每年修理能力为机车 1163 部、客车 1038 辆、货车 8533 辆（不包括太原和张家口机厂），并购

① 日本大藏省管理局编印《日本人の海外活动に关する历史的调查》第 26 册《华北篇》，华北日系事业概观，1947，第 237、238 页。
② 华北开发株式会社：《北支那开发株式会社及关系会社概要》（1944 年上半期），1945，第 51 页。
③ 福田英雄：《华北交通史——华北交通株式会社创立小史》，第 47~86 页。
④ 福田英雄：《华北交通史——华北交通株式会社创立小史》，第 377 页。
⑤ 福田英雄：《华北交通史——华北交通株式会社创立小史》，第 399~403 页。

置了少量的车辆。华北交通会社的各种车辆由此有所增加，1941 年末共有各种车辆 17771 辆，比战前增加 11.7%；其中机车增加最多，为 1072 部，比战前增 19.38%，货车 15498 辆，比战前增 15.66%，客车 1201 辆，却比战前减少 25.4%。太平洋战争爆发后，日本已没有计划制造或购置车辆。尽管 1943 年各种车辆比 1941 年增加 20%，但是其大部分是接收或租借日本、朝鲜铁路部门，满铁的旧车，以及各机车厂修复和改装的破损车辆。到 1945 年，在抗日军民的打击下，华北铁路的车辆数量略有下降，总共有各种车辆 21025 辆，比战前增加了 36.5%；其中机车和货车增加较多，分别为 38.75% 和 37.53%，客车仅增 21.73%。[①]

其三，增加载货量，提高运输效率。1937 年前后，日本军政当局制订了庞大的掠夺华北国防资源计划，实行这些计划需要铁路给予密切的配合。但是，中国抗日军民的铁路破击战和铁路自身的能力有限，使其无法承担此重任。于是，日军和华北交通会社想方设法提高运输能力。（1）建立运输机构，实行一元化管理。日本除了在华北交通会社内设第一、第二运输局外，1941 年 10 月又出资 1200 万元建立了华北运输公司，专门对华北货运中的仓储、金融、借贷、委托、保险及代办等业务进行统一管理，加强了货物运输的计划性和协调性。（2）增加货运载重量。华北交通会社通过"实行增加挂车辆数，加强添装货载制度，努力彻夜装载搬运"等方法提高货车载重量，"以达战时资源运送的大动脉之使命"。一般平均每辆货车载量应为 27.9 吨，华北交通会社统制时的 1939 年实际平均车载量为 27.4 吨，到 1941 年达 28.6 吨，超过了路轨和货车的承受能力；而且不考虑机车挽力任意增挂车皮。（3）加强调度，提高车辆利用能力。在战前的 1932 年，华北铁路各线货车利用能力低者不足 6%，最高的胶济线为 20.5%；货车运转率一般为 75%。[②] 华北交通会社加强调度和实行一元化管理以后，货车利用能力提高到 1938 年的

---

① 《接收华北交通公司总报告》，平津敌伪产业处理局档案全宗，第二类第 6816 卷，天津市档案馆藏。

② 转引自宓汝成《帝国主义与中国铁路（1847~1949）》，上海人民出版社，1980，第 469、470、646 页。

24% 和 1941 年的 33%；货车运转率也由 1938 年的 81%，提高到 1941 年的 87%。① 尽管华北铁路的客货运输量有所提高，但是它所实行的是破坏性运营，尤其到了战争后期日本没有能力建新线造车辆，则不顾铁路设备技术上的限制，不做任何必要的养护，在军队的保护下一味进行破坏性运输，使华北铁路遭受严重的损坏，到日军投降前各条线路及其设备都处在残损不堪的状态。

三 华北铁路在统制下的作用

华北铁路在华北交通会社的统制下，所有的业务都是围绕着为侵略战争服务开展的。

其一，是确保军运。在侵略者统治下，华北铁路首要的任务是充当战场的运兵线，无偿地为军队运送人员、武器装备和给养。日军强占铁路后，迅速修复线路，配备车辆，尽快将军队和装备运往各战场，所以这时的铁路完全是军运。从列车运输次数和距离统计看，1937 年 9 月前津浦线用于军运的占 100%，京包、京汉线分别为 78% 和 76%。1937 年末和 1938 年初，虽然部分铁路恢复了运营，但是军运仍有很大比例。北部各线军运比例有所下降，京汉、津浦和胶济各线仍以配合日军侵略华中、华东为主，军运占 50% 以上，京汉线达 68%，而正太和同蒲线则完全用于侵占山西和西北地区的军事行动，军运占 90% 以上。总计这时华北各线用于军运的占开通各线总数的 48%。1938 年后，日军战线移向南方和内地，华北铁路中的军运比例有所下降，但军运的吨数和距离都随着占领地的扩大而增长，如 1937 年 9 月前军运行车距离仅 28.9 万公里，到了 1938 年下半年距离达 251.5 万公里。② 以后华北铁路运营中的军运比重一直占 20%~30%，而全面抗战前的 1931 年上半年至 1936 年 6 月，全国铁路中军运比重年平均为 13.4%，最高的 1933 年上半

---

① 东亚研究所：《中国占领地经济资料》，原书房，1944，第 305、306 页。
② 福田英雄：《华北交通史——华北交通株式会社创立小史》，第 301 页。

年不过为17.9%。① 这表明日本统制下的华北铁路始终把确保军事运输作为最主要的任务。

其二是加快掠夺华北国防资源。日本对华北经济掠夺的重要目标是国防资源，这就需要铁路把各矿区强制生产的煤铁等迅速运到沿海港口转往日本，或者运往中国的东北和华中。华北交通会社为了落实其掠夺计划，加强运营调度，增加货车数量，加大货运量；军队也出动大量的兵力确保线路通畅，华北铁路的货运能力有所提高。全面抗战前的1936年，华北铁路运营各线货运总量为2882万吨，到1939年增至3052.5万吨，1942年最高达到4097.7万吨，比1936年增加了42.18%。② 这些货物的大部分是战争需要的煤、铁、棉、盐等国防资源。据统计，华北铁路1938年至1941年运输的矿产品占货运量比重，由65.3%上升到75%。煤炭运输1938年为858.8万吨，占货运量的42%；以后逐年增加，1940年为1690万吨，比1938年增加了近1倍，占货运量的46.89%；1942年为2149.9万吨，比1938年和1941年分别增加了1.5倍和1/3，占货运量的52.47%。另据测算，华北铁路运煤量占华北历年煤炭总产量的70%左右，最多时可达80%，也就是说华北各煤矿的产品大部分是靠铁路运出的。据华北交通会社统计，1939年向日本、中国东北和华中地区运送煤铁、矿石和盐等重要物资590万吨，其中运往日本的占68.15%；1941年增至1043.8万吨，其中运往日本的占62.92%；以后因太平洋战争海运困难，向东北的货运量增加，运往日本的比重下降为1943年的46.4%，1944年的约1/3。③ 可见华北铁路实际已成为日本国防资源的大动脉。

其三，华北铁路对日本运送军需品、加强占领地统治和维护日见崩溃的战局等也较为重要。日本对中国的经济政策是"以战养战"，占领地要首先保证本身的需要，这是华北铁路的另一项重要任务。尤其是军需品更需要快捷

---

① 宓汝成:《帝国主义与中国铁路（1847~1949）》，第484页。
② 《北支那开发株式会社及关系会社概要》（昭和18年度），第50页。
③ 根据《对华北四省□□的建议及计划具体案》，日本外交史料馆藏，档案号：E0005；《北支那开发株式会社及关系会社概要》（昭和18年度），第50~51页；《中国占领地经济资料》，第314页等统计。

便利的铁路。1938 年至 1941 年华北交通会社运送军需物资所占货运量的比重分别为 26%、25%、20%、17%。在战争后期，日本主战场转移，海上运输力量不足，更要求华北在保证自给的同时，加强对日军用物资的运输。1942 年日本制订的《中国物资动员计划设定要纲》中决定，中国铁路要实行军需优先，压缩民需物资的运输，不能期待日本的支持，在完全自给的同时，增加对日本的军需物资的供给；① 并且要求铁路实施"着重战时物资输送之政策，削减旅客列车行驶公里"。② 但是华北铁路此时已陷入困境，海运已几陷停顿，供中国华中、东北以及日本的军运物资愈来愈依赖铁路，而铁路的干支线时常被我抗日军民破坏，设备陈旧失修，行车调运能力已达饱和状态，运输能力几乎减半。华北交通会社除了组织华北运输公司实行统一调度和管理外，缩减客运计划，减少客车，并将客车改装为货车，甚至直接用客车代替货车，投入军需物资的运输。1940 年平均每天有 107 辆客车代替货车使用，到 1943 年增至 274 辆。③ 经过该会社强制性管理，铁路运送军用品的数量和比重有所提高，到 1944 年上半年，华北铁路运送的军用品比上年同期增加了 25%，占货运量的 21.13%。④

1942 年后，日本的主战场转向了太平洋地区，中国华北与日本，朝鲜，中国的东北、内蒙古、长江下游同被划为"大东亚共荣圈"的"核心圈"，即"自存圈"，其作用就是发挥战争兵站基地的职能。为了节约海运力量，避免海上袭击，日本要求各铁路部门开辟所谓的"陆路运输大动脉"，保证对日本的供应。这条"陆路运输大动脉"是将中国的国防资源和军需物资经纵贯南北的铁路运抵朝鲜南部的釜山后，再以近海航运运达日本本土。1942 年 7 月，日本在东京通过的《关于大东亚交通方策》决定，中国铁路"就要尽快增强南北贯通铁路及其他重要干线，特别是国防上和生产扩充上必要的线路"，并

---

① 转引自中村隆英《战时日本の华北经济支配》，第 288 页。
② 《接收华北交通公司总报告》，平津敌伪产业处理局档案全宗，第二类第 6815 卷，天津市档案馆藏。
③ 《接收华北交通公司总报告》，平津敌伪产业处理局档案全宗，第二类第 6815 卷，天津市档案馆藏。
④ 《北支那开发会社及关系会社概要》(昭和 19 年度)，第 52~53 页。

要"提高铁路车辆的生产能力"。[①]10月兴亚院制定的《昭和18年度中国物资动员计划设定要纲》也强调,"在海上运输能力紧迫的状态下","要极力把华北、华中、满洲国的海运转换为陆运,以腾出更多的海运能力增加对日输送;如还有能力则充作向华中、华南及南方的输送"。[②]于是,华北交通会社积极与伪满洲国、朝鲜等铁路部门合作,开通区域间的联运,使华北的国防资源和物资通过铁路直抵朝鲜后运日本。据不完全统计,1942年华北地区只有9万吨的盐由朝鲜中转到日本;1943年运盐增至38万吨;1944年,煤炭、铁通过这条大动脉运往日本,其总量不包括第三季度就达73.8万吨,该年3个季度华北运到朝鲜的各种资源总共109.1万吨。[③]1945年初,日本又制定了《确保大陆重要运输线的政策》,计划开设日本博多至釜山的轮船和货车联运,要求铁路部门与军队密切联系,"调整输送能力及努力提高其效率",将日本急需的军用物资"输送到大陆海港准备出口",并"根据一元化的军事输送法处理"。[④]但是,这条运输线需花费更多的人力、物力和时间,统一调度各区域铁路部门也相当困难;加之此时日本本土遭受空袭不断,败局已定,已无能力再实施。所以,这条运输线虽已开通,但收效甚微。

铁路对日本侵略者维护和扩大占领区有着重要的作用。沦陷初期日军统治范围是"点和线",这就是靠铁路的"线"连接城镇的"点"。日军对抗日根据地多次进行大规模的"扫荡",也是以铁路作为兵力集结线和警戒线。如在晋东实行的所谓"囚笼政策",就是以铁路为柱,公路为链,碉堡为锁,分割和封锁抗日队伍,扩大占领区。日军出动军队、路警和自卫团等多种兵力,在铁路沿线驻扎、潜伏和巡察,实行夜间禁行,修筑隔离壕墙。如在京汉线修了500公里长,两侧宽达10公里的隔离壕墙,形成了抗日军民至少一天之内不能接近铁路的"安全地带"。除了确保铁路的畅通外,其也是为了对抗日根据地进行经济封锁和维护殖民统治。1943年后,日本在各战场屡遭失败,

---

① 《日本人の海外活动に関する历史的调查》第26册,第21页。
② 中村隆英:《战时日本の华北经济支配》,第288页。
③ 中村隆英:《战时日本の华北经济支配》,第294页。
④ 复旦大学历史系日本史组编译《日本帝国主义对外侵略史料选编(1931~1945)》,上海人民出版社,1975,第487页。

兵力和物资严重不足，侵略者则以战略守势，缩短战线，龟缩到铁路沿线的城镇，力图利用铁路这条"生命线"继续顽抗。战败时，也在铁路沿线城镇缴械投降。

总之，华北铁路是日本殖民统治华北的支柱，是其掠夺华北国防资源的主要运输工具，是维系其生存和支援战争的大动脉。为确保其"生命线"的通畅和发挥作用，日本制订了庞大而详密的计划，且费尽心机、千方百计地竭力实施。但是在中国抗日军民的沉重打击下，日本统治的华北铁路不能完成原定的运输计划，在沦陷区的统治也仅仅维持在"点和线"范围，使其迅速而最大限度地掠夺华北资源，并将华北变成侵略战争兵站基地的企图成为泡影。

抗战期间日本对长芦盐的
统制与掠夺*

　　中国华北沿海地区盛产海盐，以天津为主的长芦盐自清代以来就是全国海盐最多的产区。清初，长芦盐的产量占全国的 12%，到了近代，产量和销量多数年份在全国居第一、二位。1912 年，长芦盐年产 356.8 万担，占全国总产量的 10.8%；1921 年产量增加到 863 万担，占全国总产量的 18.4%。长芦盐盐税，明代每年银 18 万两，居第二位，1914 年为 1284.2 万元，占全国的 18.7%，以后一直在 15% 上下，一度因军阀混战跌到 10% 以下，到 1935 年和 1936 年占全国的 19.8% 和 13.6%；[①] 1936 年，长芦盐区税收占华北地区盐税的 65%，山东盐区占华北地区盐税的 23%；而华北盐税 4597.3 万元，占全国总额的 22.6%。由此可见，长芦盐在全国的盐业生产、销售和税收上均占有十分重要的位置。

　　盐是化学工业和军事工业的原料，日本盐产量有限，20 世纪 30 年代前每年从北非、北美及地中海各国进口原盐 50 万吨至 70 万吨，随着日本侵华战争的加快，急需寻求新的进口来源。长芦盐产地邻近日本，海运便利，价格低廉，日本自清末就窥视进口中国海盐。但是，中国历代政府视盐为主要税收来源之一，实行专卖制度，不得随意产销，更禁止出口。1914 年日军强占青岛后，强行每年向日本出口山东原盐，最多为 17.5 万吨，最少为 5 万

---

　　* 本文为与刘凤华合作，原载于《盐业史研究》2022 年第 2 期。另，本文所论述的"抗战期间"，指的是全面抗战时期。

　　① 根据丁长清主编《民国盐务史稿》(人民出版社，1990) 附表 1、2、3 统计。

吨。[①]30 年代后，日本的化学和纺织工业，尤其是军事工业迅速发展，急需进口原盐。于是，日本和日伪政府将扩大长芦盐的生产和输日作为对华北经济统治的主要目标之一。从 1936 年开始，日本满铁和军队等就进行实地调查和制订计划，并建立公司和实行提高生产能力的各种手段，开拓原盐的输出日本。全面抗战爆发以后，日伪军政当局对华北沦陷区的经济实行垄断性统制，对于长芦盐业从制订计划、设立机构、扩大面积，到想方设法地增加产量和输日量，均按照既定的方针政策实施一元化统治，无不体现日本侵略者对战争资源的疯狂掠夺。

一 日本掠夺长芦盐的计划及演变

日本为了促进长芦盐的增产和输日，曾多次制订计划。七七事变前，满铁一方面对长芦盐田进行调查，并统计和论证长芦盐增产和输日诸多问题；另一方面制订所谓的"开发"盐业的计划。1937 年 1 月，满铁产业部拟定了《华北盐业开发要纲》，计划通过投资和贷款方式改良既有盐田，年产量由 35万吨增到 60 万吨；并努力"开发"新盐田，新旧盐田达到 75 万吨的年产能力。[②]七七事变后，满铁的兴中公司和经济调查会又多次制订了长芦盐的增产计划。1937 年 8 月，满铁经济调查会对华北各种资源产量的推定中，将原盐生产从 35 万吨增加到 1941 年的 100 万吨；[③]而 9 月由兴中公司制订的计划增加了旧盐田的改良，将产量从 1941 年的 100 万吨增加到 128.8 万吨；[④]1938 年4 月，又推出《华北盐业开发计划案要纲》，建议"抑制远海盐的输入"，用中国盐"确立日本化学工业的基础"，要废除原来的对长芦盐生产的限制，恢

---

① 长芦盐务局:《调查青岛盐输出及山东食盐配给状况》，长芦盐务局档案第 596 号，转引自丁长清主编《民国盐务史稿》，第 293 页。

② 解学诗:《满铁与华北经济（1935~1945）》，社会科学文献出版社，2007，第 231 页。

③ 满铁调查部编印《支那经济开发方案及调查资料》，1937，第 125 页。

④ 南开大学经济研究所经济史研究室编《中国近代盐务史资料选辑》第 3 卷，南开大学出版社，1991，第 42~43 页；芮和林:《日本侵华时期的长芦盐区》，《盐业史研究》1993年第 1 期，第 38 页。

复和改良旧盐田、开设新盐田；为了要更多的长芦盐输日，"实行部分销售统制"，要达到 1946 年输日 110 万吨的目的；认为这是"根本改变中国盐政的一个步骤"。[①]1938 年 6 月，日本华北方面军特务部制订的《华北开发第一次五年计划》中，长芦盐的产量 1939 年定为 64.5 万吨，1941 年为 109.9 万吨，1942 年为 143.44 万吨，到 1943 年华北产盐要达到 250 万吨；加上纯碱和烧碱的增产，要投资 3600 万元。长芦盐对日供应的目标是，1940 年 45 万吨、1941 年 60 万吨、1942 年 75 万吨、1943 年 90 万吨、1944 年为 100 万吨。[②]日本华北开发会社设立后，制定了《华北盐业开发纲要》，将 1941 年的年产量定为 110 万吨。以后，日本统制机构根据侵华战争变化和盐业生产状况又多次修改计划。如兴亚院华北联络部 1940 年 9 月制订的《华北产业开发第二次五年计划》（试行案）中，因为 1939 年的大水灾，将 1941 年的产量定为 89 万吨，到 1944 年增加到 167 万吨（包括长芦盐和山东盐）；同期向日本输出分别为 60 万吨和 110 万吨。[③]一年后华北联络部公布的第二次五年计划中，又将年产量提高，即 1941 年为 133.8 万吨，到 1946 年的年产量竟要达到 253 万吨，其中长芦盐为 150 万吨。[④]这些计划的制订和修改，充分反映了日本不断加快掠夺长芦盐的野心。

二　日本统制长芦盐生产的机构与措施

日本对华北战争资源的掠夺主要是促进"二黑二白"（煤、铁、棉花、盐）的生产与输日，为此将这些产业以及铁路等确定为统制性产业。因此，长芦盐的生产、运销和输日等始终被经济统制机构所垄断。首先，日伪当局不断强化长芦盐业的管理机构。满铁的兴中公司是急先锋，从 1935 年到 1939

[①]　解学诗：《满铁与华北经济（1935~1945）》，第 232~233 页。

[②]　郑伯彬编著《抗战期间日人在华北的产业开发计划》，国民政府资源委员会经济研究所，1947，第 24、30、48 页。

[③]　中村隆英：《战时日本の华北经济支配》，山川出版社，1983，第 264 页。

[④]　郑伯彬编著《抗战期间日人在华北的产业开发计划》，第 12 表；参见张利民、刘凤华《抗战时期日本对天津的经济统制与掠夺》，社会科学文献出版社，2016，第 239~241 页。

年华北盐业公司接管前，一直把持长芦盐的生产与输出。1935 年 8 月，兴中公司设立后就迫使"冀察政务委员会"同意长芦盐输日，与"冀察政委会"、冀东伪政权签订了 1936 年和 1937 年向日本输出长芦盐 21.5 万吨的合同，从而突破了中国政府禁止食盐出口的政策。1936 年 6 月 29 日，日本陆海外藏四省及对"满"事务局官厅共同决定，由兴中公司经办长芦盐出口日本事宜。兴中公司原计划设立专门的公司，但日本政府认为，"长芦盐的对日出口工作，应在天津总领事馆及中国驻屯军司令部的斡旋之下，由长芦盐务机关直接执行"，兴中公司是代替日本国内的厂商办理进口事务。但是，满铁不甘寂寞，1937 年 1 月，满铁产业部拟定了《华北盐业开发要纲》，建议通过改良既有盐田，开发新盐田，达到迅速增产的目的，并使之"全部输出日本"。①1937 年 4 月，兴中公司设置了盐业部，开始将业务从原来的原盐出口，扩大到开发新盐田、改良既有盐田等方面。在短短 2 年内，兴中公司促进长芦盐生产和出口的行为，得到日本军政当局的赞许。②

七七事变后，伪长芦盐务管理局发布声明，"本局及所属盐务机关，业归日本驻屯军接收管理，各场盐务仍照旧办理"。③伪华北政务委员会基本上沿袭了原来的管理机构和规章制度，在财务总署下设立长芦、山东、青岛、山西、河南等盐务管理局，其下设立办事处、场公署、场务所和分卡，管理各场区的产销业务；各级机构的要职均由日本人出任，如曾在我国盐务稽核机关长期任职的郑梅雄担任伪长芦盐务管理局副局长，各局下属之业务科均设一名日籍副科长，各盐场由日本人任副场长，实际操纵了盐业的生产和运销。④另外，取消了税警局，在各局内设警务科，所有税警队一律改成盐警大队，负责稽查私盐、保证生产和运输。⑤

---

① 转引自解学诗《满铁与华北经济（1935~1945）》，第 231 页。
② 华北盐业公司：《华北盐业公司移交调查书》（1945 年 10 月），天津市档案馆藏；居之芬主编《日本对华北经济的掠夺和统制——华北沦陷区资料选编》，北京出版社，1995，第 538 页。
③ 任哮岗：《长芦盐务档案一束》，《档案天地》1999 年增刊，第 7 页。
④ 丁长清、唐仁粤主编《中国盐业史 近代当代编》，人民出版社，1997，第 174 页。
⑤ 李鹏图等：《长芦盐务五十年回顾》，政协全国委员会文史资料研究委员会编《文史资料选辑》第 44 辑，中华书局，1976，第 135 页。

　　日伪当局规定，统制性产业实行一业一社的管理方式，因此要设立垄断性的盐业公司。最初，满铁的兴中公司主持盐业生产，该公司在汉沽、塘沽、大沽设立了盐田事务所，后又在乐亭县城设立大清河盐田事务所，筹建大清河盐场，均由日本人担任所长。[①]1938 年 11 月，华北开发会社成立，遂策划建立华北盐业公司，以实现华北开发会社的直接领导。华北开发会社在《华北盐业开发纲要草案》中提出，剥离兴中公司经营的盐业，由专门的公司接管。[②]1939 年 8 月 20 日，华北盐业股份有限公司成立，为中国普通法人，总公司设在天津，资本总额为 2500 万元，第一次实付资本 1000 万元，由华北开发会社出资 3/4，伪临时政府出资 1/4，以后变为中日出资各半。兴中公司将在盐业的全部资产，以 580.2 万余元的价格转让给华北盐业公司，[③]其在盐业方面的所有业务均由华北盐业公司接管，其中土地达 983073 亩。[④]华北盐业公司作为垄断性公司，负责长芦盐的生产、加工、再制和销售，对盐田经营的投资和融资，对日本的输出，以及碱类化工产品的生产、销售和出口等。公司设置了总务部、营业部、调查部、盐产部、工厂部，沿袭了兴中公司的设置，在盐场设立了大沽、塘沽、汉沽和大清河盐田事务所，在汉沽、塘沽、大沽设立工厂；还设置了盐业实验所（北塘）、输送事务所（塘沽）、京城事务所；并接管了久大精盐公司和永利化学公司。[⑤]根据一业一社的宗旨，日本还专门设立了山东盐业公司，主管山东盐业与化工、医药产品的融资、收购与销售等。[⑥]

　　华北盐业公司作为专门管理长芦盐和盐化工产品的垄断性机构，不断扩大经营规模。1940 年华北盐业公司收买了中日合资的渤海盐业公司，1943 年收买了米铠的裕民滩业公店及所属的盐田；并投资新建盐田、增加电力抽水和生产再制盐等设备，以融资的方式恢复原有盐田，不断扩大长芦盐生产、

① 芮和林:《日本侵华时期的长芦盐区》,《盐业史研究》1993 年第 1 期。
② 《中国近代盐务史资料选辑》第 3 卷，第 10 页。
③ 居之芬主编《日本对华北经济的掠夺和统制——华北沦陷区资料选编》，第 135 页。
④ 长芦盐务管理局档案，参见王立敏《日本对中国长芦盐业掠夺研究——以华北盐业公司例（1939~1945 年）》，硕士学位论文，河北师范大学，2011。
⑤ 居之芬主编《日本对华北经济的掠夺和统制——华北沦陷区资料选编》，第 532 页。
⑥ 居之芬主编《日本对华北经济的掠夺和统制——华北沦陷区资料选编》，第 183 页。

加工、销售，尤其是对日输出。如华北盐业公司通过各种方式在资金上支持长芦盐的生产。据 1945 年华北开发会社北平分社的移交清册记载，仅华北开发会社北平分社就投资华北盐业公司 127420.5 万元，其中直接投资 1875 万元、长期借款 5160 万元、短期融资 120385.5 万元。①

其次，恢复、改良和新建盐田，以增加盐田面积。中国政府历来对盐业采取限制生产的政策，以维持各产区产销的平衡，从事生产的盐田仅为原盐总面积的 70% 左右。满铁兴中公司主持长芦盐输日之后，为了增加长芦盐的出口，极力恢复原有盐田和新开盐田。兴中公司建立伊始，就采用各种手段恢复原有盐田，如 1937 年 3 月出资 20 万元，恢复了汉沽停晒的 1890 町步盐田。②天津沦陷后，在兴中公司指挥下，伪长芦盐务管理局"首先撤销了蒋政府时代对生产的限制令，为盐田经营者提供贷款，复活荒废的盐田，改良原有盐田，并开辟新盐田"。③1937 年 8 月，兴中公司与伪长芦盐务管理局签订了《增产长芦盐借贷资金契约》，给伪长芦盐务管理局提供为期一年的 100 万元贷款，年利 9 分，以盐税收入为担保，目的是"对原有盐田进行改良、新开盐田和进行其他盐的增产改良时，经双方协商后采取必要的措施"。④1938 年开始，兴中公司取消了春季晒盐的限制，实施秋季晒盐。从此，原有盐田没有了休晒和只在春季生产的限制。⑤华北盐业公司的融资方式主要是为开滩公店、滩业公会、滩户等提供短期贷款，以预付款方式收购其生产的全部原盐和盐卤来偿还，实际上通过强行借贷恢复原有盐田，并控制了盐业的生产和收购。据该公司统计，累计给予汉沽、塘沽、新河和邓沽的公店、公会和滩户贷款达到 6115.6 万余元。⑥该公司通过这样的手段，从 1938 年至 1942

① 居之芬主编《日本对华北经济的掠夺和统制——华北沦陷区资料选编》，第 148 页。
② 解学诗主编《满铁档案资料汇编》第 11 卷《满铁与华北开发会社》，第 553 页。1 町步约合 9918 平方米，14.85 亩。
③ 东亚新报天津支社:《华北建设年史》，1944，第 307 页。
④ 《天津总领事堀内干城致外务大臣广田弘毅函》(1937 年 8 月 30 日)，转引自解学诗《满铁与华北经济 (1935~1945)》，第 232 页。
⑤ 《中国近代盐务史资料选辑》第 3 卷，第 25 页。
⑥ 《华北盐业股份有限公司营业部业务报告》(1945 年 10 月)，居之芬主编《日本对华北经济的掠夺和统制——华北沦陷区资料选编》，第 560 页。

年累计恢复原有盐田 6768 町步；[①]其中芦台的汉沽盐场分两期共恢复 1607.3 町步，丰财盐场（包括塘沽、新河、邓沽盐场）分两期共恢复约 4685.13 町步。[②]

改良盐田是与恢复原有盐田同步进行的。最初是以恢复原有盐田为主，1938 年以后的盐业"开发"计划强调通过改造既有盐田，提高单位产量，要求每町步的年产量由不足 40 吨提高到 65 吨。[③]太平洋战争爆发后，1942 年 8 月 31 日日本兴亚院炮制的《中国经济建设基本方策》，把中国定为"具有丰富的劳动资源、地下资源和农业资源的供给国"，要确保当地民众生活必需物资的自给，其中对华北盐业的方针是要通过改良盐田实现增产，并在当地培养以盐为原料的化学工业。[④]于是，兴中公司和华北盐业公司采取各种措施，改善生产条件，并制定奖励制度，鼓励盐工增产，企图最大限度地增加单位年产量。例如，新建变电室和扬水站，增加水泵数量，修建盐田的导排水门和水闸、暗渠和运盐沟，[⑤]修建北塘贮盐场、大沽和北塘原盐出口码头等。[⑥]另外，华北盐业公司还制定了增产奖励制度，按照增产原盐数量对滩户和盐夫给予奖金。[⑦]

新建盐田是日本掠夺长芦盐的最主要方式。兴中公司从 1937 年初就有详细的所谓"开发"计划，要在五年内新辟盐田 7500 町步，年产 45 万吨；并在大清河附近购买土地开辟新盐田。日本占领天津初期，兴中公司计划在海

---

① 《华北盐业股份有限公司盐产部业务报告》（1945 年 10 月），居之芬主编《日本对华北经济的掠夺和统制——华北沦陷区资料选编》，第 542 页。

② 王立敏：《日本对中国长芦盐业掠夺研究——以华北盐业公司例（1939~1945 年）》，硕士学位论文，河北师范大学，2011，第 14~15 页。

③ 兴中公司：《华北盐业开发计划纲要案》（1937 年 12 月），解学诗：《满铁与华北经济（1935~1945）》，第 232~233 页。

④ 《大东亚战争中帝国对华经济政策关系杂件》，日本外交史料馆藏，档案号：E0005-2。

⑤ 《长芦盐务局蛏头沽盐田建设工事导排水门设计图》，天津市档案馆藏，档案号：J0138-1-000018；《长芦盐务局大清河盐田第一二期间运盐沟连络平面图》，天津市档案馆藏，档案号：J0138-1-000026。

⑥ 《长芦盐务局北塘贮盐场见取图》（1939 年 1 月），天津市档案馆藏，档案号：J0138-1-000009；《长芦盐务局大沽码头工程图》（1939 年 1 月），天津市档案馆藏，档案号：J0138-1-000023。

⑦ 王立敏：《日本对中国长芦盐业掠夺研究——以华北盐业公司例（1939~1945 年）》，硕士学位论文，河北师范大学，2011，第 16 页。

河南岸、汉沽、大清河等地新开盐田 14000 町步，约合 23.2 万亩，预计年产量达到 91 万吨。不久，兴中公司盐业事务所缩减了新开盐田的计划，改为 8 年内分两期在海河南岸和汉沽新建盐田 12000 町步。华北盐业公司成立后认为，日本实行"近海盐为中心政策后"，"尚以新设盐田之筑造为紧急需要"，开始在大沽、汉沽和大清河加紧建设新盐田。①

新建盐田是按照既定的计划实施的。1938 年 3 月前，兴中公司就在大清河、大沽等地购买滩地开发新盐田，华北盐业公司接管了这些正在新建的盐田，并强行征地开辟新的盐田。他们招募长期和临时工为雇工，按照规划新建盐田并从事生产。1941 年，曾一次性招工 23000 人。华北盐业公司 1945 年声称，"所要之直接劳动力实为之百万人之多"，这些盐工多来自山东各地，也有来自周边的天津县、沧县、宁河、丰润、滦县；除此之外，还有大量的临时性工人。据统计，在 1937 年前临时雇用的劳力不过 7000 人，到 1945 年前达到 35000 人之多。② 为了便于生产、运输和管理，新建的盐田有扬水站等设施，导排水门划一，修整了导流和运盐沟渠、蒸发池和结晶池，③ 改进了运盐的舢板④等。如新建的大沽盐田是半集中式结构，分为 5 个滩区，整齐、对称，盐坨、结晶池、调节池、蒸发池依次排列；滩池边有多个水门，有柴油发电机和电动机带动的多台套水泵。⑤ 华北盐业公司到 1941 年累计开辟盐田 16059 町步。1942 年以后，日本侵略战争不断扩大，没有资金和能力新建盐田，开始了强制性的掠夺。

华北盐业公司 1942 年前所有的盐田见表 1。

---

① 《华北盐业股份有限公司之设立与发展概要报告》(1945 年 10 月)，居之芬主编《日本对华北经济的掠夺和统制——华北沦陷区资料选编》，第 539 页。

② 《华北盐业股份有限公司之设立与发展概要报告》(1945 年 10 月)，居之芬主编《日本对华北经济的掠夺和统制——华北沦陷区资料选编》，第 539 页。

③ 《长芦盐务局汉沽盐田蒸发池及结晶池内构造计划平面图》(1939 年 1 月)，天津市档案馆藏，档案号：J0138-1-000028。

④ 《长芦盐务局大清河盐田运盐用舢板设计图》(1939 年 1 月)，天津市档案馆藏，档案号：J0138-1-000035。

⑤ 王立敏：《日本对中国长芦盐业掠夺研究——以华北盐业公司例 (1939~1945 年)》，硕士学位论文，河北师范大学，2011。

表1　1938~1942年华北盐业公司的长芦盐田统计

单位：町步

年份	复活盐田			新开盐田			恢复和新建盐田总数量
	计划数量	实际数量	累计实际数量	计划数量	实际数量	累计实际数量	
1938	4180	4180	4180	680	680	680	4860
1939			4180	1185	907	1587	5767
1940			4180	9065	10000	11588	15768
1941	1500	1508	5688	4180	4471	16059	21747
1942	1080	1080	6768			16059	22827

资料来源：根据《华北盐业股份有限公司引继调书》（1945年10月），居之芬主编《日本对华北经济的掠夺和统制——华北沦陷区资料选编》第542页表格编成。表中数据照原文献录入。

经过恢复原有盐田、改良盐田和新建盐田，长芦地区各盐场的盐田面积迅速增加。全面抗战前长芦盐区有盐田9752町步，到1942年恢复旧有盐田6768町步，华北盐业公司在大沽、汉沽和大清河等地新建盐田16059町步，总计盐田约为32579町步，是原来盐田的3倍有余。在这些盐田中，华北盐业公司所有的新建盐田1942年前占全部盐田的49.29%；自1943年起，该公司接管了新河盐场裕民滩业公店的2160町步旧有盐田，共有盐田18219町步，占全部盐田的55.92%；其他是滩业公会、开滩公店、滩户的既有盐田和恢复盐田。各个盐场原有常用工人2.4万人，1945年增加到12万人，临时工原有7000人，增加到3.5万人，大约增加了4倍。[①]

为了保证原盐的生产和运输，1937年兴中公司就出资给汉沽的滩业公店配置输盐用的皮带传送机，以加快原盐的出场；并在盐警训练所开办多期培训警官与警士的训练班，强化对生产和运输的管理；伪长芦盐务管理局还向伪省署申请拨派汽船以巡护产盐的运输。[②] 针对长芦盐泥土多，成色不良，影响工业用盐和在华日伪军食用等问题，日本兴中公司和华北盐业公司还新

[①] 《华北盐业股份有限公司之设立与发展概要报告》（1945年10月），居之芬主编《日本对华北经济的掠夺和统制——华北沦陷区资料选编》，第539页。

[②] 《河北省署为准长芦盐务局函请拨派汽船巡护运输请查照》（1939年6月），天津市档案馆藏，档案号：J0001-3-000899。

建了洗涤厂。1938 年，兴中公司在汉沽以华人名义建设精盐洗涤厂，配备粉碎洗涤设备生产再制盐。[①]1940 年，在汉沽的洗涤盐厂建成，日洗涤能力为 400 吨，年产再制盐 10 万吨。但是，每年的实际产量并非所愿，1942 年仅生产 15763 吨，1943 年产 80452 吨，1944 年下降到 37954.5 吨，到 1945 年累计生产量不过 13406.5 吨。[②]1939 年 4 月，华北开发会社计划在大沽、汉沽建立粉碎洗涤工厂，设计能力为年产再制盐 57 万吨，但因资金和设备等原因搁浅。[③]

三　长芦盐的年产量和输日量

在日伪当局的统制下，由于盐田面积增加和春秋两季生产，长芦盐的产量有较大幅度的增加。据统计，七七事变前，长芦盐的年产量一般在 600 万担以上，1936 年达到 837.6 万担。1938 年因海潮冲毁盐田，产量有所下降，1939 年增加到 1186.7 万担，1941 年为 1586.1 万担，1943 年达到最高峰为 2345.7 万担。[④]另据华北盐业公司 1945 年的统计，1939 年长芦盐的总产量为 59.5 万吨，1941 年产盐 79.9 万吨，1943 年高达 121.2 万吨，1938~1945 年该公司产盐 632.6 万吨（见表 2）。

表 2　1938~1945 年长芦盐总产量统计

单位：万吨

年份	既设盐田		复活盐田		华北盐业公司盐田		合计	
	计划	实际	计划	实际	计划	实际	计划	实际
1938		25.3						25.3
1939		57.3		0.6		1.6		59.5
1940		41.8		4.9		2.2		48.9

---

① 《中国近代盐务史资料选辑》第 3 卷，第 39 页。
② 《华北盐业股份有限公司引继调书》（1945 年 10 月），居之芬主编《日本对华北经济的掠夺和统制——华北沦陷区资料选编》，第 548~550 页。
③ 《中国近代盐务史资料选辑》第 3 卷，第 41、24~25 页。
④ 丁长清主编《民国盐务史稿》，第 413、301 页。

续表

年份	既设盐田		复活盐田		华北盐业公司盐田		合计	
	计划	实际	计划	实际	计划	实际	计划	实际
1941	42.0	55.9	9.4	11.3	12.8	12.7	64.2	79.9
1942	44.9	46.9	15.0	11.3	31.6	38.6	91.5	96.8
1943	47.1	47.4	13.6	11.8	60.5	62.0	121.2	121.2
1944	52.3	34.5	13.6	10.4	75.4	56.5	144.0	101.4
1945	53.3	45.0	18.2	9.4	44.8	45.2	116.3	99.6
合计	—	354.1	—	59.7	—	218.8	—	632.6

资料来源：《华北盐业股份有限公司盐产部业务报告》（1945 年 10 月），居之芬主编《日本对华北经济的掠夺和统制——华北沦陷区资料选编》，第 543 页；郑会欣主编《战前及沦陷期间华北经济调查》，天津古籍出版社，2010，第 244、599 页，统计数字略有不同。表中数据照原文献录入。

从各类盐田的产量可以看出，1942 年华北盐业公司新建盐田占全部盐田面积的 49.29%，其产量占当年总产量的不足 40%，以后逐年增加，其产量均占总产量的 50% 左右。同期，长芦各盐场因产量在华北原盐总产量中占据十分重要的位置。华北地区有长芦和山东两个盐区，以及少量的山西池盐，长芦盐区的年产量除了 1938 年占华北总量的 50.39% 外，其他年份一直占华北总产量的 60% 以上，最多的 1943 年占 75.73%。[1] 另据华北盐业公司的统计，该公司 1938 年至 1943 年的盐产量，分别占华北地区盐产量的 60.34%、62.49%、65.21%、63.52%、72.62%、73.49%。[2]

尽管长芦盐的产量增加，但是根本不可能达到日本预计的目标。尤其是太平洋战争爆发以后，年产量为既定计划的 70% 左右。之所以如此，首先是因为盐田雇工每天被迫进行 15 个小时以上的繁重劳动，收入所得仍然不能保证生存，进而多有逃跑，劳动力逐年减少，造成产量下降。其次，过低的收购价格也使得滩业公会、滩户等经营者无利可图。绝大部分原盐输日，而出口日本的价格一直低于经营者的生产成本。有资料表明，1937 年以后丰财和芦台盐场原盐的出厂价每吨分别为 5.04 元和 4.76 元，兴中公司等则以每吨 2.7

---

[1]　根据丁长清主编《民国盐务史稿》第 300~301 页计算。

[2]　根据郑会欣主编《战前及沦陷期间华北经济调查》第 599 页计算。

元强行收购后出口；1941 年各盐场的出厂价为 9.9 元，而华北盐业公司对贷款所预付的收购价格仅为 7.5 元。[①] 据统计，1937 年至 1941 年，兴中公司等采用低于出厂价的 2.2 元 / 吨的价格向日本出口原盐。[②] 因此，经营者经常拖欠贷款，无力投入资金改善生产条件。另外，原盐全部由华北盐业公司收购，作为军需品在保证供应军队之后按照定额配给，且有盐警严格稽查私盐贩运，所以各滩业公店或滩户等根本没有额外盈利的市场和机会，只能是在法西斯殖民统治下被迫维持生产。

日伪当局恢复、改良和新建盐田的目的十分明确，就是要最大限度地生产原盐出口日本，为化工和军工等行业提供原料。最初，满铁兴中公司根据日本各地专卖局的计划实施长芦盐的输日。1936 年，兴中公司基于"工业盐的需要和工业原料自给自足制度必须建立的呼声很高，日本化学工业原料盐不能依赖外国盐，无论如何必须使用日本势力圈的近海盐是大势所趋"的基本方针，"着眼于长芦盐扩大生产力，经中国驻屯军、'专卖局'、满铁等视察，昭和 11 年达成了关于长芦盐对日输出的协议"，[③] 打破了原盐禁止出口的限制。1937 年，兴中公司又以难民救济金的名义寄赠负责向日本输出的芦丰商店 2 万元，推进原盐输日；2 月，与日本大连汽船会社和国际运输会社一起出资 300 万元设立了塘沽运输公司，主要从事长芦盐的驳船运输和出口。七七事变前，在兴中公司的主持下，长芦盐已经出口日本 22 万吨。[④]全面侵华战争爆发后，日本的用盐量剧增。据统计，1937 年日本产盐预计为 53.5 万余吨，食盐和工业盐用量高达 230.4 万吨，而且随着全面侵华战争的扩大，需要更多的工业盐支持，而预计 1940 年日本的产量仅为 57.4 万吨，用量则达到 241.8 万吨，因此要掠夺中国的原盐。[⑤] 为此，日本当局和"国策会社"等制订了增加长芦盐输日的计划。如兴中公司号称到 1945 年长芦

① 丁长清主编《民国盐务史稿》，第 330 页。
② 《中国近代盐务史资料选辑》第 3 卷，78~82 页。
③ 兴中公司：《北支盐业概况与盐的利用工业》（1939 年 12 月），第 22~23 页，转引自解学诗《满铁与华北经济（1935~1945）》，第 230 页。
④ 居之芬主编《日本对华北经济的掠夺和统制——华北沦陷区资料选编》，第 126 页。
⑤ 《中国近代盐务史资料选辑》第 3 卷，第 85 页。

盐要输日百万吨，[①]1939 年 1 月华北开发株式会社提出到 1941 年长芦盐要输日 60 万吨。[②]

在满铁兴中公司和华北盐业公司的运作下，1937 年天津的丰财盐场和芦台盐场向日本输出长芦盐 215430 吨，1938 年两个盐场输出日本 370480 吨，1939 年因为水灾仅输日 322225 吨；1940 年大清河、大神堂、大沽新建盐田开始产盐，产量增加，输日增加到 608830 吨；1941 年为 73.3 万吨，1942 年为最高点，达到 74.5 万吨，1943 年为 65.5 万吨。[③]华北盐业公司从 1937 年至 1943 年的 7 年间，总共输日长芦原盐约为 364.8 万吨。有学者综合伪长芦盐务管理局档案中各个盐场的记录，认为 1939 年至 1945 年的 7 年间华北盐业公司输日原盐共计 3194755 吨。[④]盐业公司于 1947 年以后记述了长芦盐输日的数量，从 1937 年至 1945 年共计为 388.8 万吨。[⑤]另外，还有一些研究者分别对长芦盐或者华北盐业公司输日原盐数量做出过估计。[⑥]各种统计参见表 3。

表 3　长芦盐输日与津海关出口原盐数据汇总

年份	1937	1938	1939	1940	1941	1942	1943	1944	1945
华北盐业公司[*]（千吨）	215	370	322	608	733	745	655	751（计划）	
王立敏[**]（千吨）			325	542	459	683	575	354	255

---

① 《中国近代盐务史资料选辑》第 3 卷，第 42 页。
② 《中国近代盐务史资料选辑》第 3 卷，第 10 页。
③ 郑会欣主编《战前及沦陷期间华北经济调查》，第 244、600 页；与前项统计略有不同。
④ 王立敏：《日本对中国长芦盐业掠夺研究——以华北盐业公司例（1939~1945 年）》，硕士学位论文，河北师范大学，2011，第 26 页。
⑤ 长芦盐公司编《盐业资料》，转引自姚洪卓主编《近代天津对外贸易（1861~1948 年）》，天津社会科学院出版社，1993，第 157 页。
⑥ 如姚洪卓的《近代天津对外贸易（1861~1948 年）》第 95 页估算，全面侵华八年间日本掠走华北盐 431.7 万吨；芮和林的《日本侵华时期的长芦盐区》估算，1940 年后六年间输日长芦盐（包括再制盐和洗涤盐）317 万吨；丁长清主编的《民国盐务史稿》第 312 页估计，1940 年后的六年间华北盐业公司至少向日本输出 250 万吨。

续表

年份	1937	1938	1939	1940	1941	1942	1943	1944	1945
盐业公司*** （千担）	222.8	379.2	265	332.9	436.3	657.5	700	546.9	347.3
津海关**** （千公担）	1994	3431	1793	5275	3861	5808			

注：* 郑会欣主编《战前及沦陷期间华北经济调查》，第 244、599~600 页，两者统计略有不同；1939 年、1940 年、1941 年的输日数量分别为 296、567、467 千吨。

** 王立敏：《日本对中国长芦盐业掠夺研究——以华北盐业公司例（1939~1945 年）》，硕士学位论文，河北师范大学，2011，第 26 页。

*** 长芦盐公司编《盐业资料》，转引自姚洪卓《近代天津对外贸易（1861~1948 年）》，第 157 页。

**** 是为津海关出口原盐数据，见吴弘明编译《津海关贸易年报（1865~1946）》，天津社会科学院出版社，2006，第 515、520、523、528 页；中央商业处《经济参考资料（工业）》，1949，第 570 页，转引自姚洪卓《近代天津对外贸易（1861~1948 年）》，第 157 页。

综合以上数据看，华北盐业公司、各个盐场和后来的盐业公司所记录的输日原盐的数量不尽相同，估计是各种记录的起止时间等因素所致，从 1937 年至 1945 年长芦盐输日的数量在 400 万吨左右，并没有实现日本原定的达到每年输日 100 万吨的计划。

从表 3 可以观察到一个现象，即津海关每年出口的原盐数量要少于盐业公司输日的记录。天津海关统计的 1937~1942 年出口原盐总计为 221.6 万吨，而同期华北盐业公司输日的统计为 299.3 万吨，尚有一定的差距。尽管天津海关出口的原盐绝大部分是输出日本，如 1941 年，天津海关出口海盐 386.1 万公担，除了 3 公担外，均出口日本；[①] 但是津海关的原盐出口统计的只是输日原盐的一部分，秦皇岛距离芦台的汉沽盐场较近，也成为输日原盐的港口。据记载，秦皇岛 1941 年仅出口粗盐 5.0690 吨，1942 年增加到 64.9972 吨，"咸以日本为闾尾"。[②] 而且，据伪长芦盐务管理局记载，原盐是根据日本专卖局的指令多从大沽、塘沽由日本轮船直接运往日本的，有可能天津海关并未记录在案。

太平洋战争爆发后，日本军队全面接管了天津海关，1942 年后天津海关

[①] 吴弘明编译《津海关贸易年报（1865~1946）》，第 528 页。

[②] 居之芬主编《日本对华北经济的掠夺和统制——华北沦陷区资料选编》，第 868、884 页。

贸易年报中没有海盐出口的记载。由于海运阻断，日本的运力匮乏，输出日本原盐由主要依靠轮船海运改为海运和陆运两种方式，海运依然是通过天津或秦皇岛的轮船；陆运则是通过铁路等运到山海关，经过伪满的铁路运到朝鲜，再转运日本。而且，陆运很快便成为主要运输方式。从 1942 年 9 月至 1945 年 8 月华北盐业公司从大沽输日海盐的运输方式看，采用海运的 53 次，采用陆运的 92 次。[1]据统计，1939 年华北通过铁路运盐到日本，伪满等地为 39.9 万吨，1940 年增为 71.5 万吨，1941 年为 104.7 万吨，1942 年为 113.4 万吨，1943 年下降为 40.9 万吨。[2]华北铁路历年营业货物运输量的统计也可以佐证，随着战争的吃紧，各盐场产盐的出口和运输越来越依靠铁路，1939 年仅 22 万吨，1940 年增加到 52 万吨，1942 年和 1943 年分别达到 67 万吨、92 万吨，1944 年为 72 万吨。[3]

从每年长芦盐的输日数量还可以看出，其数量多超过各盐场年产量的 50%，时而超过当年产量。如 1938 年产量不过 25.3 万吨，而输日达到 37 万吨；1939 年产量为 59.5 万吨，输日 29.6 万吨，占产量的近 50%；1940 年产量为 48.9 万吨，输日 56.7 万吨，为当年产量的 116%；1942 年产量为 96.8 万吨，输日 74.5 万吨，占 76.96%；1943 年产量达到顶峰为 121.2 万吨，输日为 65.5 万吨，占 50% 以上。由此表明，1937 年后绝大部分的长芦盐均被输出日本。

除了原盐（粗盐）输日外，华北盐业公司管理的久大公司的精盐也被迫向日本输出。如 1938 年久大公司东厂输日精盐 4 万担（另有途耗 4 万斤）。[4]据统计，1939 年至 1943 年华北盐业公司营业部共销售精盐 89851 吨，其中对日输出为 60640 吨，占总量的 67.5%。[5]同一时期，日本在华军队还大量免税征用军用盐，用于食用和牲畜用盐。据不完全统计，从 1938 年 4 月至

① 王立敏：《日本对中国长芦盐业掠夺研究——以华北盐业公司例（1939~1945 年）》，硕士学位论文，河北师范大学，2011，第 28 页。

② 中村隆英：《战时日本の华北经济支配》，第 330 页。

③ 大藏省管理局编印《日本人の海外活动有关调查》通卷第 26 册华北篇，第 233 页。

④ 《长芦盐务管理局久大精盐输日》（1938 年 4 月），河北省档案馆藏，档案号：680-4-2542。

⑤ 居之芬主编《日本对华北经济的掠夺和统制——华北沦陷区资料选编》，第 562 页。

1945 年 10 月，日伪军、海军和伪满军队免税征用长芦产区的粗盐和精盐达到212692 吨。[1]

纵观所述，可以充分地了解日本对长芦盐的生产、运输和输日实行的是全方位的垄断性统制，其恢复原有盐田、新建盐田等措施，都是为了最大限度地掠夺华北的资源，为其提供生产原料，以维持不断扩大的侵略战争。

---

[1] 丁长清主编《民国盐务史稿》，第 336~338 页；郭明涛：《日本对长芦盐的掠夺与食盐统制配给研究》，硕士学位论文，河北师范大学，2008，第 50 页。

图书在版编目（CIP）数据

百年变局下的华北区域史 / 张利民著. -- 北京：
社会科学文献出版社, 2023.1
ISBN 978-7-5201-9506-5

Ⅰ.①百… Ⅱ.①张… Ⅲ.①华北地区 - 地方史 - 近
代 - 文集　Ⅳ.①K292-53

中国版本图书馆CIP数据核字（2021）第274301号

百年变局下的华北区域史

著　　者 / 张利民

出 版 人 / 王利民
组稿编辑 / 李丽丽
文稿编辑 / 汪延平 等
责任印制 / 王京美

出　　版 / 社会科学文献出版社·历史学分社（010）59367256
　　　　　　地址：北京市北三环中路甲29号院华龙大厦　邮编：100029
　　　　　　网址：www.ssap.com.cn
发　　行 / 社会科学文献出版社（010）59367028
印　　装 / 三河市东方印刷有限公司

规　　格 / 开　本：787mm×1092mm　1/16
　　　　　　印　张：22.5　字　数：337千字
版　　次 / 2023年1月第1版　2023年1月第1次印刷
书　　号 / ISBN 978-7-5201-9506-5
定　　价 / 158.00元

读者服务电话：4008918866

图书在版编目（CIP）数据

百年变局下的华北区域史 / 张利民著. -- 北京：
社会科学文献出版社, 2023.1
ISBN 978-7-5201-9506-5

Ⅰ.①百… Ⅱ.①张… Ⅲ.①华北地区－地方史－近
代－文集 Ⅳ.①K292-53

中国版本图书馆CIP数据核字（2021）第274301号

百年变局下的华北区域史

著　　者 / 张利民

出 版 人 / 王利民
组稿编辑 / 李丽丽
文稿编辑 / 汪延平 等
责任印制 / 王京美

出　　版 / 社会科学文献出版社·历史学分社（010）59367256
　　　　　地址：北京市北三环中路甲29号院华龙大厦　邮编：100029
　　　　　网址：www.ssap.com.cn
发　　行 / 社会科学文献出版社（010）59367028
印　　装 / 三河市东方印刷有限公司

规　　格 / 开　本：787mm×1092mm　1/16
　　　　　印　张：22.5　字　数：337千字
版　　次 / 2023年1月第1版　2023年1月第1次印刷
书　　号 / ISBN 978-7-5201-9506-5
定　　价 / 158.00元

读者服务电话：4008918866